河南省"十四五"普通高等教育规划教材

河南省精品在线开放课程配套教材

U0694421

汽车营销学

QICHE YINGXIAOXUE （第2版）

主　编　牛艳莉

慕课版

重庆大学出版社

内容提要

本书运用现代营销理论及方法,结合汽车行业的实践特性,对汽车营销理论及活动进行了全面的阐述,既具有一定的理论性,又具有行业特色。全书共8章,主要内容包括汽车市场概论、汽车营销环境及消费者购买行为分析、汽车营销策划、汽车销售流程、汽车市场调查与客户管理、汽车售后服务流程、汽车配件管理、汽车网络营销与电子商务等。

本书既可作为应用型本科院校及高职高专教材,又可作为汽车销售企业员工培训类教材。

图书在版编目(CIP)数据

汽车营销学／牛艳莉主编. -- 2版. -- 重庆:重
庆大学出版社,2022.12
ISBN 978-7-5689-1762-9

Ⅰ.①汽…　Ⅱ.①牛…　Ⅲ.①汽车—市场营销学
Ⅳ.①F766

中国版本图书馆 CIP 数据核字(2022)第246286号

汽车营销学
(第2版)

主　编　牛艳莉
策划编辑:范　琪

责任编辑:姜　凤　　版式设计:范　琪
责任校对:关德强　　责任印制:张　策

*

重庆大学出版社出版发行
出版人:饶帮华
社址:重庆市沙坪坝区大学城西路21号
邮编:401331
电话:(023)88617190　88617185(中小学)
传真:(023)88617186　88617166
网址:http://www.cqup.com.cn
邮箱:fxk@cqup.com.cn(营销中心)
全国新华书店经销
重庆俊蒲印务有限公司印刷

*

开本:787mm×1092mm　1/16　印张:18　字数:418千
2019年12月第1版　2022年12月第2版　2022年12月第2次印刷
ISBN 978-7-5689-1762-9　定价:49.80元

第 2 版前言

根据我国"十四五"规划及"教育规划纲要"的发展要求,国务院提出了新时期下面向应用型本科教育转型的战略改革。基于应用型人才培养的改革需求,成为当前教材编写过程中广大学者关注的重点。营销理论的发展离不开产业的实践印证。随着我国经济的高速发展,营销理论在各个产业或行业中的应用日益重要,其重要性愈发为理论界及实践层面所认可。汽车产业作为我国国民经济的重要支柱产业,自 20 世纪 90 年代以来呈现的高速发展态势,与广大购车者息息相关的汽车营销更是蓬勃发展。随着汽车市场的成熟及消费者的日趋理性,粗放型的汽车销售向更为精细化的汽车营销转变将成为必然,这就对汽车服务行业的从业人员提出了更高要求,既具有扎实的理论知识基础又具有丰富的行业实践经验,成为汽车行业人才需求的迫切体现。基于我国汽车产业的发展及高等教育改革的需要,我们编写了基于应用型人才培养的教材。本书以新时代下国家对高等教育人才培养的改革要求为依据,结合汽车行业特性,将营销理论与汽车销售服务有机地结合起来,既体现了教材的基础性和知识性,又突出了行业的实践性。本书在编写过程中,注重吸收最新的理论成果及实践案例,将国内汽车市场动态和营销理论成果进行相互印证,从而凸显了时间和空间的双重特性。尤其是互联网经济对各个行业的渗透和结合,更为汽车营销理论研究和实践提出了新的视角和发展路径。其中利用互联网、人工智能、移动通信、云计算等技术,与汽车及交通基础设施相关的公司、产品和服务所组成的生态系统的智能汽车市场迅速发展,自动驾驶、新能源汽车、智能网联被消费者所需求。本书更是敏锐地抓住了这一时代变化,理论联系实际,深入浅出,针对性强,更有利于读者理解和学习。

本书在编写过程中,重视校企深度融合,实施课程校企共建,邀请河南丰之元汽车销售服务有限公司销售总监李博参与编写了第 4 章和第 6 章的内容。同时,参考了大量国内外市场营销和汽车营销方面的著作、论文等参考文献,也收集了丰富的案例,在此谨向原作者及创作者表示感谢。

本书的出版得到河南省民办普通高等学校品牌专业建设项目(ZLG201901) ;2019 年河南省高等学校精品在线开放课程《汽车营销实务》,《河南省教育厅关于公布 2019 年河南省高等职业学校精品在线开放课程立项建设名单的通知》(教职成〔2019〕714 号) ;黄河科技学院第二批创新创业教育示范课建设项目《汽车营销学》(JCXK201816) 的支持。

本书作为河南省省级在线精品开放课程《汽车营销实务》建设的主要成果,该课程荣获河南省第二批省级一流本科课程,作为河南省"十四五"普通高等教育规划教材立项建设项目,继而对本书进行了再版修订。

由于编者水平有限,书中难免存在疏漏之处,敬请读者批评指正。

编者

2022 年 10 月

第 1 版前言

根据我国"十三五"规划及"教育规划纲要"的发展要求,国务院提出了新时期下面向应用型本科教育转型的战略改革。基于应用型人才培养的改革需求,成为当前教材编写过程中广大学者关注的重点。

营销理论的发展离不开产业的实践印证。随着我国经济的高速发展,营销理论在各个产业或行业中的应用日益重要,其重要性愈发为理论界及实践层面所认可。汽车产业作为我国国民经济的重要支柱产业,自 20 世纪 90 年代以来呈现的高速发展态势,而与广大购车者息息相关的汽车营销更是蓬勃发展。随着汽车市场的成熟及消费者的日趋理性,粗放型的汽车销售向更为精细化的汽车营销转变成为必然,这就对汽车服务行业的从业人员提出了更高要求,既具有扎实的理论知识基础又具有丰富的行业实践经验,成为汽车行业人才需求的迫切体现。

基于我国汽车产业的发展及高等教育改革的需要,我们编写了基于应用型人才培养的教材。本书以新时代下国家对于高等教育人才培养的改革要求为依据,结合汽车行业特性,将营销理论与汽车销售服务有机地结合起来,既体现了教材的基础性和知识性,又突出了行业的实践性。

本书在编写过程中,注重吸收最新的理论成果及实践案例,将国内汽车市场动态和营销理论成果进行相互印证,从而凸显了时间和空间的双重特性。尤其是互联网经济对各个行业的渗透和结合,更为汽车营销的理论研究和实践提供了新的视角和发展路径。本书更是敏锐地抓住了这一时代变化,理论联系实际,深入浅出,针对性强,更有利于读者理解和学习。

本书在编写过程中,重视校企深度融合,实施课程校企共建,邀请河南丰之元汽车销售服务有限公司销售总监李博参与编写了第 4 章和第 6 章的内容。同时,参考了大量国内外市场营销和汽车营销方面的著作、论文等参考文献,也收集了丰富的案例,在此谨向原作者及创作者表示感谢。

本书的出版得到河南省民办普通高等学校品牌专业建设项目(ZLG 201901);2019 年河南省高等学校精品在线开放课程《汽车营销实务》,河南省教育厅教职成〔2019〕714 号文件;黄河科技学院第二批创新创业教育示范课建设项目《汽车营销学》(JCXK 201816)的支持。

由于编者水平有限,书中难免存在疏漏之处,恳请读者批评指正。

编　者
2019 年 5 月

目　录

第 1 章

汽车市场概论

【学习目标】

- 了解中国汽车市场。
- 了解汽车市场营销观念演变。
- 了解我国汽车市场营销发展概况。

【关键词】

汽车市场　汽车市场营销　汽车产业

【引导案例】

从新能源汽车发展谈营销理念的转变

据中国汽车工业协会统计分析,2021 年 1—11 月,我国新能源汽车产销继续创新高,累计产量已超过 300 万辆,销量接近 300 万辆。11 月,新能源汽车市场渗透率为 17.8%,继续高于 10 月,其中,新能源乘用车市场渗透率达到 19.5%。我国新能源汽车的发展历程如下:

2000 年,电动汽车被列入"863"计划 12 个重大专项之一。从 2001 年开始,"863"项目共投入 20 亿元研发经费,形成了以纯电动、油电混合动力、燃料电池 3 条技术路线为"三纵",以动力蓄电池、驱动电机、动力总成控制系统 3 种共性技术为"三横"的电动汽车研发格局。

2004 年,国家颁布的《汽车产业发展政策》明确提出了鼓励发展节能环保型电动汽车与混合动力汽车技术。

2005年，国家发改委将电动大客车列入《车辆生产企业及产品公告》，并出台了相关国家标准。

2008年，新能源汽车在国内呈现全面出击之势。2008年1—12月新能源汽车的销量增长主要是乘用车的增长，1—12月新能源乘用车销售899辆，同比增长117%，而商用车的新能源车共销售1 536辆，1—12月同比下滑17%。

2012年，为了加快培育发展新能源汽车，新能源汽车项目每年将会获得国家给予的10亿~20亿元资金支持。

2014年，国家发改委发布了《关于电动汽车用电价格政策有关问题的通知》。中国新能源汽车全年共生产78 499辆，生产量同比增长近3.5倍，销售约74 763辆，销售量同比增长近3.2倍。

2015年，交通运输部发布的《关于加快推进新能源汽车在交通运输业推广应用的实施意见》明确提出，到2020年，新能源汽车在城市公交、出租汽车和城市物流配送等领域的总量达30万辆。而2015年1—4月，我国新能源汽车累计生产3.44万辆，同比增长近3倍。

从政策上来看，近年来，出台了一系列有利于新能源汽车发展的政策，为新能源汽车产业发展创造出前所未有的机遇。汽车产品加快向新能源、轻量化、智能化和网联化的方向发展，汽车正从交通工具转变为大型移动智能终端、储能单元和数字空间。

2009年，科技部和财政部共同启动了"十城千辆"，并开始给予新能源汽车一次性定额补助。当年1—11月，新能源商用车——主要是液化石油气客车、液化天然气客车、混合动力客车等销量同比增长178.98%。相比于在乘用车市场的冷遇，"新能源汽车"在中国商用车市场已开始迅猛增长。

2010年，我国加大对新能源汽车的扶持力度。自2010年6月1日起，国家在上海、长春、深圳、杭州、合肥等5个城市启动了私人购买新能源汽车补贴试点工作。

2010年7月，国家将"十城千辆"节能与新能源汽车示范推广试点城市由20个增至25个，选择5个城市进行对私人购买节能与新能源汽车给予补贴试点。新能源汽车正进入全面政策扶持阶段。

2011年开始进入产业化阶段，在全社会推广新能源城市客车、混合动力轿车、小型电动车。

至2016年3月，在前后一年多的时间里，已有14家新建纯电动乘用车建设项目获得国家发改委批准。

2017年，补贴开始缩水，双积分政策也随之落定。新能源汽车产业生态和竞争格局面临重构，加快向低碳化、电动化、智能化方向发展。

2018年2月13日，财政部、工信部、科技部、发改委四部委发布了《关于调整完善新能源汽车推广应用财政补贴政策的通知》。该通知从2018年2月12日起实施，2018年2月12日—6月11日为过渡期。过渡期间上牌的新能源乘用车、新能源客车按照《财政部　科技部　工业和信息化部　发展改革委关于调整新能源汽车推广应用财政补贴政策的通知》（财建〔2016〕958号）对应标准的0.7倍补贴，新能源货车和专用车按0.4倍补贴，燃料电池汽车补贴标准不变。

2019年3月26日,财政部、科技部、工信部、发改委等国家四部委再次联合发布《关于进一步完善新能源汽车推广应用财政补贴政策的通知》(财建〔2019〕138号),对纯电动乘用车的补贴门槛提高到了续航里程250 km,并进一步降低了补贴金额。同时,根据纯电动乘用车的电池能量密度、能耗水平,分别设置了0.8~1.0和0.8~1.1的调整系数;对插电式混合动力乘用车也基于燃料消耗量水平设置了调整系数,范围为0.5~1.0。

2020年,随着新冠疫情的影响,汽车产业在2020年上半年首创严重。疫情爆发初期,传统汽车和新能源汽车销量都出现了断崖式下降。直到疫情得到有效控制,汽车行业被抑制的消费需求才得以释放。根据工信部发布的2020年汽车工业经济运行的相关数据,2020年我国汽车销量达到2 531.1万辆,连续12年蝉联全球第一,其中,新能源汽车销量达到136.7万辆,创历史新高。2020年1—12月,新能源汽车产销分别完成136.6万辆和136.7万辆,同比分别增长7.5%和10.9%。从车型看,纯电动汽车产销分别完成110.5万辆和111.5万辆,同比分别增长5.4%和11.6%;插电式混合动力汽车产销分别完成26万辆和25.1万辆,同比分别增长18.5%和8.4%;燃料电池汽车产销均完成0.1万辆,同比分别下降57.5%和56.8%。

市场在变,燃油车正在逐步被新能源汽车所替代。营销理念必然要随之改变。没有一成不变的市场,营销理念跟着市场转变已成为必然。

【案例启示】 在现代社会经济条件下,几乎所有的经济现象与经济活动都和市场有关,几乎所有经济方面的学科也都不同程度地涉及市场。市场营销学作为"一门建立在经济科学、行为科学和现代管理理论基础上的应用学科",更是离不开市场。它是一门能使企业在竞争中成为强者,能有效应对需求不足的管理科学。那么,在汽车行业,市场和市场营销中到底有怎样的内涵呢?

1.1　汽车市场与汽车市场营销

1.1.1　中国汽车市场

我国汽车市场的建立与发展是同我国汽车工业的发展相一致的。党的十一届三中全会以后,我国汽车工业的产销系统由较为封闭的状态转为开放的系统,汽车生产的市场导向取代了计划指导。目前,汽车作为商品进入市场交换体系,多渠道、少环节的汽车商品市场流通体系已初步形成。

1)市场的含义

市场的概念由来已久,最基本的含义是指商品交易的场所、商品行销的区域,如人们熟悉的菜市场、小商品市场、国内市场、国外市场等。

从企业营销的角度来讲,还需进一步了解市场的以下两种含义:

①市场是对某种商品或服务具有支付能力的需求。如随着我国经济的发展,消费者收入水平的提高,我国的"轿车市场异军突起",反映的是轿车消费需求的快速增长。

②市场是对某项商品或服务具有需求的所有现实和潜在的购买者。也就是说,市场是由人组成的,是对某种产品具有现实或潜在需求的消费者群。

从需求和购买者的角度来认识市场,将更有利于企业判断和把握市场机会,而对市场机会的把握是企业生存发展的命脉。

通常可用简单的公式对市场进行分析,即

$$市场 = 人口 + 购买力 + 购买欲望$$

其中,人口是构成市场的最基本要素,人口的多少是决定市场大小的基本前提;购买力是指消费者用货币购买商品或服务的能力,一般情况下是由消费者的收入决定的;购买欲望是指消费者购买商品的动机、愿望和需求。

当以上3个要素同时具备时,该市场就是现实的市场;若后两个要素不能同时具备时,就只能称其为潜在市场。因此一旦另一个要素具备,则潜在市场就可转化为现实市场。

运用此公式,营销人员就可简便、有效地分析本企业产品现实的和潜在的需求状况,对正确地制订营销决策具有重要意义。

2)汽车市场的作用

根据市场的概念,市场具有三大功能:一是实现的功能。市场实现了商品交换、货币易位,使消费者获得利益,生产者获得价值的补偿。二是调节的功能。通过市场供求与价格的相互作用以及市场竞争的开展,市场对生产者、经营者和消费者的买卖行为起着调节作用,最终使供求平衡,促进社会资源合理配置。三是反馈的功能。市场是信息汇集的场所,它为企业的微观政策和政府的宏观决策提供依据。因此,市场在实现社会再生产、反映国民经济发展状况以及开展市场竞争等方面发挥着重要的作用。

(1)市场是进行商品生产的必要条件

企业的生产经营活动离不开市场。首先企业必须从市场采购生产必需的各种原材料、能源等物资;同时,企业有必要通过市场进行产品销售,取得利润以维持企业的再生产。企业生产的不断扩大,需要市场不断扩大。一个企业只有生产出社会需要的产品,不断提高产品对市场的适应能力,才会有生命力。

(2)市场是连接生产和消费的纽带

任何产品的生产最终都是为了消费。因此,市场就必然将生产和消费紧密地联系起来,即市场是现实社会再生产的桥梁和纽带。人们的各种需要,只有通过市场才能得到满足,而生产企业也只有通过市场才能满足人们的需求。如果没有市场这个中间环节,企业生产的产品就无法进入消费领域,消费者的需求也就得不到满足。市场作为连接产、供、销的场所,灵敏地反映着消费者的需求。企业只有通过市场了解这种需求,才能真正做到按需生产,既充分又合理地满足社会的需要。

（3）市场是企业进行竞争的场所

市场的存在必然会导致企业之间的竞争。市场是经济竞争的场所，优胜劣汰。市场竞争既是一种压力，也是一种动力，它促使企业改善经营管理，不断提高产品质量，增加品种，降低成本，按经济规律办事，改善服务态度，从而使人们的需要能得到更好的满足，企业的经济效益也相应得到更大的提高。

（4）市场是调节供求的一种手段

产品要经过市场销售后才能进入消费领域，因此，社会再生产过程中必须保持的产需比例关系会在市场上灵敏地反映出来。在这个意义上，市场可看作国民经济发展的晴雨表，它如同一面镜子能反映经济发展的速度和比例、繁荣和衰退。通过市场情况的提示，国家可采用行政、法律和经济手段调节产需之间的比例关系，从而促进国民经济的健康发展。

3）我国汽车市场的类型

我国汽车市场的类型，即我国汽车的主要需求领域有以下 4 种类型：

（1）公务用车市场

从一般概念来讲，公务用车主要指国家权力机关、职能部门、科研事业单位和各种社会团体等的用车。以辅助政府机构的运行和职能部门、社会团体开展活动为主要功能的公务用车具有非营利的特征，对用户来讲，车辆购置与运营费用不与其活动本身的经济效益挂钩，购车资金来源一般是财政拨款。单位拥有汽车的数量一般以其行政级别为依据，并按照国家有关规定的配车标准与实际需要和可能购置，其中单位、级别和数量是决定这一领域车辆需求的基本因素。

从我国的现行情况来看，公务用车大体可划分为以下两种：一是政务用车，国家机关、各级政府和各种团体单位一般以辅助公务和各种社会活动为主要职能的用车；二是业务用车，公安、交通、司法、工商、税务、海关、商检、环境保护等主要执行监督、检查等职能部门以及科研事业单位的用车。

公务用车市场领域的特点如下：

①在汽车市场中，这一需求领域发育较早。

②其发育和发展主要受社会的发展和我国政治体制的影响。

③需求比较稳定，需求的实现依靠国家和地方财政拨款。

④需求以国家允许的范围为界限。

⑤在需求品种上明显以乘用车为主要车型，品种结构比较集中，市场规模巨大。

（2）商务用车市场

商务用车是指生产企业和经营单位为生产经营而使用的各种车辆。它所涉及的领域相当广泛，既有工业、农业、建筑等生产部门，也有贸易、金融、保险、商业等经营服务单位。其中包括全民所有制和集体所有制企业，也包括外贸、合资及私有制企业等多种成分的经济实体。

在这一领域中，工业企业是最主要的用户之一。汽车是现代工业发展离不开的交通工具，现代工业发展带来了大规模的汽车需求。除此之外，商业企业和建筑企业也是商业用车较大的部门。这几年商业部门随着国民经济的发展而异常迅速地发展,其中管理机构、经营机构、仓储运输机构等庞大的商业机构为汽车提供了广阔的市场。而金融、保险、贸易等行业部门的用车量也具有相当的规模,各单位办公业务用车随着业务量和机关数量的增加而不断增加。另外,由于农村经济的搞活和乡镇企业的蓬勃发展,这个市场具有相当大的规模,一般分为农业生产和农村生活用车及乡镇企业用车。这里包括农副产品收获和运输、农用生产资料运输、农村生活用品运输、建筑材料运输以及客流交通5个方面的用车。乡镇企业用车主要是生产经营用车与管理人员商务用车。这一需求领域的基本特点如下:

①规模大。

②它以生产发展和经营活动的拓展为原动力。

③以自身的经济实力为购车后盾。

（3）经营用车市场

一般来说,经营用车是指以汽车为资本,直接通过汽车运营盈利和发展的用车。这类用车体现着社会服务与盈利创收的双重功效。在经营用车的范围内,主要有城镇交通中的公共汽车、出租汽车,城镇间、乡村间的长途与中短途公路客货运输用车,以及与旅游设施配套、为旅游者提供服务的旅游用车等。

我国的城镇交通一直是由国家和地方财政支持承办的,即属于社会公益事业。近几年来,我国的城镇公共交通由国营、集体、个人全方位发展,改变了原来公交车一统天下的状况,加之地铁和出租车市场的增长,原来的公共交通发生了一些变化,但总体来看,城市公交车霸主地位不会动摇,公共交通用车仍将占有一定的比例。由于公路运输部门是经济实体,必须依靠汽车的运营来创造财富而实现其发展,故与公务用车存在不同。近年来,由于高速公路里程的不断增加,公路客货运输对车辆的类型、性能等都提出了不同的要求。

在经营用车市场中,出租车用车市场占有很大一部分,占领这一市场不仅是增加汽车的销量,更重要的是要塑造企业形象。目前,大部分的城市出租用车基本属于中、低档汽车,相当一部分是低档微型车,这与我国国民经济发展的现状相吻合。但由于旅游用车主要用于各个风景点和城市与城市之间接送旅游者,因而在性能上要求安全、舒适和豪华。旅游用车量不仅随国内外旅游者的增加而扩大,而且人民生活水平不断地提高也会促进旅游业的发展,故这个需求将会进一步增加。因此,根据社会需求状况与经济效益来确定其生产规模,是这一市场的突出特点。

（4）私人用车市场

从世界范围来看,分布最为广泛、需求最为强劲的就是私人用车市场,这一市场占据了每年世界汽车销量的绝大部分。所谓私人用车,是指满足个人（或家庭）各种需要的各类汽车。

目前,我国的私人用车大体包括纯私人生活用车、兼有经营与私人生活双重用途的车辆和生产经营用车。兼有经营与私人用的车辆主要集中在城镇出租汽车行业,车型集中在微型轿车、微型面包车和低档轻型客车上。拥有这类车的目的是以车辆为资本通过车辆运营盈利,同时也为私人生活提供交通便利。

私人用车的数量近两年来增长非常快,主要是在大中城市和一些富裕程度达到相当水平的农村。如今,我国的私人用车随着国家相关政策的出台和实施已进入了一个销售高峰,尤其是单纯作为消费用的私人用车。私人用车如今已占据汽车消费的主体,成为我国最大、最有潜力的汽车消费市场。

（5）新能源用车市场

新能源汽车是全球汽车产业绿色发展、低碳转型的重要方向,也是我国汽车产业高质量发展的战略选择。党中央、国务院高瞻远瞩、统揽全局,在全球范围内率先明确了发展新能源汽车的国家战略,抢抓发展先机,相关部门、地方政府和行业企业群策群力、奋发有为,共同推动我国新能源汽车产业发展取得积极成效,尤其是2021年呈现出市场规模、发展质量"双提升"的良好势头。

根据工信部2021年发布的汽车产业相关数据,新能源汽车产业发展可以概括为"三个快速":一是产销规模快速增长,2021年全年累计销售352.1万辆,市场渗透率达到了13.4%,同比增长1.6倍左右,连续7年位居全球第一,创造了2016年以来的最快增速,其中私人消费占比接近80%,可持续发展能力进一步提升。二是质量品牌快速提高,纯电动乘用车平均续航里程从2016年的253 km提高到2021年的400 km以上,消费者质量满意度与燃油汽车持平,中国品牌新能源乘用车销量占新能源乘用车销售总量的74.3%,月销过万的车型也越来越多。三是产品出口快速增长,全年实现新能源汽车出口31万辆,同比增长3倍多,超过了历史累计出口总和。同时,产业发展配套环境也得到进一步优化,截至2021年年底,累计建成充电站7.5万座,充电桩261.7万个,换电站1 298个,在全国31个省区市设立动力电池回收服务网点超过1万个。

总体来看,我国新能源汽车已进入加速发展新阶段,更加突出全球汽车产业电动化转型的引领作用。

（6）智能网联汽车市场

据不完全统计,2017年智能网联汽车领域共完成融资额超过400亿元。车联网领域在2016—2021年的年复合增长率将达22.9%,将是物联网领域中成长最强劲的市场。而据另一市调机构BI Intelligence的预测,到2020年,全球联网汽车的市场保有量将达3.8亿辆,全球联网汽车的销售量将从2016年的2 100万辆增至9 400万辆,市场占比将达82%,2020年智能网联汽车市场的规模可达到1 000亿元以上。

从国家层面到企业层面,无不把智能网联汽车列入头等发展计划。在这一轮汽车进化的世纪之战中,我国是少数把这一目标上升为国家战略的国家之一。我国政府已明确将"节能与新能源汽车以及智能网联汽车"列为十大重点发展领域之一。国家制订的《新一代人工智能发展规划》也提出,加强车载感知、自动驾驶、车联网、物联网等技术集成和配套,形成我国自主的自动驾驶平台技术体系和产品总成能力。

4）疫情下的中国汽车市场

受新冠疫情的影响,全球供应链受阻和市场需求缩减共同导致了汽车行业的艰难时刻。至2020年4月,德国汽车行业遭遇了30年来最差局面,德国汽车业商业现状指数从3月的

-13.2 点骤降至-85.4 点,这是记录以来的最大跌幅和最低值。特斯拉上海工厂或因海外停工而导致零部件短缺,也未能如期恢复生产。但与此同时,随着抗疫复工的展开,中国市场汽车行业呈现出恢复向好趋势。

随着我国国民经济持续稳定恢复,居民消费信心增强,汽车换购需求持续释放,特别是在促进汽车消费政策的带动下,汽车市场销售明显回暖。根据统计局发布的数据,10 月份限额以上单位汽车类商品零售额同比增长 12.0%,连续 4 个月保持两位数增长。

到 2020 年 10 月,我国汽车产销已连续 7 个月实现同比增长。截至 2020 年 10 月,我国汽车产量为 1 951.9 万辆,同比下降 4.6%,降幅比 1—9 月收窄 2.1 百分点;完成销量 1 969.9 万辆,同比下降 4.7%,降幅比 1—9 月收窄 2.2 个百分点。其中,10 月当月汽车产量为 255.2 万辆,同比增长 11.0%;完成销量 257.3 万辆,同比增长 12.5%。

其中,新能源汽车的发展成为全球汽车产业绿色发展、低碳转型的重要方向,也是我国汽车产业高质量发展的战略选择。党中央、国务院高瞻远瞩、统揽全局,在全球范围内率先明确了发展新能源汽车的国家战略,抢抓发展先机,相关部门、地方政府和行业企业群策群力、奋发有为,共同推动我国新能源汽车产业发展取得积极成效,尤其是 2021 年更是呈现出市场规模、发展质量"双提升"的良好势头。

根据 2021 年的数据,新能源汽车产业发展可以概括为"三个快速":一是产销规模快速增长,2021 年全年累计销售 352.1 万辆,市场渗透率达到了 13.4%,同比增长 1.6 倍左右,连续 7 年位居全球第一,创造了 2016 年以来的最快增速,其中私人消费占比接近 80%,可持续发展能力进一步提升。二是质量品牌快速提高,纯电动乘用车平均续驶里程从 2016 年的 253 km 提高到 2021 年的 400 km 以上,消费者质量满意度与燃油汽车持平,中国品牌新能源乘用车销量占新能源乘用车销售总量的 74.3%,月销过万的车型也越来越多。三是产品出口快速增长,全年实现新能源汽车出口 31 万辆,同比增长 3 倍多,超过了历史累计出口总和。同时,产业发展配套环境也进一步优化,截至 2021 年年底,累计建成充电站 7.5 万座,充电桩 261.7 万个,换电站 1 298 个,在全国 31 个省区市设立动力电池回收服务网点超过 1 万个。

1.1.2 汽车市场营销

1)市场营销的定义

市场营销是由 Marketing 翻译过来的。Marketing 既指企业的一种经营活动,也作为学科的名称,指市场营销学,属于管理学的一个分支。

市场营销学是研究市场营销活动及其规律性的一门应用学科,诞生于 20 世纪 30 年代的美国。国内外学者对市场营销的定义有上百种,企业界对营销的理解更是各有千秋。本书采用著名营销学家菲利普·科特勒(Philip Kotler)教授在其《营销管理》(第十版)中作出的定义:市场营销是个人和群体通过创造,并同他人交换产品和价值,以满足需求和欲望的一种社会和管理过程。

为便于理解,把市场营销的含义归结为以下 3 个要点:

①市场营销的最终目标是"满足需求和欲望"。

②"交换"是市场营销的核心,交换是一个主动、积极寻找机会,满足双方需求和欲望的社会过程和管理过程。

③市场营销包括市场与消费者研究、选定目标市场、产品开发、定价、分销、促销及销售服务等全部的活动。

2)市场营销的相关概念

(1)需要、欲望和需求

需要和欲望是市场营销活动的起点。所谓需要,是指人类与生俱来的基本需要。如人类为了生存必然有对吃、穿、住、安全、归属、受人尊重的需要。这些需要存在于人类自身生理和社会之中,市场营销者可用不同方式去满足它,但不能凭空创造。

欲望是指想得到上述需要的具体满足品的愿望,是个人受不同文化及社会环境影响而表现出来的对基本需要的特定追求。如为满足"解渴"的生理需要,人们可能选择(追求)喝开水、茶、汽水、果汁、绿豆汤或者蒸馏水。市场营销者无法创造需要,但可以影响欲望,开发与销售特定的产品来满足欲望。

需求是指人们有能力购买并愿意购买某个具体产品的欲望。需求实际上也就是对某种特定产品及服务的市场需求。市场营销者总是通过各种营销手段来影响需求,并根据对需求的预测结果决定是否进入某一产品(服务)市场。

(2)产品

在营销学中,产品特指能够满足人的需要和欲望的任何东西。产品的价值不在于拥有它,而在于它给人们带来的对欲望的满足。人们购买小汽车不是为了观赏,而是为了得到它所提供的交通服务。产品实际上只是获得服务的载体。这种载体可以是物,也可以是"服务",如人员、地点、活动、组织和观念等。当我们心情烦闷时,为满足轻松解脱的需要,可以去参加音乐会,听歌手演唱(人员);可以到风景区旅游(地点);可以参加希望工程"百万行"(活动);可以参加消费者假日俱乐部(组织);也可以参加研讨会,接受一种不同的价值观(观念)。市场营销者必须清醒地认识到,其创造的产品不管形态如何,如果不能满足人们的需要和欲望,就必然会失败。

(3)效用、费用和满足

效用是指消费者对产品满足其需要的整体能力的评价。消费者通常根据这种对产品价值的主观评价和支付费用来作出购买决定,如某人为解决其每天上班的交通需要,他会对可能满足这种需要的产品选择组合(如自行车、摩托车、公交车、出租车等)和他的需要组合(如速度、安全、方便、舒适、经济等)进行综合评价,以决定哪一种产品能提供最大的总满足;假如他主要对速度和舒适感兴趣,也许会考虑购买汽车;但是,汽车购买与使用的费用比自行车高很多。若购买汽车,他必须放弃其有限收入可购置的许多其他产品(服务)。因此,他将全面衡量产品的费用和效用,选择购买能使每一元花费带来最大效用的产品。

(4)交换和交易

交换是指从他处取得所需之物,而以自己的某种东西作为回报的行为。人们对满足需求或欲望之物的取得,可以有多种方式,如自产自用、强取豪夺、乞讨和交换等。其中,只有交换方式才存在市场营销。交换的发生,必须具备5个条件:至少有交换双方;每一方都有对方需要的有价值的东西;每一方都有沟通和运送货品的能力;每一方都可以自由地接受或拒绝;每一方都认为与对方交易是合适或称心的。

交易是交换的基本组成单位,是交换双方之间的价值交换。交换是一种过程,在这个过程中,如果双方达成一项协议,则称为发生了交易。交易通常有两种方式:一是货币交易,如甲支付800元给商店而得到一台微波炉;二是非货币交易,包括以物易物、以服务易服务的交易等。一项交易通常要涉及几个方面:至少两件有价值的物品;双方同意的交易条件时间地点;有法律制度来维护和迫使交易双方执行承诺。

3)研究汽车营销的必要性

汽车营销就是汽车制造商为了最大限度地满足市场需要而达到企业经营目标的一系列活动。寻找市场需求,实施一系列更好地满足需要的营销活动,是汽车市场营销的两个基本任务。

(1)开展汽车市场营销是市场经济的要求

在市场经济条件下,生存的规则是通过竞争实现优胜劣汰。汽车企业如果不能顺应环境的变化,只会造车而不会卖车,只会生产而不会经营,那就必然会受到市场的惩罚,而且最终也造不好车,企业也得不到发展。而运用现代的市场营销观念来指导汽车生产与汽车销售是企业在市场竞争中获胜的唯一法宝。

(2)汽车市场营销是促进企业发展的主要动力

在世界汽车技术和成本日益接近的形势下,只有营销才能最大限度地满足消费者的需求,才能保持和稳定现有市场,抓住市场机会开拓新市场,提高汽车企业的经济效益。因此,汽车市场营销是促进企业发展的主要动力,是企业竞争制胜的最好途径。

(3)汽车市场营销是我国汽车企业走向世界的需要

首先,在中国加入世界贸易组织以后,企业开展市场营销要与国际汽车市场接轨。更重要的是,中国汽车企业要想在世界汽车工业中占有一席之地,除了要努力提高汽车制造技术外,同时还应不断地改进汽车市场营销方法,在实践中积极探索成功的经验,进而跻身世界汽车工业的前列。

4)汽车市场营销的特征

我国汽车市场主要是由生产资料市场、消费品市场及服务市场构成的商品市场流通体系。汽车及零部件产品市场营销特征可以归纳如下:

(1)政策性强

在我国,对汽车营销权有严格的限制和规定。从事汽车生产的企业,必须按规定报经主管部门批准,并列入国家年度汽车生产企业报告及产品报告内,方准生产。同样,从事汽车产品销售的企业必须事先报请国家工商总局或各省市工商局批准,获得汽车经营销售权后才能开展销售活动。各级工商局审批汽车营销权非常慎重,其营销权限往往严格控制在一定的范围内,企业不得超越权限经营。目前,汽车及零部件的销售权正由生产厂转向其辐射的售后服务中心。由于汽车营销的政策规定很多,而且随时间经常变化,因此营销商必须注意学习有关政策规定,遵纪守法,文明经商。

（2）技术性高

仅从汽车销售企业来看,在汽车销售过程中,从进货时选择车型,提车时检查、验收产品质量情况,储运过程中汽车使用、停车维护,销售汽车时宣传性能特点,售后发生质量问题的处理等都涉及对各种汽车技术状况的了解程度,而且大多数购买者会提出一系列技术问题,要经销商解释清楚,弄明白后才决心购买。而对汽车制造商来讲,科学技术水平已成为企业获得生存和发展的主要因素之一,是企业核心竞争力的主要内容。

（3）需用资金多

现在买一辆汽车少则 3 万~5 万元,多则 100 万元以上,还有更贵的高档汽车。因此,进行汽车营销必须要有足够的流动资金,满足进料、进货、运输及储存的需要。对汽车销售商来讲,为了使顾客有挑选的余地,要有一定数量的库存。由于占有资金多,随之而来的是银行贷款多,利息负担重,因此,汽车企业必须慎重地考虑加速资金周转问题,避免金融风险。

（4）商品车维护复杂

因为汽车销售企业必须有一定的库存车辆,以便客户选择,而且从外地远程进货时,一般是一批一批运输,要求有较大的仓库,存放时间长的应当在室内存放,尤其是客车,长期放在露天,日晒雨淋,接触风沙泥土,对车子损伤较大,塑料管和密封件也易老化。因此,库存车辆要有专人维护,机件要及时检查和涂油,冬天要把水套中的水放干净以免冻坏气缸体,蓄电池要定期充电,等等。如果将商品车放在储运公司,每年要付仓储费,也会增加流通费用。总之,这些工作都是区别于其他产品市场销售的。

（5）汽车经营风险大

汽车市场受国家宏观控制、经济政策及国民经济发展影响较大,可认为汽车市场是十分敏感的市场。因此,汽车营销是一种风险经营,必须随时审时度势、正确决策。

1.2　汽车市场营销观念的演变

1.2.1　汽车市场营销观念的演变过程

汽车营销观念的核心问题是,以什么为中心来开展汽车企业的生产经营活动。因此,汽车营销观念的正确与否,对汽车企业的兴衰具有决定性作用。

美国著名管理学家杜拉克说过,产品销售的最终效果是企业管理水平的综合反映,它必须由顾客来进行评判,顾客的观点是衡量产品销售是否成功的唯一标准。世界汽车营销观念是随着汽车市场的形成而产生，并遵循上述著名论点而逐步演变的。其发展大致经历了以下 5 个阶段：

1）生产观念

生产观念是指导销售者行为的最古老的观念之一。这种观念在西方盛行于 19 世纪末 20 世纪初。企业经营哲学不是从消费者需求出发，而是从企业生产出发。其主要表现是"我生产什么，就卖什么"。生产观念认为，消费者喜欢那些可以随处买得到而且价格低廉的产品，企业应致力于提高生产效率和分销效率，扩大生产，降低成本以扩展市场。美国汽车大王亨利·福特曾傲慢地宣称："不管顾客需要什么颜色的汽车，我只有一种黑色的。"也是典型表现。显然，生产观念是一种重生产、轻市场营销的商业哲学。

生产观念是在卖方市场条件下产生的。在资本主义工业化初期以及第二次世界大战末期和战后一段时期内，由于物资短缺，市场产品供不应求，生产观念在企业经营管理中颇为流行。我国在计划经济体制下，由于市场产品短缺，企业不愁其产品没有销路，工商企业在其经营管理中也奉行生产观念，具体表现为：工业企业集中力量发展生产，轻视市场营销，实行以产定销；商业企业集中力量抓货源，工业企业生产什么就收购什么，生产多少就收购多少。

2）产品观念

产品观念也是一种较早的企业经营观念。该观念认为，在市场产品有选择的情况下，消费者会欢迎质量最优、性能最好和特点最多的产品，因此，企业应致力于制造质量优良的产品，并经常不断地加以改造。但事实上，这种观念与生产观念一样，无视消费者的需求和欲望。所谓优质产品，往往是一群工程师在实验室里设计出来的，这些产品上市之前从来没有征求过消费者的意见。美国通用汽车公司的总裁就曾说："在消费者没有见着汽车之前，他们怎么会知道需要什么样的汽车呢？"这种思想观念无疑曾使日后通用汽车公司在与日本汽车制造商的较量中陷入困境。

只有当消费者觉得一个产品或服务的价值与其预期的价值相吻合或超过其预期价值时才会决定购买。产品观念在市场营销上至少有两个缺陷：第一，工程师们在设计产品时并不知道消费者对其产品的价值衡量标准，结果生产出来的产品很可能低于或不符合消费者的预期价值，从而造成滞销；第二，一味地追求高质量往往会导致产品质量和功能的过剩，高质量多功能往往附带着高成本，而消费者的购买力并不是无限的，如果产品质量过高，客户就会拒绝承担为这些额外的高质量所增加的成本，从而转向购买其他企业的产品。

3）推销观念

推销观念（或称销售观念）盛行于 20 世纪三四十年代，是为许多企业所采用的另一种观念，表现为"我卖什么，顾客就买什么"。它认为，消费者通常表现出一种购买惰性或抗衡心理，如果听其自然的话，消费者一般不会足量购买某一企业的产品，因此，企业必须积极推销和大力促销，以刺激消费者大量购买本企业产品。推销观念在现代市场经济条件下被大量用于推销那些非渴求物品，即购买者一般不会想要去购买的产品或服务。许多企业在产品过剩时,也常常奉行推销观念。

推销观念产生于资本主义国家由"卖方市场"向"买方市场"过渡的阶段。在 1920—1945 年,由于科学技术的进步,科学管理和大规模生产的推广,产品产量迅速增加,逐渐出现了市场产品供过于求,卖主之间竞争激烈的新形势。尤其在 1929—1933 年的特大经济危机期间,大量产品销售不出去,因而迫使企业重视采用广告术与推销术去推销产品。许多企业家觉得:即使有物美价廉的产品,也未必能卖得出去;企业要在日益激烈的市场竞争中求生存和发展,就必须重视推销。这种观念虽然比前两种观念前进了一步,开始重视广告术及推销术,但其实质仍然是以生产为中心的。

4) 顾客导向的市场营销理念

市场营销观念是作为对上述诸观念的挑战而出现的一种新型的企业经营哲学。这种观念是以满足顾客需求为出发点的,即"顾客需要什么,就生产什么"。尽管这种思想由来已久,但其核心原则直到 20 世纪 50 年代中期才基本定型,当时社会生产力迅速发展,市场趋势表现为供过于求的买方市场,同时广大居民个人收入迅速提高,有可能对产品进行选择,企业之间竞争加剧,许多企业开始认识到,必须转变经营观念,才能求得生存和发展。市场营销观念认为,实现企业各项目标的关键在于正确确定目标市场的需要和欲望,并且比竞争者更有效地传送目标市场所期望的物品或服务,进而比竞争者更有效地满足目标市场的需要和欲望。市场营销观念的出现,使企业经营观念发生了根本性变化,也使市场营销学发生了一次革命。

许多优秀的企业都是奉行市场营销观念的。例如,日本本田汽车公司要在美国推出一款新车。在设计新车前,他们派出工程技术人员专程到洛杉矶地区考察高速公路的情况,实地丈量路长、路宽,采集高速公路的柏油,拍摄进出口道路的设计。回到日本后,他们专门修了一条长约 15 km 的高速公路,就连路标和告示牌都与美国公路上的一模一样。在设计后备厢时,设计人员意见出现了分歧,他们就到停车场观看了一下午,看人们如何放取行李。这样一来,意见得到了统一。结果本田公司的这款雅阁汽车一到美国就备受欢迎,被称为全世界都能接受的好车。由此可见,我国企业树立市场营销观念之迫切性。

5) 社会市场营销观念

社会市场营销观念是对市场营销观念的修改和补充。它产生于 20 世纪 70 年代西方资本主义出现能源短缺、通货膨胀、失业增加、环境污染严重、消费者保护运动盛行的新形势下。因为市场营销观念回避了消费者需要、消费者利益和长期社会福利之间隐含着冲突的现实。社会市场营销观念认为,汽车企业的任务是确定各个目标市场的需要、欲望和利益,并以保护或提高消费者和社会福利的方式,比竞争者更有效、更有利地向目标市场提供能够满足其需要、欲望和利益的物品或服务。社会市场营销观念要求市场营销者在制订市场营销政策时,要统筹上述 5 种汽车市场营销观念,其产生和存在都有其历史背景和必然性,都是与一定的条件相联系、相适应的。当前,外国汽车企业正在从生产型向经营型或经营服务型转变,企业为了求得生存和发展,必须树立具有现代意识的市场营销观念、社会市场营销观念。但是,必须指出的是,由于诸多因素的制约,当今外国汽车企业不是都树立了市场营销观念和社会市场营销观念。事实上,还有许多汽车企业仍然以产品观念及推销观念为导向。

对于营销理念在近百年的历史演进中经理了两次较大的飞跃。第一次飞跃产生于 20 世纪 50 年代的"新的市场营销理念",第二次飞跃产生于 20 世纪七八十年代后迅速普及应用的"战略营销理念"。

所谓战略营销理念,就是用战略管理的思想和方法对市场营销活动进行管理。它强调,企业要在选定的市场环境中,通过战略管理创造竞争优势,向包括顾客在内的所有参与者提供最大的利益。战略营销理念的核心要素在于它具有方向性、长期性、竞争性、创造性、协同性及参与者共赢的特征。

目前,我国仍处于社会主义市场经济初级阶段。由于社会生产力发展程度及市场发展趋势,经济体制改革的状况及广大居民收入状况等因素的制约,我国企业经营观念仍处于以推销观念为主、多种观念并存的阶段。

1.2.2 传统经营观念和现代经营观念的比较与分析

上述 5 种市场经营观念可归并为两大类:一类是传统经营观念,包括生产观念、产品观念和推销观念;另一类是新型经营观念,包括市场营销观念和社会市场营销观念。这两类经营观念在内容上存在着质的区别:传统经营观念的出发点是产品,是以卖方(企业)的要求为中心,其目的是将产品销售出去以获取利润,这可以认为是一种"以生产为导向"的经营观念;新型经营观念的出发点是消费需求,是以买方(顾客群)的需求为中心,其目的是从顾客的满足之中获取利润,这可认为是一种"以消费者(用户)为导向"或称"市场导向"的经营观念。

正因如此,两者实现目的的方法或途径也是有区别的:前者主要依靠增加生产或加强推销,企业重点考虑的是"我擅长生产什么";后者则是组织以产品适销对路为轴心的整体市场营销活动,企业首先考虑的是"消费者(用户)需要什么"。两类经营观念的比较见表 1.1。

表 1.1 两类经营观念的比较

观念类型	出发点	方　法	终点(目的)
传统观念	产品	增加生产或加强推销	通过扩大销售获利
新型观念	顾客需求	整体市场营销	通过满足顾客需求获利

应当说,上述两类经营观念的产生与存在,各有其必然性和合理性,都是与一定的生产力发展水平、一定的商品供求状况和企业规模等相联系、相适应的。尽管它们在历史上是依次出现的,但并不能认为它们是此生彼亡的关系。由于各类汽车的供求状况不同,汽车企业的规模大小不同,汽车企业高层管理人员的价值取向和经营判断也有区别,在同一个时期,

不同的汽车企业往往会有不同的经营观念。不过,自市场营销观念出现以来,由于其内涵先进而极富魅力,即使实际上奉行传统经营观念的企业,也不可能不受市场营销观念的启迪和影响。

值得注意的是,对于市场营销观念,并不是孤立地、绝对化、一律化地加以倡导。从理论上讲,为了更好地满足社会消费的需要,一方面要求生产紧随消费,按照市场上反映出来的、尚未得到满足的消费需要去组织生产,去开发新产品;另一方面也要求生产走在需求的前面,以科学技术进步为契机去挖掘潜意识的消费需求,并开发出符合这种"潜意识需求"的新产品去引导消费、丰富消费、提高消费。因此,作为汽车企业,既要强调"我跟市场走",也要力求同时实现"市场跟我走",而不能只是强调前一方面,忽略后一方面。

与此相联系,也不能把属于"生产者导向"型的上述前 3 种经营观念简单地说成是不以市场为导向,或者与我国旧经济体制下存在的"以产定销"模式相混同。事实上,这 3 种经营观念仍然是以消费者或用户需要某种汽车、汽车能够销售出去为大前提的。否则,企业怎么能生存下去? 从这种意义上讲,它们也是以市场为导向的。只是由于汽车供不应求、消费需求相对简单或者生产成本过高影响销售等原因,汽车生产经营者不必要或者不可能更多地考虑不同消费者或用户对同一种汽车的不同需求。在这里,确实存在着颜色、品种等方面的"以产定销",但这与我国旧的经济体制下,由于国家实行产品统购包销、财政统收统支,而导致生产企业出现"皇帝女儿不愁嫁""以产定销"的企业行为,是完全不同的两回事。

鉴于以上分析,我们一方面应大力倡导具有现代意识的市场营销观念、社会营销观念;另一方面也要看到,在商品经济不够发达,一些产品长期供不应求的情况下,生产观念、产品观念、推销观念还会在某些企业普遍存在。问题在于,这类企业不能固守这些传统观念,而应努力体现营销观念的要求,并随着生产力的发展、供求态势的变化,及时调整自己的经营思想。总之,无论奉行哪一种经营观念,都应当兼顾卖者、买者、公众这 3 种力量对营销活动的关注和要求,既要考虑如何去满足买者的需求和欲望,考虑卖者扩大销售、增加利润的目标,也要务求产品安全可靠,价格公道合理,促销诚实有信,不滥用资源,不污染环境。这样一种高水平的市场营销,不仅有助于保证企业的长远利益,也有助于实现社会主义生产的目的,创造良好的社会环境,提高现代文明水平。

1.3　我国汽车市场营销发展概况

1.3.1　我国汽车工业与我国汽车市场营销的发展历程

20 世纪初,随着国外汽车的进入,我国出现了汽车维修业,但在旧中国,汽车制造业未能真正形成生产能力,更谈不上汽车工业了。新中国成立后有了自己的汽车制造厂,1956

年长春第一汽车制造厂建成投产,标志着我国汽车工业的诞生,结束了无汽车工业的历史。当前,我国汽车工业正处于大发展时期。回顾发展历程,总结经验,正确认识汽车营销,找出差距,具有十分重要的现实意义。

1)1953—1978 年计划分配阶段

我国经济基础薄弱,生产能力较低,汽车工业在国家计划经济体制下,集中力量,重点建设,先后建成了中国第一汽车制造厂和第二汽车制造厂,以及一批地方汽车制造厂、专用车改装厂和零部件制造厂,这些企业为我国汽车工业的发展奠定了必要的物质基础。但是,国家对汽车工业长期实行计划管理、计划生产、计划销售,企业自主权较小,造成了汽车产品单一,汽车工业发展缓慢。

在这个阶段,我国的汽车工业经历了从无到有、从小到大的过程,实现了零的突破,是我国汽车工业的初创和形成阶段。

2)1978—1992 年计划经济向市场经济转变阶段

我国计划经济模式被突破,市场杠杆的调控作用逐渐明显,汽车工业开始出现竞争局面。这一阶段,汽车工业形成了一些骨干企业集团,走上了联合发展的道路,打破了以前的"小而全,大而全"的模式,促进了汽车企业之间的协作和专业化生产。我国企业有选择地重点引进了国外的一些先进技术,包括汽车整车生产,特种车技术及专用车、零部件和相关的配套工业,从自我封闭模式走上了与国际汽车工业加强合作的道路。在很大程度上促进了中国汽车工业的发展,提高了国产汽车的水平,缩小了我国汽车工业同世界各国汽车工业的差距,是我国汽车工业的成长壮大提高阶段。

随着改革开放,国民经济迅速发展,人均国民收入和人们的消费水平不断提高,我国对轿车的需求量增加。但是,国内轿车的生产能力有限,不能满足市场需求,再加上汽车产品结构上的重大缺陷,导致了供需矛盾的产生。尽管汽车市场有起有落,总体还是以卖方市场为主。一个重要特点是汽车销售成为高利润行业,汽车销售公司大量涌现,不仅原有国营主渠道大力发展规模和扩散布点,军工、农机企业成系统地转业销车,个体经济也进入了汽车销售领域。为了防止混乱,出台了汽车专卖和轿车经营权政策,用行政手段规范市场。

3)1994 年至今买方市场阶段

我国全面进入市场经济建设。基本特点是市场持续低迷,销售利润降低,市场竞争激烈,多种销售方式出现,分期付款、租赁、租售等新方式迅速发展。

中国开始实行汽车专卖店制度,分期付款售车也有了多年的实践,并发挥着越来越大的作用。国际上新兴的百货店售车,中国也已经出现,同时汽车电子商务也开始在国内尝试。如何学习国际先进经验,尤其是如何将国际先进经验结合本国和本企业实际,是每一个汽车制造商应当研究的问题,更是广大经销商应当关注的问题。

从总体而言,每个汽车制造商都要不断地调整营销战略,选择符合市场规律的营销模式。中国营销企业的一个最大特点是,数量众多,组织分散,状态混乱。现有经销企业在资金、资产、人才、知识、技术资源、用户关系等多方面,已形成了一个巨大的资产。利用好这部分资产,有利于国家经济和汽车工业的发展,更是制造商抢占市场的捷径。这种成系统的经销体系,已成为外国厂商看好的伙伴,中国汽车工业无疑将会有一个较大的发展。

1.3.2 汽车产业在我国经济社会发展中的地位和作用

汽车产业是现代工业文明中最具代表性和影响力的产业,也是决定一国综合经济实力强弱的重要产业。在当今世界中,经济最为发达的国家无一不是汽车产业发达的国家,如美国、日本、德国、法国等。在世界500强企业中,有许多汽车公司都排在重要位置。我国是一个正处在工业化过程中的发展中国家,发展汽车产业对我国经济社会的发展具有特殊的意义。

1)有利于促进国民经济的持续快速发展

汽车产业是一个经济规模大、波及范围广、对国民经济具有很强带动作用的产业。因此,党中央、国务院对发展汽车产业非常重视,多次提出要把汽车产业建设成为国民经济的支柱产业,并为此采取了一系列的政策措施。在这一指导思想下,我国汽车产业取得了快速发展,在国民经济中的地位和作用越来越重要。2006年,汽车工业实现工业增加值占全国GDP的1.81%,10年来,其比重已经稳步地提升了1个百分点。按汽车产业对相关产业的带动系数为1:3测算,2006年广义的汽车产业增加值占GDP的比重达7%以上。到2020年要实现国民经济翻两番的奋斗目标,离开了汽车产业的快速发展也是难以实现的。

2)有利于全面建成小康社会

发展汽车产业对全面建成小康社会有很大的推动作用。一是有利于增加就业。汽车产业的大规模生产模式和对上下游产业的巨大带动作用为社会提供了大量的就业机会。根据我们的测算和国外的相关经验,汽车产业对就业的带动作用为1:10,即1个汽车产业的直接就业可带来10个与汽车产业相关的就业机会。二是有利于满足人民的消费需求。随着我国国民经济的快速发展和人民生活水平的提高,人民的消费需求已逐步由"吃、穿、用为主"向"住和行为主"转变,因此,发展汽车产业有利于满足人民不断增长的消费需求,有利于推动居民消费结构的升级。三是有利于改变人民的生活方式,提高生活质量。我国汽车产业的发展和汽车普及率的提高,将极大地提高人们的出行效率,拓展活动空间,提高出行的舒适性。

3)有利于推动技术进步和产业结构升级

汽车作为一个产品,是高新技术的结晶;作为一个产业,是新技术应用范围最广、数量最多、周期最长、规模最大的产业。不仅对它本身的生产制造有很高的技术要求,而且对相关产业如原材料产业、装备制造业、配套产业等也有很高的技术要求。因此,汽车产业的发展不仅要求其本身的广泛发展和使用新技术,也要求相关产业广泛发展和使用新技术。因此,发展汽车产业对推动技术进步和产业结构升级具有重要作用。

4)有利于推动城市化进程

城市化是我国经济社会发展的必然历史过程,汽车产业的发展有利于加快我国的城市化进程。一是汽车的发展和普及,改变了城市交通的面貌,推动了城市交通的现代化,促进了城市经济的繁荣;二是汽车的发展和普及,推动了城市结构的改变,促进了围绕大城市而建立的卫星城市群落的发展;三是汽车的发展和普及,加强了城乡之间在物质、文化、信息、人员等方面的交流和联系,有利于推动城乡经济社会一体化的发展,缩小城乡差别。

【本章小结】

汽车市场(Automobile Market)泛指大型汽车交易市场。具有规模大,销售汽车品牌多,交易额大等特点。有汽车城、汽车大道、地区性交易市场、全国性汽车连锁市场4种形式。中国汽车市场已从快速成长期步入平稳成熟期,正处于从量到质的转型升级阶段,销量低速增长的结构性市场状况已成为产业发展的制约。传统汽车产权销售商业模式导致的销量下滑、以价换量、经营亏损、品牌淘汰等不良局面亟待改善。今后汽车市场将有新的变化,汽车产业商业逻辑的本质将发生根本性改变,汽车流通必将从"车辆"为核心的产权交易传统模式向"用户"为核心的用户运营和资产运营的新流通模式转型。

【扩展阅读】

汽车市场未来五大趋势

趋势一:新能源化——新能源车产业整体发展升级,从政策导向迈向市场竞争阶段

从2010年开始的新能源车财政补贴政策正在逐步退出,2018—2019年是新能源市场"后补贴"阶段。随着双积分制度推进落地,2020年补贴政策或将全部退出,届时新能源车市场进入完全竞争时代。新能源车企将面临产品升级、竞争升级、流通升级等全方位挑战,落后企业将被市场淘汰。

趋势二:智能化——智能化、网联化融合发展,智能网联汽车将重塑整个汽车产业生态

未来,以汽车技术为主的智能化路线和以移动科技为主的网联化路线将融合发展成为智能网联汽车,而智能网联汽车将推动汽车产业生态深刻变革、竞争格局全面重塑,推动自动化共享出行趋势。

趋势三:出行服务化——产权销售增长乏力,用户出行服务消费形成,产业供给端流通模式创新成为趋势

随着汽车销量增速下滑,以主机厂、经销商为代表的传统汽车产业主体面临严峻盈利考验,同时用户汽车消费观也从购买车辆转为按需使用,汽车产权消费、使用权消费的界限正在逐渐消融,用户出行服务消费市场已形成。汽车产业供给端亟须流通模式创新向出行服务供应商转型。

趋势四:渠道场景化——构建以"用户为中心"的出行服务消费场景,成为汽车渠道升级新方向

为满足用户汽车消费的需求升级,汽车渠道从传统以车辆为中心的4S服务模式,正在向以用户为中心的出行服务模式转型。同时,随着汽车出行服务消费普及,传统经销商渠道的获客、交易、交付、售后等各项职能,将逐步分离,被市场重新分工;未来将形成各类流通资源整合、有机协作的场景化渠道体系。

趋势五:车辆资产化——汽车行业的商业本质发生变化,资产价值管理将是新商业趋势

中国汽车市场正从卖方时代"产品+技术为中心"向买方时代"以用户运营为中心"的产业模式升级,商业本质已发生了变化;出行服务迈出了产业主体持续连接用户的第一步,未来将实现对汽车全生命周期的资产运营和价值管理。其中,用户、车辆是车企在汽车全周期运营中围绕的两大核心,需要以资产经营的思维贯穿全过程,进行体系化布局。

【能力训练】

1.中国汽车市场类型有哪些? 各有什么特点?

2.市场营销观念的演变过程是什么? 每个阶段的特点是什么?

3.结合实际,你是否认为市场营销对汽车企业的成长具有重要意义?

【案例分析】

汽车市场现状分析的七要点

1)汽车行业生命周期

通过汽车行业的市场增长率、需求增长率、产品品种、竞争者数量、进入壁垒及退出壁垒、技术变革、用户购买行为等研判行业所处的发展阶段。

2)汽车行业市场供需平衡

通过汽车行业的供给状况、需求状况以及进出口状况研判行业的供需平衡状况,以期掌握行业市场饱和程度。

3)汽车行业竞争格局

通过对汽车行业的供应商的讨价还价能力、购买者的讨价还价能力、潜在竞争者进入的能力、替代品的替代能力、行业内竞争者现在的竞争能力的分析,掌握决定行业利润水平的5种力量。

4)汽车行业经济运行

该运行主要为数据分析,包括汽车行业的竞争企业个数、从业人数、工业总产值、销售产值、出口值、产成品、销售收入、利润总额、资产、负债、行业成长能力、盈利能力、偿债能力和运营能力。

5)汽车行业市场竞争主体企业

汽车行业市场竞争主体企业包括企业的产品、业务状况、财务状况、竞争策略、市场份额、竞争力(SWOT 分析)分析等。

6)投融资及并购分析

投融资及并购分析包括投融资项目分析、并购分析、投资区域、投资回报、投资结构等。

7)汽车行业市场营销

汽车行业市场营销包括营销理念、营销模式、营销策略、渠道结构、产品策略等。

思考:试从 7 个要点对当下中国汽车市场现状进行分析。

第 2 章

汽车营销环境及消费者
购买行为分析

【学习目标】

- 学会分析汽车营销宏观环境。
- 学会分析汽车营销微观环境。
- 掌握汽车消费者购买行为过程。

【关键词】

汽车营销环境 消费者购买行为

【引导案例】

特斯拉汽车中国市场宏观营销环境分析

特斯拉汽车(Tesla Motors)于 2003 年成立,总部位于美国加利福尼亚州帕洛阿尔托市。该公司致力于向全球市场提供以电力这一清洁能源为唯一动力的电动汽车和电动动力总成产品,其经营范围现已覆盖全球 37 个国家和地区。2010 年 6 月 29 日,特斯拉汽车正式在纳斯达克上市,证券代码 TESLA。

特斯拉汽车进入中国之际,通过 PEST 对中国市场的宏观环境进行了分析。

1)政治因素分析

中国政府在追求国内经济飞速发展的同时,也开始对国内环境污染问题越发重视。在这一背景下,许多针对新能源车的利好政策也相继出台。以北京、上海、广州、深圳 4 地为例,购买电动汽车这类新能源车可享国家新能源补贴(以上部分地区在国家补贴标准基础上略有调整)。除此之外,根据当地政策,有些地区消费者还可以享受区域性新能源补贴及免除征收购置税的政策优惠。不仅如此,对于限制汽车牌照发放的部分城市和地区,作为新能源车的电动汽车还可以享受免予摇号上牌的政策,更有甚者,免交上牌手续费。值得注意的是,上述政策均只适用中国国产电动汽车车型,特斯拉作为境外汽车品牌,打算选购旗下车型的消费者与这些优惠政策无缘。正因如此,政策这一宏观因素对于特斯拉汽车而言,非但没有带来好处,相反,有关政策对国内电动汽车品牌的倾斜导致特斯拉汽车的市场份额受到直接威胁。

2) 经济因素分析

宏观环境下,经济因素对中国电动汽车市场的发展产生了一定程度的制约,这一点主要体现在个人或家庭计划用于购车的可支配收入方面。从目前中国电动汽车市场上的各类在售车型官方指导价来看,纯电动汽车产品定价普遍较高,消费者须付出相对更高的货币成本。作为大宗消费品,在一定程度上直接影响了消费者对电动汽车产品的需求。除此之外,绝大多数的纯电动汽车一次性充电续航里程为 100~150 km,受这一产品特性的影响,电动汽车似乎更适合作为城市代步工具或家庭的第二辆用车,而从中国国内现阶段的经济形势来看,绝大多数个人或家庭尚缺乏购买第二辆车的条件,电动汽车产品市场遇冷也就不难理解了。

3) 社会文化因素分析

中国面临着日益严重的环境污染问题,消费者在日常生活中的环保意识也逐步觉醒并增强。在政府有关部门及一些民间组织、公共知识分子的引导下,民众在消费时开始倾向于选择一些尽管在价格方面略缺少竞争优势,但却更为环保的产品——这一现象已逐渐从小众化行为转变成一种越发受到社会所普遍接受、认可,甚至追捧鼓励的行为。一方面,中国客户在购买商品时开始偏好选择对自己和家人健康更为有利的产品,如空气净化器、净水设备、有机农产品等;另一方面,消费者也开始关注自身或者说整个社会的长远期利益——有意识地选择环境友好型产品,如低碳、低排放,甚至零排放工艺产品。以电这一清洁能源为动力的纯电动汽车产品则刚好契合了消费者的这一类需求,换言之,在目前的社会文化因素影响下,持环保理念的产品正是中国国内市场所期待的。

4) 科技因素分析

根据相关机构调查,特斯拉汽车拥有近 700 项专利,其中绝大多数集中在电动汽车的核心技术层面。作为电动汽车行业的开拓者,特斯拉一度处于技术领先的垄断地位,然而,特斯拉拥有更广阔的决心与目标。2014 年年中,特斯拉宣布开放旗下所有电动汽车相关专利,极大地推动了整个电动汽车行业的发展。也就是说,理论上,中国市场的竞争对手掌握了与特斯拉同等程度的专利技术,对于特斯拉而言,国内的科技环境因素似乎算不上有利。但是,毕竟国内汽车产业起步较晚,传统汽车生产工艺较国外汽车品牌相比还略有逊色,加之,特斯拉本身就是电动汽车的鼻祖,其研发与技术更新实力远非国内汽车品牌所能追赶,所以科技环境因素对于特斯拉而言,总体还是较为有利的。

2.1　汽车市场营销环境概述

2.1.1　什么是市场营销环境

市场营销环境是企业生存和发展的条件,是指影响企业营销活动和营销目标实现并与企业营销活动有关的各种因素。菲利浦·科特勒认为:"企业的营销环境是由企业营销管理职能外部的因素和力量组成的。这些因素和力量影响营销管理者成功地保持和发展同其目标市场顾客交换的能力。"也就是说,市场营销环境是指与企业有潜在关系的所有外部力量与机构的体系,它包括宏观环境和微观环境。宏观环境是指一个国家或地区的自然、政治法律、人口、经济、社会文化、科学技术等影响企业营销活动的宏观因素。微观环境是指企业内部条件,包括企业的顾客、竞争者、营销中介、社会公众等对企业营销活动有直接影响的因素。宏观环境和微观环境是市场环境系统中不同的层次,所有的微观环境都受宏观环境制约,而微观环境对宏观环境也有影响。企业的营销活动就是在这种外界环境相互联系和作用的基础上进行的。

市场营销环境是一个不断完善和发展的概念,随着商品经济的发展,发达国家的企业越来越重视对市场环境的研究。企业只有不断适应各种营销环境的变化才能顺利地展开营销活动,在营销实践中除对营销环境进行科学的研究和预测外,还要掌握科学的分析方法,寻找营销机会,避免环境威胁,及时调整营销策略,使企业的营销活动不断适应变化的营销环境。

2.1.2　汽车市场营销环境的特点

汽车产业作为各国国民经济的支柱产业,它对宏观环境与微观环境的变化反应非常敏感。一般来说,汽车市场营销环境有以下4个特点:

1)差异性

汽车市场营销环境的差异性一方面表现在不同汽车企业受不同环境的影响,另一方面同一种环境的变化对不同汽车企业的影响也不相同。相应地,汽车企业为适应营销环境的变化所采取的营销策略也不同。

2)多变性

构成汽车市场营销环境的要素是多方面的,不同的要素在不同的时空范围内又会随着社会的发展不断变化。这些要素的变化是不以人的意志为转移的,多变性是汽车市场营销环境的一个永恒特性。

3）相关性

汽车市场营销环境是由多方面要素组成，不是由某一个单一要素决定的，这些要素之间相互作用、相互影响，共同决定营销环境的变化。例如，目前老百姓关心的汽车价格，就不仅仅受到市场供求关系的影响，而且还要受到汽车企业技术进步水平、原材料价格水平和国家相关税费的影响。

4）动态性

汽车市场营销环境是在不断变化的，而且变化速度不断加快。每一个汽车企业作为一个小系统都与市场营销环境这个大系统处在动态的平衡之中。一旦环境变化，平衡便被打破。

2.2 汽车市场营销宏观环境分析

宏观市场环境是企业外在的不可控制因素。企业市场营销环境的宏观环境十分复杂，它不断地制造市场营销机会与威胁。成功的企业总是那些能在纷繁复杂的宏观环境中意识到尚未被满足的需要和趋势并能及时作出盈利反应的企业。从宏观环境变化的长期趋势来看，企业在营销活动中应重视下面 6 个方面，如图 2.1 所示。

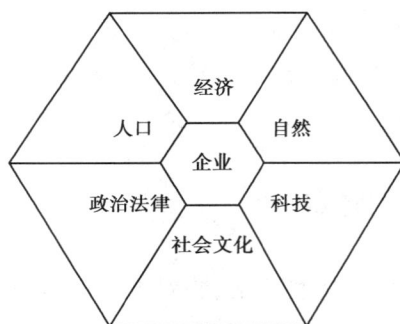

图 2.1 汽车企业宏观环境中的主要影响因素

2.2.1 人口环境

人口是构成市场的基本要素。现代市场营销观念认为，企业必须密切注意自身所处的人口环境变化，因为市场是由那些有购买欲望并且有购买力的人构成的。在一定环境下，人口的多少直接决定着市场的潜在容量。但是，由于企业的市场营销不可能面向所有的人，因此，对人口考察必须是具体地研究人口动向。这些因素变化都会对市场需求的格局产生影

响。目前,许多国家存在的影响汽车工业发展的人口环境方面的主要动向为以下 5 点:

1)人口数量增长

世界人口迅速增长的主要原因:随着世界科学技术进步、生产力发展和人民生活条件改善,世界人口平均寿命大大延长,死亡率大大下降;发展中国家的人口出生率上升,人口迅速增加。世界人口尤其是发展中国家的人口将继续增长,这意味着世界市场将继续发展。同样,我国的市场潜力也是很大的。

2)许多国家人口趋于老龄化

以 60 岁人口超过总人口 10% 为标志,中国已进入老龄化社会。今天的老年人应该说都是吃苦耐劳勤俭一生的,只有少量的人口享受到了汽车带来的便利。但是,在今后即将成为老年人的年龄层中,持有驾照拥有汽车的人口将大幅增加,由于城市无障碍设施的不到位,限制了老年人对公共交通的使用,使得老年人的出行更加依赖汽车。来自发达国家的研究资料表明,65 岁以上的老年人对汽车的依赖将大大提高,或者可以说进入老龄化社会以后,对汽车的需求、汽车的交通量不仅不会减少,反而还会有更大幅度的提高。

3)人口流动性增加

许多国家的人口流动具有的主要特点有以下两点:一是从农村流向城市;二是从城市流向郊区。随着竞争的加剧,许多人不得不到距离家很远的地方去上班,这给汽车工业创造了良好的市场机会。

4)家庭规模趋于小型化

家庭人口数将影响对汽车座位、车内空间的要求。近 20 年来,我国非家庭住户的迅速增加,必须引起营销人员的足够重视。非家庭住户主要有单身成年人住户、几人同居户和集体住户 3 种形式。

5)女性消费者增多

随着职业女性的增加和经济地位的提高以及其自立、自主意识的增强,已经有越来越多的女性,特别是西方国家的女性,成为现实的或者潜在的汽车消费者。在德国,不但 57% 的女性拥有自己的汽车,而且她们还希望与男性平分秋色,要求拥有专为女性生产的汽车。为此,妇女组织以性别歧视为由,向政府递交了一份抗议书。在美国,女性消费者不但占据了汽车销售额的 51%,而且影响着 80% 以上的购车决定。显然,女性已成为汽车消费市场中一支举足轻重的力量。在我国,一些女性也开始成为有车一族。为此,一些著名汽车企业专门聘请女性来担任企业的董事、经理和设计师等,以顾及女性消费者的需要。

以上变化对汽车工业的发展无疑是一种巨大的机会。

2.2.2 政治法律环境

汽车市场,尤其轿车市场是政策市场。因此,汽车市场营销必须十分重视研究营销的政治法律环境。一定的政治体制必然有与之相适应的经济体制。一般来说,政治对汽车营销的影响大多是通过经济体制对企业经营的影响表现出来的。在国内市场上,政府通过改革经济体制和制订经济政策的方式制约着汽车的生产和经营,并给汽车市场营销的每个环节都打上意识形态的烙印;在国际市场上,不同意识形态以及政党、政局、政策的变化也会直接或者间接地影响汽车的市场营销。

国家的汽车政策主要包括汽车产业政策、汽车企业政策、汽车产品政策及汽车消费政策4个方面。

1)汽车产业政策

2011年,国内汽车市场为政策所左右的态势十分明显,在国家宏观经济政策导向下,汽车产业相关政策也由以促进汽车消费为主向以鼓励汽车技术进步为主转变。

(1)《中华人民共和国车船税法实施条例》

2011年2月25日颁布的《中华人民共和国车船税法》(以下简称《车船税法》),自2012年1月1日起施行。《车船税法》将排气量作为乘用车计税依据,增加了对节约能源、使用新能源的车船可减征或免征车船税的优惠。排气量在2.0 L及以下的乘用车,税额幅度适当降低或维持不变;2.0~2.5 L(含)的中等排量车,税额幅度比现行税额幅度适当调高。2.5 L以上大排量乘用车,税额幅度有较大提高,体现了对汽车消费和节能减排的政策导向。

2011年12月5日,国务院发布《中华人民共和国车船税法实施条例》(以下简称《条例》),自2012年1月1日起施行。《条例》细化了应税车船的范围,规定了机动船舶和游艇的具体适用税额,细化了税收优惠的规定。节约能源、使用新能源的车船可以免征或者减半征收车船税。具体范围由财政、税务等部门制订,报国务院批准。

(2)《乘用车内空气质量评价指南》

2011年10月27日,环境保护部和国家质检总局联合发布《乘用车内空气质量评价指南》推荐性国家标准,自2012年3月1日起实施。该标准规定了车内空气中苯、甲苯、二甲苯、乙苯、甲醛、乙醛等浓度要求,主要适用于销售的新生产汽车,使用中的车辆也可参照使用。此前,《乘用车内空气质量评价指南》在2009年发布了征求意见稿,此次正式发布的内容和征求意见稿基本相同,特别是在污染物指标及极限数值方面。

据了解,这两年涉及车内空气质量检验设备的欧美厂商已进入中国,但采购此设备的车企只是看中车辆出口时能否符合海外市场法规,车辆在国内市场销售时,厂商鲜有宣传,消费者也无法科学评判。此政策出台将让中国消费者,车企有标准可依据,便于解决车内空气质量纠纷。

(3)新能源汽车或拨云见日

2011年12月27日,工业和信息化部通过官方网站发布,电动汽车充电接口和通信协议的四项国家标准已于近日批准发布,并于2012年3月1日起实施。这4项国家标准将为电动汽车基础设施建设提供重要的技术和标准支撑,对健全我国新能源汽车标准体系、推动新能源汽车示范试点、促进我国新能源汽车协调发展具有重要意义。此外,目前国家推广节能和新能源汽车的鼓励政策有3项:一是开展节能与新能源汽车示范推广试点;二是在5个试点城市开展私人购买新能源汽车补贴试点;三是对消费者购买"节能产品惠民工程"节能汽车给予一次性定额补助。

2012 年,上述 3 项政策均将继续施行,并将进一步深化。2011 年 9 月 8 日,商务部等 10 部委联合印发了《关于促进战略性新兴产业国际化发展的指导意见》。其中,国际化推进重点包括新能源汽车产业,2012 年出台了实施细则。同时,也出台了《节能与新能源汽车产业发展规划(2011—2020 年)》。

(4)自主品牌车企获大力支持

2011 年 12 月 29 日,国家发改委、商务部公布了《外商投资产业指导目录(2011 年修订)》,将汽车整车制造条目从鼓励类删除。对此,国家发改委有关负责人认为,中国整车制造能力已经很强了,无论是合资还是独资企业,整车制造生产能力都有了很大的提高,国内汽车生产企业的年产量已经达到 1 800 万辆,排在世界前列,成为汽车生产和消费的最大市场,特别是国内自主品牌更快的成长,也使得外资发挥作用的空间相对有限,将汽车整车制造从鼓励类删除,也是考虑鼓励国内企业更好地发展。

据了解,新《汽车产业发展政策》中提高了外商投资项目准入门槛,包括要求新建乘用车项目须有配套的发动机生产,并且继续坚持对外商投资整车项目 50%股比的限制,同时规范了汽车产品标志,进一步保护和支持自主品牌车企的发展。

(5)节能减排标准进一步提升

工信部发布的信息显示,第三阶段油耗目标值标准在 2012 年的 1 月 1 日起实行。由于 2011 年是导入期,所以油耗目标值为 6.9 L/100 km。通过一年多的节能汽车推广,新生产的 1.6 L 及以下乘用车提前达到第三阶段油耗目标值标准(6.9 L/100 km)的比例已超过 60%。节能车补贴政策使三阶段油耗目标的推进明显加速,效果较好。未来的油耗政策将是车市的重要政策。

目前,我国尚未发布 3.5 t 以上重型商用车燃料消耗量试验方法及限值的国家标准,在行业标准正式发布实施的基础上,下一步将制订完成重型商用车辆燃料消耗量国家标准。

(6)汽车企业准入门槛设定

2011 年 11 月 16 日,工信部产业政策司发布《乘用车生产企业及产品准入管理规则》(以下简称《规则》)。据悉,此次《规则》的发布,是对道路机动车辆生产企业及产品准入管理建设的进一步完善,该项政策于 2012 年 1 月 1 日起开始执行。

在乘用车生产企业准入条件及管理方面,《规则》中提高了要求。乘用车生产企业的投资项目应当按照《汽车产业发展政策》和国家有关投资管理规定,先行办理项目核准或者备案手续,待项目建设完成后,方可申请准入。具体来看,要求符合国家相关法律、法规、规章和国家产业政策、宏观调控政策、具备一定的规模和必要的生产能力和条件、具备必要的产品设计开发能力、所生产的产品符合有关国家标准及规定、具备保证产品生产一致性的能力、具有产品营销和售后服务的能力等。

《规则》对乘用车产品准入也作了明确规定:乘用车产品符合安全、环保、节能、防盗等有关标准规定;乘用车产品经工信部指定的检测机构检测合格;乘用车产品未侵犯他人知识产权。

建立统一的机动车生产企业和机动车准入管理制度,一直是我国汽车企业及产品准入管理的改革方向。业内人士认为此次《规则》发布标志着乘用车产业的准入门槛将被提高,产业向升级转型的目标积极迈进。新规则提升了产业资本进入的门槛,对产品和企业的要求都很高,该政策有望遏制目前自主品牌盲目进入乘用车行业的趋势。

（7）二手车过户更便捷

根据国家税务总局最新修订的《车辆购置税征收管理办法》规定,2012 年 1 月 1 日起,二手车交易中的车辆购置税过户、转籍、变更业务将全面取消,调整实地验车范围。此举将大大减轻二手车交易手续,促进二手车市场的繁荣和发展。

（8）校车安全标准出台

为了加强校车安全管理,保障乘车幼儿、学生的人身安全,国务院法制办 2011 年 12 月 11 日公布《校车安全条例（征求意见稿）》,面向社会各界征求意见,规定县级以上地方政府应当采取措施发展公共交通,合理规划、设置公共交通路线及其站点,为需要乘车上学的学生提供方便。

2011 年 12 月 27 日工信部就《校车安全技术条件》《校车座椅系统及其车辆固定件的强度》《幼儿校车安全技术条件》《幼儿校车座椅系统及其车辆固定件的强度》4 项强制性国家标准公开征求意见。新标准对校车车身结构、外观标示、装载质量等均作出明确规定,制订原则一切围绕"安全",突出安全。其中,多项新规定参照美国校车标准及欧洲客车标准。新标准一切围绕"安全",突出安全,不体现与安全无关的内容;标准制订时参考美国联邦的校车安全标准和美国部分州的校车法规以及欧洲客车标准,同时考虑中国比国外更加复杂的道路使用情况,制订适合中国特色的校车标准。

（9）智能网联汽车产业快速发展

2021 年 8 月,工信部发布智能网联汽车的准入管理意见稿《关于加强智能网联汽车生产企业和产品准入管理的意见》（以下简称《意见》）,《意见》针对智能网联汽车生产企业及产品准入管理提出了系统要求。对于具有自动驾驶功能的汽车产品,《意见》明确提出了数据安全、网络安全、软件升级、功能安全和预期功能安全要求。

此外,2021 年 3 月,公安部发布《道路交通安全法（修订建议稿）》,明确自动驾驶汽车需要在封闭道路测试合格后,取得临时行驶车牌号,并按照规定在指定时间、区域及路线内进行测试。关于自动驾驶汽车发生道路交通安全违法行为或者交通事故的,建议稿也明确应当依法确定驾驶人、自动驾驶系统开发单位的责任,进行损害赔偿责任认定。这是智能驾驶领域在《道路交通安全法》层面的具体立法,具有里程碑意义。

2）汽车消费政策

汽车消费即销售,汽车销售即发展。政府对汽车消费的态度以及相关的消费政策,往往可以更为直接地促进国家汽车工业的发展。一般来说,汽车消费政策可分为鼓励汽车消费政策和鼓励汽车更新政策两种类型。

（1）制订鼓励汽车消费政策

德国是"汽车之父"的故乡,也是汽车生产大国。岂不知,德国还是世界著名的汽车消费大国。德国所以能够成为世界上汽车密度最高的国家之一,不但得益于其国民经济的高速发展,也是因为德国政府制订了刺激汽车消费的政策。这种政策主要包括以下4个方面:第一,尽量简化购车手续。在德国办理购车手续极为方便,除了车价以外,只需再付几马克的牌照费,便可在几分钟内办妥全部购车手续。第二,尽量降低消费税率。在德国,只征收机动车税,而且税款很低。机动车税根据汽车废气排放量的不同而有所差异,排气量越小,税收就越低。第三,支持顾客灵活付款。为了鼓励人们购买汽车,德国政府还支持汽车商向顾客提供分期付款服务,而且利息相当优惠。此外,贷款、租赁、减息延时、信用透支等,也都是西方发达国家鼓励汽车消费的付款形式。第四,实施道路畅通工程。德国政府还投入大量资金,修筑公路等基础设施以保证汽车畅通无阻。目前,德国不仅有纵横交错的高速公路,还有四通八达的联邦公路和乡村公路,道路桥梁均不收费,其目的是让消费者觉得,拥有自己的汽车并在公路上驰骋是一件非常快意的事情。

与西方发达国家相比,我国政府也制订了许多鼓励汽车发展的政策;但是,却又执行着抑制汽车消费的策略。这种看似相互矛盾的政策,其实又是高度统一的。因为计划经济是短缺经济,汽车数量与汽车需求之间的差距如天壤之别,那就只能以各种理由来抑制汽车的消费。

（2）制订鼓励汽车更新政策

鼓励汽车消费是针对汽车的潜在消费者而言的,而鼓励汽车更新则是针对汽车的现在消费者来说的。旧的不去,新的不来,只有不断地废旧更新,汽车消费才能保持旺盛的生命力。在计划经济条件下,汽车更新确实是皆大欢喜的事情。但在市场经济条件下,这种更新却不是行政命令可以解决的。新时代需要新政策,在市场经济条件下,这种鼓励汽车更新的政策主要有以下两种:第一,新车更换政策,对愿意更换新车的消费者给予一定的经济补贴。第二,旧车报废政策,即执行科学的汽车报废标准以促进汽车更新。

2.2.3　经济环境

经济环境为汽车市场营销提供了可能性。缺乏汽车消费和销售的经济基础,所谓汽车市场营销就只能是空中楼阁。

1）国民经济发展水平

在经济学研究领域,人们通常用国民经济的发展阶段以及不同阶段的发展水平来表现国民经济的发展水平。

（1）国民经济的发展阶段与汽车产销

经济学家通过自己的研究认为,国民经济的发展与国民经济的生产总值紧密相关,并有一个从量变到质变的过程。一般来说,当人均国内生产总值从300美元上升到1 000美元时,经济就进入了起飞前的准备阶段;当人均国内生产总值超过了1 000美元时,经济就会进入高速发展的起飞阶段。起飞阶段的国民经济已经克服了经济发展的各种障碍,获得了一种前所未有的,使经济持续、协调、高速发展的力量。与此同时,市场规模会迅速扩大,投资机会将大量增加,信息竞争会成为市场竞争的焦点,市场交易也会成为企业的基本活动,从而使企业的市场营销进入一个前所未有的时期。

目前,我国人均国内生产总值已经超过1 000美元,进入了国民经济的起飞阶段。因此,汽车生产厂家应当注意经济起飞阶段的市场变化,积极而主动地迎接挑战。

(2)国民经济的发展水平与汽车产销

西方经济学家们在衡量某一国家和地区的经济发展水平时,往往从产品销售的角度把它们划分为农产品自给自足阶段、前工业或商业生产阶段、初级制造业生产阶段、非耐用或半耐用消费品生产阶段、耐用消费品与生产资料生产阶段及出口制成品生产阶段等6种类型。在进入耐用消费品与生产资料生产阶段之后,不但人民生活必需的冰箱、彩电等会普及开来,而且价格相对昂贵的汽车也会先后走进我们的生产和生活。毫无疑问,我国的经济发展水平越过了耐用消费品与生产资料生产阶段,正迈步走在出口制成品生产阶段,汽车消费已日益清晰地成为大众消费的主要目标。

在我国,公车消费相对于经济的发展而言,是一个缺乏弹性的市场;而私车消费则会随着国民经济的发展而发展。这就是说,真正可以表现经济发展与汽车消费关系的是私车消费的轨迹。

2)国民收入发展水平

国民收入不但是国民经济发展的必然结果,而且是国民经济发展的客观表现。收入影响消费,高收入引起高消费。在我国,汽车更是处在高消费的巅峰。

国民收入水平直接影响市场容量和消费者的支出模式,从而决定社会购买力水平。国民收入是指国民个人从各种来源所得到的全部收入,包括个人的工资、奖金、补贴、福利等以及他们的存款利息、债券利息、股票利息、版权稿酬、专利拍卖、外来赠款、遗产继承等。当然,消费者并不是将其全部收入用于消费,消费者的购买力只是其收入的一部分,因此,要区分消费者的"可支配收入"和"可随意支配收入"两个部分。消费者可支配收入是指在个人收入中扣除税款(如所得税等)和非税性负担(如工会会费等)后所剩下的余额,它是个人收入中可用于消费支出或储蓄的部分,也是影响消费者购买力和消费者支出的决定因素。消费者个人可随意支配收入则是指在可支配的收入中减去消费者用于购买生活必需品(如衣、食、住等费用)的支出和固定支出(如保险费、购买劳务的分期付款等)后的余额部分。这部分收入是消费需求变化中最活跃的因素,也是企业开展营销活动时所要考虑的主要对象。因为收入中的固定开支部分一般变动较小,相对稳定;而满足人们基本生活需要之外的这部分收入所形成的需求弹性大,它一般用于购买高档物品、奢侈品、旅游等,因而是影响商品销售的主要因素。这部分收入越多,人们的消费水平就越高,企业营销的机会也就越多。

国民收入水平对汽车市场营销的影响主要表现在以下3个方面:

(1)经济收入决定汽车拥有程度

汽车更新的速度与国民收入的水平紧密相关。但是,国家的汽车产业政策和汽车消费政策也是影响汽车更新的重要因素。为了促进汽车工业的发展,我国执行过强制淘汰的政策;但也有人认为,取消汽车特别是轿车的使用年限,或许更能激发私人汽车消费的积极性。到底是缩短还是延长,这确实是一个具有高度思辨性的哲学问题,孰优孰劣,应当进行具体的统计分析。中国属于低收入国家,老百姓大多是潜在的汽车消费者,要想将他们的购买欲望转化为购买行为,必须改变他们的价值判断,即提高获益感,降低付出值。为此,不但要对车型和价格进行合理定位,而且要适当延长汽车的使用年限。只要这辆车还符合环保和安全的标准,就应当允许它在公路上继续奔驰。

（2）经济收入决定车型选择

市场营销学家们在谈到大众轿车的车型定位时,曾经提出了一个为社会公认的"购买能力系数"分析理论。该理论认为,只有当轿车的销售价格与人均国民收入之比为 1∶4 左右时,相应型号的轿车才能大规模地进入家庭。

（3）经济收入决定付款方式

发达国家比较重视信用消费,发展中国家比较重视现款消费;对于富有者提倡信用消费,贷款或者分期付款的购车方式比较宽松,对于贫穷者提倡现款消费,贷款或者分期付款的购车方式则相对严格。之所以出现这种可称为"马太效应"的现象,则是由商业信用的"5C 系统"决定的,即企业品格（Character）、能力（Capacity）、资本（Capital）、担保（Collateral）、环境（Condition）。同时,在一个国家,经济较发达地区和经济不发达地区,其付款方式也是不同的。

3）消费者支出模式与消费结构

随着社会经济的发展,人们的收入会增加,人们的消费支出模式也会发生相应变化,继而一个国家或地区的消费结构也随之变化。

德国统计学家恩斯特·恩格尔曾经从统计学的角度描述了国民收入与其消费结构之间的关系。1875 年他通过对德国、英国、法国、比利时等国家工人家庭收入预算的调查研究,发现了关于工人家庭收入变化与各方面支出变化之间比例关系的规律即著名的恩格尔定律,也称恩格尔系数。恩格尔定律具体包括 3 层含义:一是随着家庭收入的增加,用于购买食品的支出占家庭收入的比重下降;二是随着家庭收入的增加,用于住宅建筑和家务经营的开支占家庭收入的比重大体不变;三是随着家庭收入的增加,用于其他方面的开支（如交通、娱乐、卫生保健、教育等支出）和储蓄占家庭收入的比重会上升。恩格尔系数通常被用作衡量家庭、社会、阶层乃至国家富裕程度的指标。根据联合国公布的数字,恩格尔系数在 60% 以上为绝对贫困,50%～60% 为温饱,40%～50% 为小康,20%～40% 为富裕,20% 以下为最富裕。

与恩格尔系数相联系的是消费结构。消费结构是指消费过程中人们所消耗的各种消费资料（包括劳务）的构成,即各种消费支出与总支出的比例关系。优化的消费结构是优化产业结构和产品结构的客观依据,也是企业开展市场营销的基本立足点。

我国现阶段消费支出模式和消费结构总体呈现以下特点:支出模式仍然以吃、穿等生活必需品为主;随着住房制度、医疗制度、教育制度和休假制度的进一步改革,用于住房、卫生保健、教育方面的支出将大幅度增加,用于旅游、娱乐、金融投资等方面的开支不断上升。因此,汽车企业在进行市场营销调查分析中应注意消费支出模式和消费结构变化的新情况,适时地为消费者生产和输送适销对路的产品和劳务。

2.2.4　自然环境

自然环境是影响企业营销活动的基本因素,它是指影响社会生产的自然因素,主要包括自然资源和生态环境。在生态平衡不断遭到破坏、自然资源日渐枯竭、污染问题日益严重的今天,环境问题已成为涉及各个国家、各个领域的重大问题,环保呼声越来越高。从市场营销学角度来讲,自然环境的发展变化已给企业带来严重的威胁,也造成了市场机遇与挑战的并存。

自然环境对汽车企业市场营销的影响主要表现在:汽车工业越发达,汽车普及程度越高,汽车生产消耗的自然资源就越多。汽车制造原料短缺,能源成本增加。自然矿产资源日益短缺,近年来,铁矿石的总供给能力已无法满足钢铁冶炼的需要,这对汽车企业的市场营销活动过程是一个长期的约束条件。生态与人类生存环境总的趋势日趋恶化,政府环境保护日趋严格,汽车的大量使用又明显会产生环境污染,因而环境保护对汽车的性能要求就越来越严格,这既是汽车企业发展的威胁又是一次发展的机会。

既要保证企业可获利发展,又要保护资源与环境,企业可实行可持续发展战略,达成社会与自然协调的主要对策有:一是依靠科技进步节约自然资源,提高自然资源的综合利用率。例如,第二次世界大战后,在科技进步的作用下,大量的轻质材料、电控技术被用于汽车工业,平均每辆汽车消耗的钢材下降 10% 以上,自重减轻 40%。二是加强对汽车节能、改进排放等新型技术的研究与利用,寻求合理的替代资源。例如,汽车燃油电喷技术,主动与被动排气技术等都是世界汽车适应自然环境变化的产物。三是积极开发新型动力和新能源汽车。多年以前,澳大利亚举行了一次奇特的汽车比赛,形形色色的太阳能汽车,日出而赛,日落而息,不用一滴燃油就跑完了全部赛程。

另外,就汽车使用环境来讲,包括气候、地理、车用燃油、城市道路交通建设等因素。

1)气候

气候条件对汽车使用时的启动、冷却、润滑、充气效率、制动等性能以及对汽车机件的正常运转和使用寿命均产生直接影响。汽车企业在市场营销环境中,应向目标市场推出适合当地气候特点的汽车,并做好售后服务,以使用户科学地使用本企业的产品和及时地解除用户的使用困难。

2)地理

这里指的地理环境,主要包括一个地区的地形地貌、山川河流等自然地理因素和交通运输结构等经济地理因素,二者相互作用影响汽车企业营销。第一,经济地理的现状及其变化,决定了一个地区公路运输作用和地位的现状和变化,它对企业寻找目标市场以及目标市场环境的规模、需求特点产生影响;第二,自然对经济地理,尤其是对公路质量(如道路宽度、坡度、弯度、平坦度、表面质量、坚固度、隧道及道路桥梁等)具有决定性影响,从而对汽车产品的具体性能有着不同的要求。因而汽车企业应向不同地区推出具有针对性的汽车产品。

3)车用燃油

车用燃油是汽车环境的重要因素,它包括汽油和柴油两种成品油。汽车燃油对汽车营销的影响有:第一,车用燃油受世界石油资源不断减少的影响,将对汽车企业市场营销及汽车工业发展起着很强的制约作用。例如,两次石油危机给世界汽车工业以严重冲击,全球汽车产销量在石油危机中大幅度下降。第二,车用燃油中汽油和柴油的供给比例影响汽车工业的产品结构,进而影响汽车企业的产品结构。

2.2.5　社会文化环境

社会文化主要是指一个国家、地区的民族特征、价值观念、生活方式、风俗习惯、宗教信仰、伦理道德、教育水平、语言文字等的总和。主体文化是占据支配地位的,起凝聚整个国家和民族的作用,由千百年的历史所形成的文化,包括价值观、人生观等;次级文化是在主体文化支配下所形成的文化分支,包括种族、地域、宗教等。文化对所有营销参与者的影响是多层次、全方位、渗透性的。它不仅影响企业营销组合,而且影响消费心理、消费习惯等,这些影响多半是通过间接的、潜移默化的方式来进行的。

就汽车而言,虽然它只是一种具体的文化形态,但是,在它身上所表现出来的整体文化积淀,往往比其他产品更为强烈,具有鲜明的个性特征。美国人的奔放、日本人的精细、欧洲人的贵族遗风和中国人的权威崇拜等,无一不在他们的产品观念和消费观念上表现出来。在西方,林肯、皇冠、奔驰及劳斯莱斯等都是世界闻名的名车佳作。

显然,汽车的市场营销必须顾及市场细分和目标市场的文化环境,从而提高产品、定价、分销和促销策略的针对性。日本本田汽车公司是日本汽车的后起之秀。扶摇直上,直逼丰田。该公司之所以取得如此大的成功,是与他们所奉行的"本土化策略"分不开的,即以文化的高度适应性来开拓市场。该观念虽然产生于日本本土;却又在海外发扬光大。在他们进入美国市场时,并不是向美国人推销自己的产品,而是在美国本土建立研制和开发据点,致力于生产和销售符合美国人需要的汽车,从而取得了很大的成功。现在适应汽车文化、发展汽车文化已成为一种基本的营销策略。

一般来说,文化环境对汽车市场营销的影响主要表现在以下4个方面:

1)文化环境影响人们对汽车的态度

人们对待汽车的态度无疑与经济因素有关,但是,人们对待汽车的态度却不是由经济因素单独决定的。在相当多的情况下,文化环境往往更为强烈地影响着人们对待汽车的态度。许多国家和民族将汽车看作代步的工具,而美国则把汽车视为须臾不可离开的伴侣。有人说"美国是绑在汽车轮子上的国家",也有人说"美国是汽车上的游牧民族",生前与汽车相伴;死后与汽车同穴。相当多的人认为,汽车是美国人在居室和办公室之外的第三个活动空间。

就中国而言,汽车文化也正在兴起。由于大多数中国人还不具备拥有私人家庭用车的经济条件,因此,替代性的汽车消费已经层出不穷。打的上班、租车旅游以及婚丧嫁娶以车摆阔之风已经成为时尚。由于社会上存在着相当数量的"追车族",北京国旅风光游览公司于 1996 年办起了"汽车旅游",为那些已经学会开车却又没有汽车的人们提供过一把汽车瘾的机会。至于新婚大喜之日租上几辆、十几辆、几十辆甚至上百辆汽车招摇过市者更是屡见不鲜。

2) 文化环境影响人们对汽车的选择

不同的文化环境,人们对汽车的理解是不同的。在西方发达国家,作为代步工具的汽车被称为"乘用车",作为运载工具的汽车被称为"商用车"。但是,在中国人眼里,那作为代步工具的东西就成了"轿车"。显然,轿车是由轿子派生而来,是与身份和权势密切相关的。这种文化传统根深蒂固,强烈地影响了桑塔纳和富康的命运。桑塔纳有"轿",威风凛凛,尽管在国际市场上已经淡出,却在中国轿车市场上独领风骚;富康车无"尾",小巧玲珑,尽管在国际市场上领先一步,却在中国轿车市场上知音难觅。只是后来添了尾巴,而且将"东风"改为"神龙",将"富康"改为"神龙·富康"或"神龙·富康 988",既得天助,又送吉祥,才渐渐引起了国人的青睐。

其实,文化环境不但影响人们对汽车品牌的选择,而且影响人们对汽车产地的选择。一部分中国人爱好"洋车",沾洋即醉,甚至汽车生产厂家的老总们也坐着人家的洋车招摇过市。但是,收入颇丰的韩国人对洋车却不买账。大街上车流如涌,但无论是小汽车和大卡车,清一色都是国产的现代、大宇、起亚及双龙。

文化环境还影响着人们的价值判断。不同的价值判断往往左右着人们对汽车结构(如功能、造型、品牌、商标)的选择。中国人好面子,心目中的坐骑多为轿车。美国人重实用,反倒使皮卡和廉价车盛行起来。

3) 文化环境影响人们对汽车的消费方式

在经济非常发达的西欧国家,现在却流行着"共享汽车"的时尚。毕竟,对于上班族来说,除非你是一个需要在大街上来来往往的人,一个人全天候使用一辆汽车的时间基本是不存在的。闲着也是闲着,从价值工程的角度看,这是很不划算的。与其如此,何不汽车共用、费用共担呢。在德国西部地区,一个中等家庭的月收入为 5 500 马克左右,购买一辆 2 L 以上排气量的轿车只需要 5 万马克左右,一人一车也不困难。但是,当我们赴德访问的同志向一位女研究生问及这种汽车共用的原因时,她说:"大多数德国人比较注重实际的需要。例如,我哥哥与他的 3 个朋友共同出资买了一辆汽车,谁有事谁开。并非一个人的经济力量买不起,而是觉得一辆车完全可以满足 4 个人的需要。另一个重要原因在于,如果每一个人买一辆车,对我们国家的空气会造成更多的污染。在德国,这样的做法很流行。"与德国相比,加拿大的"共享汽车"则更具创意。它在实质上是一种"会员制"租车业务,每个消费者向开办这种业务的公司交纳一定的入会费后,就可享受到该公司提供的 24 h 服务。

4）文化环境影响人们对汽车的消费时尚

消费时尚是一种消费者在某一阶段共同追求某一事物的社会心理现象。它按照循环反应的刺激方式发展,并具有新奇和奢侈的特点。这种追求时髦的现象,有时还可以具有强烈的情绪色彩,大家互相攀比、人人趋之若鹜,这便是所谓的时狂。时狂集社会促进、社会规范和社会从众于一身,往往具有强大的制约力量。时尚和时狂不但可以影响和改变一个人的行为模式,而且可以影响和改变一个人的审美观念,造成对企业的市场营销有利或者有害的结果。现在,在世界发达国家正流行着一股"复古风",这种"复古风"在汽车消费上同样表现了出来。只是这种"复古车"并非倒退,外表虽然古典,内饰却很摩登。德国大众汽车公司开风气之先,将现代高科技装进传统"甲壳虫"里,一经面市,就在全世界同行里引起一片哗然,并在欧美掀起一场不大不小的"甲壳虫"热。著名的保时捷和劳斯莱斯等汽车公司也紧随其后,返璞归真、精雕细刻,延续着其古董般的汽车造型,吸引着好古者们的视线和钱袋。这种复古风西风东渐,在日本也引起了一股怀旧浪潮。

在同一个国家和地区中,因为民族、种族、民俗、民风、宗教、地域、职业、地位等多种因素的影响,也会使人们的价值观念和消费习惯表现出多样性的特征。其中任何一个具有共同特征的社会群体,我们都称为亚文化群。不同亚文化群的消费者,其生活方式、消费习惯以及爱好和禁忌也各不相同。企业只有既了解大文化群的特点,也了解亚文化群的特点,才能真正做到投其所好、左右逢源、所向披靡。

就地域和地区而言,美国一家汽车咨询公司曾经对日本、泰国、新加坡、马来西亚,以及中国台湾和香港等国家和地区的驾车者进行一次民意调查,结果发现,亚洲的有车一族们对汽车的看法有着惊人的相似之处。例如,知名度最高是丰田,美誉度最佳是奔驰,价格安全都看重,拥有汽车是资格象征等。为了符合亚洲人的心理需要,世界各大汽车公司纷纷推出了自己的"亚洲车"。

就民族和种族而言,有人曾以《汽车与民族个性》为题发表议论说,美国人霸气,英国人保守,德国人严谨,法国人新潮,瑞典人朴实,日本人善变。这种观点虽然有失偏颇,但是,以人看车,还是有着较高程度的相关。

2.2.6　科技环境

科技是文化的结晶。所谓科技环境,是指影响汽车市场营销的科学和技术因素。一般来说,科学是指汽车基础理论的研究成果,是汽车应用技术的指路明灯;技术是指汽车应用技术的研究成果,是汽车基础理论的实现形式。"科学技术是第一生产力",同时也是汽车市场营销的力量。科学技术的发展必然会带来汽车性能、汽车材料、生产方式及营销技术的变化。

一般来说,科技环境对汽车市场营销的影响主要表现在以下 4 个方面:

1）科学技术对汽车性能的影响

进入 21 世纪以后，科学技术得到日新月异的发展。许多新科学和新技术在汽车结构上得到了广泛的应用，从而提高了汽车的性能。有人认为，21 世纪的汽车应该成为环保汽车、非钢汽车、电脑汽车及防盗汽车等。

2）科学技术对汽车材料的影响

科学技术既然影响着汽车的性能，必然影响生产汽车的材料。传统的汽车材料多用钢材，而现在的汽车将会更多地采用塑料、橡胶、玻璃、陶瓷等材料或者合成材料，如铝镁合金、铝碳合金、碳素纤维等制成，具有质量小、耐磨损、抗撞击、寿命长、故障少、成本低的特点。目前，这种"非钢化"的趋势不但越来越明显，而且出现了越来越强劲的势头。从前的加拿大伐木工人，现在的法国艺术家路易·德韦达尔先生制作的汽车和摩托车，从汽缸、油箱、底盘、轮圈到车门、窗框、车灯、电线等，全是木头，只有轮胎是橡胶做的。目前，汽车是消耗金属最多的产业之一。

3）科学技术对汽车生产的影响

科学技术对汽车生产的影响首先表现在生产方式上，显然现代化、机械化、自动化、电子化的生产方式无论在效率还是效益方面都比手工操作有更多的优势。福特汽车公司的成功和罗尔斯·罗伊斯的没落都是最为典型的证明。

4）科学技术对汽车销售的影响

传统的汽车销售是从直接销售开始的。先是产销合一，再是店铺直销。直接销售渠道虽然越来越接近消费者，但是，随着生产规模和销售任务的日益扩大，间接渠道的销售方式还是浮出了水面。经过经销商和代理商来销售汽车，虽然可以起到广泛分销的作用，但也增加了销售成本。加之经销商和代理商的经济实力和经营能力参差不齐，在某些情况下，还会使企业的信誉和形象以及经济效益受到消极的影响。但是，随着信息时代的到来和虚拟市场的出现，一线通天下、网络连万家，全球的汽车销售业务必然会经历一次惊心动魄的革命。利用互联网销售汽车，企业不但可以轻而易举地走向世界市场、深入千家万户，而且可以省却漂洋过海的艰辛、跋山涉水的劳顿，以最低的代价得到最大的效益。同时，对于消费者来说，也可实现"坐地日行八万里，巡天遥看一千河"的梦想，坐在家里阅尽天下汽车、比完天下价格，买到自己满意的汽车。"互联网上看照片、连锁店里看实物、金融中心交货款、配送中心开汽车"作为一种崭新的汽车销售模式，已经被越来越多的汽车生产厂家所青睐。

2.3　汽车市场营销微观环境分析

汽车市场营销微观环境由对汽车企业营销活动产生直接影响的因素组成，主要有企业自身、供应商、营销中介机构、顾客、竞争者和公众（图 2.2）。营销活动能否成功，除营销部门本身的因素外,还要受这些因素的直接影响。

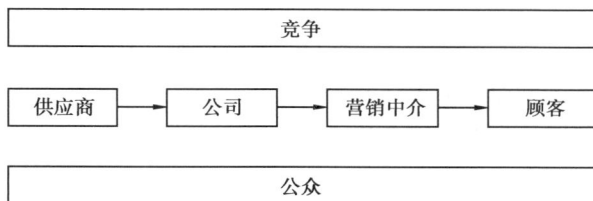

图 2.2　企业微观环境中的主要影响因素

2.3.1　企业的内部环境

企业为开展营销活动,必须设立某种形式的营销部门,营销部门不是孤立存在的,它还面对着其他职能部门以及高层管理部门。企业营销部门与财务、采购、制造、研究与开发等部门之间既有多方面的合作,也存在争取资源方面的矛盾。这些部门的业务状况如何,它们与营销部门的合作以及它们之间是否协调发展,对营销决策的制订与实施影响极大。高层管理部门由董事长、总经理及其办事机构组成,负责确定企业的任务、目标、方针政策和发展战略。营销部门在高层管理部门规定的职责范围内作出营销决策,市场营销目标是从属于企业总目标,并为总目标服务的次级目标,营销部门所制订的计划也必须在高层管理部门批准后实施。

市场营销部门一般由市场营销副总裁、销售经理、推销人员、广告经理、营销研究与计划以及定价专家等组成。营销部门在制订和实施营销目标与计划时,不仅要考虑企业外部环境力量,而且要充分考虑企业内部环境力量,争取高层管理部门和其他职能部门的理解和支持。

2.3.2　生产供应者环境

资源供应者是向企业及其竞争者提供生产经营所必需的原材料、零部件、能源、劳动力及资金的企业或个人。供应商对企业营销业务有实质性的影响,其所供应的原材料数量和质量将直接影响产品的数量和质量,所提供的资源价格会直接影响产品成本、价格和利润。在物资供应紧张时,供应商更起着决定性的作用。例如,企业开发新产品,若无开发新产品所需的原材料或设备的及时供应,就不可能成功;有些比较特殊的原材料和生产设备,还需供应商为其单独研制和生产。对供应商的影响力企业要有足够的认识,尽可能与其保持良好的关系,开拓更多的供货渠道,甚至采取逆向发展战略,兼并或收购供应者企业。根据不同供应商所提供货物在营销活动中的重要性,企业对为数较多的供应商可进行等级归类,以便合理协调,抓住重点,兼顾一般。

2.3.3　营销中间商

营销中间商主要指协助企业促销、销售和经销其产品给最终购买者的机构,包括中间商、实体分配公司、营销服务机构及财务中介机构。

1) 中间商

中间商是指把产品从生产者流向消费者的中间环节或渠道,它主要包括商人中间商和代理中间商。商人中间商是从事商品购销活动,并对所经营的商品拥有所有权的中间商,如批发商、零售商等。代理中间商是推销产品,协助买卖成交,但对所经营的商品没有所有权的中间商,如经纪人、制造商代表等。中间商的主要任务是帮助企业寻找顾客,为企业的产品打开销路。除了某些规模较大的企业有自己的销售机构外,一般企业都需要与中间商打交道,通过中间商把自己的产品流向消费者。由于中间商一头连接生产者,一头连接最终消费者和工业用户,故它的服务质量、销售效率、销售速度直接影响产品的销售。可以这样说,企业能否选择到适合自己营销策略的中间商,关系企业的兴衰成败。

2) 实体分配公司

实体分配公司主要是指协助厂商储存并把货物运送至目的地的仓储公司。实体分配包括包装、运输、仓储、装卸、搬运、库存控制及订单处理等方面。其基本功能是调节生产与消费之间的矛盾,解决产销时空上背离的矛盾,提供商品的时间效用和空间效用,以利适时、适地和适量地把商品供给消费者。

3) 营销服务机构

营销服务机构主要是指为厂商提供营销服务的各种机构,如营销研究公司、广告公司、传播公司等。企业可自设营销服务机构,也可委托外部营销服务机构代理有关业务,并定期评估其绩效,促进提高创造力、质量和服务水平。

4) 财务中介机构

财务中介机构是指协助厂商融资或分担货物购销储运风险的机构,如银行、保险公司等。财务中介机构不直接从事商业活动,但对工商企业的经营发展至关重要。在市场经济中,企业与金融机构关系密切,企业间的财务往来要通过银行结算,企业财产和货物要通过保险取得风险保障,而贷款利率与保险费率的变动也会直接影响企业成本,信贷来源受到限制更会使企业处于困境。

2.3.4　顾　客

顾客是企业产品销售的市场,是企业赖以生存和发展的"衣食父母"。企业市场营销的起点和终点都是满足顾客的需要,汽车企业必须充分研究各种汽车用户的需要及其变化。顾客市场可分为5类:消费者市场、企业市场、经销商市场、政府市场及国际市场。消费者市场由个人和家庭组成,他们仅为自身消费而购买商品和服务。企业市场购买商品和服务是为了深加工或在生产过程中使用。经销商市场购买商品和服务是为了转卖,以获取利润。政府市场由政府机构组成,购买产品或服务用以服务公众,或作为救济物质发放。国际市场由其他国家的购买者组成。每个市场都有各自的特点,销售人员需要对此作出仔细分析。

2.3.5 竞争者

竞争者是指向企业所服务的市场提供相同或类似产品,并对企业构成威胁的企业或个人。市场经济是竞争经济,企业在目标市场进行营销活动的过程中,不可避免地会遇到竞争者或竞争对手的挑战。企业为了能在目标市场上取得较高的市场份额,并不被竞争对手击败,就必须准确地分析、深入地了解竞争对手,做到"知己知彼",扬长避短,主动参与竞争。从消费需求的角度划分,汽车的竞争者包括愿望竞争者、平行竞争者、产品形式竞争者、品牌竞争者。愿望竞争者是指提供不同产品以满足消费者各种目前愿望的竞争者。例如,你是电脑制造商,那么生产彩电、空调、音响等不同产品的厂家就是愿望竞争者。如何促使消费者愿意先选购电脑,而不是先选购彩电、空调、音响,这就是一种竞争关系。它们各自构成相互的愿望竞争者。平行竞争者是指提供能够满足同一种需求的不同产品的竞争者。例如,自行车、摩托车、小轿车都可以用作家庭的交通工具,这 3 种产品的生产经营者之间必定存在一种竞争关系,它们也就互相成为各自的平行竞争者。产品形式竞争者是指生产同种产品,但提供不同规格、型号、款式的竞争者。品牌竞争者是指产品相同,规格、型号等也相同,但品牌不同的竞争者。显然,后两类竞争者都是同行业的竞争者。上述不同的竞争者与企业形成了不同的竞争关系,这些不同的且不断变化着的竞争关系,是企业开展营销活动所必须考虑的十分重要的制约力量。

从营销学的角度来看,一个公司要想成功,就必须为顾客提供比其他竞争对手更高的价值和满意度。因此,营销人员要做的不仅仅是简单满足目标顾客的需要,还必须对产品进行定位,使本公司的产品或服务在顾客心目中与竞争对手区别开来,以获得战略优势。

没有一种对于所有公司来说都战无不胜的营销战略。每个公司都应当考虑自己的规模,以及同竞争对手相比在行业中的地位。在行业中占统治地位的大公司可采用一些小公司无法采用的战略。但仅靠规模是不够的,某些战略可以使大公司取胜,但有些战略可使他们惨败,小公司也可采用一些大公司无法采用的高回报率的战略。

2.3.6 公　众

公众是指对企业实现其目标的能力感兴趣或发生影响的任何团体或个人。一个企业的公众主要有以下 7 种:

1）金融公众

金融公众是指那些关心和影响企业取得资金能力的集团,包括银行、投资公司、证券公司、保险公司等。

2）媒体公众

媒体公众是指那些联系企业和外界的大众媒体,包括报纸、杂志、电视台、电台等。

3）政府公众

政府公众是指负责企业的业务、经营活动的政府机构和企业的主管部门,如主管有关经济立法及经济政策、产品设计、定价、广告及销售方法的机构;国家经委及各级经委、工商行政管理局、税务局、各级物价局等。

4）团体公众

团体公众是指有权指责企业经营活动破坏环境质量、企业生产的产品损害消费者利益、企业经营的产品不符合民族需求特点的团体和组织,包括消费者协会、保护环境团体等。

5）地方公众

地方公众主要是指企业周围的居民和团体组织,他们对企业的态度会影响企业的营销活动。

6）一般公众

一般公众是指并不购买企业产品,但深刻地影响着消费者对企业及其产品看法的个人。

7）内部公众

内部公众是指企业内部全体员工,包括领导（董事长）、经理、管理人员、职工。处理好内部公众关系是搞好外部公众关系的前提。

公众对企业生存和发展产生巨大的影响,公众可能有增强企业实现其目标的能力,也可能会产生妨碍企业实现其目标的能力。因此,企业必须采取积极适当的措施,主动处理好同公众的关系,树立良好的企业形象,促进市场营销活动的顺利开展。

2.4　汽车企业适应市场营销环境变化的策略

2.4.1　环境威胁与市场机会

市场营销环境通过构成威胁或提供机会而影响企业的营销活动。

环境威胁是指环境中不利于汽车企业营销的因素及其发展趋势,对汽车企业形成挑战,对汽车企业的市场地位构成威胁。这种挑战可能来自国际经济形势的变化,如国际石油价格的上涨影响国内油价,持续的高油价对国内汽车销售的好转起负面影响;高油价传导到塑料配件上面对整车厂商的生产成本产生负面影响。挑战也可能来自文化环境的变化,如随着国内外对环境保护要求的提高,某些国家实施"绿色壁垒"政策,这对于某些产品不完全符合环保要求的汽车企业来说,也是严峻的挑战。

市场机会是指由环境变化造成的对汽车企业营销活动富有吸引力和利益空间的领域。在这些领域中,汽车企业拥有竞争优势。市场机会对不同企业有不同的影响力,汽车企业在每一特定的市场机会中成功的概率,取决于其业务实力是否与汽车行业所需要的成功条件相符合,如汽车企业是否具备实现营销目标所必需的资源,汽车企业是否能比竞争者利用同一市场机会获得较大的"差别利益"。

2.4.2 威胁与机会分析

汽车企业面对威胁程度不同和市场机会吸引力不同的营销环境,需要通过环境分析来评估环境机会与潜在威胁。汽车企业最高管理层可采用"威胁分析矩阵图"和"机会分析矩阵图"来分析、评价营销环境。

1)威胁分析

对环境威胁的分析,一般着眼于两个方面:一是分析威胁的潜在严重性,即影响程度;二是分析威胁出现的可能性,即出现概率。其分析矩阵如图 2.3 所示。

由图 2.3 可知,对于第 Ⅱ 象限的威胁,企业应处于高度警惕状态,并制订相应的措施,尽量避免损失或者使损失降低到最小,因为它的潜在严重性和出现的概率均很高。对于第 Ⅰ、Ⅲ 象限的威胁,企业不应掉以轻心,也要给予充分的重视,制订好应变方案。第 Ⅳ 象限的威胁出现的概率和潜在严重性均小,企业一般应注意其变化,若有向其他象限转移趋势时应制订对策。一般来说,企业对环境威胁可选用以下 4 种对策:

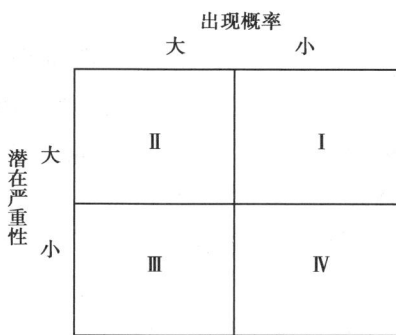

图 2.3 威胁分析矩阵图

(1)反攻策略

反攻策略即试着限制或扭转不利因素的发展,通过法律诉讼等方式,促使政府通过某种法令或政策等以保护自身合法权益不受侵犯,从而改变环境的威胁。

(2)减轻策略

减轻策略即通过改变营销策略,以减轻环境威胁的程度。由于环境因素对企业营销形成一定的威胁,并且这一威胁后果不可避免,此时,减轻策略就是应对威胁的策略之一。

（3）合作策略

企业通过各种合作手段（如联合、合作、合并及参与等）,由更多的社会组织组成联合体,充分利用资金、技术、设备,取长补短,分散风险,共同保护自身利益。

（4）转移策略

当受到严重威胁时,企业因无条件继续经营原来业务时,可采取逐步转移原来业务或调整业务范围,以减轻环境对企业的威胁。近年来,国内不少企业盲目走多元化发展的道路,导致资金紧张和管理失控,造成经营困难,有的公司以"壮士断臂"的决心果断压缩战线,关、停、并、转一批企业,使企业止住"出血点",从困境中走出来。

2）机会分析

机会分析主要考虑市场机会潜在吸引力（营利性）和成功可能性（企业优势）的大小。其分析矩阵如图2.4所示。

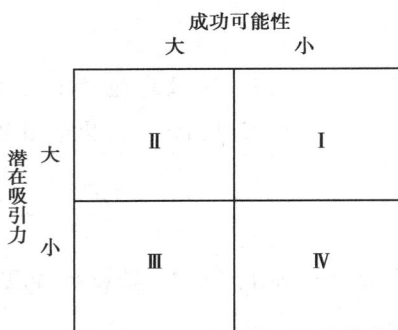

图 2.4 机会分析矩阵图

由图2.4可知,对于第Ⅱ象限的机会,潜在的吸引力和成功的可能性都大,有极大可能为企业带来巨额利润,企业应把握战机,全力发展。对于第Ⅳ象限的机会,不仅潜在利益小,成功的概率也小,企业应改善自身条件,重视机会的发展变化,审慎而适时地开展营销活动。

对市场机会的分析,还必须深入分析机会的性质,以便企业寻找对自身发展最有利的市场机会。

（1）环境市场机会与企业市场机会

市场机会实质上是"未满足的需求"。伴随着需求变化和产品生命周期演变,会不断出现新的市场机会。但对于不同企业而言,环境机会并非都是最佳机会,只有理想业务和成熟业务才是最适宜的机会。

（2）行业市场机会与边缘市场机会

企业通常都有其特定的经营领域,出现在本企业经营领域内的市场机会,称为行业市场机会;出现在不同行业之间交叉与结合部分的市场机会,称为边缘市场机会。一般来说,边缘市场机会的业务,进入难度要大于行业市场机会的业务,但行业与行业之间的边缘地带,有时会存在市场空隙,企业在发展中也可用以发挥自身的优势。

（3）目前市场机会与未来市场机会

从环境变化的动态性来分析,企业既要注意发现目前环境变化中的市场机会,也要面对未来,预测未来可能出现的大量需求或大多数人的消费倾向,发现和把握未来的市场机会。

2.4.3　汽车企业营销对策

用上述矩阵法分析、评价营销环境,可能出现4种不同的结果,综合评价如图2.5所示。

汽车企业对威胁与机会水平不等的各种营销业务,要分别采取不同的对策。

1)理想业务

应看到机会难得,甚至转瞬即逝,必须抓住机遇,迅速行动;否则,丧失战机,将后悔莫及。

2)冒险业务

面对高利润与高风险,既不宜盲目冒进,也不应迟疑不决,坐失良机,应全面分析自身的优势与劣势,扬长避短,创造条件,争取突破性发展。

3)成熟业务

机会与威胁处于较低水平,可作为企业的常规业务,用以维持企业的正常运转,并为开展理想业务和冒险业务准备必要的条件。

4)困难业务

要么是努力改变环境,走出困境或减轻威胁;要么是立即转移,摆脱无法扭转的困境。

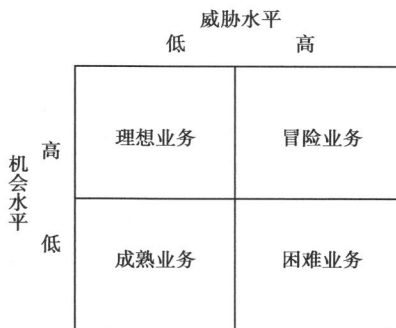

图2.5　环境分析综合评价图

2.5　汽车市场营销宏观环境分析

2.5.1　如何识别汽车消费者需求模式

消费者是指为了个人的目的而购买或使用商品和接受服务的个人或团体。消费者行为是指消费者在内外部环境的刺激下,为了满足生活消费需要,围绕着消费品的购买所产生的内在心理活动过程和外在行为过程的总和。

识别汽车消费者,就要分析我国汽车消费群体。我国汽车消费群体主要是中年人和一些青年人,但主要还是中年人,因为中年人经济实力雄厚,而年轻人由于刚参加工作,收入较少,没有购车的经济实力。再者,由于我国目前收入普遍不高,且呈现两极分化趋势,大多数消费者选择价格适中的汽车产品。同时,由于汽车产品是贵重且耐用的消费品,人们一般不会随意购买。随着消费者消费心理的日趋成熟,对汽车购买也由原来的应急性购买转变为理智性购买,消费者更加看重汽车产品的性价比。在考虑因素上,不仅仅从汽车的质量、价格等因素考虑,还会考虑它的时尚性、环保性等。

我国家用汽车的购买行为分析如下:

(1)汽车消费趋于理性,性价比成为汽车消费的主导因素

在传统的购车观念中,价格往往成为影响消费者购车选择的首要因素。但是,随着市场的发展,汽车厂家逐渐引入了性价比这个指标体系,旨在扭转消费者对价格的过度关注,建立起一个消费者乐于接受的判断汽车价格与价值的标准。所谓性价比,通俗地讲就是你买哪款车更为划算。这里所指的划算不仅仅是指车价便宜,而且要在日后的使用过程中既省心、省钱,又能感受到先进技术带来的良好的动力性、操作性、经济性、安全性和舒适性,还能享受到高质量的服务,最后还能在旧车交易时卖出个好价格。价格、使用成本、质量稳定性、技术先进性、安全性、服务和残值这 7 个要素涵盖了组成性价比的各个方面。有了这 7 个指标,消费者在买车时就有了一个较为完整的性价比坐标系。

(2)节能环保型汽车成为家用汽车的发展方向

随着汽车产业的发展,我国汽车产业也面临着困扰全球汽车产业的相同挑战:产能过剩加剧、价值链利润低下,必须接受更为严峻的环境与能源问题考验。汽车销量的快速增长,使得原本恶劣的环境与能源问题雪上加霜,制订废气排放和能源消耗政策已迅速被提上日程。由于中国的节能汽车发展刚刚起步,节能环保汽车的比重非常低,从国际经验和各种节能环保汽车技术特点及中国的基本国情来看,未来中国节能汽车发展呈现两个趋势:一是未来市场结构呈现一个多种技术共存的局面;二是混合动力性汽车技术将更加成熟,市场占有度将趋于加强。但从长远来看,燃料电池汽车将是解决燃料和技术的最优选择。

(3)老龄化趋势越发明显,老年人将成为家用汽车消费的主要群体

随着我国老龄化的到来,老年人购车将成为一种趋势,老年人将成为未来汽车消费的新力量。从消费能力来看,老年人的经济基础比较雄厚。尤其是当前,60 岁以上的老人退休后返聘或继续延长工作年限已成为普遍现象。老年人在某种程度上拥有比年轻人更为优越的经济条件,这为老年人购车提供了经济基础。从汽车销售企业来看,由于汽车销售服务越发完善,服务质量越来越人性化、智能化。这不仅仅为老年人购车提供了生活上的便利,同时还提供了技术上的方便。如在一些汽车厂家出厂的一些系列车型上,更加关注宽大的座椅以及能够任意调节的高度,且操作系统更加简单、更加安全等。

2.5.2 用马斯洛需求层次理论分析汽车消费者的需求层次

著名心理学家马斯洛将人的需求分成生理需求、安全需求、社会需求、尊重需求和自我实现需求 5 类。汽车消费需求则属于人们较高层次的需求。

1)马斯洛需求层次理论

美国心理学家马斯洛根据人类需求的差异性,提出了人类的 5 种需求,由低层次开始向高层次递进,如图 2.6 所示。

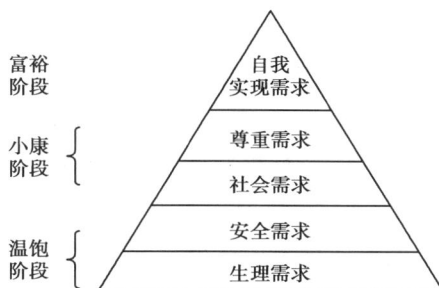

图 2.6　马斯洛需求层次理论

（1）生理需求

生理需求是指维持人类生存所必需的身体需要。

（2）安全需求

安全需求是指保证身心免受伤害的需求。

（3）社会需求

社会需求是指包括情感、归属、被接纳、友谊等的需要。

（4）尊重需求

尊重需求是指包括内在的尊重和外在的尊重。内在的尊重如自尊心、自主权、成就感等的需要；外在的尊重如地位、认同、受重视等的需要。

（5）自我实现需求

自我实现需求是指包括个人成长、发挥个人潜能、实现个人理想的需要。

5 种需求像阶梯一样从低到高，按层次逐级递升，但这种顺序不是完全固定的，是可以变化的，也有种种例外情况。就经济基础而言，我们将这 5 种需求划为 3 个阶段：温饱阶段、小康阶段和富裕阶段。温饱阶段包括生理需求和安全需求，小康阶段包括社会需求和尊重需求，富裕阶段主要是指自我实现需求。

2）基于马斯洛需求层次理论的汽车消费需求分析

（1）生理需求（基本需求）

需求：折扣积分、套餐搭配、预存优惠、服务项目赠送。

客户在 4S 店购买新车或者通过其他途径成为 4S 店会员后，他们对 4S 店的服务需求有着最基本的要求，包括获得专业的服务，能够快捷省钱地获得保养及相应服务，通过消费获得折扣积分，有相应的服务赠送或者优惠套餐选择，等等。

从目前的 4S 店会员功能应用来看，很多 4S 店的服务是基于这个层次的，主要满足客户的基本需求。在赢客系统中，有着诸多的功能来帮助客户实现这一层次的需求，可以轻松地实现，如折扣积分、套餐搭配、预存优惠、服务项目赠送等需求。

大量的 4S 店客户调查后见证，虽然这些需求只是最基本的需求，但是如果 4S 店切实满足客户的这些需求，其效果是非常明显的，整个店的形象和利润都是有大幅提升的。在实践中常见购车送保养，以长期绑定客户。

（2）安全需求（服务保障需求）

需求：优质专业、数据透明、沟通顺畅、透明车间、保姆服务。

对于车主来说，安全需求来自对优质专业的服务保障需求，在这一层级的需求里，他们更看重4S店是否是最专业的，车辆交给4S店进行维修保养将受到哪些"待遇"。如果数据是透明的，车间是透明的，车主将轻而易举掌握他的消费情况，掌握他的汽车的保养和维修项目，甚至可以坐在透明车间的外面全程观看汽车被工人操作的每个动作和细节，这样的服务给予车主的当然是安全放心的。当这个层次的需求实现后，这些已相对满足的需求也就不再成为激励因素了。

（3）情感与归属（对4S店的情感）

需求：会籍归属、短信培养、车主俱乐部。

人人都希望得到相互关心和照顾。感情上的需要比生理上的需要来得细致，它和一个人的生理特性、经历、教育、宗教信仰有关。

对于4S店来说，培养客户对4S店的情感，实际上是在同时满足客户的需求。万卡的经验证明，良好的会籍归属制度是实现客户情感需求的开端，因此，会员卡一定不能省，它是客户链接4S店的情感纽带。

既然感情的需求是细致的，4S店的服务也应做到细致入微，通过长期的短信关怀来对车主进行投其所好的关怀，必将在客户心中占据重要的贴心位置。而建立车主俱乐部，组织开展活动，也是拉近客户情感的有效方式。在营销案例中，汽车销售公司建立专业呼叫中心，拉近"心"距离。营造客户宾至如归的氛围就是对客户感情需求的很好反馈。客户宾至如归的感觉就是靠无数个服务细节所组成的，包括给对方尊贵的感受、温馨的话语、愉悦的体验等，而时时记住客户，准确叫出对方的名字就是其中的温馨细节，即在企业赢客系统嵌入专业的呼叫中心，每个客人来电，系统将立即弹屏，在屏幕下方显示对方的名字、会员等级等，客服人员可在第一时间亲切地叫出对方的名字或尊称，让客户备感温暖，快速拉近心灵距离。

（4）受到尊重

需求：尊贵VIP制度、转介绍权益、投诉处理、个性关怀、贴心服务、尊属礼品。

在马斯洛理论中，尊重的需要又可分为内部尊重和外部尊重。内部尊重是指一个人希望在各种不同情境中有实力，能胜任，充满信心，能独立自主。外部尊重是指一个人希望有地位、有威信，受到别人的尊重、信赖和高度评价。

对于车主来说，绝大部分拥有了良好的内部尊重，他们更希望在社会上获得良好的外部尊重。4S店应充分发挥客户的这一心理，给他们最大的被尊重的需求满足。

尊贵VIP制度是一种能充分体现客户尊贵身份的制度，尊贵的客户能享受最个性贴心的服务，如超级贵宾室待遇、尊属礼品等。

（5）自我实现

需求：求知、审美和爱心活动。

所谓最高层次的需要，是指实现个人理想的需求。人的能力到最大限度，达到自我实现境界的人,既能接受自己也能接受他人,解决问题能力增强,自觉性提高,善于独立处事,要求不受打扰,完成与自己的能力相称的一切事情都在高端品牌的4S店中,车主往往是前4个需求层次都已实现,追求着更高层次的需要。这时,他们更多的不是在乎4S店能给予多少优惠,能赠送什么样的服务项目,而是关注更为高尚的事物。达到自我实现。4S店可以在高雅的艺术领城生活品位上,满足车主求知、审美等方面的需求,也可以通过组建署名的慈善基金、开展爱心活动等多种方式实现车主的更高人生价值。

2.5.3　汽车消费者购买动机分析

影响汽车个人购买行为的因素分为外因和内因。外因主要包括文化因素、社会因素。外因通过个人因素、心理因素等内因作用于汽车消费者,从而形成购买行为。

1)影响汽车个人购买行为因素分析

影响汽车个人购买行为的因素主要有文化因素、社会因素、个人因素及心理因素等。其中,文化因素和社会因素可以归结为外因,而个人因素和心理因素可归结为内因。各类因素的影响机理是:文化因素通过影响社会因素,进而影响消费者个人及其心理活动的特征,从而形成消费者个人的购买行为。

(1)文化因素

文化因素包括核心文化和亚文化。文化因素影响消费者购买的原因如下:

①文化的存在可以指导购买者的学习和社会行为,从而为购买行为提供目标、方向和选择标准。

②文化的渗透性可以在新的区域创造出新的需求。

③文化自身所具有的广泛性和普及性使消费者个人的购买行为具有攀比性和模范性。

(2)社会因素

社会因素大体上有4类,分别是社会阶层、相关群体、家庭及角色地位。

①社会阶层:划分的主要标准是购买者的职业、收入、受教育程度和价值倾向等。不同层次的购买者由于具有不同的经济实力、价值观念、生活习惯及心理状态,并最终产生不同的消费活动方式和购买方式。

②相关群体:能够影响消费者个人消费行为的个人和团体。一般可分为紧密型群体、松散型群体等。紧密型群体,如家庭、邻里、同事等。松散型群体,如学会以及社会团体等。

③家庭:社会的细胞。它对个人购买者的影响最大。根据家庭的购买权威中心的差别区分,可分为丈夫决策型、妻子决策型、协商决策型和自主决策型。

④角色地位:个人购买者在不同的场合扮演的角色及所处的社会地位。在个人购买行为中,其需求及购买行为要考虑与其角色和地位相一致。

(3)个人因素

个人购买行为的差异性主要体现在个人购买者之间存在着年龄、职业、收入、生活方式和个性等情况的差异。

①年龄与生命周期阶段。随着年龄的增加,人们对汽车产品的喜好也在改变。

②职业。不同职业的消费者对汽车的购买目标是不一样的。

③经济状况。汽车对于一般人来说属于一种高档耐用消费品,个人的经济状况达不到一定程度是不可能购买汽车的;并且经济状况较好的人与经济状况一般的人所选购的类型是有所差别的。

④生活方式。从经济学的角度看,一个人的生活方式表明他所选择的分配方式以及对闲暇时间的安排。

据中国汽车工业协会的数据统计,2010 年 1—11 月,全国 SUV 累计销量 318 915 辆,同比增长 55.56%。在油价飙升的今天,消费者却"一反常态"地钟情于 SUV,就是因为 SUV 集休闲性和驾驶性于一身,满足了以休闲旅游为生活方式的消费者的需求。

⑤个性与自我观念。个性不同会导致消费者购买行为的差异,进而影响消费者对汽车产品的品牌选择。"80 后"有一定的消费能力,而且多数都能得到父母的资金支持。不想父母支持的,一般会选择贷款购车。喜欢运动时尚、造型个性的车型,对品牌有一定的忠诚度,更乐于从直观的广告和杂志等途径获取较为直接的车型信息等,这些都是"80 后"消费群体在选车、购车中普遍存在的心理和特性。他们强调个性,追求自我感受,完全一副"我买车,我做主"的心态。

(4)心理因素

①动机。不同的人购买动机也不一样。出于经济实惠的考虑,如果消费者平时的活动范围通常在市区或近郊区,那些外形尺寸小、排量小的经济小型车将会是消费者首先考虑的购买对象。但对于那些需要经常在高速公路上行驶的消费者,中级轿车可能会是主要的考虑对象。而那些喜欢跋山涉水或驾车郊游的消费者,吉普车等越野车可能是主要的选择目标。因此,消费者选择什么车型品牌,常常会从使用角度考虑,包括是否节省燃油,售后网点,以及配件是否容易购买等,以便在使用、维修、保养等方面获得较好的服务。

②知觉(选择性注意,或扭曲或保留)。一个受到动机驱使的人可能随时准备行动,但具体如何行动则取决于他的知觉程度。

③学习。由于汽车市场营销环境的不断改变,新产品、新品牌不断涌现,汽车消费者必须经过多方收集有关信息之后,才能作出购买汽车的决策,这本身就是一个学习的过程。同时,消费者对汽车产品的消费和使用同样也是一个学习的过程。

④信念与态度。人们通过实践和学习获得自己的信念和态度,他们反过来又影响着人们的购买行为。

2)影响汽车消费者购买的个人动机分析

(1)情感动机

情感动机就是由人的情感需要而引发的购买欲望。如父母送孩子生日礼物、嫁妆等。

(2)求实购买动机

这种动机的核心是"实惠""实用"。在这种动机驱使下,顾客选购商品特别注重功能、质量和实际效用,不过分强调商品的式样、色调等,几乎不考虑商品的品牌、包装及装潢等非使用价值的因素。如用来装货或家庭外出旅游等,就会选择空间大、性能好的汽车。

（3）求新购买动机

以追求商品的新潮入时为主要特征,这种动机的核心是"时髦"和"奇特"。目前车型时髦的 Cross 很受欢迎,就是因为它的设计融合了多种类型汽车的特征,并成为一种时尚。

（4）求名购买动机

以追求名牌为主要特征。在这种动机驱使下,顾客购买几乎不考虑商品的价格和实际使用价值,只是通过购买、使用名牌来显示自己的身份和地位,从中得到一种心理上的满足。

（5）求优购买动机

以追求商品的质量优良为主要特征。这类顾客选购商品时注重内在质量,对外观式样以及价格等不过多考虑。

（6）求美购买动机

以追求商品的艺术欣赏价值为主要特征。这类顾客在购买商品时最为关注的是商品的审美价值和装饰效果,注重商品的造型、色彩、图案等,商品的实际使用价值是次要的。例如,对于女性,尤其是年轻女性,对时尚都有很敏感的触觉,若汽车融入了时尚元素,且具有靓丽鲜艳的颜色、灵巧可爱的造型、温馨的内饰,就会引发她们的购买欲望。

（7）求廉购买动机

以追求商品的价格低廉为主要特征。这类顾客选购商品时最注重的是价格,对商品的花色式样及质量等不太计较,喜欢购买削价处理品、优惠价商品。如当汽车连续降价,有些消费者就会因廉买车。

（8）嗜好购买动机

以满足个人兴趣爱好或兴趣为主要特征。如喜爱收藏赛车,喜爱购买高档服饰、名牌包等。

（9）攀比购买动机

以争强好胜、不甘人后为主要特征。这类顾客在购买商品时不是出于对商品的实际需要,而是为了与别人比较,向别人炫耀。他们的购买行为在很大程度上取决于归属的社会群体,具有较大的盲目性。

2.5.4　掌握汽车消费者购买决策过程及内容

购买过程具体包括 5 个步骤:确认需求—收集信息—评估选择—决定购买—购后感受。

一个完整的购买行为过程,可看作一个刺激、决策、购后感受的过程,这也是用户的一般购买行为过程。这一过程如图 2.7 所示。

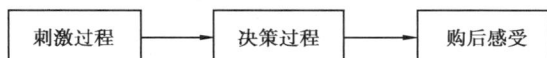

刺激过程　→　决策过程　→　购后感受

图 2.7　汽车用户购买行为过程图

（1）刺激过程

刺激过程指汽车用户受到内、外部因素刺激,产生需求形成购买动机。

（2）决策过程

汽车用户是否实施购买行为,购买的具体对象是什么,在什么地方购买等,就需要汽车用户进行决策。

（3）购后感受

汽车用户购买行为的目标是选购一定的商品或服务,使自己的需要得到满足。汽车用户实施购买行为之后,购买行为过程并没有结束,还要在具体使用中去检验和评价,以判断需要满足的程度,形成购后感受。

消费者个人的购买过程,是相互关联的购买行为的动态系列,一般包括 5 个具体步骤,即确认需要—收集信息—评估选择—决定购买—购后感受。

上述购买过程是一种典型而完整的过程,但并不意味着所有的购买者都必须对每个阶段——经历。如有些汽车购买者对汽车工业的情况很了解,其购车过程经历的阶段就较少;反之,则经历的阶段较多。企业营销人员必须研究个人购买者的整个购买过程,而不能仅单纯注意购买环节成本。同时,营销人员要注意了解顾客购后的感觉,保持与客户的联系,既能巩固市场,还能树立良好的企业形象。

【本章小结】

汽车市场营销环境(Automobile Marketing Environment)是指在营销活动之外,能够影响营销部门建立并保持与目标顾客良好关系的合旨力的各种因素和力量。营销环境既能为企业提供机遇,也能造成威胁。按照这些环境因素对汽车企业营销活动的作用方式的不同,营销环境可分为微观环境和宏观环境。

汽车市场营销环境是汽车企业营销活动的基础和条件,具有以下特点:

（1）客观性

汽车市场营销环境是影响与制约汽车企业营销活动的客观存在因素,它是不以企业的主观意志为转移的。如消费者消费收入、消费结构的变化等是客观存在的经济环境变化,在一定程度上影响了汽车消费,但这些变化并不是汽车企业可以主导的。

（2）差异性

汽车市场营销环境的差异性不仅表现在不同企业受不同环境的影响,而且同一种环境因素的变化对不同汽车企业的影响也不同。因此,汽车企业为适应营销环境的变化所采取的营销策略也各不相同。如汽油价格的上升对于生产大排量的汽车企业而言是不利的因素,而对于生产经济型、小排量的汽车企业而言又是个机会。

（3）相关性

汽车市场营销环境不是由某一个单一的因素决定的,还要受到一系列相关因素的影响。如汽车销售不但受汽车市场供求关系的影响,还要受国家汽车相关政策等的影响。

（4）不可控性

汽车营销环境的客观性决定了它的不可控性，即汽车市场营销环境是企业不可能控制的。汽车企业主要是通过市场调查的方法来认识市场营销环境变化的趋势及对企业经营的影响，然后调整企业内部营销力量，适应汽车市场营销环境的变化。

（5）动态性

汽车市场营销环境是不断发生变化的。目前，汽车市场营销环境的变化速度在不断地加快，每一个汽车企业作为一个小系统都与市场营销环境这个大系统处在动态的平衡中。一旦环境发生变化，平衡便被打破，汽车企业就必须积极地适应这种变化。

【扩展阅读】

目前中国的汽车市场营销环境

【人口环境】

在中国谈营销，谈市场，几乎可以说不存在容量够不够大的问题。这是一个拥有超过14亿人口的大市场，几乎每一种消费品类都拥有上百亿元的总需求量。对于每一家企业来说，中国市场都是潜力巨大的市场。因此，企业关键是要去摸清消费者的脉络，找准自己的目标群体。如果具备了足够的能力和资源去满足它的需求，容量将不是问题。

【中国消费者受广告影响大】

广告培育市场，广告撬动市场，广告打通通路，是过去10年中国市场的一大特色。以前，人们没有喝包装牛奶的习惯，受商家的大量广告"教育"后，越来越多的人养成了早餐喝牛奶的习惯。近10年来中国发展较快的行业，也几乎都是广告的热门行业：饮料、保健品、手机、运动鞋等，都是利用广告成功地撬动了市场。

【中国消费者从众化倾向明显】

在中国消费市场中，存在着一个"势"场。中国的消费者和欧美国家的消费者相比，中国的消费者更加重视他人和社会的评价，从众倾向明显。例如，购买高档服饰、豪华轿车等。

中国消费者受"势"的影响，消费品牌的同质化程度很高。

【经济环境】

中国市场是一个只有30年历史的年轻市场，总体上还是一个发展欠成熟的市场。

这主要体现在以下两个方面：一是我国国民收入的总体水平不高，人均消费能力相对发达国家较为不足；二是市场的运营及管理规则不健全、不规范，市场自身发展的状况不健康。

其中存在着让消费者比较困扰的诸多问题，例如，商品质量没有保障，假冒伪劣产品充斥着市场，消费者常常担心无法获得令人放心的商品；价格欺诈、虚假广告等现象大量存在，严重侵害了消费者权益，消费投诉仍然面临执行难的局面，消费者的合法权益不能得到保障……如何解决这些问题，赢得消费者的满意，也是品牌营销的一个方向。

当前随着人们收入水平的提高，以及中国城乡市场发展差距的缩小，中国居民的消费重点已从基本的生活消费开始转向了以住、行为代表的新型消费领域，涌现出了许多新的消费热点:住房装修用品、汽车、通信工具、娱乐、文化用品等多种新型消费品的销售增长迅速;信用消费呈现快速增长势头,成为促进消费结构升级的重要力量;围绕春节、五一、十一、元旦等假日消费活动日趋活跃和成熟,成为商家的黄金时段;以连锁经营、物流配送、电子商务为重点的新型流通方式快速发展,在市场销售中的比重日益提高,成为消费品市场发展的新增长点。

【自然环境】

由于中国地域辽阔,消费者的收入水平、成长背景、生活习惯、文化程度及宗教信仰等各方面均存在着巨大的差异,同时,每一个不同的消费群体的绝对数量都比较大,因此,差异性大也就成了中国市场的基本特征之一。

中国市场的差异性,不仅体现在不同的区域之间,如沿海和内地、南部和北部,即使在同一个区域之内,这种特征也会表现得极为显著。

中国沿海地区的经济实力较强,城市化规模发展较快,因此,其消费能力也更加突出,消费形式相对现代。

城市居民一般受教育较多,思想较为开放,容易接受新生事物;而农村相对闭塞,消费观念较为保守。

中国市场的差异性,带来了商品经营的多元化。传统摊贩、店铺、小生产自营及现代化商业共存和竞争;26万余种商品,新品旧货、名品、精品、走私品、假冒伪劣品都展现在同一个市场上。

【科学技术环境】

中国虽然在这几十年的发展过程中,科学技术发展很快,但整个科学技术水平较欧美和日本这样的发达国家还有一段差距,因此,有些科技含量过高的产品其实并不适合中国市场。同时,中国科学技术方面的模仿能力特别强,一些较低端的技术很快就会被市场所中和,所以想在中国市场具有持久的、强大的竞争力,就需要快速地进行技术更新。

【政治法律环境】

中国目前仍处于社会主义初级阶段,主要任务还是发展经济,并且中国现在正在创建法治社会,对环境保护方面的政策和法律在逐渐的健全,使得现在中国的市场发展受到这方面的影响很大。

针对法治社会,国家加大了对各个行业的环境指标的监管和对产品质量和环保因素的控制。同时,随着国民生活水平的提高,人们对产品的品质和质量要求越来越高,国家也加大了这方面的管理力度。

中国加入世界贸易组织以来,整个中国市场对国外的开放度越来越高,同时贸易限制也逐渐降低,关于国际贸易的管理规则也越来越健全,政府对贸易监管方面也越来越密切、越来越透彻。

【社会文化环境】

中国具有5 000多年的发展历史,有着悠久的历史底蕴,中国人接受了如此久的文化洗礼,对权威、正统、主流意识的认同也积淀了几千年,深深地渗透人们的思想与行为的各个方面。

因此,我们不难理解许多目标消费群体窄、专业化程度高的企业为何也选择投放中央电视台这样强势的大众媒体,并且取得了很大的成功。

在媒体特征上,细分化媒体弱,而大众化媒体强。这就是主流意识,表现为人们普遍对国家主流电视媒体的权威性和可信度的高度认同。

优势:中国人口众多导致中国市场有很大的销售机会,并且农村的潜在机会也很大;中国取消了养路费,这会导致更多的人去买车;中国市场正逐渐成为全球汽车市场的中心。中国汽车市场现在保持快速稳定发展,主要是经济、政策、产业发展等为此提供了有利的发展环境。首先,国民经济快速发展推动了汽车市场发展,经济的发展和居民收入的增长使得更多的人能买得起车。其次,汽车产品的不断降价,使得有更多的车能被更多的人消费得起,汽车消费不仅在一线城市,在二三线城市也都有了不小的市场。

劣势:一些发达城市因购车数量的日益增长导致一些人暂停购车;中国某些技术还落后于外国。

【能力训练】

1.汽车市场营销环境有哪些特点? 分析汽车市场营销环境意义何在?

2.宏观营销环境包括哪些因素? 各有何特点?

3.结合我国实际说明法律环境对整个汽车营销活动的重要影响。

4.微观营销环境由哪些方面构成? 竞争者、消费者对汽车企业营销活动发生何种影响?

5.市场环境分析的方法有哪些? 试用其中某一方法剖析一个汽车营销实例。

6.分辨汽车消费者需求层次。

7.分析消费者需求模式。

8.分析汽车消费者购买动机。

9.分析汽车消费者购买决策。

【案例分析】

新冠肺炎疫情下的中国车市,究竟该何去何从

乘联会统计数据显示,2020 年2 月上半月(1—16 日)国内乘用车零售销量仅为2 249辆,相比去年同期大跌92%,跌幅创历史最高纪录。此外,2 月份前三周的全国汽车销量也只有73 876 辆,同比下降89%。

2020 年上半年上汽集团累计销售汽车204.9 万辆,同比下降30.24%,全年600 万辆的销量目标仅完成了34%,除上汽大通、申沃客车、依维柯红岩等商用车板块外,集团乘用车板块全部呈现出不同程度下跌,其中,昔日两大支柱上汽大众和上汽通用在上半年的销量跌幅最大,这意味着短期内汽车消费需求依旧低迷,厂家和经销商仍将继续陷入苦战之中。

数据显示,红旗的销量同比增长2.3%,不过,这个年初制订的目标已提前半年于近日完

成,2020 年上半年东风汽车的累计销量为 53.4 万辆,完成了全年 141 万辆销量目标的 38%,旗下主要合资公司均呈稳定增长,自主乘用车则仍处于恢复过程中,但面对疫情期间一线汽车销售市场复苏缓慢、汽车新品推广困难等情况,为稳定和鼓励汽车消费,都已相继出台了汽车产业扶持政策,这让中国汽车市场看到了希望。

思考:在新冠肺炎疫情的影响下,中国车企应如何调整营销对策。

第3章

汽车营销策划

【学习目标】

- 掌握汽车产品定位策略。
- 掌握汽车产品品牌策略。
- 掌握汽车产品渠道策略。
- 掌握汽车定价策略。
- 掌握汽车促销策略。

【关键词】

汽车营销策划　汽车产品定位　汽车品牌　汽车分销渠道　汽车企业公共关系

【引导案例】

网络直播卖车应该怎么做

2020年,4S店销售顾问发现,网络直播卖车这件事,有点靠谱。

在冰城哈尔滨,广申奥迪曾是月销200多台的4S店。但2020年2月,新冠肺火疫情导致客户成交锐减为零。销售经理张振宇和总经理仲崇岷商量说:"能不能开通抖音直播,反正,现在大家也没事做,做做品牌宣传也好。"

令张振宇没有想到的是,截至2020年6月3日,"广申奥迪"抖音账号的直播吸引了15.2万人的关注,还成交了26辆车,考虑哈尔滨当地的疫情管控,这一数字非常难能可贵。

"在此之前,我们都对直播毫无经验。"张振宇说。广申奥迪第一场直播从2月3日开始,12位销售顾问轮流上播,平均每天8小时,流量最高峰的时候,有10几万人在直播间观看和互动。"即使现在疫情得到缓解,观众们都正常上班了,直播间人气依然保持在3 000~5 000人。"

作为销售经理,张振宇如今已能对直播间与主播娴熟调度和控场。他在后台统计过,关注"广申奥迪"直播的用户里,黑龙江省占比最大,约占五分之一;通过直播转化获客的成交率逐月攀升,从数据上看,已接近销售总量的20%,每卖出5辆,就有一个客户来自直播间。

张振宇记得很清楚,第一位通过直播成交的客户是一对买Q5L的夫妻。"如果不是疫情限制,导致无法签单交车,客户会更早成交,而不会等到3月中旬。"

通过直播,销售顾问普遍的感受是,客户黏性会更高。"我们店有一个做直播的网红小姐姐,叫'大美',很多客户一来,头一句话就说:今天终于见到'大美'真人了! 这种亲切感,是自然到店或者DCC(网电营销)不能比的。"张振宇笑着说。

直播4个月时间,通过张振宇的讲述,我们还原了广申奥迪直播获客的10大"秘笈"。

1.选拔机制。不是任何人都适合面对镜头,因此,广申奥迪初期所有销售顾问必须轮播上岗。经过海选,广申奥迪圈定了4位抖音主播,加上兼顾后台的张振宇,组成直播"4+1"的架构,形成类似DCC的业务部门。

2.固定时段。目前广申奥迪每天直播两场,9:00—11:00一场,12:00—14:00一场,周六、周日无休。此前,8:00—21:00全都试过,发现晚上由经销商来直播汽车并不适合,晚间时段娱乐、才艺类的直播内容会更受欢迎。

3.直播流程。直播开始后,广申奥迪主播会先对所有车型轮流介绍,平均每台车粗讲10分钟,然后针对热销车型的某项优势重点讲解。

4.直播复盘。直播完毕进行复盘。好的地方记录总结,不好的地方改善。

5.打造主播。从化妆到服装选择,细节处处留心。比如,除服装、工装外,要准备丰富多彩的职业装,不断变化,保持新鲜。

6.男女搭配。一人出镜,一人拍摄。

7.内容脚本。制订合理的脚本,保障内容不重样。假如一辆车有 N 个卖点,每次直播涉及1~2个卖点即可。

8.动静结合。除了展厅内静态展示外,动态展示也不可少。虽然出于安全考量,平台不允许主播前排试驾,但是坐在后排是没有问题的。增加更多场景,避免审美疲劳。

9.强化互动。如果内容不行,互动也不好,用户为什么要在直播间浪费时间呢?

10.及时跟进。主播引导客户留资,后台专人负责,一对一对接,跟踪邀约到位。

张振宇特别强调说:"直播脚本非常重要。否则都不知道应该播什么,有了脚本,哪个时间介绍什么,核心话术是什么,所有环节事先设定,就会游刃有余。"

3.1　汽车产品定位策划

　　市场定位是企业及产品确定在目标市场上所处的位置。市场定位是在 20 世纪 70 年代由美国营销学家艾·里斯和杰克特劳特提出的,其含义是指企业根据竞争者现有产品在市场上所处的位置,针对顾客对该类产品某些特征或属性的重视程度,为本企业产品塑造与众不同的、给人印象鲜明的形象,并将这种形象生动地传递给顾客,从而使该产品在市场上确定适当的位置。

3.1.1　汽车产品定位的概念

　　市场定位是指企业针对潜在顾客的心理进行营销设计,创立产品、品牌或企业在目标客户心目中的某种形象或某种个性特征,保留深刻的印象和独特的位置,从而取得竞争优势。简言之,就是在客户心目中树立独特的形象。

3.1.2　汽车产品定位的原则

　　各个企业经营的产品不同,面对的顾客也不同,所处的竞争环境也不同,因而市场定位所依据的原则也不同。总的来讲,市场定位所依据的原则有以下 4 点:

　　1)根据具体的产品特点定位

　　构成产品内在特色的许多因素都可作为市场定位所依据的原则。例如,所含成分、材料、质量、价格等。"七喜"汽水的定位是"非可乐",强调它是不含咖啡因的饮料,与可乐类饮料不同。"泰宁诺"止痛药的定位是"非阿司匹林的止痛药",显示药物成分与以往的止痛药有本质的差异。一件仿皮皮衣与一件真正的水貂皮衣的市场定位自然不会一样,同样,不锈钢餐具若与纯银餐具定位相同,也是难以令人置信的。

　　2)根据特定的使用场合及用途定位

　　为老产品找到一种新用途,是为该产品创造新的市场定位的好方法。小苏打曾一度被广泛地用作家庭的刷牙剂、除臭剂和烘焙配料,现在已有不少的新产品代替了小苏打的上述功能。我们曾经介绍了小苏打可定位为冰箱除臭剂,另外还有公司把它当作调味汁和肉卤的配料,更有公司发现它可作为冬季流行性感冒患者的饮料。我国曾有一家生产"曲奇饼干"的厂家最初将其产品定位为家庭休闲食品,后来又发现不少顾客购买是为了馈赠,又将之定位为礼品。

3）根据顾客得到的利益定位

产品提供给顾客的利益是顾客最能切实体验到的,也可用作定位的依据。

1975 年,美国米勒(Miller)推出了一种低热量的"Lite"牌啤酒,将其定位为喝了不会发胖的啤酒,迎合了那些经常饮用啤酒而又担心发胖的人的需要。

4）根据使用者类型定位

企业常常试图将其产品指向某一类特定的使用者,以便根据这些顾客的看法塑造恰当的形象。

美国米勒啤酒公司曾将其原来唯一的品牌"高生"啤酒定位于"啤酒中的香槟",吸引了许多不常饮用啤酒的高收入妇女。后来发现,占 30% 的狂饮者大约消费了啤酒销量的 80%,于是,该公司在广告中展示石油工人钻井成功后狂欢的镜头,还有年轻人在沙滩上冲刺后开怀畅饮的镜头,塑造了一个"精力充沛的形象"。在广告中提出"有空就喝米勒",从而成功占领啤酒狂饮者市场达 10 年之久。

事实上,许多企业进行市场定位的依据的原则往往不止一个,而是多个原则同时使用。因为要体现企业及其产品的形象,市场定位必须是多维度的、多侧面的。

3.1.3　汽车产品定位的指标

企业为其产品进行市场定位,是为了向市场提供具有差异性的产品,这样就可使产品具有竞争优势,使产品具有竞争性差异化。对于汽车企业而言,一般应在产品、服务和形象等方面实现差异化。并不是每一种产品都有明显的差异,但是,几乎所有的产品都可以找到一些可实现差异化的特点。汽车是一种可高度差异化的产品,其差异化表现在特色、性能质量、一致性质量、耐用性、可靠性、可维修性、风格、设计及运行费用上。

1）特色

特色是指产品的基本功能的某些功能的某些增补。例如,对于汽车来说,该产品的基本功能就是代步和运输的作用,汽车产品的特色就是在基本功能上的增加,如电动窗、ABS 系统、保险带、安全气囊及空调器等。由于汽车可提供的差异化项目很多,因此,汽车制造商需要确定哪些特色应该标准化,哪些是可以任意选择的。

产品的特色体现了制造商的创造力,一个新特色的产生可能为产品带来意想不到的生命力。例如,汽车安全气囊发明后,引起了业界的广泛注意,并且很快在世界各大汽车公司中被广泛运用,虽然到现在为止,该产品的安全性和实用性仍然备受争议,可是,无可争议的是,安全气囊已成为中高档汽车中不可或缺的一个配件。由此可知,一个企业如果可以率先推出某些有价值的新特色,就是一种最有效的竞争手段。

要注意的是,并不是每一个特色都值得企业推行,特色必须是有价值的。同时,公司在为自己的产品提供特色时,除了考虑这个特色是否有价值外,还要考虑增加该特色的成本和顾客愿意为这项特色多付的费用。

2）性能质量

性能质量是指产品主要特点在运用中的水平。一般来说,产品的性能可分为低、平均、高和超级 4 种。总的来说,性能高的产品可以产生较高的利润。但是,当性能超过一定的分界后,由于价格因素的影响,愿意购买的人会越来越少,报酬反而会下降。例如,如果一家汽车公司在华东地区大量推销高性能越野吉普车,由于华东地区多是平原的地理环境,同时经济的发达致使道路条件相对优越,因此即使该吉普车的性能优越,购买人数也是相当有限的。

时间的变化也会影响企业对产品质量的管理,在这点上有 3 种策略可供选择:

① 制造商不断地改进产品,经常产生最高的收益和市场份额。上海大众在桑塔纳轿车的生产上采用的就是这种策略,从最先推出的普通型桑塔纳,到桑塔纳 2000 型,直到桑塔纳的变形车——时代超人,上海大众就是在原有的基础上对桑塔纳车的性能进行不断的改进,从而使该车在市场上一直处于领先地位。

② 保持产品质量,也就是在产品定型后,质量就保持不变,除非有什么明显的缺陷,或出现了新的机会。

③ 随着时间的推移,质量不断下降,这种策略可逐步降低企业的成本,增加利润,但是容易损害企业的长远利益。

3）一致性质量

一致性质量是指产品的设计和使用与预定标准的吻合程度。例如,帕萨特车设计为每百千米耗油 5.8 L,那么流水线上的每一辆帕萨特轿车都符合这一标准,该汽车就具有高度一致性;反之,一致性就差。一致性质量是制造商信誉的体现,高度一致性可以增强消费者对该产品的信任。

4）耐用性

耐用性是衡量一个产品在自然条件下的预期操作寿命。一般来说,购买者愿意为耐用性较长的产品支付更高的售价。但是,如果该产品的时尚性相当强的话,耐用性就可能不被重视,因为流行一旦过去,该产品就失去了价值。同样,技术更新较快的产品也不在此例,如电脑。由于汽车产品特点的作用,对于汽车来说,耐用性是反映该产品优劣的一个重要指标,生产商完全可将耐用性作为差异化因素加以宣传。

5）可靠性

可靠性是指在一定时间内产品将保持不坏的可能性。购买者一般愿意为产品的可靠性付出溢价。由于汽车属于耐用商品,因此可靠性和耐用性一样,是受到汽车消费者重视的指标。

6）可维修性

可维修性是指一个产品出了故障或用坏后进行维修的易难程度。一辆由标准化零件组装起来的汽车容易调换零件,其可维修性也就高。理想的可维修性是指可以花少量的甚至不花钱或时间,自己动手修复产品。除了汽车设计水平和生产质量决定了该汽车的可维修性之外,为该汽车提供的售后服务也可看作可维修性的衡量标准之一。如果一家整车生产企业建立大量维修点,可以保证消费者在最短的时间内使汽车获得维修,同样可认为,该汽车的可维修性高。

7)风格

风格是指产品给予顾客的视觉和感觉效果。许多汽车买主愿意出高价购买一辆汽车就是因为被该汽车的外表所吸引。当人们提到一辆汽车时,眼前最先浮现的通常就是该车的外观。风格比质量或性能更能给顾客留下印象。同时,风格具有难以仿效的优势。前面提到的,为福特公司带来巨大利润的野马跑车之所以受到欢迎,除了低廉的价格外,其独特的风格也是一个很重要的原因。野马车的设计集豪华和经济于一体,车身为白色,车轮为红色,后保险杠向上弯曲成一个活泼的尾部,就像一匹野马。在福特公司为新车问世在芝加哥所做的测试中,大部分受测试者都表示首先被该车的外观所吸引。而本田公司为"铃木武士"所进行的市场调查也显示,有29%的消费者是为了铃木武士的外观和设计而购买该车的。

8)设计

设计是指从顾客要求出发,能影响一个产品外观和性能的全部特征的组合。设计特别适用于耐用产品,如汽车。所有在产品差异化下讨论的内容都是设计参数。

设计必须确定在特色、性能、一致性、可靠性、可维修性、风格等各方面分别投资多少,兼顾以上各点,并力求完美,从而进行必要的取舍。从公司的角度看,设计良好的产品应该是容易生产和分销的。从顾客的角度看,设计良好的产品应该是看上去令人愉快的,同时又容易使用、修理的。因此,对于汽车生产商来说,在推出一种新车型的整个过程中,耗费最大、最困难的就是设计时期。

9)运行费用

运行费用中,耗油量是一个十分重要的指标。消费者在购车时,耗油量是其需考虑的一个重要因素。一般来说,日本车最省油,德国车次之,美国车最费油。但不要以为,最省油的轿车一定是消费者最欢迎的。

3.1.4　汽车产品定位的步骤

市场定位的关键是企业要设法在自己的产品上找出比竞争者更具有竞争优势的特性。

竞争优势一般有两种基本类型:一是价格竞争优势,就是在同样的条件下比竞争者定出更低的价格。这就要求企业采取一切努力来降低单位成本。二是偏好竞争优势,即能提供确定的特色来满足顾客的特定偏好。这就要求企业采取一切努力在产品特色上下功夫。因此,企业市场定位的全过程可通过以下3大步骤来完成:

1）分析目标市场的现状，确认潜在的竞争优势

这一步骤的中心任务是要回答以下 3 个问题：一是竞争对手产品定位如何；二是目标市场上顾客欲望满足程度如何以及确实还需要什么；三是针对竞争者的市场定位和潜在顾客的真正需要，企业应该及能够做什么。要回答这 3 个问题，企业市场营销人员必须通过一切调研手段，系统地设计、搜索、分析并报告有关上述问题的资料和研究结果。

通过回答上述 3 个问题，企业就可从中把握和确定自己的潜在竞争优势在哪里。

2）准确选择竞争优势，对目标市场初步定位

竞争优势是企业能够胜过竞争对手的能力。这种能力既可以是现有的，也可以是潜在的。选择竞争优势实际上就是一个企业与竞争者各方面实力相比较的过程。比较的指标应是一个完整的体系，只有这样，才能准确地选择相对竞争优势。通常的方法是分析、比较企业与竞争者在经营管理、技术开发、采购、生产、市场营销、财务及产品 7 个方面究竟哪些是强项，哪些是弱项。借此选出最适合本企业的优势项目，以初步确定企业在目标市场上所处的位置。

3）显示独特的竞争优势和重新定位

这一步骤的主要任务是企业要通过一系列的宣传促销活动，将其独特的竞争优势准确传播给潜在顾客，并在顾客心目中留下深刻印象。为此，企业首先应使目标顾客了解、知道、熟悉、认同、喜欢和偏爱本企业的市场定位，在顾客心目中建立与该定位相一致的形象。其次，企业通过各种努力强化目标顾客形象，保持目标顾客的了解，稳定目标顾客的态度和加深目标顾客的感情来巩固与市场一致的形象。最后，企业应注意目标顾客对其市场定位理解出现的偏差或由于企业市场定位宣传上的失误而造成的目标顾客模糊、混乱和误会，及时纠正与市场定位不一致的现象。企业的产品在市场上定位即使很恰当，但在下列情况下，还应考虑重新定位：

①竞争者推出的新产品定位于本企业产品附近，侵占了本企业产品的部分市场，使本企业产品的市场占有率下降。

②消费者的需求或偏好发生了变化，使本企业产品销售量骤减。

重新定位是指企业为已在某市场销售的产品重新确定某种形象，以改变消费者原有的认识，争取有利的市场地位的活动。例如，某日化厂生产婴儿洗发剂，以强调该洗发剂不刺激眼睛来吸引有婴儿的家庭。但随着出生率的下降，销售量减少。为了增加销售，该企业将产品重新定位，强调使用该洗发剂能使头发松软有光泽，以吸引更多、更广泛的购买者。重新定位对于企业适应市场环境、调整市场营销战略是必不可少的，可视为企业的战略转移。重新定位可能导致产品的名称、价格、包装和品牌的更改，也可能导致产品用途和功能上的变动，企业必须考虑定位转移的成本和新定位的收益问题。

3.2 汽车产品品牌策划

品牌是一个企业便于消费者识别的由名称、图案等符号组成的要素系统,体现着产品的属性、利益、价值、文化、个性、消费群体等综合信息。在品牌设计策略中,可根据市场、技术、消费者的不同进行不同的组合理念。在品牌营销过程中,首先要定位竞争优势,然后准确选择竞争优势,进而向市场传播品牌理念。

3.2.1 品牌的含义

品牌也称厂牌,是企业用名称、名词、图案或这些因素组合形成的符号,包括品牌名称和品牌标志这些基础部分。品牌名称是指品牌中可以用语言称呼的部分,如"劳斯莱斯""林肯""奔驰""宝马""丰田"等。品牌标志是品牌中可以被认出,但不能直接用语言称呼的部分,如符号、图案、颜色等。

品牌,就其实质而言,代表着销售者对其产品特征、利益和服务的承诺。久负盛名的品牌就是优质的保证。不仅如此,品牌还是一个非常复杂的要素系统,这些要素主要有以下6个方面:

1)属性

品牌最基本的含义就是代表着特定的产品属性,如驰名汽车品牌就是产品信誉好、价值高、高贵耐用等产品属性的象征。

2)利益

品牌还体现着特定的利益,顾客通过购买特定品牌产品,其品牌属性要转化为用户或消费者的特定利益,如著名品牌就可让用户或消费者获得心理上的满足。

3)价值

品牌凝聚着生产经营者的价值观,这种价值观是可以得到一定的消费者群体认同的,如驰名品牌代表着企业持之不懈的核心价值观。

4)文化

品牌还蕴藏着特定的文化底蕴,如企业文化、民族文化,甚至国家文化。

5)个性

品牌就是要让消费者能够将此种商品与彼种商品区别开来,每个品牌都有自己的个性。

6)用户或消费者群

每个品牌实际上还代表着一定的消费者群体,起到"物以类聚、人以群分"的作用。

现实生活中,消费者通常只注重品牌的属性,而忽视品牌的其他要素。例如,只注重产品的功能,一旦有功能更好的产品出现,企业原来苦心经营的品牌价值就会丧失殆尽。其实,价值、文化和个性才是品牌最持久的意义,品牌有了这些内涵,即使出现更好的产品,原来的品牌价值依然存在,只要企业及时改进产品,对其市场营销就不会带来过分的损失。正如可口可乐总裁所说,即使可口可乐一夜之间倒闭,只要这个品牌不倒,公司同样会在一夜间复生。

品牌的性质可通过其作用和价值去体现。无论对营销者,还是对消费者,品牌都具有重要作用。对于营销者而言,品牌有利于促进产品销售,树立企业形象。借助品牌,消费者了解了某个品牌的产品属性,记住了品牌及其相应的产品,也记住了企业,有利于企业建立稳定的用户群,培养用户的品牌忠诚度。正因为如此,企业才会珍惜品牌,约束不良的经营行为,并利用品牌的无形力量支持企业的新产品销售,不断优化产品组合。品牌还便于企业的营销管理,如做广告和签订合同可以简化手续,对销往不同目标市场的产品给以不同的品牌,有利于强化目标市场的营销。所以创立和发展品牌,使之行销全国乃至全世界,是企业家梦寐以求的一个重要目标。对于消费者而言,品牌有利于他们选择和区别商品,形成自己的品牌偏好,维护消费权益。

同时,品牌还是企业的一种无形资产,是企业知识产权的重要组成部分。它的价值,体现在超过商品或服务本身以外的价值,即体现在为消费者提供的附加利益上,这种附加利益越多,品牌对消费者的吸引就越大,品牌价值就越高。不仅如此,品牌只要使用得当、管理有方,品牌价值就不会在使用中贬值,相反还可能增值,这也是它与有形资产不同的地方。

3.2.2　品牌的作用

1)有助于消费者认牌购买,并进行质量监督

品牌可以区别各个企业的同种产品,反映产品的质量和特色。消费者通过品牌,掌握产品的生产厂家和质量标准,就会增加安全感,必要时还可投诉索赔。

2)有助于企业广告宣传,促进销售

品牌是产品的代表,品牌为广告宣传提供了明确、具体的对象。良好的品牌更有利于广告宣传和产品销售。

3)有助于创立品牌产品

企业要使自己的产品成名,成为拳头产品,除了提高产品质量外,还必须有品牌,并经常维护、提高这个品牌的声誉,使消费者喜爱。

3.2.3　汽车企业创立品牌的意义

1)汽车品牌是汽车价值的象征

"劳斯莱斯"代表高贵,"奔驰"是高质量的代名词,"沃尔沃"是安全的保证。

2)汽车品牌是企业经营理念的象征,代表了企业的品牌

如今,汽车品牌已经向企业品牌过渡。"奔驰"是德国奔驰公司追求质量、创新、服务的象征,"丰田"则代表日本丰田公司顾客第一、销售第二的经营理念。

3)汽车品牌是身份和地位的象征

汽车生产厂商已从制造汽车过渡到制造品牌、创造价值。经销商也从销售汽车向销售品牌、传递价值转变。

3.2.4 汽车品牌的特征

1)汽车品牌多以创始人名字命名

世界级汽车品牌的命名、个性、定位和公司的理念相结合,也往往带上创始人的烙印。例如,美国的"福特""克莱斯勒",英国的"劳斯莱斯",法国的"雪铁龙"和日本的"丰田",这些品牌都是以创始人的名字直接命名的。这些汽车公司无不承袭了各自创始人的经营理念。1999 年福特 T 型车被评为"世纪名车",原因就来自亨利·福特服务于大众,千方百计降低成本,让汽车飞入寻常百姓家,让所有人拥有福特汽车的理念。奔驰保持着视质量为生命的传统经营理念。丰田则以其一贯将顾客利益放在首位的经营理念享誉世界。

2)汽车品牌和汽车标志的人格化

汽车标志具有品质、身份、地位和时代的象征意义。"奔驰"象征着上流社会的成功人士,"劳斯莱斯"是身份显赫的贵族,"福特"是踏实的中产阶级白领。这种人格化的品牌特征成为社会地位、身份、财富甚至职业的象征,成为车主的第二身份特征。"劳斯莱斯"除了用两个"R"字母叠合成商标外,还在车头放了一个展翅欲飞的"雅丽小女神"雕像,象征"速度之神"和"狂喜之灵"。

3)汽车公司往往都实行多品牌策略

德国大众拥有 VW, Audi, ŠKODA, SEAT 等 9 个品牌。通用拥有凯迪拉克、雪佛兰、别克、土星等 8 个品牌。

4)汽车品牌都针对各自特定的细分市场

虽然"奔驰""宝马"都为成功人士设计,但"奔驰"的目标消费者是年龄偏大、事业有成、社会地位较高、收入丰厚的成功人士。"宝马"的目标市场则是年轻有为、富有朝气、不受传统约束的新一代人士。

3.2.5 汽车品牌策略

对于企业来说,汽车品牌有利于汽车的产品增加市场占有率,优良品牌的汽车产品易于获得较好的市场信誉。汽车品牌有助于人们建立对汽车企业的印象,有助于企业的广告促

销活动。因此,汽车品牌策略是汽车产品组合策略的组成部分。

1)品牌设计策略

品牌和商标有制造商品牌(也称全国性品牌)、中间商品牌(也称自有品牌)和服务标记3种。目前我国汽车市场只有制造商品牌,汽车产品从工厂到用户手中,其品牌均不发生变化。但汽车经销企业有的则有其服务标记,它的作用主要是用于将本企业同其他经销企业加以区别,树立其经销形象,如货源正宗、实力雄厚等。服务标记同企业的"厂标"、学校的"校标"一样,也是知识产权,不容假冒与侵犯。

设计包括对品牌名称的设计和对品牌标记的设计,一般应遵循以下原则和要求:简洁醒目、易记易读;构思巧妙、暗示属性;富蕴内涵、情意浓重;避免雷同、超越时空。

对品牌名称的设计,企业除了考虑是采用单一品牌还是多个品牌之外,还必须遵守有关法律规定,如我国禁止使用领袖人物姓名、国旗、国徽等文字和图案作商标,否则不予注册登记。国内外汽车企业对其产品的品牌设计方法大体有以下3种:

(1)以地名作品牌名称

我国多数企业都是用生产企业所在城市名称作品牌名称,如"北京""沈阳""天津"等。也有的企业用企业所在地附近的名胜名称作品牌名称,如"黄河""延安"以及捷克的"太脱拉"(太脱拉是捷克最大的山峰)。

(2)以时代特征或政治色彩作品牌名称

如我国一汽集团公司的"解放",东风汽车公司的"东风",重庆汽车制造厂的"红岩"等。

(3)以厂史作品牌名称

如上海重型汽车厂的"交通",军工、航空航天等部门汽车产品的名称也多与厂史有关。

(4)以人名作品牌名称

如"梅赛德斯""福特""克莱斯勒"等。

(5)以产品特点作品牌名称

这种命名在特种车、专用车中常见,采用象征或寓意来命名。如武汉冷藏机械厂以"企鹅"作品牌名,让人联想到南极洲的冰冷,也寓意该车冷藏效果好。

(6)以产品序列化命名

如菲亚特的兰旗公司,分别以"α""β""γ""Δ"等命名,而美国万国联合收割机公司的汽车则以"货运之星""车队之星""经济之星""运输之星""北极星"等命名,均给人以产品有其系列之感,有利于扩大品牌名声。

(7)以社会阶层及其物品命名

如"皇帝""总统""王宫""君主""王子""公爵""市民""莫斯科人"等都是以社会阶层命名,"皇冠""花冠""御马"等都是以贵族的物品命名。

(8)以体育赛事命名

如丰田的"短跑家"、AMC的"马拉松"、大众的"水球"等。

（9）以神话、寓言、作品主人翁或文化艺术命名

如"戴娜""蓝鸟""罗密欧""小妖精""幽灵""序曲""桑巴舞""民谣""五重唱"等。

（10）以动植物命名

如"美洲豹""猎鹰""小马"等。

（11）以吉利的数字命名

如英国利兰公司、美国通用公司分别用"双六""九十八"为其汽车命名。

（12）以引人注意的名词命名

如大众的"新设计"、英国Lotus的"精灵"和"精华"、三菱的"永久"等。

（13）以美好的愿望命名

如"桑塔纳"取名于美国加利福尼亚州一座山谷的旋风名，祝愿其汽车像旋风一样风靡全球。

总之，汽车品牌名称可谓是五花八门，但都有一个共同特点，那就是要有利于产品在目标市场上树立美好的形象。品牌设计必须集科学性和艺术性于一体，创意要新颖，给人以美感，还要符合民俗民情，尤其在产品出口时，必须要研究出口产品的品牌，否则就难以成功。例如，我国东风公司出口品牌为"风神"（AEOLUS）；不可将"东风"直译过去，因大多数国家以"西风"为吉，英国的东风是欧洲北部吹来的寒风，相当于我国的西风，乃至北风。又如，通用公司在向使用西班牙语的墨西哥出口汽车时，曾取名为"雪佛兰诺瓦"，销路不好，原因就在于"诺瓦"与"走不动"同音。而福特公司推出的"埃特塞尔"汽车与一种镇咳药的发音相似，销路也不好。美国一家生产救护车的公司将其公司名缩写为"AIDS"并印在其汽车上，生意一直不错，但自从艾滋病流行以后，该公司生意一落千丈，原因在于其缩写正好与艾滋病的名称缩写完全相同。

2）品牌定位策略

消费者的偏好千变万化，不同地区、不同行业对品牌有不同的看法和评价。因此，建立品牌的关键是在消费者心中确立一个形象，即品牌定位。品牌定位有多种体系，有以消费者类型为主导的定位体系，有以市场形态及空隙度为主导的定位体系，有以技术在产品中的含量或质量表现为主导的定位体系，也有以不同价格来反映的定位体系。但品牌定位最基本的是建立在对目标客户具有吸引力的竞争优势上。

品牌定位营销一般有以下3个步骤：

①确认潜在的竞争优势。该竞争优势有两种基本类型，成本优势和产品差别化。前者是在同样的条件下比竞争者定出更低的价格，后者是提供更具特色的、可满足客户的特定需要。

②准确选择竞争优势。在价值链分析的基础上，放弃那些优势微小、成本过高的活动，而在具有较大优势的方面进行扩展。

③准确地向市场传播企业定位概念。选择竞争优势后，就需要通过广告宣传将其传播开来。

3）品牌延伸策略

当企业决定使用自己的品牌后，面临的抉择是，对本企业的各种产品是分别使用不同的

品牌还是使用统一的品牌,如何利用已成功的品牌声誉来推出改良产品或新产品等。这些都是品牌延伸策略必须考虑的问题。基本的品牌应用策略有以下几种:

(1)统一品牌策略

企业将其生产和经营的全部产品统一使用一个品牌。当企业能确保产品线上的所有产品都有良好的品质时,即可用此策略。它的好处是推出新产品时可省去命名的麻烦,并可节省大量的广告宣传费用。如果该品牌已有良好的声誉,可以很容易地用它推出新产品。但是任何一种产品的失败都会使整个品牌受损失。因此使用单一品牌的企业,必须对所有产品的质量严加控制。奔驰车很少采用副品牌。对有重大技术革新的汽车也只是以不同系列来区分,而上海大众至今推出的产品使用的都是 VW 这个品牌。

(2)个别品牌策略

个别品牌策略即企业的各种产品分别使用不同的品牌。这种策略的最大好处:可把个别的成败同企业的声誉分开,不至于因为个别产品的失败而损坏整个企业的形象。但这要为每个品牌分别做广告宣传,费用开支较大。当高档产品的生产经营者发展低档产品线时,一般都采用这种策略。既可避免低档产品对高档产品声誉的影响,也便于为新产品寻求新的品牌。如德国大众有 VW, Audi, ŠKODA 等多个品牌的轿车。

(3)企业名称与个别品牌并用策略

在每个品牌名称之前,统统冠以企业名称,以企业名称表明产品的出处,以品牌的名称表明产品的特点。这种策略的好处是,既可利用企业的名誉推出新产品,节省广告宣传费用,又可使品牌自己具有相对的独立性。世界上大型汽车企业无不使用这一策略,如通用汽车公司生产的各种轿车分别使用凯迪拉克、雪佛兰、庞蒂克等品牌,而每个品牌前都另加"ge"字样,以表明是通用汽车公司的产品。

4)互联网域名策略

域名作为互联网的单位名称和在 Internet 网络上网页所有者的身份标志,它不仅能给人传达很多重要信息(如单位属性、业务特征等),而且还具有商标属性。这是因为域名的所有权属于注册者。若某企业的商标由另一个不同行业的企业抢先注册,那么该企业就可能永远失去了注册与自己商标名称一致的域名的机会了。

3.3 汽车产品价格策划

掌握汽车定价策略首先要明确影响汽车产品定价的因素,按照成本导向定价法、汽车需求导向定价法和汽车竞争导向定价法这 3 种方法进行定价。在定价策略上,可按照汽车新产品、汽车产品生命周期、消费者心理等方面进行定价。

3.3.1 影响定价的因素

1）汽车产品自身的因素

产品是企业开展营销活动的基础,在决定汽车产品价格时,必须对产品进行具体分析。在分析过程中,要注意与同类汽车产品进行比较。

（1）汽车的车型与配置

实际上,一种车型、一种配置的价格,往往在其设计阶段就已经确定下来了。既然车型决定价格,因此,通过改变车型和配置来改变价格,已成为一种基本的价格策略。汽车营销实践发现,高档汽车往往拥有较大的价格空间,因此可以纵横交错,通过降价甚至提价来赢得市场竞争;低档汽车的价格空间非常有限,在价格竞争中总是处于不利的地位。那么,对于经济型车来说,摆脱困境、赢得竞争的主要途径就是改变车型、改变配置,频频推出新车型以增加竞争优势。在西方国家,同一档次的汽车,往往有多种车型,这些车型大同小异,在价格竞争的紧要关头推出,不但可以赢得新的价格空间,而且可以赢得新的消费者群。在我国,这种方式已被国内的汽车厂家频频采用,一汽大众捷达04款轿车的24项改进技术,上海大众桑塔纳3000的推出,天津丰田威驰轿车系列的7个款型,都是在同一车型不同款型或不同配置之间的多样化组合。尽管各厂家在车型的组合上有各自的方法,有的是推陈出新、逐个推出,有的是同时推出、全面覆盖,但其目的都是以差异化的车型和差异化的配置赢得差异化的市场。

（2）汽车产品的成本

商品出售价格的最低界限是由商品的成本规定的,而产品的成本包括制造成本、营销成本、储运成本等,它是价格构成中一项最基本、最主要的因素。一般情况下,成本是企业产品定价的下限,产品价格必须能够补偿产品的全部实际支出,还必须补偿企业为产品承担风险所付出的代价。产品成本的相关概念有固定成本、变动成本、总成本等。

固定成本是指在一定时期内,不随产品产量变动而变动的费用,具有不变性,如产品的折旧费、汽车生产设备的投资、房租和地租等。

变动成本是指一定时期内随着产量的变动而变动的费用,如原材料、计件工资等。

总成本是指固定成本与变动成本之和。

汽车企业只有降低成本才能在具有较强竞争力的价格下取得更大利润。

2）汽车市场需求关系

市场需求是影响企业定价的重要因素,是产品定价的上限,当汽车价格高于某一水平时,将无人购买,因此,定价要考虑产品价格是否适应消费者需求能力。

（1）供求关系

供求关系是指在一定时间内市场上的商品供给量与商品实际需求量的关系。一方面,市场决定价格,供不应求时,商品的价格上升,而供大于求时,价格下降;另一方面,价格对市场又有一定的刺激或抑制作用,价格越高,需求越低,反之需求就高。

(2)需求的价格弹性

需求的价格弹性是指产品的市场需求量随着价格变化而变化的程度,即价格变动对需求量变动的影响程度。它的大小一般依据需求弹性系数测定。

$$需求价格弹性系数|E| = \frac{需求量变动的百分比}{价格变动的百分比}$$

$$= \frac{\dfrac{\Delta Q}{Q}}{\dfrac{\Delta P}{P}}$$

式中　P——价格;

　　　ΔP——价格变动量;

　　　Q——需求量;

　　　ΔQ——需求变动量。

由于价格与需求反向变动,需求弹性系数小于零,为方便起见,常用绝对值来表示 E。

E 的情况有以下 5 种:

①$E>1$,富于弹性,即需求的变动对价格的变动十分敏感,价格较小幅度地下降或上升,可能引起需求量较大幅度地增加或减少。

②$E<1$,缺乏弹性,即需求的变动对价格的变动不敏感,价格变动对需求的影响不大。

③$E=1$,单一弹性,即需求的变动与价格的变动反向同幅度。

④$E=0$,完全无弹性,即需求的变动对价格的变动一点都不敏感,价格的任意变化都不会引起需求量的变动。

⑤$E \to \infty$,完全有弹性,即需求的变动对价格的变化有无穷大的敏感性。

在现实生活中,后 3 种情况非常少见,主要还是富有弹性和缺乏弹性两种情况。

影响需求弹性的因素有很多,就汽车产品而言主要有两个方面:一是产品的数量和竞争力的强弱。凡替代品或竞争产品少且竞争力不强的产品,需求弹性就小;反之,需求弹性就大。二是产品的质量和币值的影响。凡用户认为价格变动是产品质量变化或币值升降的必然结果时,需求弹性就小;反之,需求弹性就大。

汽车(这里主要指轿车)是需求价格弹性较高的商品。据统计,美国汽车的需求价格弹性为 1.14。其中,轿车比商用车的需求弹性大,私人购买比集团购买的需求弹性大。如果产品的需求是富有弹性的,销售者应考虑降低其价格,因为较低的价格可能带来更多的总收入。

3)市场竞争

定价不但取决于市场需求和产品自身因素,而且还取决于竞争者的情况。定价的高低,则要受竞争者同类产品价格的制约。在同类型的汽车产品中,质量近似时,用户总是选择价格较低的产品。因此,对竞争者的产品价格要调查研究,深入了解,做到知己知彼,才能使定价适当,在竞争中取胜。在分析价格因素的同时,还要注意非价格竞争的因素,因为在汽车产品的质量、价格近似时,用户更倾向于选择认知程度高的产品,而用户对产品的认知程度要考虑产品的质量、特色及宣传等。例如,在我国被人称为"黑马"的奇瑞轿车,其外观是中档次的车型,但面对竞争者的产品与价格,他们除了加大宣传,让消费者了解其产品的同时,把售价定在了中低档次价位,因而颇受消费者的欢迎,上市初期就赢得了较大的市场份额。

4)政府的法律和政策

政府维护经济秩序或其他目的,可能通过立法或者其他途径对企业的价格策略进行干预。政府的干预包括规定毛利率,规定最高、最低限价,限制价格的浮动幅度或者规定价格变动的审批手续、实行价格补贴等。

5)社会经济状况

汽车产品定价还要考虑社会经济状况的影响,如通货膨胀、经济繁荣与衰退以及利率等经济因素。

6)汽车产品的寿命周期

已知任何产品都有其寿命周期。汽车产品的寿命周期是指某种车型从投放市场开始,到被市场淘汰为止,所经历的整个过程。一般都会经历投入期、成长期、成熟期及衰退期4个阶段。汽车产品处在不同的寿命周期阶段会有与之对应的不同策略安排。汽车产品在其寿命周期的各个阶段的价格策略也有所不同。

3.3.2　汽车企业定价的方法

汽车定价方法是指汽车企业为了在目标市场上实现定价目标,而给汽车产品制订一个基本价格或浮动范围的方法。影响汽车价格的因素很多,一般有汽车成本导向定价法、汽车需求导向定价法和汽车竞争导向定价法3种方法。

1)汽车成本导向定价法

企业定价时以汽车产品成本作为主要因素和依据。这类定价方法具体形式很多,这里介绍常见的3种方法。

(1)成本加成定价法

这种方法是按汽车产品单位成本加上一定比例的毛利定出的销价。定价时,首先确定单位变动成本,再加上分摊的固定成本,构成单位产品总成本,在此基础上加一定的加成率(毛利率),计算出产品的价格。其计算公式为:

$$单位产品价格 = 单位产品总成本 \times (1 + 加成率)$$

式中　　$加成率 = \dfrac{售价 - 进价}{进货成本} \times 100\%$。

[例3.1]　某汽车厂生产2 000辆汽车,总固定成本80 000 000元,每辆汽车的变动成本为10 000元,确定目标利润率为15%。

采用总成本加成定价法确定价格的过程如下：

每辆车的固定成本 80 000 000 元÷2 000＝40 000元

每辆车的变动成本10 000元

每辆车的总成本50 000元

每辆车的价格50 000元×(1+15％)＝57 500元

其中,加成率也称预期利润率。加成率是市场营销的一个概念,它是指企业一定百分比的利润,它影响着企业单位产品的定价。加成率的确定是定价的关键。加成率的大小与商品的需求弹性和企业的预期盈利有关。需求弹性大的商品,加成率宜低,以求薄利多销;需求弹性小的商品,加成率不宜低。在实践中,同行业往往形成一个为大多数商店所接受的加成率。

这种定价方法的优点如下：

①计算成本总比估计需求更有把握,企业根据成本定价,简便易行。

②如果同行业的企业都采用这种定价方法,各家的成本和加成比例接近,定出的价格相差不多,可能缓和同行业间的价格竞争。

③根据成本加成,对于买卖双方更加公平合理,卖方不因买方需求殷切而提价,只是"将本求利"。但是,它只是从卖方的角度来考虑,忽视了市场需求的变化和竞争的影响,缺乏灵活性,因此,不利于促进销售,难以获得较高利润,只是在产销量与产品成本相对稳定,竞争不太激烈的情况下可以采用。

（2）目标利润定价法

这是根据企业所要实现的目标利润来定价的一种方法。它的具体做法是:首先预计未来时期的销售量,计算出在这个预计销售量下的总成本,再结合企业确定的目标利润计算出产品的单价。

其基本计算公式为：

$$单位商品销价 = \frac{固定成本 + 变动成本 + 目标利润}{预计销量}$$

在采用这种方法定价时,企业首先应明确统计期内所要实现的目标利润,然后再根据销售量的预测,确定出统计期的产品成本,以及统计期内应回收的固定成本总额,从而完成定价工作。

（3）变动成本定价法

变动成本定价法又称边际贡献定价法,是指企业在定价时只考虑变动成本,不考虑固定成本的定价方法,也就是按变动成本加预期的边际贡献来制订产品的价格。边际贡献是指产品销售收入与产品变动成本的差额。如果边际贡献弥补固定成本之后有剩余,就形成企业纯收入;否则,企业将发生亏损。这种定价方法一般只限于追加订货、市场竞争异常激烈、销售困难,价格成为竞争主要手段时适用。其计算公式为：

$$单位产品销售价格 = \frac{总的可变成本 + 边际贡献}{总产量}$$

$$= 单位产品变动成本 + 单位产品边际贡献$$

这种定价方法在汽车产品必须降价出售时特别重要,因为只要售价不低于变动成本,生产就可以维持。

[例3.2] 某一品牌的汽车在一定时期内发生固定成本80 000 000元,单位变动成本38 000元,预计销量为2 000辆。在当时市场条件下,同类产品的价格为75 000元/辆。那么,企业是否应该继续生产呢?

其决策过程如下:

固定成本=80 000 000元

变动成本=38 000元×2 000=76 000 000元

销售收入=75 000元×2 000=150 000 000元

企业盈亏=150 000 000元-76 000 000元-80 000 000元=-6 000 000元

按照变动成本定价,企业出现了6 000 000元的亏损,但是作为已经发生的固定成本,在不生产的情况下,已支出了80 000 000元,这说明按变动成本定价时可减少74 000 000元固定成本的损失,并补偿了全部变动成本76 000 000元。若低于变动成本定价,如市场价格降为38 000元/辆以下,则企业应该停产,因为此时的销售收入不仅不能补偿固定成本,连变动成本也不能补偿,生产得越多,亏损越多,企业的生产活动将变得毫无意义。边际成本定价法改变了售价低于总成本便拒绝交易的传统做法,在竞争激烈的市场条件下具有极大的定价灵活性,对于有效地对付竞争者、开拓新市场、调节需求的季节差异、形成最优产品组合可以发挥巨大的作用。但是,过低的成本有可能被指控为不正当竞争,并招致竞争者的报复,在国际市场则易被进口国认定为"倾销",产品价格会因"反倾销税"的征收而急剧上升,失去其最初的意义。

2)需求导向定价法

需求导向定价法是根据消费者对汽车产品的需求强度来确定汽车产品价格的方法。

(1)理解价值定价法

理解价值定价法就是根据消费者理解汽车产品的价值,也就是根据买主的价值观念,而不是卖方的成本来定价的方法。企业运用营销因素组合,特别是其中的非价格因素(优美的环境、优质的服务等),影响消费者的感受,使他们对商品形成一种对企业有利的价值观念,然后根据这种价值观念制订价格。

这种定价方法不以实际成本为定价的主要依据,不计一时得失,着眼于比较长远的得失,力求价格为市场所接受。采用这种定价方法时,企业常在产品生产之前,就应考虑制订什么样的价格最有利于产品的销售并获得利润。企业把消费者愿意承担的价格定为零售价,然后按此来组织产品的设计、生产和销售。因此,定价时成本是估计出来的,确定的目标价格反过来决定制造成本及销售费用。

这种定价方法的关键是企业对消费者愿意承担的价格要有正确的估计和判断,这就要充分考虑顾客的消费心理和需求弹性。需求弹性大的商品,价格可定得高一些,需求弹性小的商品,价格必要时可定得低些。著名企业生产的或著名商标的优质名牌商品,顾客会另眼看待,价格可以高些;反之,定价就要低些,才能为顾客所接受。

企业采用这种定价方法时,就要研究商品在不同顾客心目中的价格水平,这就需要搞好市场调研。同时,企业也有计划地为自己的产品搞好市场定位,在质量、服务、广告、包装、档次上为它树立一定的形象,以求预期的价格实现目标利润。

（2）区分需求定价法

区分需求定价法就是同一产品对于不同需求的顾客,采用不同的价格。也就是说,价格差异并非取决于成本的多少,而是取决于顾客需求的差别、时间差别等。一般是以该产品的历史价格为基础,根据市场需求变化情况,在一定的幅度内变动价格,以至于同一商品可以按两种或两种以上价格出售。

①以用户为基础的差别定价。它指对同一产品针对不同的用户或顾客,制订不同的价格。例如,对老客户和新客户、长期客户和短期客户等,分别采用不同的价格。

②以时间为基础的差别定价。同种产品,成本相同,而价格随季节不同而变化,这类商品在定价之初就应考虑淡、旺季的价格差别。

③以产品为基础的差别定价。不同外观、型号、配置、性能的汽车,也许成本有所不同,但它们在价格上的差异并不完全反映成本之间的差异,而主要区别在于需求的不同。例如,对于同一型号而仅仅是颜色不同的汽车,由于消费者偏好的不同,也可以制订不同的价格。

④以流转环节为基础的差别定价。企业产品出售给批发商、零售商和用户的价格往往不同,通过经销商、代销商和经纪人销售产品,因责任、义务和风险不同,佣金、折扣及价格等都不一样。

⑤以交易条件为基础的差别定价。交易条件主要指交易量大小、交易方式、购买频率、支付手段等。交易条件不同,企业可能对产品制订不同价格。例如,交易批量大的价格低;现金交易价格可适当降低,支票交易、分期付款、以旧车更换新车的价格适当提高;预付定金、连续购买的价格一般低于偶尔购买的价格。

3）以竞争为中心的定价法

企业在制订价格时,主要以竞争对手的价格为基础,与竞争者价格保持一定的比例。这种定价法的特点:价格与成本和需求不直接发生联系,产品成本或市场需求变动了,由于竞争者价格未变,就维持原价;反之,虽然成本与需求不变,由于竞争者价格变动,也应相应调整价格,否则,就可能被竞争对手击败。这类定价法主要有以下两种形式:

（1）随行就市定价法

该方法是企业把自己产品的价格保持在同行业平均价格水平上的定价方法,实际上,就是按竞争者现行或类似价来定价。这种定价方法利于与同行业和平相处,避免激烈的竞争。如果一个企业另行定价,常常难以对顾客和竞争者的反应作出准确的估计。

当一企业汽车产品的质量、服务等综合因素与同行业中大多数企业相比较没有较大差异时,即可按照同行业的平均价格水平为依据来确定该企业价格。这样就可使该企业价格与大多数同行业的汽车产品保持一致,在和谐的气氛中获得平均报酬。

这种定价法主要适用于汽车产品质量、销售条件和服务等差别较大的汽车产品。在竞争激烈的汽车市场中,随行就市会减少风险。假如一个企业定价高,就会失去顾客,因为别的企业不一定会跟着提价:如果企业定价低,别的企业可能跟着跌,需求和利润仍不会增加,所以随行就市就成了最为稳妥的一种定价方法。

（2）招标投标定价法

招标投标定价法也称密封递价法,这是买方企业自己不预先制订价格,而是引导卖方竞争,从中选择有利的价格成交的方法。这种定价方法主要适用于建筑施工、工程设计、设备制订、政府采购等需要投标以取得承包合同的项目。这种定价的方法包括以下 3 个主要步骤:

①招标。由买方发布招标公告,提出征求什么样的商品和劳务及其具体条件,引导卖方参加竞争。

②投标。卖方根据招标公告的内容和要求,结合自己的条件,考虑成本、盈利以及其他竞争者可能的报价,向买方密封提出自己的书面报价。

③开标。买方在招标期限内,积极进行选标,审查卖方的投标报价、技术力量、工程质量、信誉高低、资本大小、生产经验等,从而选择承包客商,并到期开标。

当然,参加投标企业的定价也是有一定限度的。即使是一个迫切希望中标的企业,递价也不能低于边际成本劳而无获,同时企业也不能只图盈利,递价过高,反而不能中标。因此,参加投标的企业应当首先计算期望利润,然后再根据最高期望利润递价。期望利润可根据不同方案估计的中标率和利润来计算。

（3）拍卖定价法

拍卖定价法是由卖方预先发表公告,展出拍卖物品,买方预先看货,在规定时间公开拍卖,由买方公开竞价。汽车的拍卖定价法一般多用于二手车的贸易中。

3.3.3　汽车企业定价的策略

汽车价格竞争是一种十分重要的汽车营销手段。在激烈的汽车市场竞争中,汽车企业为了实现自己的营销战略和目标,必须根据产品特点、市场需求及竞争情况,采取各种灵活多变的汽车定价策略,使汽车定价策略与汽车市场营销组合中的其他策略更好地结合,促使和扩大汽车销售,提高汽车企业的整体效益。因此,正确采用汽车定价策略是汽车企业取得汽车市场竞争优势地位的重要手段。

1）汽车新产品定价策略

在激烈的汽车市场竞争中,汽车企业开发的汽车新产品能否及时打开销路、占领市场和获得满意的利润,除了汽车新产品本身的性能、质量及必要的汽车市场营销手段和策略之外,还取决于汽车企业是否能选择正确的定价策略。汽车新产品定价有以下 3 种基本策略:

（1）撇脂定价策略

撇脂定价策略是一种汽车高价保利策略,是指在汽车新产品投放市场的初期,将汽车价格定得较高,以便在较短的时期内获得高额利润,尽快地收回投资。

这种汽车定价策略的优点如下：

①汽车新产品刚投放市场，需求弹性小，尚未有竞争者。因此，只要汽车新产品性能超群、质量过硬，就可采取高价来满足一些汽车消费者求新、求异的消费心理。

②由于汽车价格较高，所以可使汽车企业在较短时期内取得较大利润。

③定价较高，便于在竞争者大量进入市场时主动降价，增强竞争能力，同时，也符合顾客对价格由高到低的心理。

这种汽车定价策略的缺点如下：

①在汽车新产品尚未建立起声誉时，高价不利于打开市场，一旦销售不利，汽车新产品就有夭折的风险。

②如果高价投放市场销路旺盛，很容易引来竞争者，从而使汽车新产品的销路受到影响。

（2）渗透定价策略

渗透定价策略是一种汽车低价促销策略，是指在汽车新产品投放市场时，将汽车价格定得较低，以便使汽车消费者容易接受，快速打开和占领市场。

这种汽车定价策略的优点如下：

①可利用低价迅速打开新产品的市场销路，占领市场，从多销中增加利润。

②低价又可阻止竞争者进入，有利于控制市场。

这种汽车定价策略的缺点：投资的回收期较长，见效慢，风险大，一旦渗透失利，企业就会一败涂地。

（3）适中定价策略

适中定价策略既不是利用价格来获取高额利润，也不是让价格制约占领市场。当消费者对价格极其敏感，不能采取撇脂定价；同时竞争者对市场份额极其敏感，不能采用渗透定价时，一般采用适中定价策略。

通用汽车公司雪佛兰汽车（Chevrolet Camaro）的定价水平是相当大的一部分市场都能承受的，市场规模远远大于愿意支付高价购买它的"运动型"（Sporty）外形的细分市场。甚至当这种汽车的样式十分流行、供不应求时，这种适中定价策略仍数年不变。为什么呢？因为通用汽车跑车生产线上已经有一种采取撇脂定价的产品——Corvette，再增加一种产品是多余的，会影响原来高价产品的销售。将大量购买者吸引到展示室尝试驾驶 Camaro 的意义远比高价销售 Camaro 能获得的短期利益要大得多。

虽然与撇脂定价法或渗透定价法相比，适中定价法缺乏主动进攻性，但并不是说正确执行它就非常容易。适中定价没有必要将价格确定得与竞争者一样或者接近平均水平。从原则上讲，它甚至可以是市场上最高的或最低的价格。与撇脂价格和渗透价格类似，适中价格也是参考产品的经济价值决定的。当大多数潜在购买者认为产品的价值与价格相当时，纵使价格很高也属适中价格。对于企业来说，哪种为优，不能一概而论，需要综合考虑市场需求、竞争、供给、市场潜力、价格弹性、产品特性、企业发展战略等因素才能确定。

在定价过程中，往往要突破许多理论上的限制，通过对选定的目标市场进行大量调研和科学分析来制订价格。

2）按汽车产品寿命周期定价策略

在汽车产品寿命周期的不同阶段，影响汽车价格的因素，如成本、消费者和竞争者状况都存在差异，因此，汽车定价策略要适时而定。

（1）导入期

汽车消费者在起初接触汽车新产品的价格敏感性与他们长期对汽车价格敏感性之间是没有联系的。大多数消费者对新产品的价格敏感性相对较低，因为他们倾向于把汽车价格作为衡量汽车质量的标志，而且此时没有可作对比的其他品牌汽车。但不同的汽车新产品进入市场，反应是有很大差异的。1908 年，福特公司推出的 T 型车就是新的大批量生产技术的产物，它的先驱者已经为其进入市场铺平了道路；而新型的天然气推动的汽车却并不容易普及。

（2）成长期

在成长期，消费者的注意力不再单纯停留在汽车产品的效用上，开始比较不同汽车品牌的性能和价格，汽车企业可采取汽车产品差别化和成本领先的策略。一般来说，成长期的汽车价格最好比导入阶段的价格低，因为消费者对产品了解增加，价格敏感性提高。但对于那些对价格并不敏感的市场，则不应使用渗透定价。尽管这一阶段竞争加剧，但行业市场的扩张能有效防止价格战的出现；然而有时汽车企业为了赶走竞争者，也可能会展开价格战。例如，美、日、韩 3 国的汽车企业就是在美国汽车市场走向成长期时才爆发价格战的。

（3）成熟期

成熟期的汽车有效定价的着眼点不是努力争得市场份额，而是尽可能地创造竞争优势。这时候注意不要再使用捆绑式销售，因为那样只会使组合汽车产品中一个或几个性能更好的汽车产品难以打开市场。这时，市场对基本汽车产品定价的可调范围缩小，但可通过销售更有利可图的辅助汽车产品或优质服务来调整自己的竞争地位。

（4）衰退期

衰退期中很多汽车企业选择降价，但遗憾的是，这样的降价往往不能刺激起足够的需求，结果反而降低企业的盈利能力。衰退期的汽车定价目标不是赢得什么，而是在损失最小的情况下退出市场，或者是保护甚至加强自己的竞争地位。一般有 3 种策略可供选择：紧缩策略、收缩策略和巩固策略。它们的含义分别是：将资金紧缩到自己力量最强、汽车生产能力最强大的汽车生产线上；通过汽车定价，获得最大现金收入，然后退出整个市场；加强自己的竞争优势，通过削价打败弱小的竞争者，占领他们的市场。

3）根据消费者心理的定价策略

企业在定价时可利用消费者的心理因素，有意识地将产品价格定得高些或低些，以满足消费者生理和心理、物质和精神多方面需求，通过消费者对企业产品的偏爱或忠诚，扩大市场销售，获得最大效益。常用的心理定价策略有：整数定价、尾数定价、声望定价及招徕定价。

（1）整数定价

对于那些无法明确显示其内在质量的商品,消费者往往通过其价格的高低来判断其质量的好坏。但是,在整数定价方法下,价格高并不是绝对的高,而只是凭借整数价格来给消费者造成高价的印象。整数定价常常以偶数,特别是"0"作尾数,如某汽车可定价 49 万元或 50 万元,后者给人的感觉是高价。这样定价的好处如下:

①可满足购买者炫耀富有、显示地位、崇尚名牌、购买精品的虚荣心。

②省却了找零钱的麻烦,方便企业和顾客的价格结算。

③花色品种繁多、价格总体水平较高的商品,利用产品的高价效应,在消费者心目中树立高档、高价、优质的产品形象。

整数定价策略适用于价格需求弹性小的汽车,如高档、豪华轿车,由于其消费者都属于高收入阶层,也甘愿接受较高的价格,因此,整数定价比较适用。

（2）尾数定价

尾数定价又称为奇数定价、非整数定价,是指企业利用消费者求廉的心理,制订非整数价格,而且通常以奇数或 6,8 作尾数,尽可能在价格上不进位。在直观上给消费者一种便宜的感觉,从而激起消费者的购买欲望,促进产品销售量的增加。

使用尾数定价,可使价格在消费者心中产生以下 3 种特殊的效应:

①便宜。给消费者一种价格偏低、商品便宜的感觉,使之易于接受,如目前国内绝大多数国产汽车产品定价为 9.98 万元或 4.95 万元,虽然与整数 10 万元或 5 万元只相差 200 元或 500 元,但心理差别却很大。

②精确。带有尾数的定价可使消费者认为商品定价是非常认真、精确的,连零头都算得清清楚楚,进而会产生一种信任感。

③中意。由于民族习惯、社会风俗、文化传统和价值观念的影响,某些数字常常会被赋予一些独特的含义,企业在定价时如能加以巧用,则其产品将得到消费者的偏爱。当然,消费者所忌讳的数字,如西方国家对"13"、日本和中国对"4",企业在定价时则应有意识地避开,以免引起消费者的厌恶和反感。

在实践中,无论是整数定价还是尾数定价,都必须根据不同地域而加以斟酌。例如,美国、加拿大等国的消费者普遍认为单数比双数少,奇数比偶数显得便宜。但是,日本企业却多以偶数,特别是"零"作结尾,这是因为偶数在日本体现着对称、和谐、吉祥、平衡和圆满。当然,企业要想真正地打开销路,占有市场,还是得以优质的汽车产品作后盾,过分看重数字的心理功能,或流于一种纯粹的数字游戏,只能哗众取宠于一时,从长远来看于事无补。

（3）声望定价

声望定价是根据产品在消费者心中的声望、信任度和社会地位来确定价格的一种定价策略。声望定价可满足某些消费者的特殊欲望,如地位、身份、财富、名望和自我形象等,还可通过高价格显示名贵优质,因此,这一策略适用于一些知名度高、有较大的市场影响、深受市场欢迎的驰名汽车商标。例如,国产的宝马 3 系和 5 系轿车,在我国的定价就高于同样是高档轿车的国产奥迪 A6,这样定价的原因就在于,无论是国际市场还是国内市场,宝马的品牌知名度都要高于奥迪。为了使声望价格得以维持,需要适当控制市场拥有量。英国名车劳斯莱斯的价格在所有汽车中雄踞榜首,除了其优越的性能、精细的做工外,严格控制产量也是一个很重要的因素。在过去的 50 年中,该公司只生产了 15 000 辆轿车,美国艾森豪威尔总统因未能拥有一辆金黄色的劳斯莱斯汽车而遗憾终生。

（4）招徕定价

招徕定价是指将某几种商品的价格定得非常高或者非常低,在消费者的好奇心理驱动下带动商品的销售。值得企业注意的是,用于招徕的降价品,应该与低劣、过时商品明显地区别开来。招徕定价的降价品,必须是品种新、质量优的适销产品,而不能是处理品。否则不仅达不到招徕顾客的目的,反而可能使企业声誉受到影响。2003 年国产的两门 GOL 轿车就采用了招徕定价的策略,德国大众公司试图在我国推出一款经济型的大众品牌轿车,其定价在 7 万元左右,但由于配置过于精简,并没有得到市场的认可。

4）折扣和折让定价策略

折扣定价是指对基本价格作出一定的让步,直接或间接降低价格。许多公司通过这种基础价格的调整回报消费者的某些行为,如提前付款、批量购买和淡季购买等,从而争取顾客,扩大销量。其中,直接折扣的形式有数量折扣、现金折扣、功能折扣、季节折扣、运费折让;间接折扣的形式有回扣和津贴。

（1）数量折扣

数量折扣是指按购买数量的多少,分别给予不同的折扣,购买数量越多,折扣越大。这主要应用在集团购买中,其目的是鼓励大量购买或集中向本企业购买。

数量折扣包括累计数量折扣和一次性数量折扣两种形式。累计数量折扣规定顾客在一定时间内,购买商品若达到一定数量或金额,则按其总量给予一定折扣,其目的是鼓励顾客成为可信赖的长期客户。一次性数量折扣规定一次购买某种产品达到一定数量或购买多种产品达到一定金额,则给予折扣优惠,其目的是鼓励顾客大批量购买,促进产品多销、快销。

数量折扣的促销作用非常明显,企业因单车利润减少而产生的损失完全可从销量的增加中得到补偿。此外,销售速度的加快,使企业资金周转次数增加,流通费用下降,产品成本降低,从而导致企业总盈利水平上升。

（2）现金折扣

现金折扣是对在规定的时间内提前付款或用现金付款者所给予的一种价格折扣,其目的是鼓励顾客尽早付款,加速资金周转,降低销售费用,减少财务风险。采用现金折扣一般要考虑 3 个因素:折扣比例、给予折扣的时间限制和付清全部货款的期限。在西方国家,典型的付款期限折扣为"3/20,Net 60",即在成交后 20 天内付款,买者可以得到 3% 的折扣,超过 20 天,在 60 天内付款不予折扣,超过 60 天付款要加付利息。由于现金折扣的前提是商品的销售方式为赊销或分期付款,因此,有些企业采用附加风险费用、管理费用的方式,以避免可能发生的经营风险。同时,为了扩大销售,分期付款条件下买者支付的货款总额不宜高于现款交易价太多,否则就达不到"折扣"促销的效果。提供现金折扣等于降低价格,因此,企业在运用这种手段时要考虑商品是否有足够的需求弹性,保证通过需求量的增加使企业获得足够利润。

（3）功能折扣

中间商在产品分销过程中所处的环节不同，其所承担的功能、责任和风险也不同，企业据此给予不同的折扣称为功能折扣。功能折扣的比例，主要考虑中间商在分销渠道中的地位、对产品销售的重要性、购买批量、完成的促销功能、承担的风险、服务水平、履行的商业责任、产品在分销中所经历的层次和在市场上的最终售价等。功能折扣的结果是形成购销差价和批零差价。鼓励中间商大批量订货，扩大销售，争取顾客，并与生产企业建立长期、稳定、良好的合作关系是实行功能折扣的一个主要目标。功能折扣的另一个目的是对中间商经营的成本和费用进行补偿，让中间商有一定的盈利。例如，我国汽车企业每年都要根据经销商的业绩"返点"，即经销商每年售出的汽车总量越多，从生产企业所获得的返还资金就越多，相当于每辆车的折扣就越大，经销商的赢利就越多。

（4）季节折扣

汽车的生产是连续的，而其消费却具有一定的季节性。例如，在新学期开始前，一些家庭为了接送孩子上学，购车会有所增加。为了调节供需矛盾，一些企业便采用季节折扣的方式，对在淡季购买汽车的顾客给予一定的优惠，使企业的生产和销售在一年四季能保持相对稳定。

季节折扣比例的确定，应考虑成本、储存费用、基价及资金利息等因素。季节折扣有利于减轻库存，加速商品流通，迅速收回资金，促进企业均衡生产，充分发挥生产和销售潜力，避免因季节需求变化所带来的市场风险。

（5）运费折让

运费是构成汽车价值的重要部分，为了调动中间商或消费者的积极性，汽车企业对他们的运输费用给予一定的津贴，支付一部分甚至全部运费。

（6）回扣和津贴

回扣是间接折扣的一种形式，它是指购买者在将货款全部付给销售者以后，销售者再按一定比例将货款的一部分返还给购买者。津贴是企业为特殊目的，对特殊顾客以特定形式所给予的价格补贴。例如，当中间商为企业产品提供了刊登地方性广告、设置样品陈列点等促销活动时，生产企业给予中间商一定数额的资助或补贴。又如，对于进入成熟期的产品，开展以旧换新业务，将旧车折算成一定的价格，在新车的价格中扣除，顾客只支付余额，以刺激消费需求，促进产品的更新换代，扩大新一代产品的销售，这也是一种津贴的形式，而且在汽车销售中越来越多。

企业是否要采取折扣和折让定价的策略、折扣的限度为多少，还要综合考虑市场上各方面的因素。特别是当市场上同行业竞争对手实力很强时，一旦实施了折扣定价，可能会遭到强大竞争对手的更大折扣反击。一旦形成了竞相折价的市场局面，要么导致市场总价格水平下降，在本企业仍无法扩大市场占有率的情况下将利益转嫁给消费者，和竞争对手两败俱伤，要么就会因与竞争对手实力的差距而被迫退出竞争市场。

因而，企业在实行折扣和折让定价策略时要考虑竞争者实力、折扣成本、企业流动资金成本、消费者的折扣心理等多方面的因素,并注意避免市场内同种商品折扣标准的混乱,才能有效地实现经销目标。

5)针对竞争对手的定价策略

竞争定价策略主要包括低价竞争、高价竞争和垄断定价等形式。

(1)低价竞争策略

当以战胜竞争者为企业的首要目标时,企业可采用低于生产成本或低于市场的价格在目标市场上抛售产品,其目的在于打击竞争者,占领市场。一旦控制了市场,再提高价格,以收回过去"倾销"时的损失,获得稳定的利润。运用这一策略最成功的当属日本企业。20 世纪 50 年代初,日本汽车工业的杰出代表丰田公司为了树立名牌形象,打开销路,占领市场,在同行业中以最高的广告费用和最低的价格出售产品。在美国市场上,丰田汽车平均价格比美国车便宜 1 300 美元,以低价竞争的姿态出现在各大竞争对手面前,先后击败福特汽车公司、克莱斯勒汽车公司。到 20 世纪 90 年代,丰田公司位居世界汽车工业公司第二位,仅次于通用汽车公司。

(2)高价竞争策略

高价竞争策略一般只限于数量较少、品牌声誉极高的产品,这需要企业拥有高质产品、雄厚的资金实力和技术条件等。

(3)垄断定价策略

当一家或几家大公司控制了某种商品的生产和流通时,它们就可通过独家垄断或达成垄断协议,将这种商品价格定得大大超过或低于其价值。这样垄断企业及其组织就可操纵生产或市场,抑制竞争,通过高价获得超额利润,借助低价打击竞争者,将竞争者挤出市场。

6)针对产品组合定价策略

(1)产品线定价

当企业生产的系列产品存在需求和成本的内在关联性时,为了充分发挥其积极效应,可采用产品线定价策略。在定价时,首先确定某种产品的最低价格,它在产品线中充当领导价格,吸引消费者购买产品线中的其他产品;其次,确定产品线中某种商品的最高价格,它在产品线中充当品牌质量和收回投资的角色;最后,产品线中的其他产品也分别依据其在产品线中的角色不同而制订不同的价格。如国产奥迪 A6 有 A61.8,A61.8T,A62.4,A62.8 这 4 种车型。其中,A61.8 就是充当领导价格。

(2)备选产品定价

公司在销售与主体产品配套的备选产品或附件时,采用备选产品定价法。一位汽车购买者可能会选购电动窗、巡航控制系统和带 CD 的音响等。为这些备选设备定价是很棘手的问题。汽车公司必须决定哪些产品包括在汽车基本价格内,哪些作为备选产品。直到近几年,通用汽车公司的价格策略仍然是通过宣传较低价格的基础车型将人们吸引到展厅,而展厅的大部分空间都陈列配备了各种价格较高的备选汽车产品。大部分顾客都不会购买不太舒适和方便的经济型汽车。但最近,通用汽车公司和其他一些美国汽车制造商模仿日本和德国的厂商,在基本价格中包括了许多以前作为备选产品的有用装置。现在,广告上的价格通常代表一辆装备完好的汽车。

（3）单一价格定价

企业销售品种较多而成本差别不大的商品时,为了方便顾客挑选和内部管理的需要,企业所销售的全部产品实行单一的价格,但汽车很少采用这种定价方法。

3.4　汽车产品渠道策划

销售渠道是指产品或服务从生产企业向汽车用户转移时,直接或间接转移所有权所经历的途径,是沟通生产企业和用户之间关系的桥梁和纽带,是生产企业获取利润和消费者获取产品的重要环节。销售渠道对产品从生产企业转移到汽车用户所必须完成的工作加以组织,其目的在于消除产品或服务与用户之间的分离,降低产品从生产企业到消费者的流通成本。销售渠道的起点是生产企业,终点是用户,中间环节主要包括中间商(取得所有权)和代理中间商(协助所有权转移)。

渠道是实现企业终端销售的关键途径,建立汽车分销渠道就是完善汽车流通价值链。分销渠道的模式一般有直销模式、代理模式、经销模式及品牌专卖模式等。不同模式下的管理模式不尽相同,在选择分销渠道时,要根据企业自身情况、市场需求情况、消费者偏好等情况而定。

3.4.1　汽车分销渠道的含义

①汽车销售渠道是指汽车产品流通的全过程。它的起点是汽车生产企业,终点是汽车用户,它所组织的是从汽车生产企业到汽车用户之间的汽车产品流通全过程,而不是汽车流通过程中的某一阶段。

②中间商是推动汽车流通过程的关键环节。在汽车产品从汽车生产企业向用户转移的过程中,一般会发生多次交易。这种交易行为可简单表示为:汽车生产企业→中间商→汽车用户。由中间商(各层次经销商)组织汽车批发、销售、运输、储存等活动,将汽车产品源源不断地由汽车生产企业送往汽车用户。

③在汽车销售渠道中,汽车生产企业向汽车用户转移汽车产品,应以汽车所有权的转移为前提。汽车流通过程首先反映的是汽车作为商品,其价值形态变换的经济过程,只有通过货币关系而导致汽车所有权的更迭买卖过程,才能构成汽车销售渠道。

④汽车销售渠道不仅反映汽车价值形态变换的经济过程,也反映汽车实体的移动路线,同时还反映汽车生产企业的产品物流能力水平。

⑤汽车销售渠道是汽车市场信息传递的过程。通过中间商,汽车生产企业可以了解汽

车用户的需求状况,收集竞争对手的资料,发布企业新产品的信息等。汽车销售渠道的重要意义在于汽车流通过程构成了汽车市场营销活动效率的基础。汽车产品能否及时销售出去,销售成本能否降低,销售渠道是否畅通,直接决定着汽车生产企业能否抓住机会占领和赢得市场。

3.4.2 分销渠道的模式

1)直销模式

直销模式是指汽车生产企业及其下设在各地的销售点机构,直接向最终用户销售汽车。目前这种销售模式主要应用于大客户,如军队、政府机构和企事业单位等。大型商用车辆、多数汽车生产企业也是采用这种模式。这种模式有利于汽车生产企业快速地开拓区域性目标市场,但其营销成本较高。汽车生产企业不但可通过公开竞标、电话直销、邮寄直销、直接反应式直销等手段实现直销,而且还可借助产品直销、形象展示、网络销售、人员推广、展销会营销及俱乐部营销等多种形式,再融合其他营销手段,最终实现"店铺+直销+促销推广"相结合的模式。

2)代理模式

厂商利用一定的中间商帮助寻找顾客、销售商品,中间商并不拥有商品的所有权,只是在接受厂商委托的前提下进行商品的代销。因此,中间商也被称为代理商。汽车渠道的代理模式是指代理商受汽车生产企业的委托,在一定时期、一定区域和一定的业务范围内,以委托人的名义从事经营活动的一种商业活动。代理商必须将汽车产品销售以后所取得的货款返还给生产商,而他们则根据协议从汽车生产企业(委托人)那里获得佣金。这是汽车代理模式的基本特征。其销售模式可以表述为厂商—总代理商—下级代理商—终端客户。总代理商一般与汽车生产企业同属于一个集团公司,分别履行销售和生产两大职能。总代理下面通常可以分为多级代理。其中,一级代理商的风险较大,但拥有的权利较多;二级代理商等风险相对较小,权利也小。汽车销售代理商属于佣金代理形式。代理商与经销商的最大区别是它不具有汽车的所有权。代理商最明显的特征是为汽车生产企业寻找客户,促成交易,并代办交易前后的各种手续。与经销商相比,代理商的风险较小。如果交易成功,代理商可从委托人那里获得事先约定好的佣金,若汽车没有卖出,代理商也不承担任何风险。汽车生产企业对销售代理商的要求一般高于特许经销商。销售代理商一般为区域独家销售商。

3)经销模式

经销企业或个人为另一个企业或个人按照双方所签订的经济合同销售商品的经济行为。经销模式也被称为经销商模式。汽车经销模式是指汽车经销商与汽车生产企业签订合同,取得汽车所有权,并进行汽车销售的商业行为。其主要特征是先将汽车买进后再卖出,通过进销差价获取利润。汽车经销模式的具体表现可以是专卖店、汽车零售店、汽车连锁店及汽车超市等。与直销模式相比,经销商模式的营销成本较低,汽车生产企业通过利用各个地区现有的市场资源,通过经销商将其产品销售给最终客户。这种模式的主要优点是有利于商品的广泛销售,帮助汽车生产企业巩固市场,迅速打开销路,开拓新的市场。除了一般的经销之外,目前还有特约经销。特约经销属于特许经营的一种形式,指由汽车总经销商(或汽车生产企业)作为特许授予人(以下简称"特许人"),按照汽车特许经营合同要求以及约束条件授予其经销销售某种特定品牌汽车的权力。经销商作为特许被授予人(以下简称"受许人")。特约经销的特征是只能销售特许人的汽车,而不能销售其他汽车生产企业的汽车产品。当汽车生产企业在一定的区域市场中只能选择一个特约经销商时,构成了"独家销售"。特许经营模式的优势在于可以享受特许人的汽车品牌及该品牌带来的商誉,使其在汽车营销活动中拥有良好的企业形象,给顾客以亲切感和信任感;可借助特许人的商号、技术和服务。但汽车特许经营模式的劣势在于为垄断的形成提供了温床,限制了汽车销售的充分竞争。另外,经销商的运营成本高、经营风险大,消费者的选择范围较窄。

4) 品牌专卖模式

国内的品牌专卖模式几乎普遍按照国际通用的汽车销售标准模式建设。它是一种以汽车生产企业的营销部门为中心、以区域管理中心为依托、以特许或特约经销商为基点,集新车销售、零配件供应、维修服务、信息反馈与处理为一体,受控于汽车生产企业的销售渠道模式。目前主要的表现形式是"三位一体"("3S",包括整车销售、零配件供应和售后服务)专卖店和"四位一体"("4S",包括整车销售、零配件供应、售后服务及信息反馈)专卖店。自1988 年广本、别克、奥迪率先在中国建立汽车专卖店以来,这种形式得到了汽车生产企业的青睐。随后,各个新品牌纷纷建立起自己的专卖店。

目前,特许经销制和品牌专卖制是汽车销售渠道的主流模式,两者的区别主要体现在以下 4 个方面:

①对经销商的要求不同。特许经销制下,汽车生产企业一般只能就经销商的地理位置、销售能力等进行考察,不能对申请经销的代理商有过多的软件要求,如店面的大小、装修水平、售后服务方面。而品牌专卖制下,汽车生产企业不仅注重专卖店的位置和销售,同时对专卖店的硬件和软件有着严格的规定,有的甚至连装修材料的采购地点也有明确的规定。

②管理力度不同。汽车生产企业对特许经销商的销售管理和培训方面支持较少,而品牌专卖制下,汽车生产企业对专卖店有严格的管理,在店面管理、销售管理、员工培训等方面都有统一的管理措施。

③展示的形象不同。特许经销制下,经销商不能使用汽车生产企业的品牌,而品牌专卖制下,专卖店可以使用汽车生产企业的品牌,注重展示汽车生产企业的形象。

④经营品牌的数量不同。特许经销商经营汽车的品牌数量不是唯一的,汽车生产企业也不能对此进行控制,而品牌专卖店则只能经营单一的汽车品牌。

5) 连锁经营模式

连锁经营模式是指由一家大型商店控制的、许多家经营相同或相似业务的分店共同形成的商业销售网。其主要特征是总店集中采购,分店联购销售。它出现于 19 世纪末到 20 世纪初的美国。目前,连锁主要有 3 种形式:

①正规连锁店。同属于某一个总部或总公司,统一经营,所有权、经营权、监督权三权集中。

②自愿连锁。也称为自由连锁、任意连锁,各店铺保留单个资本所有权的联合经营。

③特许连锁。也称为合同连锁、契约连锁,是主导企业把自己开发的商品、服务和营业系统以营业合同的形式给规定区域的加盟店授予统销权和营业权。加盟店则须缴纳一定的营业权使用费、承担规定的义务。

目前,国内出现了汽车连锁经营的模式。这种模式指的是公司连锁,即同一资本所有,经营同类产品,由同一个总部集中管理,共同进行经营活动的组织化的汽车零售企业集团。连锁店的类型主要有直营连锁、自由加盟连锁和合同连锁。按照连锁总部主导类型的不同,可划分为汽车生产企业主导的连锁、批发商主导的连锁和零售商主导的连锁。

6) 买断经销模式

买断经销模式是指销售商和汽车生产企业就某产品在一定区域内达成协议,以非常优惠的价格从汽车生产企业批量采购产品,然后以远远低于市场的价格对外销售,从而实现短期内大批量销售该产品的一种营销方式。目前,汽车生产企业愿意用买断的方式与经销商合作的车型主要有以下 4 种:

①库存积压销售受阻的车辆。

②即将要停产的车型。

③本身质量不过关的批号。

④消费者认知不够的车型。

3.4.3　汽车企业分销渠道的选择和调整

1) 影响汽车销售渠道选择的因素

(1) 产品因素

①产品价格。一般而言,汽车产品价格越高,越应注意减少流通环节,否则会造成售价的提高,从而影响销路,这对汽车生产企业和消费者都不利。

②技术性。汽车产品具有较高的技术性,且售后需要经常的技术服务与维修,汽车生产企业一般都会选择适当数量的经销商经销本企业生产的汽车,并由经销商向用户提供优质的技术服务。

③定制品。一般由产需双方直接商讨型号、质量、配置等技术条件,不宜由经销商销售。

④新产品。为使新汽车产品尽快投入市场,扩大销路,汽车生产企业最好组织自己的推销队伍,直接与消费者见面,既推介了新产品,又能收集用户意见。如能取得经销商的良好合作,也可考虑采用间接销售形式。

（2）市场因素

①购买批量大小。一般情况下,如购买批量大,多采用直接销售;若购买批量小,除通过自设销售点出售外,多采用间接销售。

②消费者的分布。某些地区汽车消费者比较集中,与汽车生产企业的空间距离短,适合直接销售;反之,适合间接销售。

③顾客潜在需求量。若消费者的潜在需求多,市场范围大,宜选择间接销售渠道。若潜在需求少,市场范围小,生产企业可直接销售。

④消费者的购买习惯。有的汽车消费者喜欢到生产企业买车,有的消费者喜欢到汽车交易市场或专卖店买车。因此,生产企业可同时采用直接销售和间接销售,满足不同消费者的需求,也增加了产品的销售量。

（3）生产企业本身的因素

①资金实力。汽车生产企业本身资金雄厚,则可自由选择销售渠道,建立自己的销售网点,采用产销合一的经营方式,也可选择间接销售渠道;企业资金薄弱则必须依赖经销商进行销售和提供服务,只能选择间接销售渠道。

②销售能力。汽车生产企业在销售力量、储存能力和销售经验等方面具备较好的条件,则应选择直接销售渠道;反之,则必须借助经销商,选择间接销售渠道。另外,汽车生产企业如能和经销商进行良好的合作,或能对经销商进行有效的控制,则可选择间接销售渠道。若经销商不能很好地合作或不可靠,将影响产品的市场开拓和经济效益,则不如进行直接销售。

③可能提供的服务水平。经销商通常希望汽车生产企业能提供尽可能多的广告、展览、修理、培训等服务项目,为销售产品创造条件。若企业无意或无力满足这方面的需求,就难以达成协议,迫使生产企业自行销售;反之,提供的服务水平高,经销商乐于销售该产品,生产企业可选择间接销售渠道。

④发货限额。汽车生产企业为了合理安排生产,会对某些产品规定发货限额。发货限额高,有利于直接销售;发货限额低,则有利于间接销售。

选择经销商时,还要注意处理好汽车生产商与经销商之间的关系,两者同心协力,才能获得更好的市场回报。

（4）政策规定

汽车生产企业选择销售渠道必须符合国家有关政策和法规。例如,汽车产业政策、税收政策、价格政策、出口法、商品检验规定等都影响销售途径的选择。在计划经济体制下,我国政策允许国产车与进口车并网销售。进口车基本上由当时的中国汽车贸易总公司做总经销商,通过其销售网络进行销售。1998年以后,情况发生了变化。随着国家在汽车流通领域实现汽车销售代理制,排他性的品牌专卖店开始盛行,国产汽车厂商要求经销商单独为品牌专卖而注册新企业,从而切断了混合卖车的可能性。

入世以后,由于国内市场日益开放,关税及配额对进口车的约束力度日渐减弱,而此时国产车的销售网络历经发展,已成体系。出于赢利的考虑,跨国公司对"借用国产汽车销售进口车"的要求显得急迫起来。

（5）经济收益

销售渠道的不同会带来不同的经济收益，这也是选择销售渠道时必须考虑的一个重要因素。对经济收益的分析，主要考虑成本、利润和销售量。

①销售费用。指产品在销售过程中使用的费用，包括包装费、运输费、广告宣传费、销售机构经费、销售网点建设费、产品销售后的服务支出等。一般情况下，减少流通环节可降低销售费用。

②价格分析。指在价格相同的条件下进行经济效益的比较。目前，许多汽车生产企业都以同一价格将产品销售给经销商或最终消费者，若直接销售量等于或小于间接销售量时，由于生产企业直接销售时要多占用资金，增加销售费用，因此，间接销售的经济收益高，对企业有利；若直接销售量大于间接销售量，而且所增加的销售利润大于所增加的销售费用，则选择直接销售有利。

当价格不同时，进行经济收益的比较，主要考虑销售量的影响。若销售量相等，直接销售多采用零售价格，价格高，但支付的销售费用也多。间接销售采用出厂价，价格低，但支付的销售费用也少，究竟选择什么样的销售渠道，可以通过计算两种销售渠道的盈亏临界点作为选择的依据。当销售量大于盈亏临界点的数量，选择直接销售渠道；反之，则选择间接销售渠道。在销售量不同时，则要分别计算直接销售渠道和间接销售渠道的利润，并进行比较，一般选择获利大的销售渠道。

（6）经销商特性

经销商实力、特点不同，广告、运输、储存、信用、培训、送货频率等方面具有不同的特点，从而影响汽车生产企业对销售渠道的选择。

①密集销售。指汽车生产企业同时选择多个经销代理商销售汽车。目前国内大多数汽车生产企业采用此法销售汽车。

②选择销售。指在同一目标市场上，选择若干个经销商销售企业产品，而不是选择愿意经销本企业产品的所有经销商。

③独家销售。指企业在某一目标市场中，在一定时间内，只选择一个经销商销售本企业的产品，双方签订合同，规定经销商不得经营竞争者的产品，汽车生产企业则只对选定的经销商供货。这种形式有利于双方协作，以便更好地控制市场。

（7）竞争者状况

当市场竞争不激烈时，可采用同竞争者类似的销售渠道；反之，则采用与竞争者不同的销售渠道。

2）选择销售渠道模式的原则

汽车生产企业管理人员在选择具体的销售渠道模式时，一般要遵循以下原则：

（1）畅通高效

任何正确的渠道决策都应符合流畅、经济高效的要求。汽车产品的流通时间、流通速度、流通费用是衡量销售效率的重要标志。畅通的销售渠道应以消费者需求为导向，通过最短的路线、最快的速度、最低的周转费用将汽车产品送达消费者方便购买的地点。以尽可能低的销售成本,获得最大的经济效益,赢得竞争的时间和价格优势。

（2）覆盖适度

企业在选择销售渠道模式时,还应考虑销售网点的数目是否有较高的市场覆盖率。不能一味地强调要通过降低销售点数量达到降低成本的目的,这样可能导致销售量下降、市场覆盖率不足的后果。在销售渠道模式的选择中,也应避免扩张过度、分布范围过宽过广,以免造成沟通和服务的困难,导致无法控制和管理目标市场。成本的降低应是规模效应和速度效应的结果。

（3）稳定可控

汽车销售渠道模式一经确定,便花费相当大的人力、物力和财力去建立与巩固销售渠道,整个过程往往是复杂而缓慢的。因此,企业一般轻易不会更换渠道成员,更不会随意转换渠道模式。只有保持渠道的相对稳定,才能进一步提高渠道的效益。畅通有序、覆盖适度是销售渠道稳固的基础。

（4）协调平衡

企业在选择、管理销售渠道时,应合理分配各个成员间的利益,不能只追求自身效益的最大化而忽略其他渠道成员的利益,渠道成员之间合作、冲突、竞争的关系,要求渠道的领导者对此有一定的控制能力,统一、协调、有效地引导渠道成员充分合作,鼓励渠道成员之间有益的竞争,减少冲突发生的可能性,确保总体目标的实现。

（5）发挥优势

为了争取在竞争中处于优势地位,企业在选择销售渠道模式时,要注意发挥自己各个方面的优势,将销售渠道模式的设计与企业的产品、价格、促销策略结合起来,增强营销组合的整体优势。

3）评估选择的销售方案

评估标准有 3 个,即经济性、可控性和适应性。其中,最重要的是经济性评估标准。

（1）经济性评估标准

经济性评估标准主要是比较每个方案可能达到的销售额及费用水平。

①比较由本企业推销人员直接推销与使用销售代理商两种方式销售额水平的高低。

②比较由本企业设立销售网点直接销售与使用销售代理商销售两种方式支出费用的多少。

企业对上述情况进行权衡,从中选择最佳销售方式。

（2）可控性评估标准

一般来说,对经销商可控性小,企业直接销售可控性大;销售渠道越长,可控性难度越大。

企业必须进行全面比较、权衡,选择最优方案。

（3）适应性评估标准

如果汽车生产企业同所选择的经销商的合约时间长,而在此期间,其他销售方法更有效,但生产企业不能随便解除合同,这样企业选择销售渠道便缺乏灵活性。因此,生产企业必须考虑选择策略的灵活性,不签订时间过长的合约,除非在经济或控制方面具有十分优越的条件。

4）销售渠道的管理控制

企业在选择销售渠道方案后，必须对经销商加以选择和评估，并根据条件的变化对销售渠道进行调整。

（1）控制的出发点

汽车生产企业不应仅从自己的观点出发，而要站在经销商的立场上纵观全局。通常汽车生产企业抱怨经销商：不重视某些特定品牌的销售；缺乏产品知识；不认真使用汽车生产企业的广告资料；不能准确地保存销售记录等。

经销商认为自己不是汽车生产企业雇用的销售渠道中的一环，而是独立机构，自定政策不受他人干涉，它的第一项职能是顾客购买汽车的代理商，第二项职能才是汽车生产企业的销售代理商；汽车生产企业若不给经销商特别奖励，经销商便不会销售该品牌所有型号的汽车，特别是在市场上不好销售的汽车。因此，要求汽车生产企业要考虑经销商的利益，通过协调进行有效的控制。

（2）激励渠道成员

汽车生产企业在确定了经销商之后，为了更好地实现企业的营销目标，促使经销商的合作，还必须采取各种措施不断地对经销商给予激励，以此来调动经销商的积极性，并通过这种方式与经销商建立一种良好的合作关系。

在进行激励时，要注意采用多元化的手段，因为经销商与汽车生产企业之间往往只有利益关系，在市场不稳定、出现利润下降甚至没有利润时，经销商就可能流失。而如果相互之间的纽带多元化，就可以化解很多危机。如现在有的企业在自身发展的同时，扶持起一大批一流经销商，企业不惜花较多的时间指导经销商的经营工作，从只提供商品到为经销商提供管理、培训人员，合作领域逐步扩大，与之相随，企业对经销商的影响力也随之扩大。

（3）调整渠道成员

在销售渠道管理中，根据每个经销商的具体表现、市场变化和企业营销目标的改变，对销售渠道成员需要进行必要的调整。其调整方式主要有以下 3 种：

①增减销售渠道中的经销商。经过考核，对推销不积极、经营管理不善、难以与之合作的经销商，企业可以与其中断合作关系。企业为了开拓新市场，需要寻找经销商，经过调查分析和洽谈协商，在符合双方合作意愿的基础上，可以新增经销商或代理商。

②增减销售渠道。如果某一销售渠道的销售额一直不够理想，企业可考虑在全部目标市场或某个区域内撤销这种渠道，而另外增设其他渠道类型。企业为满足消费者的需求变化而开发新的汽车产品，若利用原有渠道难以迅速打开销路和提高竞争能力，则可增加新的销售渠道，以实现企业营销目标。

③调整整个销售渠道。有时市场情况变化太大，企业对原有渠道进行部分调整已很难满足企业的要求，必须对销售渠道进行全面的调整。

3.5　汽车产品促销策划

促销的根本意义在于刺激需求、促进购买、扩大销售。汽车促销的方式包括人员推销和非人员推销两种。而非人员推销主要包括广告、公共关系和营业推广3种形式。总的来说，促销的基本策略是"拉引"和"推动"两大策略。

3.5.1　汽车促销的含义

汽车促销是指汽车营销人员将有关企业产品的信息通过各种方式传递给目标顾客，以促进其了解、信赖该产品，并达到刺激需求、促进购买、扩大销售目的的一系列活动。日常生活中人们认为的汽车促销，通常仅指汽车销售促进。

广义的汽车促销方式包括人员推销和非人员推销两种。非人员推销又包括广告、公共关系和营业推广3种形式，如图3.1所示。

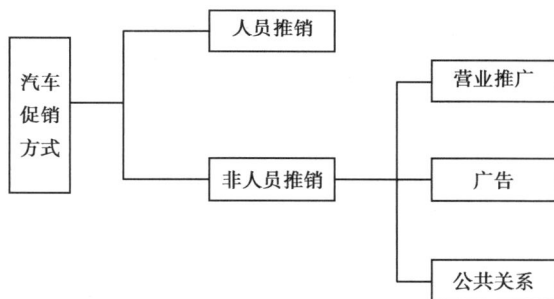

图3.1　汽车促销的方式

3.5.2　汽车企业促销策略

1）促销策略

汽车企业促销策略可分为拉引式和推动式两大策略。

（1）拉引式策略

拉引式策略主要是利用非人员方式来促使潜在顾客对经营者的产品或劳务产生需求及购买欲望，以促进销售的策略，如图3.2（a）所示。一般是汽车企业通过树立良好的企业形象、品牌形象与产品形象，使消费者产生需求，并向零售商订货，销售商继而向中间商订货，中间商再向生产商订货的一种方向性的链式系统。其主要方式有广告和公共关系。

（2）推动式策略

推动式策略是汽车企业通过促销，将产品由生产商推销给中间商，中间商转而向零售商、零售商转而向消费者推销产品的一种链式系统，如图3.2（b）所示。其主要方式有人员推销和营业推广。

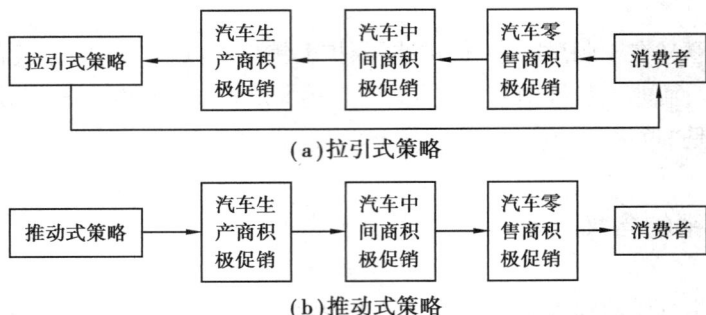

图3.2　拉推策略对照表

2）推销步骤

关于推销活动具体阶段的认识，不同的推销学者有不同的看法。一种比较具有代表性的推销过程理论，称为"程序化"或"公式化"推销理论，已经被大多数推销学者和推销人员所接受，成为一种比较流行的推销过程理论。按照这种程序化的推销过程理论，一个完整的推销过程可划分为寻找潜在顾客、访问前的准备、接近潜在顾客、推销介绍、处理顾客异议、达成交易、跟踪服务等环节，如图3.3所示。

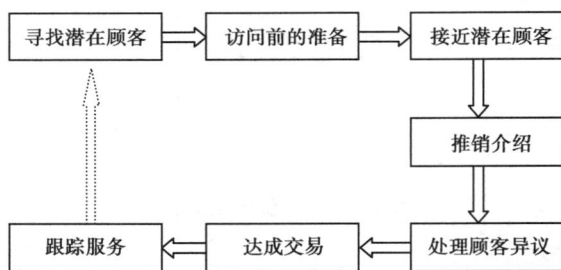

图3.3　人员推销程序示意图

（1）寻找潜在顾客

人员推销的第一步就是找到潜在顾客，只有这样，才能明确你推销的目标顾客是谁。然而，成为目标顾客必须具备3个条件，即有需要、有购买力和有决策权。寻找潜在顾客的方法很多，可通过查阅工商名录、电话号码，市场调研、现有满意顾客介绍，还可采取广告开拓、现场观察等方法。因所推销的商品不同以及所处的环境不同，推销人员寻找潜在顾客的方式也不尽相同，可通过"地毯式"搜寻法、广告"轰炸"法、连锁介绍法、"猎犬法"、文献调查法、观察法、竞争分析法及网络搜寻法等方法寻找顾客。但是，在具体使用时，又因产品、企业、推销人员的不同而有所差异。

（2）访问前的准备

在确定好访问对象后，要做大量的准备工作，作为汽车推销人员必须准备以下4点：

①了解自己的产品。作为推销人员首先要了解关于本企业以及本企业产品的特点、用途、功能等各方面的情况。

②了解顾客。主要包括潜在顾客的个人情况，所在企业的情况，具体用户的生产、技术、资金情况，用户的需要，购买决策者的性格特点，等等。

③了解竞争者。要了解竞争者的能力、地位和它们的产品特点。同时，还要准备好样品、说明材料，选定接近顾客的方式、访问时间、应变语言，等等。

④心态准备。推销是靠精神力量支撑的职业，如果没有积极的心态，每一次小小的挫折都可能成为推销人员退出的理由。作为推销人员要树立自信心。

（3）接近潜在顾客

接近潜在顾客是指推销人员与顾客进一步接触，以便成功地转入面对面交谈。此刻，推销人员应明确3个目标：第一，留下一个好印象。要注重礼仪，不卑不亢；同时，不要诋毁竞争对手。第二，验证在预备阶段所得的全部情况。第三，为后面的谈话作好准备。最常见的接近方法和技巧有3大类，即陈述式接近、演示式接近和提问式接近。在实际工作中，推销员应灵活运用，既可单独使用一种方法接近顾客，也可多种方法配合使用，还可自创独特方法接近顾客。

（4）推销介绍

这个阶段是推销过程的中心。有形产品通过顾客的多种感官进行介绍，其中视觉效果是最重要的，因为在人所接受的全部印象中，通过视觉得到的信息占最大的比重。无形产品可以用一些图表、小册子加以说明。要注意的是在介绍产品时必须着重说明该产品能给顾客带来的好处。推销介绍是一项专业性和艺术性都很高的工作。在做好介绍的各项专业准备工作的前提下，推销人员还必须针对不同的谈判对象和情境，恰当地掌握和运用介绍方法。推销介绍的方法可分为诱导法、提示法和演示法3种。

①诱导法。所谓诱导法，是指推销人员在推销洽谈时，为了引起顾客的兴趣，激发顾客的购买欲望，从谈论顾客的需要与欲望出发，巧妙地把顾客的需要与欲望同推销产品紧密地结合起来，诱导顾客明确自己对推销产品的需求，最终说服其购买的方法。这种方法在推销谈判中最能引起顾客的兴趣，有利于营造一种融洽的气氛，有利于最终说服顾客。

②提示法。指推销人员通过言语和行动，提示顾客产生购买动机，促使其作出购买决策，作出购买行为的推销洽谈方法。提示法可分为直接提示法、间接提示法、明星提示法、动意提示法、积极提示法、消极提示法及逻辑提示法等。

③演示法。日本丰田汽车公司一个不可动摇的原则：一个优秀的推销员不只靠产品说话，而且要善于利用各种推销工具。通常顾客是听凭推销员对产品的介绍来购买产品的，如果推销员备有促进推销的小工具，则更能吸引顾客，激发他们的兴趣和好奇心，引发他们的购买欲，并且人们有"耳听为虚、眼见为实"的心理。演示法正是很好地抓住了人们的这种心理。

演示法就是推销员通过操作示范或者演示的途径介绍产品的一种方法,根据演示对象即推销工具的类别,主要可分为产品演示法、行动演示法、文字或图片演示法等。

（5）处理顾客异议

处理顾客异议是指顾客针对推销人员提示或演示的产品或劳务提出反面的意见和看法,推销人员在认真分析顾客异议的类型及主要根源之后,有针对性地使用处理策略。

顾客异议形式多样,错综复杂,推销人员要积极深入地分析根源,探寻有效解决异议的方法,为排除推销障碍,促成交易打下良好的基础。常见的处理顾客异议的方法有直接否定法、间接否定法、补偿法、太极处理法、询问法和转化法等。

（6）达成交易

达成交易是推销人员要求对方订货购买的阶段,推销人员必须懂得如何从顾客那里发现可疑成交的信号,包括顾客的动作、语言、评论和提出的问题,及时把握时机,促成交易。在这个阶段,还可采用优惠成交法和保证成交法,当推销人员发现可以成交的信号时,应通过提供优惠、保证等方法,坚定顾客的购买信心,消除其心理障碍,促使顾客作出购买决策。

（7）跟踪服务

跟踪服务是推销人员确保顾客满意并重复购买的重要一环。跟踪服务是人员推销的最后环节,也是推销工作的起始点,推销人员应认真执行订单中所保证的条款,如交货期和安装、调试、维修等。其能够加深顾客对企业和商品的信赖,促使顾客重复购买。同时,也可获得各种反馈信息,为企业决策提供依据,也为推销员积累经验,从而为开拓新的推销提供广泛的途径。

3.5.3 汽车广告的策略

1）确定汽车广告目标

确定汽车广告目标是汽车广告实施计划中至关重要的起步性环节,是为整个汽车广告活动定性的一个环节。汽车广告目标有告知信息、诱导购买和提醒使用3种。

（1）告知信息

通过广告活动向目标市场提供产品的有关信息,使受众知晓该信息。主要传递的有介绍新车型、价格变动、描述可提供的服务、改正错误的印象、减少购车者顾虑等信息。

（2）诱导购买

通过广告活动突出宣传本企业产品的特色和优点,以说服目标顾客购买本企业的产品。

（3）提醒使用

通过广告活动不断提醒消费者想起某产品。其目的在于保持现有顾客对该产品的记忆,或者他们确信自己所作的购买选择是正确的。

2）汽车广告预算

汽车广告预算是汽车销售企业根据汽车广告实施计划对开展汽车广告活动费用的预

算。汽车广告预算主要有以下4种方法：

（1）销售额百分比法

汽车销售企业以一个特定的销售量或销售额（现行的或预测的）的百分比来安排他们的促销费用。这种方法意味着广告预算可以因公司承担能力的差异而变动,鼓励管理层以促销成本、销售价格和单位利润的关系为先决条件进行思考。

（2）目标任务法

要求经营人员靠明确自己的特定目标,确定达到这一目标必须完成的任务,以及估计完成这些任务所需要的费用,从而决定广告预算。

（3）竞争对比法

竞争对比法是按照竞争对手大致的广告费用来制订本公司的广告预算。事实上,公司的声誉、资源、机会和目标有很大的不同,因此,将对方的促销预算作为标准并不科学。

（4）量力而行法

量力而行法是指汽车销售企业根据自己的经济实力,即财务承受能力来确定汽车广告费用总额。

3）设计广告信息

广告信息的设计需要创造性和艺术性,这是广告取得成功的重要保证。信息设计主要包括确定信息内容、设计表达结构、设计表达形式及选择信息发送者。

（1）确定信息内容

在广告活动中,企业必须知道:为了使广告受众产生预期的认识、情感和行为反应,应该对他们说些什么,也就是广告应该向受众传达什么样的信息内容。信息内容也称广告主题或广告诉求。一般来说,信息内容有理性诉求、情感诉求和道德诉求3种。

（2）设计表达结构

信息表达结构设计需解决结论形式、论证方式和表达次序3个问题。

①结论形式。指广告是向受众提供一个明确的结论,还是让受众自己得出结论。

②论证方式。指广告是一味地赞誉某一产品,还是在赞誉的同时指出它的某些不足。前者是单向论证,后者是双向论证。当受众对产品已经先有偏好时,单向论证能取得较好的效果。双向论证则对受教育程度较高或接受过反宣传的受众更为有效。

③表达次序。指广告是先提出最强有力的论点,还是将其留到最后提出。在作单向论证时,首先提出最强有力的论点有助于立即引起受众的注意和兴趣,这对以报刊为媒体的广告尤为重要。在作双向论证时,还有一个先提出正面论点还是反面论点的问题。如果广告受众对产品已经先有否定倾向,则从反面论点开始论证是明智之举,这样有助于先使受众解除疑虑,进而接受正面论点。

（3）设计表达形式

设计信息的表达形式,就是选择最有效的信息符号来表达信息内容和信息结构。广告信息的表达形式往往受到媒体特性的制约。首先,不同媒体所能传播的信息符号有所不同,如印刷媒体不能传递声音,广播媒体不能传播"文字"或"图像"。其次,广告媒体制约着信息表达的时间与空间,如广播、电视有时间限制,报纸、杂志有版面限制。

因此,在设计信息的表达形式时,必须采用与媒体相适应的信息符号,选择与一定时间和空间条件相适应的信息表达形式。同时,要注意表达形式的个性化和艺术化,增强广告的特色和审美价值,从而增强广告信息的吸引力和传播效果。

(4)选择信息发送者

广告的说服力还受信息发送者的影响。广告受众对信息发送者越信任,广告的说服力就越强。信息发送者的可信性主要来源于专业知识、可靠性和性格魅力。

4)选择广告媒体

广告媒体是企业向目标顾客传递信息的载体,是广告宣传所使用的物质手段。汽车广告要通过适当的媒体发布,才能有效地覆盖汽车广告的诉求对象,因此就需要对媒体进行选择。汽车广告媒体主要有印刷类媒体、电子类媒体、实体媒体、户外广告媒体、交通广告媒体、邮寄广告媒体、POP广告媒体、网络广告媒体等,见表3.1。

表3.1　汽车广告媒体

媒体的种类	说　明
印刷类媒体	主要包括印刷品和印刷绘制品。印刷品汽车广告有报纸汽车广告、杂志汽车广告、图书汽车广告、招贴汽车广告、传单汽车广告、产品目录、组织介绍等。印刷绘制品有墙壁汽车广告、路牌汽车广告、工具汽车广告、包装汽车广告、挂历汽车广告等
电子类媒体	主要有广播汽车广告、电视汽车广告、电影汽车广告、电脑多媒体汽车广告、电子显示屏幕汽车广告、霓虹灯汽车广告等
实体媒体	主要有实物汽车广告、橱窗汽车广告、赠品汽车广告、包装、充气模型、飞艇等实物
户外广告媒体	主要是指在城市的交通道路两边、主要建筑物的楼顶或商业区的门前、路边等户外场地设置的发布汽车广告信息的媒体,主要形式包括招贴、海报、路牌、霓虹灯、电子屏幕、旗帜、大型充气模型等
交通广告媒体	交通广告指利用公共交通工具(火车、汽车、地铁、轮船、飞行器等)作为发布汽车广告信息的媒体,主要形式有车身广告、车厢内广告、座椅套广告、车票广告等。交通广告与户外广告最大的区别在于交通广告是流动性的汽车广告媒体,传播范围比户外广告灵活和广阔得多
邮寄广告媒体	简称DM广告,是指汽销企业选定汽车广告对象,以邮寄印刷或书写汽车广告的方式直接向目标受众传达汽车广告信息。凡是应用于发布直邮汽车广告信息的物质或中介,都可视作为直邮广告媒体,主要包括两种媒体:一种是直接为了销售的媒体,包括奖购券、折扣券、打折信息、新车型介绍、附有订单的说明等;另一种是间接为了销售的媒体,包括车型目录、样本、汽车广告信、纪念品等
POP广告媒体	又称为售卖所广告,是展示厅场所内外所做的现场汽车广告的总称,可分为室外POP汽车广告,包括展示厅场所外的汽车广告形式,如条幅、灯箱、海报、门面装饰、橱窗布置等。室内POP汽车广告,包括展示厅场所内的一切汽车广告形式,如陈列、空中悬挂广告等
网络广告媒体	有标题广告、突然弹出窗口、插播广告等

5）广告效果评估

（1）沟通效果评估

沟通效果评估可分为事前测量和事后测量。事前测量是在汽车广告作品尚未正式刊播之前，邀请有关汽车广告专家和潜在购车者团体进行现场观摩，审查汽车广告作品存在的问题，以对汽车广告作品可能获得的成效进行评价。根据测定的结果，及时调整汽车广告促销策略，修正广告作品，突出汽车广告的诉求点，提高汽车广告的成功率。

（2）销售效果评估

汽车广告的销售效果一般比沟通效果难测定，销售除了受汽车广告促销的影响外，还受其他许多因素的影响，如特色、价格、售后服务、购买难易程度以及竞争者的行动等。这些因素越少以及可控制的程度越高，汽车广告对销售量的影响就越容易测定。比较常用的测定汽车广告销售效果的方法主要有以下4种：汽车广告费用比率法、单位汽车广告费用销售增加额法、市场占有率法及盈亏临界点法。

3.5.4　汽车企业公共关系主题活动

1）新闻公关专题的活动

新闻界是具有影响社会舆论的权威性机构和组织。新闻媒体是汽销企业与一般公众进行沟通的最经济和最有效的渠道。新闻界的社会影响力是任何一个汽销企业无法攀越的。新闻界的工作具有信息量大、时效性强、可信度高、传播面广等特点，是汽销企业与公众之间信息交往的加速器和放大器。对于汽销企业而言，新闻媒体具有双重身份：

①新闻媒体是最有效的传播工具，通过它，可以与各种各样的公众进行沟通，树立汽销企业的良好形象，实现汽销企业的目标。

②新闻媒体又是汽销企业非常重要的一类沟通对象，因为媒介对社会舆论有着很大的影响力。

2）汽车展销会

汽车展览促销活动在现代商战中成为汽销企业竞争的重要手段，要精心策划，以求得最佳效益。

①要明确主题思想，围绕主题安排参展车辆、图表、照片及文字等，并形成有机的组合与排列。

②根据主题构思整个展览过程。

③要做好活动期间的新闻宣传工作，扩大展览会的影响范围。

④要认真周到地做好会务工作，使活动井然有序，取得预期效果。

汽车展览可分为参展型和自办型两种。

3）组织庆典活动

组织庆典活动在形式上，一般有开业典礼、特别庆典和节庆活动等。庆典活动要精心组织,借助于这类活动可提高公司的知名度,扩大社会影响。现代汽销企业的经营者应想办法合情合理地利用它。

4)社会公益赞助

汽销企业不仅是一个单纯的经济技术实体,而且也是一个社会性组织。汽销企业不仅应对内部公众负责,而且也应对社会公众承担经济责任和社会责任。社会赞助是汽销担负社会责任的具体表现,既有益于汽车销售企业形象的塑造,也有益于整个社会。赞助活动是汽车销售企业的一种软性广告,这种广告的效果是其他形式的广告所无法比拟的。虽然赞助活动增加了汽车销售企业的某些费用,但从长远来看,汽车销售企业可取得经济效益与社会效益的统一。

5)参观游览活动

参观游览活动,如图 3.4 所示。

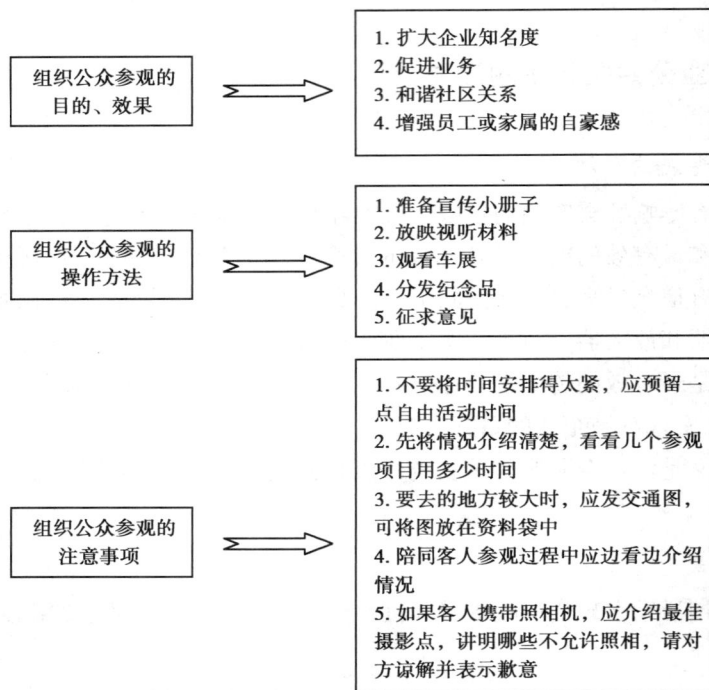

图 3.4　参观游览活动

6)危机公关

危机公关是汽车营销公关中的一个重要组成部分,是现代市场经济中汽车销售企业竞争取胜、巧渡难关的一件重要法宝。对于汽车销售企业来讲,危机公关实际就是研究一个汽销企业因某些事故、意外或灾难,使品牌形象受损时,汽销企业如何调动营销公关范围内的一切手段,采取转危为安的各种有效步骤,恢复和巩固公众信任的公关方法。危机公关是汽车营销公关的一种特殊表现形态,是汽车销售企业公关水平的综合显示。处理危机的原则是及时、诚恳、准确、专业化和积极。

3.5.5　汽车企业促销的策略

一般来说,汽销企业的汽车营业推广策略的过程主要包括以下 6 个步骤:确定汽车营业推广目标,选择汽车营业推广工具,制订汽车营业推广方案,预试汽车营业推广方案,实施和控制汽车营业推广方案,评价汽车营业推广结果。

1) 确定汽车营业推广目标

如果活动的目标是针对顾客的,应考虑的是鼓励顾客购车,争取未知者,吸引竞争者的顾客;如果是针对经销商,应考虑的是吸引其经营新的车型,鼓励他们配合车辆的推广,抵消各种竞争性的汽车促销影响,建立中间商的品牌忠诚度,获得新的中间商的合作与支持等;如果是针对汽车推销人员而言,目标包括鼓励其支持一种新车型,激励其寻找更多的潜在顾客,刺激其推销滞销车辆等,如图 3.5 所示。

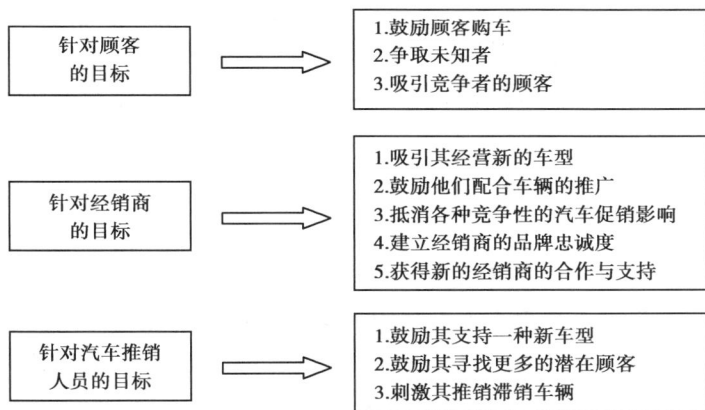

图 3.5　汽车营业推广的目标

2) 选择汽车营业推广工具

①针对中间商的汽车营业推广工具主要有购车折让、推广津贴、合作广告、广告折让、推销金、经销商销售竞赛等。

②针对汽车销售人员的营业推广工具主要有销售竞赛、销售红利、奖品等。

3) 制订汽车营业推广方案

在制订了活动所要达到的目标,并选定了所需要使用的促销工具后,要考虑制订汽车营业推广方案,主要有以下事项:可提供的奖励幅度、数量与品种,参与活动的条件设置,活动持续的时间,活动传播途径,活动预算分配,任务分配,等等。

4) 预试汽车营业推广方案

要想知道制订的汽车营业推广方案是否合适,能否达到预期的效果,应进行测试,一般测试大都选定少数特定对象加以测验。

如果面向顾客市场,可邀请顾客对几种不同的可能的优惠方法作出评价,给出评分,也可在有限的地区范围内进行测试。

5)实施和控制汽车营业推广方案

为了使策划人员的构思得以实现,就必须做到以下4点:

①对促销管理工作的各个细节分别给予仔细筹划。

②作出具体的行动安排。

③对有关部门人员进行活动的培训。

④在整个活动中加强控制和监督。

实施和控制计划包括汽车促销前控制、汽车促销活动现场控制和汽车促销后延续时间的控制,如图3.6所示。

6)评价汽车营业推广结果

对汽车营业推广策略结果评价主要从以下4个方面综合评定:活动完成目标的情况、活动对销售的影响、活动的利润评估、汽销公司品牌价值的建立情况。

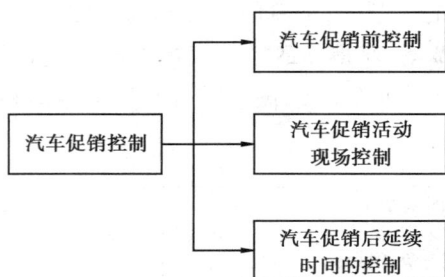

图 3.6　汽车促销控制

【本章小结】

汽车营销策划是根据汽车销售企业的营销目标,通过企业设计和规划企业产品、服务、创意、价格、渠道、促销,从而实现个人和组织的交换过程的行为,以满足汽车消费者需求和欲望为核心。具体可从汽车营销产品策划、汽车营销品牌策划、汽车营销定价策划、汽车营销渠道策划、汽车营销促销策划5个方面展开。

【扩展阅读】

比亚迪的分销渠道分析

1)比亚迪中间商的选择

(1)中间商选择所考虑的因素

中间商的类型包括商人批发商、经纪人和代理商、制造商和零售商的分部和营业所、其他批发商。

对于比亚迪汽车中间商的选择应考虑中间商的经营范围所包括的地区与产品的预计销售地区是否一致,并且要考虑中间商有多少"产品线"及经销产品的组合关系,一般要避免选用经销竞争产品的中间商。要考虑中间商的财务状况及管理水平、促销能力技术及综合服务能力。

（2）中间商选择方法

它是销售量评估法和销售成本评估法的结合,并考虑中间商的资金能力。对每个"候选人"进行系统的能力分析。

2）中间商激励方法

（1）培训中间商

由于经销商看到的只是自己的一块区域,单从区域范围上来说,有很大区别,很容易目光短浅,品牌企业在市场情报收集方面,给予经销商指导,对经销商来说是个激励。例如,卖场经营状况信息、产品的市场行情及选择等。从现代卖场的合同谈判、新品引进、市场维护、促销策划、物流配送、库存管理、人员管理、对账结款等对比亚迪经销商来说也许还是个新课题,比亚迪公司总部若能在这方面给予指导,经销商也同样会回报好的业绩,将比亚迪文化和产品推送到终端客户。这对比亚迪中间商提高管理和营销效果有很大的成效。

（2）开展促销活动,加强广告宣传

比亚迪公司应利用广告加强对比亚迪产品的宣传。例如,最近准备上市的 G3 和 F1 车型,加大对新产品的广告宣传。必要时,可一起进行促销活动,帮助经销商更好地销售产品,从而提高知名度。

（3）为比亚迪的经销商、4S 店提供专业顾问

为了体现对经销商的支持,比亚迪采取了派驻专业顾问的形式,帮助经销商深度分销或协销,这些专业顾问,是总公司的营销精英,技能高超,策划力强,能够帮助经销商做更大的提升。

（4）制订销售目标

给达到销售额的中间商以一定的金额奖励。

3）渠道管理存在的原因、问题及对策分析

（1）问题一

目前,比亚迪公司的分销渠道以网络型分销为主、其他多种分销渠道为辅的形式存在。由于各中间商均直接向厂商提货,许多中间商受厂商的制约,导致对经销商提车任务量由厂家主宰,想怎么给就怎么给。每辆车 4 000 元商家利润化为厂家广告宣传费。据了解,比亚迪厂商对经销商有一个明确的要求,那就是帮助厂家进行品牌的市场推广。厂家明着说是帮助,实际上就是让中间商花钱来帮助厂家打广告做宣传。在广告宣传方面,厂家要求经销商每提一辆车必须要承担 4 000 元的广告费用,而这笔广告宣传费用则由经销商自己承担。经销商自然就成了风险的转移目标。长期下去,已经让许多经销商产生不满,比亚迪公司的网络型渠道模式面临动摇,动摇的根本就在于比亚迪厂方长期对经销商的商务政策给了经销商太多的压力。

（2）问题二

所有的 4S 店都比经销商贵,其中原因在于 4S 店的经营规模比经销商大,所以开销就大,再有就是受厂家的各种约定造成他们之间没有其他的利润空间,因此,只能在车的价格上争取效益,出于这样的原因,4S 店的信誉就显得非常重要了。

4S优点:销售渠道统一,销售透明度高,氛围融洽,维修方便。

4S缺点:价格高,各地区服务网点有限制。

经销商优点:价格便宜。

经销商缺点:4S的优点也是它的缺点。

(3)对策分析

从目前的情况来看,比亚迪对渠道商的定位是流动资金提供者和价值实现者,前者的定位使得比亚迪的经销商发展非常迅速,因为多一个渠道商就多一个资金来源。但对于渠道商而言,厂家发展的渠道越多,自身所面临的竞争就越激烈(而且是同质化竞争),所以双方利益不完全统一。而价值实现,广义上代表将比亚迪文化和产品推送到终端客户角度的实现者,比亚迪的价值实现必须依靠渠道商,因此从某种意义上讲,比亚迪应重点维护渠道的利益,不然反戈一击,代价也是惨重的。

对于汽车行业来说,厂家销售网络持续扩张造成僧多粥少现象,盈利资源变得越摊越薄,各经销商白热化竞争持续扩大。在这种背景下,经销商和厂家之间的关系依然处于一种计划经济时代所产生的依附及附庸的关系,厂家虽然不断强调"经销商和厂家属于合作伙伴",但一切从生产企业利益出发的不平等合作模式根本没有任何改变,而这种模式已让不少汽车经销商陷入亏损的泥潭,以至于血本无归。目前商业资源的优化极大依赖于制造企业的产品格局,产品权在汽车制造企业手中,那么,厂商合作必然是以强凌弱。这种"我造什么你卖什么,让你怎么卖就怎么卖"、以我为主决定经营策略,让汽车经销商处于企业的阴影之下,产品权的缺失则成为中国汽车经销商集体软弱的深层原因。

因此,公司考虑重新设计分销渠道模式。让中间商重拾对比亚迪的信心,与中间商建立真正长期的伙伴关系。制止厂商独立霸权,按各地区、按销售额等正确地分配销售目标,并对一级经销商、二级经销商合理订制一级批发价、二级批发价。对经销商方面,则重新审核经销商的能力、素质及职业操守,并与各中间商签订严明的合同。对中间商给以全面的激励措施,定期或不定期地对中间商进行审核。

【能力训练】

1.选择一个汽车品牌中的某个产品,分析它的定位。

2.选择一个汽车品牌,分析其策略。

3.试分析某一车型降价引起的影响。

4.汽车促销策略有哪些?

【案例分析】

汽车行业如何规划品牌营销策划

一、行业分析

随着汽车工业的迅速发展,我国经济发展水平快速提高,汽车消费者普及,汽车逐渐成为人们日常出行的主要工具,像冰箱、彩电一样也走进了寻常百姓家,购车后爱车养车已渐入人心,时尚、个性、经济、实用成为有车族的追求目标。

二、竞争分析

汽车产业在中国还是新兴产业,未来场景大为可观,所以涌出汽车4S店、汽车配件行业企业等,但规模大小不一,市场开发手段落后,管理落后,经营模式落后,慢慢地就构成了行业的不正当竞争。一些大型维修企业效益不如人意,而小型路边汽车维修店悄然崛起,绝大多数缺乏科学管理、技术保障和正规的进货渠道。

三、消费者分析

目前的汽车后续服务满足不了车主的高标准要求,众多业内人士已开始用心地探索行业新的发展之路,取而代之的是:品牌店——品牌店美、店面形象好,经营规范,服务意识强,质量可靠的汽车美容养护店,因为人们消费观念的转变,消费意识和自我保护意识不断增强,人们在消费过程中不仅满足直接消费的需求,还需要最大限度地满足心理消费的需求。

四、品牌营销策划目标

追求利润最大化是企业的最终目标,但是利润最大化的概念在企业与企业之间有很大的区别,有的企业只追求利润指标,有的企业可能不仅要利润指标,还要追求客户满意度,追求更长远的利益,我们要有自我的利润目标。

五、品牌营销战略

1.价格策略

价格策略主要体现在降价和各种方式的优惠促销,在现代买方市场环境下,要强调消费者角度,因而都采用由外而内的定价,即首先思考消费者的心理理解潜力,当我们的价格高于某一界限时,消费者难以理解,如果低于某一界限时,则显其不够品位,同样得不到消费者的青睐,在思考消费者的理解潜力之后,再思考竞争因素,最后思考成本因素。

2.服务策略

要提高员工服务意识,倡导人性化服务,真诚关心客户,了解他们的实际需要,把亲情与友情融入销售服务中,不断加以创新,超越客户的期望,使整个服务充满"人情味",把服务他人作为乐趣,发自内心地多一句问候,多一个微笑,使客户感受到亲人般的关爱,朋友般的温暖,用服务的魅力牢牢地吸引客户。还有,要实施服务质量考核与激励机制,树立服务典型,引导员工实现人性化服务,从细微处入手,完善服务项目。

3.宣传策略

长期广告可在户外、网站、户外广告可在人流量、车流量多的地方设广告牌,在网站上做广告,在国内知名的汽车网站上做宣传,并结合百度推广,使用户能够简单快速地进入公司网站。短期可在电视字幕上、电视电影广告、电台广告、报纸杂志、信息平台电台广告以及信息平台宣传,灵活性强,资料变更成本低,在大型车展的促销活动之前投放能达到较好的效果。

4.产品策略

适时地采取一些优惠和降价策略,采用产品组合方式销售汽车。

5.市场定位

中国汽车行业的快速发展,预示着人们对汽车售后市场的强烈需求,这种需求会随着人们对汽车的认识不断深化,也会越来越理性,从简单的美化逐渐转化为对附加服务的需求,同时汽车快修行业还不够成熟,重质量、重服务、重特色、行业差异化将是这一行业的主要发展趋势。

六、开拓新的技术领域

未来的汽车将是互通互联的——不仅能够实时监控其自身零件和周边安全状态,还能与其他汽车以及越发智能的公路基础设施进行通信。这些功能将成为所有汽车的标配,它们看上去可能不像若干金属盒子,而更像多种技术设备的综合体、高产出的数据中心乃至更大规模移动网络的组成部分。随着每一辆汽车都成为接收与发送数字信息的来源,经过数百万次的迭代,其安全性和效率将得到改善,而汽车制造商们则能够捕获有价值的数据。现代交通工具取得的绝大多数进步均得益于电子领域的创新。

思考:试从智能汽车角度进行相关的营销和策划方案设计。

第 4 章

汽车销售流程

【学习目标】

● 掌握汽车销售流程。

● 能够正确运用汽车销售中各种礼仪规范接待顾客。

【关键词】

汽车销售　CIS　售车流程　顾客接待　售后顾客维系　汽车销售展厅

【引导案例】

于细微之处成就业绩

乔·吉拉德是世界上最伟大的推销员。他在 15 年中卖出 13 001 辆汽车,并创下一年卖出 1 425 辆(平均每天 4 辆)的纪录,这个成绩被收入《吉尼斯世界大全》。

有一次,一位中年妇女走进乔·吉拉德的展销室,说她想在这儿看看车打发一会儿时间。闲谈中,她告诉乔·吉拉德,她想买一辆白色的福特车,就像她表姐开的那辆一样,但对面福特车行的推销员让她过一小时后再去,所以她就先来这儿看看。她还说这是她送给自己的生日礼物,"今天是我 55 岁的生日!"她说。

"生日快乐!夫人。"乔·吉拉德一边说,一边请她进来随便看看,接着,他出去给秘书交代了几句,然后回来对她说:"夫人,您喜欢白色车,既然您现在有时间,我给您介绍一下我们的双门轿车——也是白色的。"

他们正谈着,女秘书走了进来,递给乔·吉拉德一束玫瑰花。乔·吉拉德把花送给那位妇女,真心地祝福道:"祝您长寿,尊敬的夫人。"

那位妇女立刻被感动了,眼眶都湿了。她说:"已经很久没有人给我送礼物了。"之后,她又接着说,"刚才对面那位福特汽车的推销员一定是看我开了那辆旧车,以为我买不起新车,我刚要看车他却说要去收一笔款,于是我就上这儿来等他。其实我只是想要一辆白色车而已,只不过表姐的车是福特牌,所以我也想买福特。现在想想,不买福特也可以。"

最后,这位妇女在乔·吉拉德那里买走了一辆雪佛兰,并写了张全额支票。其实,从头到尾,乔·吉拉德的言语中都没有劝她放弃福特而买雪佛兰的词句。只是因为她在这里受到了重视和关爱,于是放弃了原来的打算,转而选择了乔·吉拉德的产品。

4.1 汽车售前准备

4.1.1 导入 CIS,塑造销售人员形象

CIS 是企业识别系统的简称。建立企业识别系统就要塑造企业形象。汽车销售人员的形象展示是企业形象的重要组成部分。对销售人员的形象塑造要从售车相关礼仪培训、售车相关知识、销售车辆准备及销售相关文件准备等方面入手。

1)售车相关礼仪培训

汽车销售人员作为企业形象的重要组成部分,在其日常工作中要时刻注意礼仪的运用。礼仪又称礼节和仪式,是从法语 Etiquette 一词演变而来的。原是法国法庭上用的一种通行证,上面写着进入法庭应遵守的事项。后来,其他公共场合也都制订了相应的行为规则。这些规则逐渐得到大家的公认,成为多数人共同自觉遵守的"礼仪"。对于汽车销售人员而言,礼仪不但是社交场合的一种"通行证",而且还折射出该员工所在公司的企业文化水平和经营管理境界,也是体现其个人修养水平和业务素质的一种标志。礼仪有多种表现形式,不同的场合、不同的对象,有不同的礼仪要求,汽车销售人员应了解各种礼仪知识并能恰到好处地应用售车相关的礼仪。

(1)外表

①头发。最能表现出一个人的精神状态,专业销售人员的头发需要精心地梳洗和处理。洁净、整齐,无头屑,不染发,不做奇异发型。男性不留长发,头发长短要适宜,长度一般为 7 cm 左右,前不及额,侧不及耳,后不及领;女性不留披肩发,较长的头发应作技术处理,或盘起、绾起或梳起来,也不用华丽的头饰,要做到发式自然。

②眼睛。无眼屎,眼屎绝不能留在眼角上。无睡意,不充血,不斜视。眼镜端正、洁净明亮,不戴墨镜或有色眼镜。女士不要用人造睫毛。

③耳朵。内外清洁干净,无耳屎。女士不要戴夸张的耳饰。

④鼻子。鼻孔干净,不流鼻涕。男士要经常修剪长到鼻孔外的鼻毛,严禁鼻毛外现。

⑤胡子。在正式场合,男士留着乱七八糟的胡子会被认为是很失礼的,而且会显得邋里邋遢。作为汽车销售人员,应将胡子刮干净或修整齐,不留长胡子,不留八字胡或其他怪状胡子。个别女士因内分泌失调而长出类似胡须的汗毛,应及时清除并予以治疗。

⑥口腔。牙齿要干净、洁白,口中无异味。在给客户介绍汽车时,嘴角不能有泡沫,会客时不能嚼口香糖等食物。女性销售员不用深色或艳丽的口红。

⑦脸和脖子。脸部清洗洁净,无明显粉刺。女性施粉要适度,不留痕迹。脖子上不戴项链或其他饰物。

⑧手部。手是肢体中使用最多、动作最多的部分,要完成各种各样的手语和手势。如果手的"形象"不佳,整体形象就会大打折扣。手要洁净,指甲要经常修剪,不涂指甲油,不戴结婚戒指以外的其他饰品,不留长指甲。

⑨着装。衬衫要及时更换,注意袖口及领口要保持清洁;领带要端正整洁,不歪不皱。衬衫和领带的质地、款式、颜色与其他服饰要匹配,并符合自己的年龄、身份和公司的个性。领带不宜过分华丽和耀眼。西装要整洁笔挺,背部无头发和头屑。不打皱,不过分华丽,与衬衣、领带和西裤匹配。与人谈话时,将第一个纽扣要扣上,上口袋不要插笔,所有口袋不要因放置钱包、名片、香烟和打火机等物品而鼓起来。西装也要及时熨烫整齐。皮带要高于肚脐,松紧适度,不要使用怪异的腰带头。鞋袜也要搭配得当,鞋面要整洁,无尘土和污物,鞋跟不宜过高、过厚和怪异。袜子要干净无异味,不露出腿毛。对于女性销售员,服装要整洁无皱,一般应穿职业化服装,不穿时装、艳装、晚装、休闲装、透明装、无袖装及超短裙。另外,女士着装时不要佩戴与工作无关的胸饰,佩戴胸卡、徽章要佩戴端正。女性要穿肉色短袜或长筒袜,袜子不要褪落和脱丝。

（2）肢体语言

①站姿。一般来说,要求女士的站姿要优雅,男士要站得稳重。男士站立时,双脚可并拢,也可分开,双脚与肩同宽。站着与顾客进行商谈时,两脚要平行打开,之间相距 10 cm 左右,这种姿势比较不易疲劳,同时头部前后摆动时比较能保持平衡,气氛也较能缓和。在站立等待的姿势时,双脚微分,双手握于小腹前,视线可以维持较水平线略高的幅度,气度安详稳定,表现出自信。女士的站姿有两种:一种是双脚呈 V 字形,即膝盖和脚后跟要靠紧,两脚张开的距离为两拳;二是双脚呈 Y 字形,即双腿并拢,左脚跟从右脚中部斜伸出去,与右脚形成一个 Y 字形。女性的站姿要有女性的特点,要表现出女性的温顺和娇巧、纤细、轻盈、娴静、典雅之姿,给人一种"静"的优美感。

②坐姿。正确的坐姿是身体坐在椅子的 2/3 处;如坐在软而深的沙发上,应坐在沙发的前端,不要仰靠沙发。上身保持正直,立腰收腹,肩平头正,目光平视,两手自然放于两膝上,两腿平行,与肩同宽。与人交谈时,身体要与对方平视的角度保持一致。忌跷二郎腿、脱鞋、把脚放在桌椅上。

③走姿。行走的路线是脚正对前方所形成的直线,脚跟要落在这条直线上,上体正直,平视,脸部有笑容,双臂自然前后摆动,两脚落在地上的横向距离大约为 3 cm。男士的走姿

应该是抬头挺胸收腹,闭口,两眼平视前方,上身不动,两肩不摇,步履稳健、自信,避免八字步。女士走路的姿态应是头端正,不宜抬得过高,目视前方,上身自然挺直,收腹,两手前后摆动的幅度要小,以含蓄为美,两腿并拢,平步行进步履轻柔自然,避免做作。

④手势的应用。手势是一种有效的"体态语言",在为顾客引路、介绍谈话以及指示方向等时常用。需要用手指引某样物品或接引顾客时,食指以下靠拢,拇指向内侧微微弯曲,手掌向上,以肘关节为轴指示方向。在给顾客递东西时,应用双手恭敬地奉上,绝不能漫不经心地一扔,并切忌以手指或笔尖直接指向客人。另外,在使用手势时还要注意各国的风俗习惯,不能误用。例如,在澳大利亚竖起大拇指并不是表示称赞和夸奖的意思,而是有侮辱之意。

(3)握手

在现代社会中,文明得体的见面礼仪显得日益重要,而见面握手是最常见的一种礼仪。一般在与认识的人道别时,某人进入你的办公室或离开时,被相互介绍时,以及安慰某人时等常用握手礼。在握手时,手要洁净、干燥和温暖,先问候再握手。行握手礼时,距离对方约一步,上身稍前倾,两足立正,伸出右手,四指并拢,拇指分开,握住对方的手,并轻轻向下微摇2~3下,握手3 s左右,礼毕即松开。行握手礼时要注意以下4个方面:

①见到女士、年长者、身份高者,不应主动伸出手来,可先行问候礼,待对方伸手时再握,如对方不伸手,点头微笑示意即可。

②与男士握手可适当重些,以示友情深厚,但又不能握得太重、太紧,以不产生手疼为宜。

③若戴手套、帽子,握手时应脱掉,在社交场合女士如果戴薄纱手套或网眼手套,可不必将手套摘下。

④遇到多人握手时,一般遵循先尊后卑、先长后幼、先女后男的原则,如果不按此原则,一般按从近到远的顺序一一进行握手。如遇有多人同时握手时,就等别人握完后再握手,切忌抢着握手和交叉握手。

销售员和顾客握手后,可以寒暄几句拉近与顾客的关系,营造一个轻松愉快的氛围。

(4)介绍

介绍是汽车销售中销售人员与顾客打交道时重要的环节,销售人员一般需要向初次见面的顾客进行自我介绍,有时还需要介绍他人。在进行自我介绍时,一般要介绍公司的名称、自己的职位和姓名。做自我介绍时,表情、态度和姿势要自然,应面带笑容看着对方的眼睛;如适当,也可以握着对方的手进行自我介绍;有名片的,也可在说出自己的名字后给对方递上名片。另外,做自我介绍的同时,还要给对方一个自我介绍的机会。在介绍别人相识时,应先说"请允许我来为你们介绍一下"之类的话,接着说"这位是×××(称呼),这位是×××"。介绍到谁,就用右手(五指并拢,手掌向左或向上)指向谁。介绍时,可说明被介绍者的职业(职位)、工作等情况,但不能谈及被介绍者的个人隐私情况,如婚姻状况、收入状况和特殊习惯等。在进行介绍时,要特别注意介绍顺序,一般是把职位低者、晚辈、男士、未婚者介绍给职位高者、长辈、女士和已婚人士。如果介绍本组织或自家人与客人相识,则应先介绍本组织或家人给来宾,后介绍来宾。

(5)交换名片

销售员在初次见到顾客时,一般在亲切打招呼的同时递上自己的名片。名片应放在衬衫的左侧口袋或西装的内侧口袋,不应从裤子的口袋里掏出。在递接名片时,应用手拿着名片的右下方,正面应对着对方、名字向着顾客。在接过别人递来的名片时,要双手接,并在接过来后点头致谢,不要随意地摆放和立即收起来,而是要认真地读或看一遍对方的姓名、职务、职称等信息,然后再放入自己的口袋、手提包或名片夹中以示尊重。

在交换名片时,要注意以下事项:

①如有上司在场,应在上司与对方交换名片后,才可出示自己的名片,而且除非对方要求,否则在年长的主管面前不要主动出示名片。

②不可以递出污旧或皱褶的名片。

③在外出拜访时,经上司介绍后,再递出名片。

④如果对方是外宾,应递上印有英文的一面,面带微笑并说"多多关照""常联系"等。

(6)接打电话

电话已成为现代人沟通和交流必不可少的工具。销售人员在接打电话的过程中也要注意些技巧和礼仪。在接电话时,不要等电话铃声响太久了才接听,而且接电话时,要与话筒保持适当的距离,说话声音大小适度。在接电话时,要热情问候并报出公司或部门名称,注意确认对方的单位、姓名及来电事由,并做适当记录,在挂断电话前要简单复述来电的要点。在挂断电话时,要等对方挂断后再挂。如果接到抱怨或投诉电话时,要有涵养,不与对方争执,并表示尽快处理。在打电话时,应事先准备好电话号码,并在安静的环境中拨打电话,嘴里不能含有东西。如果没有特别紧急的事情,一般不要过早(早上8点前)或过晚(晚上10点以后)给顾客打电话。打通电话后,应先作自我介绍,扼要地说明打电话的目的。在通话过程中,要仔细聆听对方的讲话,并注意与对方互动,不要一直默不作声。

2)售车相关知识的储备

作为现代的汽车销售人员,应掌握多重知识,包含市场营销知识、汽车专业知识、心理学知识、经济法知识以及社会常识等。

(1)关于汽车的基本知识

现代的汽车是由多个零部件构成。不同型号、不同类型及不同厂家生产的汽车,其基本结构一般都是由发动机、底盘、电气设备及车身4大部分构成。

①发动机。发动机是为汽车的行驶提供动力的装置,通常可分为汽油机和柴油机两种。发动机的类型常见的有L,V,W等几种,是指汽车发动机的汽缸的排列方式,分别称为直线排列、V形排列和W形排列。一般5缸以下的汽车多采用直列式排列,少数6缸发动机也有直列式的。直列式的发动机的汽缸体成一字排开,制造成本低,低速扭矩特性好,燃料消耗少,尺寸紧凑,缺点是功率相对较低。6~12缸发动机多采用V形排列,V形发动机长度和高度尺寸小,布置起来很方便。W形发动机比较少见,只应用在少数大功率的高档汽车上,如大众的W8。发动机的驱动及布置形式常见的有发动机前置后桥驱动、发动机前置

前桥驱动和发动机后置后桥驱动几种。其中,发动机前置后桥驱动多用于大型和多数中型轿车,其重心位置合理,驱动与附着可靠,操作机构简单。其缺点是,由于传动轴的存在,为避免因过于抬高底板的高度使重心高度增加,常将底板中央凸起,导致后排座位的乘客乘坐不舒适。发动机前置前桥驱动的多用于中小型轿车。这种形式简单、紧凑,不设传动轴可降低重心和车厢底板高度,有助于提高乘坐舒适性和行驶的稳定性。发动机后置后桥驱动多见于微型轿车,发动机位于后桥后部,散热不是很好,且操纵机构也较为复杂,故应用不够广泛。

目前,多数轿车仍采用的是汽油机。发动机的排量直接决定了其功率的大小,发动机的排量越大,发动机的功率越大,除了使轿车具有较高的行驶速度和良好的加速外,还可装置更多的附属装置。另外,轿车也可设计得更大、更宽敞,使乘坐者更舒适,但经济性较差,价格也偏高。微型轿车通常追求低成本和低油耗,一般发动机的排量较小。

②底盘。底盘用于支承、安装汽车发动机及其各部件、总成,形成汽车的整体造型,并接受发动机的动力,使汽车产生运动,保证正常行驶。底盘由传动系、行驶系、转向系及制动系4部分组成。

中小型轿车仍然采用机械式传动系,大型轿车则多数采用了液力机械传动。轿车悬挂多为独立式悬挂,制动装置大多采用双管路液压制动装置或者真空助力液压制动装置。轿车的驱动方式有前轮驱动、后轮驱动和四轮驱动3种。前轮驱动的轿车在转弯时虽然容易出现"转向不足",但其具有经济性和容易掌握的优点,故在中、小型家庭房车中应用较多。而后轮驱动的轿车正好相反,容易造成"转向过多"的情况。但后驱车有较好的稳定性,其在高性能车和大型豪华车中运用较多。优良的家庭轿车应当尽量接近中性,能尽早发现并修正转向。四轮驱动的轿车和地面有最佳的贴合性,不易发生打滑的现象,在高速转弯时最为稳定,在湿滑的路上有其独特的优越性,如四驱的奥迪轿车。

③车身。车身安装在底盘的车架上,容纳驾驶员、乘客和货物,并构成汽车的外壳。轿车的车身是由统一的、整体的外壳构成。车身也包含了车门、车窗、车锁、内外饰件、座椅等。

好的车身设计应有4个特点:漂亮、安全、宽敞、符合空气动力学。一般来说,大型的豪华车注重气派,小型车则注重流线。日本汽车以圆滑线条为主,欧洲车则刚劲有型。符合空气动力学的汽车能降低空气阻力,减少气流产生的噪声,同时可改善燃油消耗率和废气排放,提高汽车的经济性。目前,世界上最流行的车身设计是前低后扁平的形状,它可降低正面气流阻力和横风对车身稳定性的影响。

④电气设备。电气设备由电源和用电设备两大部分组成。电源包括发电机和蓄电池。用电设备的内容很多,不同车型不太一样,主要有点火系统、启动系统、照明系统、仪表信号系统、空调及其他用电设备等。

⑤车内设备。车内设备主要包括座椅、防抱死制动(ABS)、安全气囊、自动挡等。好的座椅首先应有足够的支撑力或者有较好的包围性。防抱死制动可通过电脑控制制动系统进入"高速点刹"状态,避免车辆出现侧滑、旋转等危险情况。安全气囊是目前全球最热门的被

动式安全装置。它在车身遭到猛烈撞击时,会在零点零几秒内爆发性充气并膨胀出来,以缓冲人体和车的碰撞,起到保护作用。但安全气囊只能起到缓冲的作用。

（2）关于供职公司汽车产品的知识以及竞争品牌汽车的知识

汽车销售人员也称汽车销售顾问,就是为顾客提供顾问式的专业汽车消费咨询和导购服务的汽车销售服务人员。其工作范围实际上也就是从事汽车销售的工作,但其立足点是以客户的需求和利益为出发点,向客户提供符合客户需求和利益的产品销售服务。其具体工作包含客户开发、客户跟踪、销售导购、销售洽谈、销售成交等基本过程,还可能涉及汽车保险、上牌、装潢、交车、理赔、年检等业务的介绍、成交或代办。而一次成功的销售与销售人员对本产品和本行业专业知识的掌握程度有着直接的关系。只有对本公司汽车的知识熟练掌握,同时明确本公司汽车与竞争品牌汽车相比,具有哪些有利条件和不利条件,才能在车辆的展示与介绍环节中扬长避短、发挥优势,即在车辆介绍时,针对顾客的需求,突出介绍产品的优势,切忌对缺点作过多的解释,以优点弥补缺憾。由此,作为某一公司的汽车销售人员,一方面应对其所供职的公司的汽车有着详细的了解（如各车型和配置,性能和所有的技术参数,产品的设计风格、前卫性和流行性,汽车的操作方法,使用时的注意事项,交易条件,购买程序以及购买会带给顾客的附加价值等）,并将上述信息随时可以提供给顾客,作为介绍和讲解的依据。另一方面对于和自己的产品形成竞争的厂牌和车型,要有能力提供给顾客相关信息进行参数分析和比较。这就要求汽车销售人员要在熟悉本公司汽车特点的同时,尽可能多地搜集竞争品牌汽车的特点,能通过比较性的介绍加深顾客对本公司汽车的良好认知。

（3）订立合同的基本知识

在进行汽车销售过程中,很关键性的一个步骤就是签订购车协议（或合同）。作为汽车销售人员,应熟悉本公司和顾客签订购车合同的流程,对合同法的相关知识要有所了解。订立合同过程是双方（或多方）当事人依据法律的规定,就合同的各项条款进行协商,达成一致而确立合同关系的法律行为的过程。

按照《中华人民共和国合同法》（以下简称《合同法》）规定,合同的订立是合同双方在平等、自愿的基础上,就合同的主要条款达成一致。从法律上来看,合同的订立要经过"要约"和"承诺"两个阶段。其中,要约是指当事人一方向对方提出的订立合同的建议和要求,它是一方当事人以订立合同为目的,向对方做出的一种表示,即希望与对方订立合同,并提出合同的各项条款和设定一定的等待期限以供对方考虑。而承诺是指受要约人完全接受要约中的各项条款,向要约人作出的同意按要约签订合同的意思表示。承诺是一种法律行为,意即受要约人作出的承诺行为是要受到法律的保护和约束的。承诺也应具备一定的条件:首先,承诺是绝对的无条件的,即承诺的内容和条件与要约的内容和条件是一致的,而没有任何出入或附加任何条件。各国法律都规定,承诺是对要约表示同意,承诺与要约内容必须一致,否则就是反要约。其次,承诺必须由合法的受要约人在要约有效期限内作出。合法的受要约人,是指要约中规定的特定人或是被他授权的代表人。任何知其要约的内容或通过不正当的手段获得该项要约的人所作出的承诺都不能视为有效承诺。对要约的有效期限各国的计算方式不同。《国际货物销售合同公约》基本上采取了"到达生效"。其第十八条第二款规定,对要约的承诺于表示同意的通知和送达要约人生效,如表示同意的通知在要约人规定的时间内,或虽未规定时间,但在一段合理的时间内,未送达要约人,承诺即宣告无效。承诺通知在邮递中可能出现的失误风险,由承诺方承担。我国在对外贸易中采取了这种做法。即在发出要约时,要求对方如果承诺,必须承诺寄到时方生效。

合同的成立一般分为 3 种形式:自动成立、确认成立和批准成立。

①自动成立。它指合同的各方当事人就合同内容以书面的形式达成一致的、完全的意思表示。当事人或当事人的法定代表人或当事人授权的委托代表人签字,合同即告成立。

②确认成立。按照《合同法》第三十三条规定,当事人采用信件、数据电文等形式订立合同的,可以在合同成立之前要求签订确认书。签订确定书时合同成立。这一规定虽然没有明确何时可以提出签订确认书,但不能理解为允许当事人在承诺生效后即合同成立后提出签订确认书的要求,否则,和要约与承诺的科学严谨的规定是相矛盾的。因此,《合同法》第三十三条规定,采用信件、数据电文订立合同的,当事人可以在要约或者承诺中提出签订确认书的要求,合同以最后签订的确认书为成立。一方当事人在承诺生效后(即合同成立后)提出签订确认书的要求,如果对方不表示同意,不影响已经成立的合同的效力。按照该条的规定,在合同成立后,如果一方当事人提出签订确认书的要求,其要求中载有添加或不同的条款无论是否实质性地变更合同的内容,如果对方当事人不表示同意,都不能作为合同的组成部分。

③批准成立。凡按照中华人民共和国的法律、行政法规规定的应当由国家批准的合同,须在获得批准时,合同方能成立。这些合同的成立日期,不是各方当事人在合同上签字的日期,而是审批机关的批准日期。

另外,销售人员也应了解合同应包含的条款。一般在合同内容中应包括以下条款:

①当事人的名称或者姓名和住所。

②标的。即合同当事人双方权利和义务所共同指向的对象。它是合同成立的必要条件,是一切合同的必备条款。

③数量。主要是指标的的数量。

④质量要求。指双方在合同中约定的标的的质量及要达到的标准。

⑤价款或者报酬。价款是购买标的物所应支付的代价,报酬是获得服务应支付的代价,这两项作为合同的主要条款应予以明确规定。在对外贸易或大宗买卖中,合同价款还应对运费、保险费、装卸费、保管费及报关费作出规定。

⑥履行期限、地点和方式。当事人可以就履行期限是即时履行、定时履行或分期履行作出规定。当事人应对履行地点是在出卖人所在地,还是在买受人所在地,以及履行方式是一次交付还是分批交付,是空运、水运还是陆运作出明确的规定。

⑦违约责任。当事人可在合同中约定违约致损的赔偿方法以及赔偿范围等。

⑧解决争议的方法。当事人可约定在双方协商不成的情况下,是采取仲裁解决,还是诉讼解决纠纷。当事人还可约定解决纠纷的仲裁机构或诉讼法院。

　　另外,根据《合同法》第一百三十一条规定,买卖合同的内容除依照上述规定外,还可包括包装方式、检验标准和方法、结算方式、合同使用的文字及其效力等条款。

　　(4)多方涉猎各种知识及相关消息

　　除了解上述知识外,汽车销售人员还应充分掌握汽车界中品牌及车型的发展信息,以便获得最新的信息知识,对应各种市场变化,成为最优秀的汽车销售人员。为此,汽车销售人员可参阅《中国汽车报》及地方报纸汽车版,也可参阅一些杂志和网站,如《中国汽车画报》《汽车杂志》《汽车之友》《汽车导报》《名车志》《汽车族》以及中国汽车网、新浪汽车、太平洋汽车网等。另外,汽车销售人员还应注意提高自身的综合能力和知识,以便在工作中可顺利地和顾客接触、交谈及成为朋友,建议涉猎各种知识和了解社会各个层面的热点信息,如社会新闻,经济、工业、商业新闻,娱乐新闻,子女教育,旅游休闲,外资企业信息,金融、房地产投资信息,体育新闻,等等。

　　3)车辆的准备

　　①展车功能调试正常,前座窗户放下,天窗打开。
　　②展车轮胎下方垫有轮胎垫。
　　③展车内不放置任何宣传物品及私人物品。
　　④将展车内的座椅调整至标准位置。
　　⑤展车内放置清洁的脚踏垫。
　　⑥检查确保展车充分充电,以便展示汽车电气设备。
　　⑦做好展车的整体清洁工作。

　　4)售车相关文件准备

　　结合汽车销售的流程,销售人员应熟悉售车各环节中可能涉及的各种文件的填写内容和填写方法,在顾客来店前要将相关的文件(如报价单、签约合同书、办理车贷资料、保险相关资料)准备好。

💡【课间阅读】

　　某日,一位老板走进一间专门销售进口品牌汽车的车行并问销售人员:

　　顾客:"宝马730是不是全铝车身?"

　　销售人员:(客户提出的这个问题有点突然,而且他是第一次听到全铝车身的概念)"哦,不太清楚,我要查一下资料。"(查完资料后告诉客户)"不是全铝车身。"

　　顾客:"刚才我到某车行看了奥迪A8,他们的销售人员告诉我奥迪A8采用的是全铝车身,是最新的技术,能够提升动力而且省油,我以前开的是宝马530,对宝马车比较了解,现在想换一辆车,准备在奥迪和宝马之间作出选择。如果宝马也是全铝车身,我就买宝马。"

　　销售人员:(经过确认后再次告诉顾客)"实在对不起,宝马730i不是全铝车身。"

　　[结果]顾客离开了展厅再也没有回来,据了解后来买了奥迪A8。

4.1.2 售车基本流程

熟悉售车基本流程是对每一个汽车销售人员的基本要求,一般包括售车前准备、展厅接待、车辆展示与介绍、试乘试驾、处理顾客异议、签约成交、交车、售后跟踪服务等环节。

一般来说,汽车销售包括以下流程阶段,如图4.1所示。

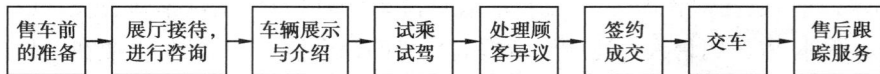

| 售车前的准备 | → | 展厅接待,进行咨询 | → | 车辆展示与介绍 | → | 试乘试驾 | → | 处理顾客异议 | → | 签约成交 | → | 交车 | → | 售后跟踪服务 |

图4.1　汽车销售流程图

1)售车前的准备

在接待顾客、开展销售活动前,汽车销售人员应做好售车前的各种准备,包括塑造自身形象、储备相关知识、了解售车流程、做好展厅的布置和车辆的清洁等工作,准备好售车相关的各种表单(包括报价单、签约合同书、保险相关资料、按揭贷款资料等),还要为顾客准备好茶水饮料和名片等。

2)展厅接待,进行咨询

展厅接待是与顾客建立关系实现销售的第一步。在顾客进入展厅、顾客自行看车、顾客愿意向销售人员咨询以及顾客离去等时点上,销售人员要做好接待工作。其中,在注意一些商务礼仪应用的同时,汽车销售人员还应注意通过与顾客进行良好、有效的沟通,给顾客留下良好的第一印象。另外,销售人员还要做好来店(电)顾客的信息登记和管理工作。要通过咨询,尽可能地搜集客户各方面信息,以便挖掘和理解客户购车的准确要求。销售人员的询问必须耐心并友好,这一阶段很重要的一点是适度与信任。销售人员在回答客户的咨询时,服务的适度性要有很好的把握,既不要服务不足,更不要服务过度。这一阶段应让客户随意发表意见,并认真倾听,以了解客户的需求和愿望,从而在后续阶段做到更有效的销售。并且销售人员应在接待开始便准备好相应的宣传资料,供客户查阅。

3)车辆展示与介绍

这一阶段,销售人员主要是结合顾客的需求情况、自身具备的汽车的专业知识情况以及竞争车型的情况,对所销售的汽车进行细致的、全方位的介绍过程,保证客户对价格、产品、优惠、服务等各方面的信息已充分了解。在进行车辆展示与介绍中要注意突出本公司汽车的优势和卖点,通过比较提高顾客对本公司汽车的认同度。

4)试乘试驾

为了加深顾客对本公司汽车产品的好感和印象,一般会邀请和安排顾客进行试乘试驾。在试乘试驾之前,销售人员要做好各方面的准备;在试车过程中,应让客户集中精神对车进行体验,避免多说话,让客户集中精神获得对车辆的第一体验和感受;在试乘试驾后,要把顾客引导回公司的商务洽谈区,请顾客填写顾客意见表,请顾客考虑是否签约成交。

5）处理顾客异议

一般在确定签约成交前,顾客都可能会提出这样或那样的异议,如价格方面、质量方面、时间方面等。汽车销售人员要把握时机,善于运用一定的技巧和方法合理处理顾客异议,打消顾客疑虑,加强客户对所购产品的信心。

6）签约成交

在经过销售人员的讲解和介绍、安排顾客试乘试驾体验以及解决顾客的异议等环节后,销售人员应结合顾客释放出来的成交信号,抓住成交的最佳时机,运用一定的方法和技巧,促成交易。当然,在签约成交阶段也要注意防范一些风险。

7）交车

要做好交车前的检查,并就交车的时间及安排和顾客进行事前的商定和预约,按照交车流程进行交车。

8）售后跟踪服务

对于售出的汽车,销售人员要经常回访顾客,及时了解顾客对该汽车的评价及其使用状况,要提醒顾客做保养,提高顾客的满意度,争取通过保有顾客引荐新顾客。对于未成交的顾客也要注意提供跟踪服务,对于顾客的投诉进行慎重处理。

4.1.3　汽车销售展厅的布置

汽车销售展厅是汽车销售的窗口,销售展厅的布置对于汽车销售具有重要的意义。在展厅面积上注重适当原则,在展车的摆放上应当注意视觉效果,最后在展车之间的距离上也要求专业性,追求美感。

汽车销售展厅的布置是一门艺术,也透射着许多学问。

1）展厅的面积

有许多汽车经销商的展厅动辄几千平方米,面积越搞越大。但实际上,展厅面积未必越大就越有效果;相反,可以明确的一点是,展厅越大就越难管理。国外许多专业的展厅面积要比我们的小得多,一般主要追求 3 个方面:明亮、功能齐全、个性鲜明。如果展厅的面积过大,就会导致展厅的展示功能被淡化。在国外,每个汽车展示厅都有自己的参观路线,门口的样车是看外观的,展厅内的车可让顾客触摸和仔细了解该车辆的特性,再往里是关于这种车型的详细介绍,包括厂方提供的资料和媒体评论。最后是商务洽谈区。如果让顾客在面积过大的展厅内随意漫步,其参观一圈后的效果会大打折扣。而且销售人员在面积过大的展厅内很难照顾到每位顾客。

2）展车的摆放

按照国外的习惯标准,离门口不远处必须有 3 辆展车,分别展示该车的侧面、前脸和后脸。如果是帕萨特之类侧面造型特别精美的车型,展示侧面的样车应被布置在大门正前方,并专门搭建展示台,给顾客尽可能深刻的印象。同样,如果汽车前脸美观,那么也该放到主展示台上。每个展示厅都要有一个主展示台,只是在展示前后脸时切忌正面对着大门,应稍侧一下,否则会显得呆板。在主展示台的灯光运用上,如果想突出这类车型的流线效果,就应充分利用侧面的光源并非投射光源。

3) 展车间的距离

在国外,一般两辆样车之间的距离可稍近一些,给人以汽车超市的感觉。随着汽车售价的提高,展车之间的距离也该越拉越开,到宝马的层次,少放几辆压压阵就足够了。样车展示讲求的是专业性,特别忌讳的是将不同品牌不同型号的汽车并肩陈列,这样杂乱无章的摆放会让顾客缺乏安全感。

另外,展厅中洽谈区的设计不能离展车太远。一般来说,客户都希望样车离洽谈区越近越好,最好抬头就能看到。而有的展厅在洽谈区和样车之间放置了几盆绿化盆栽,严重阻挡了视线,显然不太明智。还有展厅内员工工作间的位置设计问题。按照国外的习惯,销售员应该在展示区边缘办公,为的是尽可能多地接触客户。经理和主管的位置应该在后台,但视线必须开阔,能随时掌握展厅里的动向,及时处理突发事件。

4.2 汽车销售展厅接待

展厅接待是建立顾客关系、实施销售的第一阶段也是重要阶段,在汽车销售展厅接待上,一定要按照流程,注重技巧,实现客户的现实购买。同时,还要注意客户的关系管理,注意潜在客户的挖掘。

4.2.1 汽车销售展厅接待流程

作为汽车销售的第一阶段,在展厅接待阶段,主要的任务是通过专业化和高质量的服务建立顾客的良好印象。在通常情况下,顾客对购车经历具有一定的疑虑,因此,要通过销售厅展中专业化的接待消除顾客的疑虑,并建立顾客的信心,以利于销售活动的顺利展开;销售人员要注意营造一种友好、愉快的气氛,让顾客感觉到舒适和销售人员的热情,使得顾客在展厅中停留的时间更长些,以创造更多的销售机会。销售展厅的接待工作流程如图4.2所示。

1) 顾客进入展厅时的接待工作

对驾车来店的顾客,应先由保安或销售人员及时引导顾客在停车区停好车辆,并注意顾客当前车辆的基本信息,如车牌、车型、颜色等。值班的销售人员将顾客引导至展厅,走在顾客的斜前方,与顾客保持一致的步调。在销售服务店展厅门前,应让顾客优先进入展厅。如果顾客提拿了重物,要礼貌地询问顾客是否需要帮助其提拿负重物或是否为其妥善保管。当顾客由外面刚刚进入展厅时,值班的销售人员应立即上前热情迎接顾客,及时递上名片,简短自我介绍并请教顾客的姓名、询问顾客的来访目的。如果顾客是来看车的,先询问顾客是否有熟悉的销售人员,如有则及时通知相应销售人员,并将顾客引导到休息区坐下,为顾客奉上茶水并说明:"先生(女士),请稍等一下,××马上就过来。"如果顾客指定的销售人员不在店内,要马上联络,在为顾客奉上茶水的同时向顾客说明:"××刚好外出,请您先坐一下,我们已经在帮您联络。"若无法联系到被访者,且店内的销售人员无法为顾客提供服务时,请顾客留下姓名、电话及来访目的,向顾客说明被访者将很快和他联系。也可写下被访人的联系电话,请顾客与被访人联系。

如果顾客没有事先约好或熟悉的销售人员,负责接待的销售人员应及时上前接待顾客。销售人员应注视顾客的眼睛,笑脸相对,挺直后背,并礼节性地与客户分别握手,同时向顾客微微鞠躬致敬表示欢迎。如果顾客随行的还有其他人员,销售人员也要注意与顾客的随行人员一一打招呼。在与顾客简单寒暄后要主动介绍自己,并向顾客递出名片,同时询问顾客需要提供什么帮助,语气尽量热情诚恳。

2)顾客自行看车时的接待工作

顾客在造访销售服务店时,顾客期望能够得到所希望的信息,作为一次富有成果的经历,不是每一位顾客都愿意在第一次访问时就由销售人员陪同,有时顾客可能更愿意自己先独自看看并形成自己的观点。因此,在顾客没有提出需要销售人员陪同并给予咨询服务时,销售人员可将顾客迎入展厅后,让顾客随意参观,明确说明自己的服务意愿和等候的位置。"如果有需要,请随时召唤,我就在这边。"销售人员应在顾客所及范围内关注顾客需要,并保持一定距离,避免给顾客造成压力。当顾客有疑问时,销售人员要主动趋前询问。

3)顾客有意咨询时的接待工作

当顾客愿意交谈时,销售人员可先从礼貌的寒暄开始,拉近彼此间的距离,但要注意给顾客机会引导谈话的方向。当顾客提出某一话题时,销售人员应先回应顾客提出的话题,不打断顾客的谈话。当顾客自行参观过后有意交谈时,销售人员可将顾客引入洽谈区,为顾客奉上茶水饮料(如果条件允许,可征求顾客意见让顾客选择纯净水、茶、咖啡、橙汁或其他饮品)。同时,也要注意询问顾客的购车需求及意向。销售人员也可借此机会较为详细地介绍汽车品牌、本经销店及销售人员的背景与经历,加深顾客的信心。

4)顾客离开时的接待工作

当顾客准备离去时,销售人员应暂时放下手中的其他事务,送顾客到展厅外,感谢顾客的光临,并诚恳邀请其再次惠顾,目送顾客离开,直至顾客走出视线范围。

```
                    ┌──────────────────┐
                    │  展厅接待准备工作  │
                    └────────┬─────────┘
                    ┌────────┴─────────┐
                    │   顾客到达展厅    │
                    └────────┬─────────┘
        ┌────────────────────┴────────────────────┐
        │ 销售人员上前欢迎顾客，进行自我介绍，递上名片 │
        └────────────────────┬────────────────────┘
    ┌────────────────────────┴────────────────────────┐
    │ 为顾客奉上茶水饮料或与顾客攀谈共同话题拉近彼此距离 │
    └────────────────────────┬────────────────────────┘
                             ◇
                    询问顾客是否需要帮
                    助或提供咨询
                             ◇
    ┌──────────────────────┐
    │ 让顾客自由参观，注意观察顾客，│
    │   随时准备提供帮助      │
    └──────────────────────┘
        ┌──────────────────────────────────┐
        │ 销售人员通过倾听、询问了解顾客的需求 │
        └────────────────┬─────────────────┘
        ┌────────────────┴─────────────────┐
        │  根据顾客需求，为顾客推荐车辆       │
        └────────────────┬─────────────────┘
                    顾客是否需要车辆介绍 ──→ ┌──────────┐
                                           │ 车辆展示流程 │
                                           └──────────┘
                    顾客是否想要试乘试驾， ──→ ┌──────────┐
                    或立即成交              │ 试乘试驾流程 │
                                           └──────────┘
                                           ┌──────────┐
                                           │  直接成交  │
                                           └──────────┘
        ┌──────────────────────────────────┐
        │ 了解原因，征得顾客同意，商定下次洽谈时间 │
        └────────────────┬─────────────────┘
        ┌────────────────┴─────────────────┐
        │  感谢顾客惠顾，送顾客至展厅门口     │
        └────────────────┬─────────────────┘
        ┌────────────────┴─────────────────┐   ┌──────────────┐
        │  填写《潜在顾客信息登记表》         │──→│ 潜在顾客管理流程 │
        └──────────────────────────────────┘   └──────────────┘
```

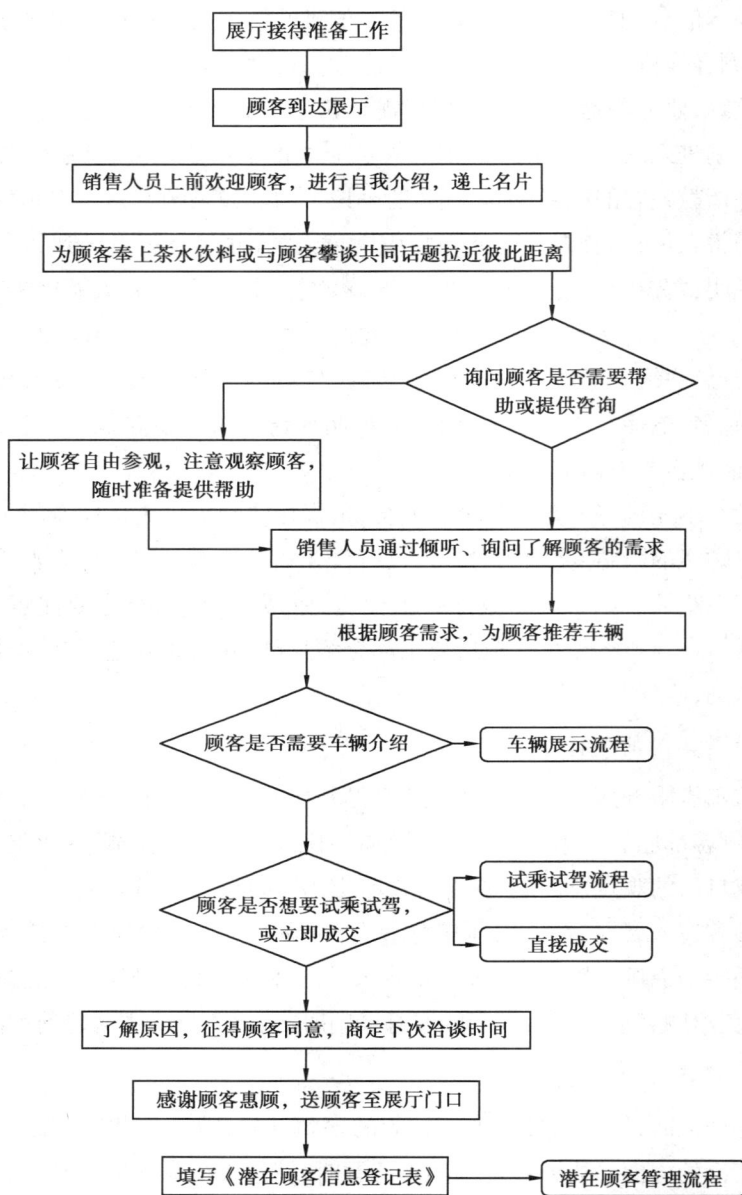

图 4.2　展厅接待流程

4.2.2　接待顾客的技巧

1) 营造轻松的氛围

当顾客进门时,销售人员要用顾客能够感受到的真诚的语言、语调或肢体语言和顾客热情地打招呼,但不能热情过度。此时,还要注意在一个适当的时间体贴地奉上茶水饮料。

在和顾客交谈之初,可尝试使用一些破冰语言,如"先生/小姐/女士,我看您开车过来的,开车多少年了?""您两位一起来看车,是给谁买车啊?""今天外面太热了,来,这边有空调,您慢慢看车"等。也可找寻一些顾客可能感兴趣的话题和顾客交谈,扩大谈话的范围,可以不局限于汽车方面,借此时机多了解顾客的背景。

打破了最开始的僵局后,可与顾客谈及一些与车有关的话题,如"您以前接触过我们的品牌吗?""您最喜欢的是什么颜色?""这款车的后备厢很宽敞,您平时打高尔夫球吗?"

和顾客交谈过程中,销售人员要注重倾听顾客的想法,并充分利用自身敏锐的观察力,善于从顾客的外表神态、言谈举止上揣摩各种顾客的心理,正确判断消费者的来意和爱好,有针对性地接待。

在顾客准备离开时,销售人员也要展示热情和诚恳,在热情送顾客出门时诚恳邀请顾客再次光顾,征求顾客可以联系的方式,并请他今后如果有什么问题可随时和自己联系,然后目送顾客离去。

2)建立顾客的信心

在展厅接待过程中,销售人员可通过以下方式的技巧性应用建立顾客的信心:

①做好充分的准备应对顾客的要求和可能的顾客提问。

②通过服装、仪容的处理和良好的谈吐素养展示规范化公司形象。

③通过对经销店的销售流程和客户购车流程的详细介绍,随时展现销售人员对品牌和对本经销店的信心和热情。

④通过展示销售人员的专业知识,增强顾客对销售人员的信心。

⑤通过品牌、本经销店的设施、所获得的奖励、证照证书、剪报和照片等加强顾客对品牌和经销店的信心和信任。

4.2.3 意向顾客管理

所谓顾客管理,就是企业通过有效的顾客沟通,动态地掌握顾客的真实需求的变化,并对顾客需求和消费行为进行合理的组织和引导,使其结合成为企业忠诚的消费群体的过程。顾客管理可分为售前顾客管理、售中顾客管理和售后顾客管理3个部分。当顾客只是来店或来电咨询了汽车的情况而没有作出购买决策时,此时的顾客即为可重点关注的"潜在顾客"。顾客就是企业得以生存和发展的关键。企业要通过一系列的管理模式建立与顾客的友好关系,培养顾客的忠诚度,加强企业在市场中的竞争力,由此,汽车销售人员要学会对各类潜在顾客的管理。管理的主要目的是:树立企业的良好形象;拉近与顾客的距离,加深顾客对企业的认识;建立双向的沟通渠道,掌握消费趋势,引导消费,增加消费的频率;掌握顾客的动态,培养忠诚顾客。

实施顾客管理的关键,就在于建立顾客资料档案,分析顾客意向级别,对顾客进行分类和分级管理。首先,销售人员可利用《来店(电)顾客登记表》等搜集顾客的相关信息,通过对顾客资料进行登记、整理,更好地制订出开发和拜访方案。建立的意向顾客档案要尽可能详尽地体现顾客的一些重要信息,如顾客的姓名、所在的单位、住址、职业、年龄、家庭成员、大致收入情况、兴趣爱好、是否购买过汽车及购车的品牌、付款形式等。其次,销售人员可根据建立了档案的顾客的购车意向程度进行分级管理,建立《意向顾客管理卡》和《月份意向客户级别状况表》。按照购车意向的程度,可将顾客分为 A,B,C,D 4 个等级。A 级是指已经交纳购车定金的顾客;B 级是指关于汽车的品牌、车型、价格、交车日期等主要因素已经商定,只是对如汽车颜色等非主要因素仍未确认,但一般能在一周内付款订车的顾客;C 级是指品牌、车型、价格、交车日期等主要因素中只有部分已确定,能在一个月内可以付款订车的顾客;D 级是指有购车意向,但诸多因素(如汽车的品牌、价位、车型、颜色等)都需要调查、咨询了解后才能确定,且一般要在一个月以上才能付款订车的顾客。但需要注意的是,因为各种因素的不断变化,顾客的意向程度也可能在不断变化,由此,需要不断地联系和管理顾客,不断地重新确认顾客的购车意向程度,做到在变动中更为准确地把握意向顾客。在每次做了后续的跟进管理之后,也要将新的顾客信息准确地记录到顾客档案之中备用。

意向顾客跟进表见表 4.1。

表 4.1　意向顾客跟进表

A 级意向□　　　B 级意向□　　　C 级意向□　　　D 级意向□　　　编号:＿＿＿＿＿＿

销售服务店名称:＿＿＿＿＿＿＿＿＿＿＿＿＿＿＿＿＿＿＿＿＿＿＿＿＿＿＿＿＿＿＿＿

第一次填表日期:＿＿ 年 ＿＿ 月 ＿＿ 日星期＿＿＿＿　　付款方式:＿一次性/按揭＿

顾客信息										
顾客姓名:　　　　　性别:				顾客现有车型:						
顾客情况简介(特征/年龄/职业/爱好/收入):						电话:				
						详细地址/邮编:				
						意向车型/价格/颜色:				
顾客信息来源:□来电　□来店　□广告　□走访　□市场推广　□介绍　□其他										
周边已购车人群　姓名:　　　联系方式:　　　　　已购车型/时间:										
其他考虑车型:品牌:　　　车型:　　　本次购买原因:□新购　□新增　□替换　□其他										
因素	价格	车身外形	售后服务	安全性	发动机	油耗	车内空间	配置	加速性	操控性
跟进进度	□初访	□展示	□试驾	□车型	□颜色	□价格	□签约	□交车		

跟进访问内容	
初次（　　年　　月　　日　　点）洽谈对象	
洽谈情况：	结果： 下次跟进时间：
第二次（　年　月　日　点）访问方式：	第三次（　年　月　日　点）访问方式：
情况（尽量引导顾客提问）： 结果： 顾客级别变化：_____下次跟进时间：_____	情况（尽量引导顾客提问）： 结果： 顾客级别变化：_____下次跟进时间：_____
销售经理（主管）建议（定期或随机检查） 填写人员：_____时间：_____	
第四次（　年　月　日　点）访问方式：	第五次（　年　月　日　点）访问方式：
情况（尽量引导顾客提问）： 结果：	情况（尽量引导顾客提问）： 结果：
跟进访问内容	
顾客级别变化：_____下次跟进时间：_____	顾客级别变化：_____下次跟进时间：_____

续表

第六次(年 月 日 点)访问方式：	第七次(年 月 日 点)访问方式：
情况(尽量引导顾客提问)：	情况(尽量引导顾客提问)：
结果：	结果：
顾客级别变化：_____下次跟进时间：_____	顾客级别变化：_____下次跟进时间：_____
业务洽谈结果： 成交/未成交 原因分析： 销售心得： 填写人员：_____时间：_____	
销售经理确认及建议： 填写人员：_____时间：_____	

4.3　车辆展示与介绍

4.3.1　进行车辆展示与介绍

车辆展示是汽车销售人员的基本工作内容之一,也是促使顾客实施购买的关键环节。在车辆展示与介绍中,要严格按照展示的标准流程进行操作,其中常用六方位绕车介绍法进行车辆的展示与介绍。同时,也要注意介绍的技巧运用,积极促使交易的完成。

1)车辆展示与介绍的工作流程

在车辆的展示与介绍环节,要求销售人员在几分钟内能通过对新车的信息介绍,唤起顾客对本品牌的热诚和对产品质量的认可、信任,并进一步产生兴趣和好感。由此,销售人员要严格按照展示的标准流程进行操作。车辆展示介绍流程图,如图 4.3 所示。

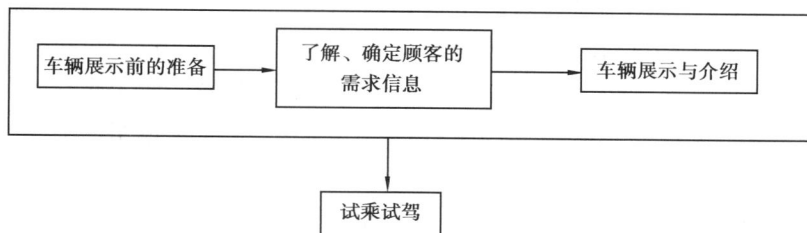

图 4.3　车辆展示介绍流程图

（1）车辆展示前的准备工作

为方便顾客的参观与操作,销售人员在开展车辆展示与介绍前要做好相关准备工作。它主要包含以下 4 个方面:

①按规定摆放车辆的资料展示架。在实际生活中,我们在这方面做得不是很规范,资料展示架不是放在车的左边,就是放在车的右边,在整个展厅里没有协调性、一致性,很随意,摆的位置也不规范,有的在前面,有的在后面,还有的在侧面,什么情形都有,这是需要改进的。

②要做好展车的清洁工作。展车要全面清洁卫生,无手纹,无水痕(包括发动机室、排气管、车身、门缝、玻璃、门拉手、前脸等部位)。车辆油漆的光洁度非常高,车门把手都是镀铬的,很亮,手一触摸便会留下指纹。因此,销售人员在展厅里要随时随地按照规范保持车辆的清洁度。水迹也是不允许的,特别是车辆夹缝里的水迹尤其要注意擦干净,不能留有死角。车辆要尽可能地保持一尘不染。引擎盖打开以后,在视线可及的范围内都不允许有灰尘。另外,轮胎导水槽内也要保持清洁、无异物。因为车是从外面开进展厅的,难免会在导水槽里卡一些石子等东西,这些东西都要去掉,还要清洗干净。

③提前做好车辆的调试工作。首先,调整座椅。将前排座椅调整到适当距离,而且前排两个座位从侧面看必须是一致的,不能一个靠背倾斜的角度大,一个靠背倾斜的角度小,而且座位与转向盘也要有适当距离,以方便顾客的进出;如果两者距离太近,就会使客户有空间局促感,以为驾驶空间小,其实是座位太靠前的缘故。其次,将轮毂中间的 LOGO(车标牌)应与地面成水平状态。再次,调整好倒车镜、后视镜,使其处于合适的位置。最后,转向盘摆正并调到最高位置,如果太低,客户坐进去以后会感觉束手束脚;将仪表盘上的时钟调校为北京时间;确认收音机功能范围内的频道包括交通、文艺台在内已调好,左右喇叭声音、音量也已调好,可视客户的年龄、性别、爱好,为客户提供一些古典、流行、戏曲或轻音乐等光盘。

④新车在出厂时,转向盘上都会有一个塑料套,还有一些倒车镜、遮阳板也是用塑料套给套起来的,这些都应拿掉。

在进行车辆展示介绍准备工作时,要注意以下 5 个方面:

①注意车辆的颜色搭配,展示区域的车辆不能只有一种颜色,几种颜色搭配的效果会更

好一些。

②注意车辆的型号搭配,同一个品牌的汽车,可能有不同的系列,车型从小到大,有带天窗的,有不带的,有的是电动门窗,有的不是,等等。不同型号的车都应搭配展示。

③注意车辆的摆放角度,让顾客感觉错落有致,而不是凌乱无序。

④注意重点车型的摆放位置,要把它们放在合适醒目的位置。属于旗舰的车型,一定要突出它的位置。可将一些特别需要展示的车辆停在一个展台上,其他车辆都围着它,犹如众星捧月,甚至可以打出一些聚焦的灯光。

⑤注意凸显产品特色,这是体现产品差异化,提高竞争力,使客户加深印象的重要手段。

(2)了解、确定顾客的需求信息

汽车销售人员在正式开始车辆的展示与介绍之前,应先能准确了解顾客的需求状况,以便在后续的汽车展示与介绍过程中能着重介绍那些直接迎合顾客购买需求的特性和好处,这将有助于加强顾客对汽车销售人员介绍的信任感。由此,为了能够确切了解顾客的需求信息,销售人员在与顾客交流时要尽量营造一种轻松的氛围,不要让顾客产生压迫感。销售人员要通过与顾客的交流不断确认顾客的需求,并寻求其认同,进而提出满足顾客需求的解决方案,推荐符合顾客需求的车型。其间,销售人员谨记一定不要在没有弄清顾客的需求或意愿时,就开始进行车辆的展示与介绍。

(3)进行六方位绕车介绍

汽车销售人员在向顾客介绍汽车的过程中,可以结合顾客的兴趣,围绕汽车的车前方、车左侧、车后侧、车右侧、驾驶室、引擎室 6 个方位展示汽车,如图 4.4 所示。

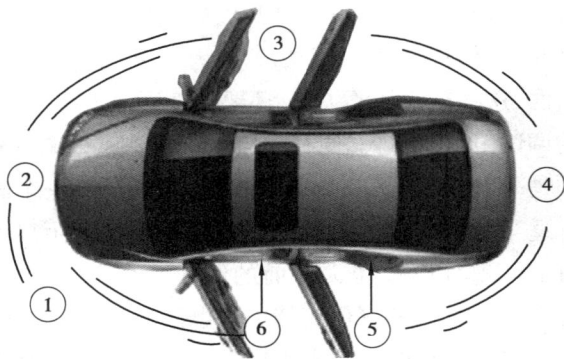

图 4.4　六方位绕车介绍的方位图
1—车前方;2—引擎室;3—车右侧;4—车后侧;5—车左侧;6—驾驶室

①车前方。

汽车销售人员首先应引导顾客站在车的正前方,上身微转向顾客,距离 30 cm,左手引导顾客参观车辆。汽车的正前方是顾客最感兴趣的地方,当汽车销售人员和顾客并排站在汽车的正前方时,顾客会注意到汽车的品牌标志、保险杠设计、前车灯、前挡风玻璃、大型蝴蝶雨刷设备,还有汽车的高度、越野车的接近角等。汽车销售人员在这个时候要做的就是让顾客喜欢上这辆车。

例如,当向顾客介绍的是捷豹 XJ 车系的车型,那么你就可邀请车主和你并排站在捷豹轿车的正前方,然后说:"捷豹轿车一贯表现优雅而经典,周身流淌着高尚的贵族血统,耐人寻味。看,由车头灯引出的 4 条拱起的发动机盖线条、大型的镀铬进气栅格、4 个圆形头灯都延续了 XJ 车系的传统,品质自然出众。车头看起来挺精致、挺漂亮的,是吧?"趁着这个大好时机,你可给顾客讲关于捷豹轿车车标的故事,强调你所销售的车子与众不同的地方。

②车左侧。

汽车销售人员引领顾客站在汽车的左侧,从而发掘顾客的深层次需求。在这一位置顾客的兴趣开始进入状态。销售人员可结合顾客的需求有针对性地介绍汽车的进入性、汽车侧面的安全性、侧面玻璃提供的开阔视野、越野车的通过性、轮胎、轮毂、车的长度、防水槽或者支架、车体及防刮条等。为了激起顾客对车的兴趣,销售人员可通过让顾客听一听钢板的厚实或轻薄的声音,看一看豪华舒适的汽车内饰,摸一摸做工精致的仪表盘,感受良好的出入特性以及侧面玻璃提供的开阔视野,体验一下宽敞明亮的内乘空间,顾客就能将自身的需求与汽车的外在特性对接起来,再加上汽车销售人员的介绍和赞美,顾客一定心神摇曳。

③车后侧。

汽车销售人员可引导顾客一起站在距离汽车正后方的 60 cm 处,从后备厢开始,依次介绍高位制动灯、后风窗加热装置、后组合尾灯、尾气排放、燃油系统。开启后备厢介绍,掀开备胎和工具箱外盖进行介绍。千万不要以为这一步骤多余,很多挑剔的客户不是抱怨车尾太短,就是抱怨车子不够大气,或者抱怨车子没有后备厢。由于客户刚刚走过汽车左方时过于关注体验,或许忽略了一些问题。这时汽车销售人员要征求顾客的意见,在向他们全面介绍后,需要仔细地答复顾客提出的问题。尽管汽车的正后方是过渡的位置,但是,汽车的许多附加功能可在这里介绍,如后排座椅的易拆性、后门开启的方便性、存放物体的容积大小、汽车的尾翼、后视窗的雨刷、备用车胎的位置设计、尾灯的独特造型等,让顾客进一步认识该车。

④车右侧。

车右方介绍了前 3 个方位之后,汽车销售人员应带领顾客从车尾来到车子的正右方。这时应注意观察顾客喜欢触摸的地方,告诉顾客车子的装备及其优点,顾客会衡量。这一阶段,销售人员应认真回答顾客的问题,不要让顾客觉得被冷落,但是要恰到好处地保持沉默,不要给顾客一种强加推销的感觉。此时,如果顾客问及关于汽车发动机性能的情况,销售人员可告诉顾客将在第六个方位介绍,但关于汽车的外形、安全、功能以及超值性等都可以作出回答,并根据顾客的需要引导顾客到车内亲自体验。另外,汽车销售人员在汽车右侧向顾客介绍车时,可告诉顾客一些非正式的信息。但是,要牢记不要误导顾客或混淆视听。在欧美国家,汽车销售人员用于非正式沟通的时间不到介绍产品时间的 10%。如在奥迪 A4 上市之初,许多奥迪汽车的销售人员都会有这样的经历,那就是只要一说"第一批奥迪是德国原装的",顾客就会很快作出购买决定。因此,销售人员可依据个人兴趣,搜集一些关于汽车的趣事,当顾客还缺乏相应的品牌忠诚度时,告诉顾客一些非正式信息也是促成交易的好办法。

⑤驾驶室。

介绍了前几个部位后,销售人员可打开车门引导顾客入座。销售人员可依据顾客落座的位置,有针对性地介绍。如当顾客坐在了乘客的位置,可向顾客侧重介绍汽车的操控性能如何优异、乘坐多么舒适等;如顾客坐在了驾驶员的位置上,可向顾客侧重详细介绍和解释汽车的操作方法,如雨刷器的操作、如何挂挡及仪表盘的操作等。最好让顾客进行实际操作,同时销售人员进行讲解和指导,介绍内容应包括座椅的多方位调控、方向盘的调控、开车时的视野、腿部空间的感觉、安全气囊及安全带、制动系统的介绍、音响和空调、车门的控制等。最后,引导顾客到发动机盖前,根据实际情况向顾客介绍发动机及油耗情况。

⑥车前侧偏右位置(引擎室)。

由于介绍发动机的技术参数时需要比较强的技术性,因此,在打开发动机前盖时,最好征求顾客的意见,询问是否要介绍发动机。如果顾客想了解关于发动机的情况,汽车销售人员可以站在车头前缘偏右侧,示范性地打开发动机盖,固定机盖支撑,依次向客户介绍发动机舱盖的吸能性、降噪性、发动机布置形式、防护底板、发动机技术特点、发动机信号控制系统。最后,合上舱盖,引导顾客端详前侧造型,把顾客的目光吸引到品牌的标志上。

在运用六方位绕车介绍法向顾客介绍汽车时,要熟悉在各个不同的位置应该阐述的、对应的汽车特征带给顾客的利益,灵活利用一些非正式的沟通信息,展示出汽车独到的设计和领先的技术,从而将汽车的特点与顾客的需求结合起来。

总之,六方位绕车介绍法是从车前方到发动机,刚好沿着整辆车绕了一圈,并且可让汽车销售人员把车的配置状况作一个详细的说明和解释。这样的介绍方法很容易让顾客对车型产生深刻的印象。但是,在进行车辆的展示与介绍时也应注意以下方面:首先,销售人员在汽车展示时应注意展示汽车的独到设计和领先技术,以及这些特性能带给顾客的利益。其次,销售人员在介绍时应注意运用一定的方法和技巧重点介绍汽车的外形、动力操控、舒适性、实用性、安全性和超值性的表现。最后,销售人员要灵活地使用掌握的信息,结合顾客的需要进行有针对性的介绍。

2)车辆介绍的方法与技巧

(1)FABE法的应用

实施过程的步骤如下:

①介绍展车的特征(Feature)。

汽车销售人员应将预售汽车的特征详细地列出,尤其要针对其属性,写出其具有优势的特点,并将这些特点列表比较。表列特点时,应充分运用自己所拥有的知识,将产品属性尽可能详细地表示出来。

②介绍产品优势(Advantage)。

多数购车顾客在采取购买行动前都会搜集多个品牌的汽车情况并进行比较。由此,汽车销售人员在介绍产品的特性之后,通过与竞争品牌汽车比较分析,就需要对展车的上述特性、特征或车辆的配备相较于竞争品牌而言具有的优势加以说明。

③具体阐述产品能够满足顾客的利益需求(Benefit)。

在介绍展车特性及其在市场上的优势后,最终还必须把介绍的重点转到产品的特性能带给顾客的利益上来。利益能清楚地说明为顾客提供有价值的东西。而在介绍展车带给顾客的利益时,需要结合顾客的需求进行针对性介绍。只有满足顾客需求的利益,才会对顾客产生情感上的冲击,激发顾客尽快作出购买决策。

④拿出证据(Evidence)佐证上述介绍的可靠性。

销售人员可借用一些证明书、展车切身体验、录音影像等证明汽车性能的可靠性、汽车切实具有的优势,以及汽车能够带给顾客的利益。

(2)车辆介绍中的技巧

在进行车辆的展示与介绍过程中,销售人员要把握好劝购技巧,说话语速要适中,言语要委婉得体,善于赞美顾客,并鼓励顾客参与。

①使用有效语言。

由于汽车产品本身专业性较强,因此在介绍和展示车辆时,销售人员不要一味地进行冗长的产品各项技术参数的说明,要善于运用一些恰当和形象的比喻,用最简单、精练的语言来介绍汽车会更利于顾客理解。另外,销售人员也应学会不动声色地用诚恳的语言赞美顾客,以赢得顾客的好感和信任。

②巧妙合理地处理展车优缺点的介绍。

任何产品都会存在一定的缺陷,这些缺陷对于产品的销售存在着诸多不利因素,很多时候会成为推销失败的主要原因。但销售人员在介绍展车时,也不要因此而故意隐瞒缺陷,一旦顾客发现你有意隐瞒,势必会导致你信誉的丧失和销售的失败。由此,当展车的某一项性能不符合顾客要求时,应将这个"缺点"当着顾客的面"和盘托出",然后再想办法把顾客的眼光引向展车的优势,着重介绍其高于同类产品的地方,实现化缺点为优点。

③欢迎和鼓励顾客参与其中。

在销售时,最巧妙的做法是提供一个不完整的方案,给顾客留下调整的余地,提供一个不完美的产品,赋予顾客修改的权利。当顾客参与了"使方案或产品变得更完美"之后,顾客会更乐于接受你的建议。

(3)车辆展示与介绍中应注意的问题

①介绍中不能涉及过多的专业化知识与概念。

据心理学研究,顾客在接收任何信息时,一次只能接收 6 个以内的概念。但较多的销售人员不理解这个道理,在与顾客洽谈过程中,不顾顾客的感受,拼命将自己知道的汽车专业知识向顾客倾诉,从而影响了顾客尽早作出购买决策。销售人员应找出顾客最为关注的方面,用尽可能少的专业词汇介绍车辆的相关信息,如介绍发动机时,最关键的概念包括输出功率、输出扭矩、油耗、汽缸数量、涡轮增压、噪声、汽缸排列方式、压缩比、单顶置凸轮轴或双顶置凸轮轴等。但如果将上述这些概念全部介绍给对汽车专业知识了解较少的顾客,顾客就会如坠云雾之中,无法了解什么是最重要的指标。如果销售人员只告诉顾客一般 1.3 L 排量的发动机,如果输出功率能够达到 6 kW,输出扭矩能达到 100 N·m 以上,而且气门数量在 16 个以上就是一款好的发动机。这就比较清晰地让顾客对较为专业化的发动机有所了解。如果顾客对发动机等汽车专业知识了解较多,并有浓厚的兴趣,希望多了解一些情况的话,可再把汽缸数、压缩比、凸轮轴等概念介绍给顾客。但介绍时,不能单纯提及某一个概念,而要将概念的含义和对顾客的利益解释清楚。如轮轴可分为单凸轮轴和双凸轮轴,作用在于控制进气和排气,而双凸轮轴的结构对发动机的性能有提升,但会增加投资成本。如果顾客关注发动机的性能而对投资不作计较的话,选择凸轮轴的发动机会更好。

②要对自己介绍的内容有信心。

顾客在向销售人员进行咨询时会非常注意销售人员的表情、语气、声调和态度等非语言信息,并据此作出对销售人员给出信息的准确性的判断。如果销售人员对自己所介绍的内容有迟疑、缺乏信心时,其面部表情也会有微妙变化,而这些变化会被顾客察觉到,进而影响顾客对展车的认识。顾客会认为,连销售人员自己都不认可的产品,我为什么要去买呢。

③销售人员要学会处理一些意外情况。

在车辆的展示与介绍过程中,如果因为口误而发生了介绍错误的情况时,销售人员应及时作出修正,不要有蒙混过关的想法。但若是在介绍产品时遇到了不太专业的顾客给出的错误认识时,不要试图纠正顾客的说法,否则会让顾客很难堪。遇到这种情况时,较为理想的处理方法是:如果顾客没有意识到这样的问题,销售人员就不要自作聪明地去纠正。如果顾客意识到自己出错并作出解释时,销售人员要面带微笑地说:"没关系,谁都会发生这样的错误,刚开始时我也弄错过。"如果销售人员给足了顾客的面子,会有利于顾客更快地作出购买决策。

④不要在顾客面前说第三方的坏话。

这里的"第三方"包括了竞争对手的产品,也包括销售人员的同行和同事。通常顾客为了降低购车的风险,会多方搜集信息进行比较。因此,有可能对调查过的经销商或销售人员有着良好的认识,而有些销售人员因为经验不足,担心生意会被抢走,进而会针对这些"第三方"作出负面的、贬低性的评价,殊不知和顾客已经建立起来的认识发生冲突,结果有时非但没有降低顾客对第三方的良好认知,反而可能加深顾客对竞争品牌的认同。遇到这样的情况时,销售人员最佳的做法就是轻描淡写或以忽略的方式,或先认同顾客的看法,然后再以"只是""不过""如果"等转折性词汇将顾客的注意力引向本品牌汽车上来。另外,有时有部分销售人员会为了自己的业绩而贬低之前与顾客打过交道的同行或本公司的同事,结果会让顾客降低对销售人员的评价,而不愿意和这样的销售人员合作。如果销售人员能在顾客面前对自己的同行或同事大加赞赏的话,不仅不会失去顾客,反而会让顾客对销售人员产生敬佩,更有利于达成交易。

4.3.2 安排和实施试乘试驾

试驾的目的在于使消费者更加了解所要购买汽车的性能和品质,也是汽车销售人员向顾客展示产品优势的重要时机。在试乘试驾过程中,要做好前期的准备工作,注意观察和把握顾客在试驾过程中的心理,积极把握时机,激发顾客购买欲望,尽可能达成交易。

1) 安排试乘试驾的目的

作为车辆展示与介绍的延伸部分,试乘试驾可让顾客能动态和更感性地了解车辆,也是销售人员向顾客印证车辆品质和顾客所选汽车性能的最后一个步骤,而且通过试乘试驾可向顾客提供更多的资料和信息,激发顾客的购买欲望,增强顾客的购买信心,有利于销售的成功完成。可以说,试乘试驾是在潜在顾客、车辆及车辆品牌之间搭起了一条情感的纽带。当然,试乘试驾的最终目的是签署购车协议,达成交易。

2) 试乘试驾的操作流程及注意事项

(1) 做好试乘试驾前的准备工作

①要事先规划好试车的路线,若有可能,最好选择车流量较少的平坦路面,同时再选一些坑洼、爬坡路段等不同的路面,保证顾客有足够的时间来体验车的性能,加深顾客对车辆的好感。

②做好试乘试驾车辆的选择和车辆的准备工作。在选择试乘试驾车辆时,应选择一辆已经被顾客基本确认、与顾客的购买意向基本相近的试车车辆。试车前,销售人员也要做好车辆的相关准备工作,包括将车辆调试至最佳状态,在车辆上加贴试乘试驾的标志,确认 CD 盒中装有 CD(如是了解并放置顾客喜欢的 CD 最好),车内应放置脚垫,做好试驾车辆的清洁工作,确认试乘试驾车辆的各项功能正常和有足够的油料使用,试车车辆应有全险。

③请顾客出示驾驶证件(顾客必须持有国家规定的 C1,C2,B1 或以上的机动车驾驶证),并进行登记、复印,留存备查。

④根据要求填写试乘试驾登记表,依次安排试驾。

⑤准备好试乘试驾协议书,以此明确界定双方的权利和义务,规避不应承担的经济、法律责任。

⑥准备好试乘试驾评价表,以备顾客试乘试驾后填写。

(2) 当顾客到达店内后,先进行试车前的介绍

当顾客来店进行试乘试驾体验时,销售人员要先概述本次试乘试驾的安排,介绍试乘试驾的路线及规范要求、试乘试驾的时间安排,说明试乘试驾的注意事项,再次请顾客出示机动车驾驶证进行确认,请顾客在试乘试驾协议书上签字,告知顾客在试乘试驾活动结束时填写意见调查表。

(3) 销售人员驾车介绍

上车前,销售人员可借此机会示范操作高灵敏度的遥控式安全中控门锁,将车门解锁并将四门车窗和天窗降下和打开,展示其活动自如。接下来,销售人员要引领顾客在副驾驶座和后座(多人)就座。启动车辆后,销售人员根据车型的特点对车辆进行静态评价说明。针对驾驶人员简要说明车辆的主要操作功能,根据顾客的需求说明试乘体验的重点。例如,说

明转向灯、雨刮器和仪表盘使用方法;说明座椅、转向盘等调整方法;说明自动变速箱、排挡锁等使用方法;等等。为了保证顾客的安全和其对车况有一个全面的了解,销售人员应先驾车演示几分钟或者一段路程,在此过程中,车上所有人员要系好安全带。销售人员按照既定路线展示正确的驾驶方式,在不同的试乘路段,简单动态介绍体验重点、操作方式及在不同情况下车辆的特点和性能。

（4）顾客驾车与试乘感受

当确认顾客已经熟悉了试车的操作方法后,在安全(或空旷)的路段将车靠边停下,邀请顾客试驾。换手时,要注意协助顾客调整好座椅,调整好后视镜,介绍仪表盘上的功能及各种操作,再次确认顾客对操作已经熟悉,并提醒顾客试驾路线和安全驾驶事项,然后由顾客驾驶,在不同的路段,销售人员可简单提示顾客各个动作能体验的项目,如请客户试踩刹车、油门及离合器,感知它们的精确程度,了解挡位。另外,为使顾客了解车辆的音响效果,可提供不同种类的音乐光盘供顾客选择,并建议顾客试听音响效果。

在此阶段,销售人员要注意让顾客充分体验试乘试驾的感受,避免过多说明,尤其是在顾客驾车过程中,不要再过多、过细地介绍车辆的信息,以免顾客分心。在顾客驾车过程中,销售人员可适当指引路线,并结合适时的路段说明体验的感觉。其间销售人员还要注意观察顾客的驾驶方式,控制顾客驾驶的节奏,当顾客有危险的驾驶动作时,要及时加以提醒和进行必要的干预。

另外,在顾客驾车过程中,应有意识地将顾客的参与和顾客的体验融入试乘试驾的活动中。体验内容主要包括关车门的声音;发动机的动力、噪声,请顾客感觉启动发动机时的声音与发动机在怠速时的车厢内的宁静;车辆的操控性,各仪表功能观察清晰,多向可调方向盘、自动恒温空调系统等各功能开关操控简便,触手可及;音响环绕系统保真良好;驾乘的舒适性,即使车行在不平坦的路段,由于车辆扎实的底盘、优异的悬挂系统与良好的隔声效果等特性同样让乘坐者舒适无比;直线加速,检验换挡抖动的感受;车辆的爬坡性能,检验发动机强大扭力在爬坡时的优异表现;体验车辆的制动精确、安全性,制动系统(ABS+EBD)以及安全系统(各座位的安全气囊及侧门防撞杆)等的特点。

（5）试乘试驾结束后

试驾完成之后,销售人员要引导顾客回到展厅的洽谈区,让其坐下来好好休息一下,为顾客倒上一杯茶水,舒缓一下顾客刚才驾车时的紧张情绪,请顾客填写试乘试驾顾客意见表,使其重新回味一下试驾时的美好感受。

为了促成交易,试乘试驾结束后,必须针对顾客特别感兴趣的地方再次有重点地强调说明,并结合试乘试驾中的体验加以确认。对顾客试驾时产生的疑虑,立即给予合理的和客观的说明。趁顾客试驾后对车辆的热度还没有退却之际,适时询问顾客的签约意向,自然地促使顾客签约成交;对暂时不能成交的顾客,要留下其相关的信息,及时与顾客保持联系。最后与顾客道别。

4.4　购车顾客异议的处理

顾客在达成交易的过程中,不可避免地会出现各种异议。整个销售过程其实也是处理异议的过程。首先要关注顾客异议的表现,明确异议产生的根本原因,从而正确处理顾客异议。同时在处理顾客异议中,要注意一些技巧的运用,如学会倾听顾客的意见等,从而有针对性地处理异议。

4.4.1　顾客异议的表现

销售人员在寻找顾客到达成交易的过程中,不可避免地会遇到各种各样的顾客异议。销售的过程实际上就是处理异议的过程。如果顾客的异议得到妥善处理,销售就能顺利地进入下一个阶段,否则,销售工作就会被迫中断。是否具有丰富且娴熟的处理异议的技巧,往往是销售人员能否成功的关键。而顾客的异议有时是真实的,有时是虚假的。真实的异议是指那些切实存在的、顾客的真实顾虑,而虚假的顾客异议往往是隐含的,表现为顾客只是提出一些表面问题或在没有明确的理由下的推托或犹豫不决。一般来说,从顾客异议产生的根源来看,大致有以下 6 种:

1)需求异议

需求异议就是顾客自以为不需要推销品而形成的一种反对意见。从异议的性质上看,需求异议是属于顾客自身方面的一种异议。真实的需求异议是推销成交的直接障碍,虚假的需求异议是顾客拒绝销售人员及其推销产品的一种借口。

2)产品异议

产品异议是顾客认为产品本身不能满足顾客的需要而产生的异议。这种异议表现为:顾客对推销的产品有一定的认识,具有比较充分的购买条件,但就是不愿意购买。有关产品的异议一般是关于产品的质量、设计、型号、配置、颜色等方面。

3)财力异议

财力异议是顾客以缺乏货币支付能力为由拒绝购买的异议。财力异议也属于顾客自身方面的一种常见的购买异议,其主要根源在于顾客的收入状况和顾客的消费心理。一般来说,真实的财力异议是成交难以克服的困难,而虚假的财力异议是顾客拒绝购买的一种借口。

4)权力异议

权力异议是指顾客以缺乏购买决策权为由而提出的购买异议。在多数情况下,顾客并不提出其他问题,只是强调自己不能做主。事实上,无论是集体购买还是家庭购买,购买的决策权通常都不是平均分配在每位成员手中的,多数的成员对购买决策会有各种各样的影响,但不一定具有决策权。由此,销售人员在与顾客接触的过程中,应学会对顾客的购买资格和决策权状况进行认真分析,找准决策人。

5)价格异议

价格异议是指顾客以推销产品的价格比同类的或相似产品的价格偏高为由而拒绝。当顾客提出价格异议时,往往表明顾客对产品已经产生了兴趣和有了购买意愿,只是认为价格有些偏高,顾客希望通过提出价格异议迫使销售人员在价格方面作出让步。

6)时间异议

时间异议是指顾客通过拖延时间来拒绝推销或达到其他目的的一种购买异议。这种异议的根源一般并不是时间问题,而是价格、产品或其他问题。

💡【课间阅读】

消除异议,达成交易

女顾客坐上驾驶座。销售员帮助其调整至最佳位置。此时,男顾客站在旁边,销售员邀请其坐到后座。

销售员:"李先生,您可以感受一下后排空间,非常宽敞舒适,特别适合家用。"说着拉开了后门。

男顾客坐进后排,感觉不错:"嗯,确实不错,真是挺宽敞的。"和女顾客沟通:"将来咱们可以经常带着爸妈一起出去玩了。"女顾客高兴地表示赞同。

销售员:"这款车不但空间宽敞,配置也很齐全,非常实用。例如,车窗具有'一键防夹'功能,我给您演示一下。"销售员进行演练,"只要按一下键,车窗就能打开或关闭,不必在开窗或关窗的过程中一直按着。还有,如果您不小心把手放在车窗上,它就会自动停下来,这样就能防止您的手被夹伤。"

女顾客试了试:"确实挺方便。"

销售员注意到女顾客脖子上挂的MP3,"李太太平时喜欢听音乐吧?"

女顾客:"是啊。"

销售员:"这款车的音响功能也非常齐全,不但有收音机和CD,还能外接MP3。"

女顾客:"是吗?帮我试试。"

销售员:"接口就在音响下方,我能坐到您旁边给您演示一下吗?"

女顾客:"当然可以。"说着摘下MP3。销售员起身走到副驾驶位坐下,接过MP3,进行演示,男、女顾客交流表示对音响效果比较满意。

男顾客欠身前探倾听讲解,注意到仪表台及中控台的灯光:"这车的仪表盘确实设计得不错,挺显档次的,蓝色背景光看起来就是舒服。"

销售员:"李先生观察得真细致。这款车的仪表采用了最新的 LED 发光二极管蓝色背景光,在晚上不但能看得更清楚,而且特别柔和,还能够保护眼睛。"

女顾客:"这就好了。我经常加班,老得盯着电脑看,眼睛都酸了。这种仪表光真是挺柔和的。"

男顾客:"这款车除了你刚才说的,还有什么其他配置吗?"

销售员:"有啊。这款车的性价比相当高。舒适方面有全自动智能空调,前后排中央扶手,行车电脑,天窗,真皮座椅,安全方面配备了最新版本的 ABS、EBD、双气囊、倒车雷达、安全带提醒功能。"

男顾客:"哦。配置还真不少。对了,问了半天,这车多少钱来着?"

销售员:"现在这款车是 119 800 元。"

男顾客:"嗯,价格也够高的。有优惠吗?"

销售员:"目前这款车卖得特别好,没有优惠。"

女顾客略带失望地:"哦。车是不错,就是贵了点。都办完了就得 14 万吧?"

销售员急于解释:"这车真的不贵。关键是看性价比,真的是挺值的,这么多配置。您看,有天窗,真皮座椅,这两项就值六七千。"

男顾客:"天窗其实没多大用,弄不好还漏雨。我们单位那车就是。真皮座椅我觉得也没必要。冬天冷夏天热,脏了还不好洗,不如加个座套,拆洗也方便。"女顾客表示认同。

销售员此时还能保持理智:"您说的也是,看来您还真是挺讲究实用的。但是这款车还有好多其他配置挺实用。例如,全自动智能空调能根据设定的温度自动设定最佳的出风量和制冷量,又经济又环保。"说着立即打开自动空调进行演示,将注意力转向女顾客,希望看到她的反应。一边讲解演示一边说:"要是舒适型的就是手动空调了。"

女顾客看了一会儿,问道:"手动空调就是和捷达那样的旋钮吗?"

销售员:"是啊。差不多。"

女顾客:"其实那我觉得倒无所谓。用惯了觉得手动的也挺好,方便。这个这么多按钮,一看就头晕,开车时就怕找不准。"

销售员紧急思索:"李太太说得也是,习惯的话手动空调也挺好用,完全看个人习惯。另外,我们这款车整体外观设计也不错,不但时尚,而且实用,我来给您再介绍介绍。"

说着3人下车。销售员引导顾客,3人站在车左前侧45°。销售员:"您看,悦动的整个前脸动感时尚,采用菱形组合大灯配合镀铬中网设计,S 形腰线配合流线型的顶部线条融合了强劲与典雅,车身采用了镀铬饰条作为装饰,另外您看这里,"说着指向外后视镜转向灯:"外后视镜加装了转向灯,能够极大地提高安全性能,而且也特别显档次。"说着销售员开始关注顾客的反应。

女顾客:"外形还不错,其实亮条我倒不是特喜欢,有点俗气。"

男顾客:"这种转向灯好是好,就是容易被蹭到,一碰就坏,刮坏了要修也得好几百吧?

没必要。"

销售员心里话:不能和顾客争辩。无奈,在思索,想对策。俗话说嫌货才是买货人,不会是想下决定了吧?

销售员:"李先生想得真周到,不愧是老司机。买车不光是车价,还有其他的一些费用,另外还得考虑售后服务方面,那您看这样好不好,这方面我给您详细地介绍一下,总共算一下多少钱。"

男、女顾客:"嗯,好吧。"

销售员:"那您二位这边请,咱们到洽谈室吧。"

说着引领顾客进入洽谈室。

4.4.2　正确认识顾客的异议

顾客的异议是成交的障碍,但顾客的异议也并不都是消极的,有时适当的顾客异议处理反而可以使销售人员找到成交的途径。销售人员都要做好心理和思想准备,正确对待顾客的异议,善于分析和处理各种顾客异议,努力促使顾客产生购买行为。顾客的异议有些是顾客的借口或托词,但其中也有相当多的顾客异议是顾客的合理关注,正确地认识和处理顾客的异议就显得非常的重要。

1)能够理解顾客的异议

把顾客的异议看成一种正常现象。对于顾客而言,表示异议是顾客的权利,顾客有权利获得最优惠的价格、最好的质量和最佳的服务。对此,销售人员应能站在顾客的立场上,用换位思考的方式理解顾客的真实想法,能更公正地解决问题,从而增强顾客对销售人员的信任。

2)应欢迎和善待顾客的异议

当顾客提出真实的异议时,说明顾客对产品是有兴趣的。通过顾客的异议,销售人员可更明确地了解顾客在想什么,并以此判断顾客处于购买过程的哪一个阶段,是注意、兴趣、欲望,还是准备购买。此时,如果销售人员能有效地回答顾客的异议,将大大提升交易的成功率。由此,在顾客提出异议时,销售人员要放轻松,面带微笑,不管顾客的异议有多么尖锐,都要耐心听取,并表现出极大的关心和兴趣,不可动怒或者有忽视的表情,也不要打断顾客的谈话,否则会引起顾客的反感。

3)把解决顾客异议视为一种挑战,但要尊重顾客的异议

销售本身是富有挑战性的工作。销售人员可尝试通过解决顾客的争议来使顾客接受新的观念、新的消费方式和产品等。销售人员在处理顾客的异议时,要表示理解和虚心接受,然后再阐明自己的观点。需要注意的是,在面对顾客的异议给出解释时,销售人员在没有足

够事实说服顾客之前,过分的辩解会让顾客反感,顾客会认为销售人员没有诚意,而且与顾客的这种"争论"可能会伤害顾客的感情。由此,在处理顾客异议时,不要为了逞一时之快而永远地失去某一个顾客。

4.4.3　处理顾客异议的步骤

顾客异议既然不可避免,那么,销售人员事先规划好处理顾客异议的步骤很重要。

1)销售人员要学会倾听顾客的异议

倾听的过程是收集信息的过程,销售人员需要通过认真倾听顾客的异议来尽可能详细地了解顾客的担心和顾虑,为后面提出解决方法找到突破口。

2)销售人员要对顾客的异议表示理解

销售人员在处理顾客的异议之前,不要急于针对顾客的异议作出解释,而是首先要站在顾客的角度对顾客的异议表示理解,以此向顾客表示自己对顾客的善意和诚意。一般来说,在所有的销售过程中,销售人员都是充当了进攻者的角色。但是,要实现销售目标并不能采用单一的进攻方式,而是要巧妙地利用让步的方式与顾客进行沟通,况且,在实际的销售沟通过程中,如果销售人员毫不妥协地坚持己见,常常会在失去交易的同时引起顾客不满,从而导致一系列不利于长期目标实现的问题发生。作为汽车销售人员,必须对顾客提出的观点先认同,认同顾客的说法是为后续谈话的进行做铺垫。例如,在销售本土自主品牌车时,有顾客提出"本土牌不如外国品牌"。作为销售顾问,应该这样回答:"看来您对品牌也做了很多的了解,确实,很多人买自主品牌汽车时都有这样的顾虑……"

3)确定顾客的异议

顾客的异议提出之后,销售顾问在表达自己的观点、给出顾客建议之前,不能忘记顾客最初的疑问,要适当将谈话转移到顾客身上,主动去探询顾客异议的来源以及顾客挑剔的真实目的。一般来说,顾客由于目前暂时没有需要或对你的汽车不满意或抱有偏见而表达出来的"异议",主要表现在价格太高、质量问题、售后服务担心、交易条件、对汽车公司不满、对销售人员不满等。汽车销售顾问可对顾客的每个异议提出好的解决方案,让顾客真正放心。由此,销售人员总要通过一系列的询问,确定顾客的真实异议或者顾虑,然后要当面向顾客表述销售人员对顾客异议的理解,以此明确销售人员真正地了解了顾客的异议。

4)解答顾客的异议,努力完成销售

在明确了顾客的异议后,销售人员要针对顾客的真实异议给出适当的解答。如果对顾客的解答得到了顾客的认可则有利于促成交易;如果顾客对销售人员的解答不能满意,说明销售人员没能真正明确顾客的真实异议。销售人员应通过进一步的沟通明确并最终解答顾客的异议,促成最终的交易。

4.4.4 处理顾客异议的方法

顾客异议是多种多样的,处理的方法也千差万别,因此,必须因时、因地、因人、因事而采取不同的方法。在推销过程中,常见的处理顾客异议的方法有以下7种:

1)预防法

预防法是指销售人员可根据自己的推销经验预知顾客可能将要提出的某些特定的反对意见,在顾客尚未提出时,主动抢先一步提出,并进行适当回答的一种方法。这种方法能有效地防止顾客提出异议,并能赢得顾客的信任,将大事化小,小事化了。同时,这种方法也能节省推销劝说时间,先发制人,排除成交障碍,提高推销效率。

2)转折处理法

转折处理法是推销工作的常用方法,即销售员根据有关事实和理由来间接否定顾客的意见。应用这种方法是首先承认顾客的看法有一定道理,也就是向顾客作出一定让步,然后再讲出自己的看法。此法一旦使用不当,可能会使顾客提出更多的意见。在使用过程中,要尽量少地使用"但是"一词,而实际交谈中却包含着"但是"的意见,这样效果会更好。只要灵活掌握这种方法,就会保持良好的洽谈气氛,为自己的谈话留有余地。

3)转化法

转化法是利用顾客的反对意见自身来处理。顾客的反对意见是具有双重属性的,它既是交易的障碍,同时又是一次交易的机会。销售人员若是能利用其积极因素去抵消其消极因素,未尝不是一件好事。这种方法是直接将顾客的反对意见转化为肯定意见。但是,应用这种技巧时一定要讲究礼仪,且不能伤害顾客的感情。此法一般不适用于与成交有关的敏感性的反对意见。

4)委婉处理法

销售人员在没有考虑好如何答复顾客的反对意见时,不妨先用委婉的语气把对方的反对意见重复一遍,或用自己的话复述一遍,这样可削弱对方的气势。有时转换一种说法会使问题容易回答得多。但只能减弱而不能改变顾客的看法,否则顾客会认为你歪曲了他的意见而产生不满,销售人员可在复述之后问一下:"您认为这种说法确切吗?"然后再继续下文,以求得顾客的认可。例如,顾客抱怨"价格比去年高多了,怎么涨幅这么高?"销售人员可以这样说:"是啊,价格比起前一年确实高了一些。"然后再等顾客的下文。

5)合并意见法

合并意见法是将顾客的几种意见汇总成一个意见,或者把顾客的反对意见集中在一个时间讨论。总之,要削弱反对意见对顾客产生的影响。但注意不要在一个反对意见上纠缠不清,因为人们的思维有连带性,往往会由一个意见派生出许多反对意见。摆脱的办法是在回答了顾客的反对意见后马上转移话题。

6）反驳法

反驳法是指销售人员根据事实直接否定顾客异议的处理方法。理论上讲，这种方法应尽量避免。直接反驳对方容易使气氛僵化而不友好，使顾客产生敌对心理，不利于顾客接纳销售人员的意见。但如果顾客的反对意见是产生于对产品的误解，而你手头上的资料可以帮助你说明问题时，你不妨直言不讳。但要注意态度一定要友好而温和，最好是引经据典，这样才有说服力，同时又可让顾客感到你的信心，从而增强顾客对产品的信心。反驳法也有不足之处，这种方法容易增加顾客的心理压力，弄不好会伤害顾客的自尊心和自信心，不利于推销成交。

7）补偿法

补偿法又称以优补劣法。如果顾客的反对意见的确说中了产品或公司所提供的服务中的缺陷，千万不可回避或直接否定。明智的方法是肯定有关缺点，然后淡化处理，利用产品的优点来补偿甚至抵消这些缺点。这样有利于使顾客的心理达到一定程度的平衡，有利于使顾客作出购买决策。当推销的产品质量确实有些问题，而顾客恰恰提出"这东西质量不好"时，销售人员可以从容地告诉他："这种产品的质量的确有问题，所以我们才降价处理。不但价格优惠很多，而且公司还确保这种产品的质量不会影响您的使用效果。"这样一来，既打消了顾客的顾虑，又以价格优势激励顾客购买。这种方法侧重于心理上对顾客的补偿，以便使顾客获得心理平衡感。

8）冷处理法

对于顾客一些不影响成交的反对意见，销售人员最好不要反驳，采用不理睬的方法是最佳的。千万不能顾客一有反对意见，就反驳或以其他方法处理，那样就会给顾客造成你总在挑他毛病的印象。而是应该耐心倾听找出症结。沟通时，要把更多的时间留给顾客，看上去顾客似乎是主动的意见发出者，而销售人员是被动的接受者。其实不然，心理学家大量的研究证明："说"与"听"两者相比，听者更有利。因为交谈中听者思考的速度大约是说者的 5 倍。因此，善于倾听的销售人员可以有充分的时间，对顾客的真实的需求、疑虑进行准确的鉴别和判定，及时捕捉各种购买信号。当顾客抱怨你的公司或同行时，对于这类无关成交的问题都可以不予积极回应，转而谈你要说的问题。如顾客说："啊，你是××公司的销售人员，你们公司周围的环境可真差，交通也不方便呀！"尽管事实未必如此，也不要争辩。你可以说："先生，请您看看产品……"

推销专家认为，在实际推销过程中 80% 的反对意见都应冷处理。但这种方法也存在不足，不理睬顾客的反对意见会引起某些顾客的注意，使顾客产生反感。且有些反对意见与顾客购买关系重大，销售人员把握不准，不予理睬，有碍成交，甚至错过推销机会。因此，利用这种方法时必须谨慎。

4.5 签 约

签约成交是实现汽车销售的最后环节,也是关键环节。汽车销售人员要能够识别成交信号,运用适当方法和技巧积极促成交易。同时在签约成交工作中,要严格按照流程进行操作,争取实现最后的成功。

4.5.1 识别成交信号,运用适当的方法及技巧促成交易

1)识别成交信号

经过协商和解决顾客的争议后,顾客对展车的态度可能会有所改变。当顾客已经对展车产生兴趣和购买欲望时,顾客的言行或表情会有所变化,而销售人员要学会识别顾客通过行为、语言和表情等表露出来的购买意图信号。

(1)行为信号

行为信号是顾客在行为举止上所表现出来的购买意图。典型的顾客行为表现如下:

①顾客原本是坐在沙发上,后背往上一靠,整个就没把销售人员放在眼里,心想,"我是客户,有什么事儿你得围绕我转,钱在我口袋里,我想买谁的车就买谁的车"。那个时候他是那样的心情,可是现在突然他把腰背直立起来,不再背靠沙发了,而且身体是朝着你的方向往前倾斜。

②他跟你谈时,把座椅朝你前面拉一拉,好像要把你们俩的距离拉近一些。

③以前都是你巴结顾客,说好话,甚至给顾客递烟、敬茶。这个时候顾客从口袋里把烟掏出来给你,这就表示顾客基本上没什么意见了,要决定买车了。

(2)语言信号

语言信号是当顾客有购买意愿时通过其语言有所体现的心理变化。如有顾客和销售人员讲,"你这辆车除了这个价还能给我什么?"在这个时候他是认真地跟你讨价还价了。他想花最少的钱买最好的东西,所以一点好处都想要。"这个能不能送我啊,那个能不能送我啊,你有什么促销活动多给我点。"最后实在没有办法了,"这个售后服务免费保养的次数能不能多加一次啊。"另外,语言信号还包括顾客跟你谈交货时间,谈车的颜色,询问保修情况,保险问题等。顾客可能会说:"你看这辆车怎么样,到底能不能买啊。"这些都是信号,证明他基本上已经没什么意见了,但是他还是吃不准。

(3)其他信号

顾客表现出交易的意图还可能体现在其他方面,如顾客表情的变化。表情信号是顾客

的心理活动在面部表情上的反应,如顾客面部表情突然变得轻松起来,露出微笑或欣赏的神情,以及态度更加友好等,都表明顾客有意购买了。

2)促成交易的方法和技巧

在销售谈判的最后阶段,当顾客的表情、行为或者语言等方面已显现出成交信号时,销售人员除了要做好成交的准备外,还要适当运用一些方法和技巧启发顾客尽快作出购买决策、促成交易的发生。常用的用于促成交易的方法和技巧有以下 7 种:

(1)优惠成交法

优惠成交法是销售人员向顾客提供各种优惠条件来促成交易的一种方法。这种方法主要是利用顾客购买产品的求利动机,通过销售让利,促使顾客成交。可供销售人员选择的优惠条件有折扣、附赠品、提供附加价值等。采用优惠成交法既可使顾客感觉得到了实惠,增强顾客的购买欲望,也有利于建立良好的买卖双方的关系。但采用这种方法也会增加销售费用,降低企业的收益,运用不当还会使顾客怀疑展车的质量和定价。因此,销售人员应合理地运用优惠的条件,而且要注意遵守国家相关的法规和政策。

(2)从众成交法

从众成交法是销售人员利用顾客的从众心理来促成顾客作出购买决策的成交方法。在日常生活中,一般顾客都有从众心理。从众心理会使得顾客作出趋同的从众行为。因此,顾客在购买时,不仅受自身的需求、爱好、价值观等的影响,也会受社会大多数人的消费行为的影响。因此,销售人员可以抓住顾客的这一心理特点,找到具有核心影响力的顾客。在取得核心顾客合作的基础上,利用顾客们的影响力和声望带动、号召大量具有从众心理的顾客购买。

(3)解决问题成交法

解决问题成交法是指在成交阶段,销售人员针对顾客的异议设法予以解决,促使推销成功的一种方法。一般情况下,这时销售人员可通过异议探测,有针对性地解除顾客的疑虑。如果顾客的异议是真实的,当销售人员给出解决方案时,顾客就会慎重考虑销售人员给出的建议,进而达成交易。

(4)对比平衡成交法

对比平衡成交法也称 T 形法,是运用对比平衡方式来促使顾客作出购买决策。销售人员可在一张纸上画出一个 T 形表,在潜在顾客的参与下共同完成对比分析,可将购买的原因列在表的右侧,同时将不购买的原因列在表的左侧。销售人员和顾客共同制作好分析比较表后,销售人员可根据轻重缓急对需要解决的问题进行排序,客观全面地列出购买或不购买的原因,最好邀请顾客一起参与,这样不仅提高了销售人员的可信度,而且进一步激发了顾客的购买欲望。这种方法适用于驾驭型和分析型顾客,因为这符合顾客们强调沟通理性的风格。

(5)小点成交法

小点成交法是指销售人员通过解决次要问题,从而促成整体交易实现的一种成交方法。

销售人员运用小点成交法时,要注意顾客的购买意向,慎重选择小点,以利于创造和谐的气氛,保证以小点的成交促进整体交易的实现。从顾客的心理来说,往往重大问题会给其带来较大的心理压力,顾客往往比较慎重,因此不会轻易作出购买决策。而在作较小的交易决策方面则信心十足,比较果断,容易作出购买决策。小点成交法采取先易后难、逐渐推进的方法,避免了大笔交易给顾客带来的心理压力。因此,销售人员可利用顾客的这种心理规律,对大型的交易,先就局部或次要问题与顾客成交,然后在此基础上,再就整体交易与顾客取得一致意见,最后促成交易。但此法如果应用不当,容易分散顾客的注意力,不利于突出产品的主要优点,顾客可能会因次要问题而纠缠不清,最终导致交易失败。

（6）请求成交法

请求成交法是销售人员直接要求顾客购买展车的一种成交技术。一般来说,当洽谈中顾客未提出异议,或者通过销售人员的解释顾客的疑虑已经被消除,或者顾客已经有意购买,只是在拖延时间,不愿意先开口等情况后,销售人员就可直接建议顾客作出购买决策。请求成交法的优点在于若能正确运用的话,能够有效地促成交易。因为从顾客的心理来看,顾客一般不愿意主动提出成交要求。为了有效地促成交易,就要求销售人员要把握时机,主动提议,说出顾客不愿意说出的话,从而促成交易。另外,采用这种方法可避免顾客在成交的关键时刻故意拖延时间,贻误成交时机,提高推销效率。但是这种方法也有一定的局限性。若销售人员不能把握恰当的成交机会,盲目地要求成交,就很容易给顾客造成压力,从而产生抵触情绪,破坏本来很融洽的成交氛围。此外,若销售人员急于成交,就会使顾客以为销售人员有求于自己,从而使销售人员丧失了成交的主动权,使顾客获得心理上的优势,还有可能使顾客对本来已经认可的成交条件产生怀疑,从而增加成交的难度。

（7）二选一法

二选一法即销售人员用二选一的命题向顾客征询意见,让顾客作出选择的方法。如销售人员可以说:"有几款车您选择哪款,您喜欢哪款",或者说:"您买车是用现金还是做按揭"等,让顾客自己作选择。在更早一点的时候,你觉得时机成熟的话,可以问他:"先生,您是选择手动挡的好呢,还是选择自动挡的好?"这个时候,彼此就可以提前进入需求分析,或者提前进入客户接待。

除上述方法外,销售人员也可通过汇总介绍购买给顾客带来的利益,允许顾客试用,提供购买选择方案或备用方案,提示顾客最后的成交机会给顾客造成紧迫感,承诺保证售后服务,用言语肯定顾客的购买决策、坚定顾客的购买决心等方法来促成交易的发生。

【课间阅读】

这天小米听到小朱和顾客刘先生似乎发生了争执,而顾客看上去不怎么高兴,就过去打圆场(这时候体现了团队合作精神,当同事接待顾客遇到紧急情况时,别的销售顾问需要上前帮忙打圆场),这时听到顾客说:"不买了,买个车还这么麻烦。"小米就问:"怎么回事呢?"

"他们要黑色的舒适型,但库存没有了,唯一的一辆还是别的顾客预订的,但他们坚持要黑色的。"小米安抚刘先生重新坐下来谈,"万事好商量嘛!"小米心想,如果没办法劝说这位顾客,那就只有劝说预订的那位顾客换别的颜色的车。于是要求刘先生支付20 000元定金。但刘先生只肯支付5 000元,否则就不要了。刘先生再次起身表示要走。小米:"先生,您瞧,买车是喜事,何必这么急匆匆呢。有什么问题我们商量,我小米签单也不是一次两次了,向来都是很干脆的,也有很多顾客买了我的车后主动介绍新顾客的,首先你要相信我。"当刘先生再次坐下谈后,小米就没再跟刘先生谈车的事,而是岔开话题,问刘先生老家是哪里的,刘先生说是湖南的,小米说自己老家也是湖南的,就这样聊起来。谈话的氛围轻松多了,也有了转机。刘先生就用湖南话问小米:"老乡,你卖了这么久的车,F3到底好不好,我心里没底啊。"小米给刘先生分析了一下车市行情,这让他们觉得,"哎,这车的性价比还是蛮高的"。小米就问刘先生在上海是做什么生意的,刘先生说是雕塑。小米就问刘先生做得好不好,要不要经常去工厂看、办公区离工厂远吗……看似不着边的简单的对话里面包含了刘先生需求分析。其实,大家都知道做雕塑的,灰多,黑色车就显得不耐脏了,而银色车刚好可以弥补这个缺陷。从另一个方面来说,现在冬天到了,天黑得快,银色车光线穿透力强,容易察觉,在高速上行驶更安全。刘先生在听完小米这么诚恳的两点分析后,觉得很有道理,开始动摇了。

在交定金时,小米问刘先生:"为什么一定要黑色呢,其实银色蛮好的,而且很快可以提现车。银色又耐脏,是间接地帮您省钱呢……"这时刘先生说,就定银色的吧,我也觉得蛮好的。小米赶紧把合同拿过来将银色补了上去。

4.5.2　签约成交的工作流程

报价成交是销售过程中关键性的一步,通常关系到此次销售能否顺利成交。顾客的异议一般会出现在报价签约之前,因此销售人员应在妥善解决顾客的异议之后,让其感觉到他已经了解了所有的关键细节。在这一阶段,销售人员应结合顾客的需求情况和其所关心的问题,通过报价说明,增加价格的透明度和顾客的满意度,促进顾客最终作出购买决策。需要注意的是,促成交易与合同签订,在成交阶段不应有任何催促的倾向,而应让顾客有更充分的时间考虑和作出决定,但销售人员应巧妙地加强顾客对所购产品的信心。在办理相关文件时,销售人员应努力营造轻松的签约气氛。

1)说明产品的价格

顾客详细地了解了车辆的配置、性能、颜色等情况后,销售人员可利用报价单向顾客说明和解释展车的价格。在此过程中,销售人员可利用有关资料向顾客解释各项费用,并不断向顾客确认其意见,其间要耐心回答顾客的问题,解释所有的细节内容。

2）对购车的其他事项进行说明

在对车辆本身的情况解释清楚，并得到了顾客的确认后，销售人员要利用相关材料，向顾客解释说明关于贷款（如果按揭付款的情况下）、保险、精品加装等事宜，让顾客充分理解，其间可使用计算器为顾客计算各项其他费用，让顾客能够清楚明白各项相关的开支数额。

3）签约

一般来说，虽然顾客对销售人员介绍的展车有着浓厚的兴趣，但是，如果要想达成交易，还应具备一些条件，即顾客必须对车辆有一个全面的了解，顾客对销售人员及销售人员所代表的公司信任和信赖，顾客必须有购买车辆的欲望。由此，在上述条件已经显现并具备时，销售人员还要抓住这个适当的时机促使顾客作出购买决策。如果顾客同意签约，销售人员可以拿出"订购单"协助顾客填写、确认。在顾客签约阶段，顾客可能还要在签字前问及一些其他顾虑的事项，因此，此阶段销售人员要专心处理顾客签约事项，不受外界其他事情的干扰，并确保顾客正确、有效地填写"订购单"。

4）签约后

当顾客签约后，销售人员要按流程要求复印相关的证件和资料，并记录与顾客约定的事项。如果顾客接受的是"一条龙服务"，销售人员要结合相关资料，再次说明车辆购置的程序和费用。最后，要对顾客表达感谢和恭喜之情。

但是，通常顾客在作出最终购买决策并填写"订购单"时，可能会选择拒绝成交。此时，销售人员应了解顾客的需求及其拒绝成交的原因，并进一步提供信息。如果顾客仍拒绝成交，销售人员要表示理解，不要给顾客施加过多的压力，向顾客说明会给其足够的时间和空间考虑。在送顾客出门前，销售人员可以做再次争取，即根据顾客的需求强调产品的优势，欢迎顾客多次比较。最后，礼貌地送别顾客，并欢迎顾客再次光临。

4.5.3　签约成交阶段的风险防范

在成交阶段，还要注意成交方面的风险。以下介绍4个有代表性的问题：

1）颜色问题

颜色问题经常会出现。例如，客户来了以后没跟销售人员绕那么多弯子，也没看到样车，他就问，"黄色的有没有啊？"然后销售人员说有黄色的，他说就买黄色的。把定金一付人就走了，因为他赶着出差，把事情先办了。等他回来以后，新车交车前的检查都做好了，也开过蜡，各个方面都清理过，就等他来提车了。他来了一看，"说怎么是这个车啊。"这个车不是他要的，他要的黄色不是这个黄色。因为当时大家都没说清楚什么黄，所以就出现了纠纷。

本来客户定金都付了,现在他不要了。这个品牌的车没有他要的那个黄色,只能做让步,买一辆其他颜色的车。但定好的这辆车已经开过蜡,做了检查,皮带也做好了,往那儿一放,谁还要呢。

2）交车环节

交车时钱没到账,也是经常遇到的。顾客要车要得急,来了以后把支票往你这儿一放,他钱给你了。大家都知道,"同城"支票并不是钱,它在银行里是有交换时间的。在这种情况下你就不能放车。我们在合同里有这样一个条款,称为款到发货,否则打起官司来大家都不高兴。款到发货,这是生意上常讲的一句话,这个风险一定要事先杜绝,在跟顾客谈的时候不要躲躲闪闪。

3）写订单阶段的风险提防

汽车销售人员要多听少说,注重言多必失,但也要注意将承诺和前提互相确认。如车辆的颜色、车辆的交货期、车辆的代号、车辆的价钱确认等避免呈现歧义。同时,要确认车辆的购买者,确认付款方式,如果办理贷款还涉及贷款银行等。

4）签字盖章阶段的风险提防

这个阶段,汽车销售人员要动作迅速,一切按规范流程办理,必然要确认资金和付款方式,按规定收取定金(注重定金分歧),把订单(和谈、合同)的一联交给顾客,同时把注意事项说清楚。

4.6　交车服务

交车是汽车经销商向顾客转交产品的过程,也是实现交易的终端环节。标准化的交车流程,不仅能让顾客更加了解他所购买的车辆,感到物有所值,也是经销商与顾客建立良好关系、提升顾客满意度的开端。

4.6.1　交车流程标准化的意义

交车是与顾客保持良好关系的开始,也是最令人愉快的时刻。可以说,标准化的交车流程对汽车经销商和顾客都具有重要的意义。首先,通过标准化的交车流程,可以让顾客更加充分地了解车辆的操作方法及安全注意事项;其次,该过程也可向顾客进一步说明售后服务的流程和内容,建立顾客与售后服务部门的联系;更重要的是,通过标准化的交车流程,确立汽车品牌各特约店交车时的标准作业程序和要领,可以确保车辆与服务品质,可让顾客对爱车品牌的服务体制及商品保证有高度的认同,有利于激发顾客热情,建立其与爱车品牌的长期联系。同时,也可提升顾客满意度,并以此为契机发掘更多的商机。

【课间阅读】

2010年1月初,王先生来店咨询,其打算买辆车作为情人节的礼物送给自己的爱人。当天,王先生带着妻子来到一家品牌4S店试车,试驾的车型为××,感觉相当满意,当时便签了订单,并预付了10 000元的购车款,与对方约定一个月内交车。当王先生2月14日到4S店询问情况时,被告知的是"车子未到,需要推迟到2月20日"。王先生当时就有点生气,但没有表现出来,就在他刚刚离开4S店不久,展厅经理打电话告诉王先生,该车要到3月10日才能到货。但是,到了3月10日仍然没有人通知他去提车,于是王先生给销售人员打电话,销售人员告知,明天可以提车。第二天,王先生来店提车时,发现该车不是特别干净,问销售人员原因,销售人员说车子刚到,并且要求王先生再等一等,要对该车进行交车前检查。而王先生今天正好有事要办,但一时还无法提车,此时的王先生非常生气,要求退车不想买了,后经销售人员的解释,终于等到下午才把车开回家。其后,王先生的朋友要买本店的车征求王先生的建议时,王先生把自己的经历和朋友说了后,王先生的朋友改变了买车计划,买了另一个品牌的车。

4.6.2　标准化交车流程

交车是顾客最兴奋的时刻,也是与顾客保持良好关系的开始。调查显示,顾客在提车时都有如下希望:希望在约定的时间内能够顺利提车;希望所提到的新车内外都是干干净净的;希望销售人员能够在交车时对所购买的车辆做一个使用方面的详细介绍;希望了解新车的使用方法及其注意事项;希望了解新车的保养知识及厂家对新车的保修政策;希望能够认识维修服务站的技术人员;希望销售人员能够协助或直接帮助办理新车的车辆管理登记和上牌手续;希望能够顺利将车开走等。为此,通过标准的销售流程,使顾客拥有愉快和满意的交车体验,可有效地提升顾客满意度,保持长期的友好关系,同时也让顾客对汽车的产品与服务产生高度认同,发掘更多的商机。交车流程参考如图4.5所示。

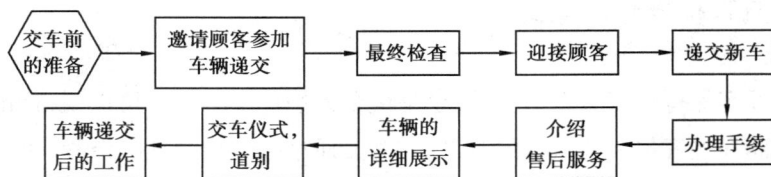

图4.5　交车流程

1）交车前的准备

汽车销售的过程是一个复杂的过程,销售的每一个环节都要注意体现对顾客的细心服务。销售人员在前面的售车过程中已经做了那么多的努力,在最后的交车阶段,更是要体现做事的有始有终,不要虎头蛇尾,要让顾客在这次的购车经历中没有一点遗憾和不满。由此,在交车前销售人员要充分地做好交车前的准备。需要检查、确认车辆进行了 PDI,进行文件的准备、车辆的检查,以及交车区的布置和交车仪式的策划等工作,在顾客到来之前还要做最后一次确认。

（1）PDI

PDI 是交车体系的一部分,该体系包含了一系列在新车交货前需要完成的工作。其中大部分的项目是由服务部门来完成的。服务部门的责任是以正确且迅速的方法执行 PDI,以便使车辆完美无缺地交到顾客的手中。如果想要赢得顾客的满意,细致地进行 PDI 是十分必要且重要的。进行 PDI 的主要目的就是在新车投入正常使用之前及时发现问题,并按新车出厂技术标准进行修复,同时再次确认各种润滑油、冷却液是否符合技术要求,以保证顾客所购汽车能正常运行。可以说,PDI 是新车投入使用前的一个重要环节,它涉及制造厂、顾客和经销商三方的关系,是对汽车制造厂汽车质量的再一次认可,是消除质量事故隐患的必要措施,也是对顾客承诺及系列优质服务的开始。

我国汽车服务行业 2002 年 7 月 23 日起实施的《汽车售后服务规范》中提出了 PDI 服务、技术咨询的基本要求:

①供方在将汽车交给顾客之前,应保证汽车完好。

②供方应仔细检查汽车的外观,确保外观无划伤及外部装备齐全。

③供方应仔细检查汽车的内饰及装备,确保车内饰清洁和装备完好。

④供方应对汽车性能进行测试,确保汽车的安全性和动力性能完好。

⑤供方应保证汽车的辅助设备功能齐全。

⑥供方有责任向顾客介绍汽车的装备、使用常识、保养知识、保修规定、保险常识、出险后的处理程序和注意事项。

⑦供方应向顾客提供 24 h 服务热线及求救电话。

⑧供方应随时解答顾客在使用中所遇到的问题。

一般来说,进行 PDI 的检查项目主要包括 VIN 码、发动机舱(暖机前后)、驾驶室内的装饰、车身周围、车门、汽车底部和驾驶操作等内容。每月由经办人员整理新车交车前的检查表,按新车汇总表的顺序归档,以备检查。销售人员要确认在交车前一日完成 PDI。需要说明的是,各个品牌的汽车交车前的检查内容也不尽相同。参看奇瑞汽车公司使用的"奇瑞汽车售车检查卡(PDI)"样本,见表4.2。

表 4.2　奇瑞汽车售车检查卡（PDI）

销售商代码＿＿＿＿＿＿＿　　车型代码＿＿＿＿＿＿＿　　车架号码＿＿＿＿＿＿＿

生产日期＿＿＿＿＿＿＿　　外观颜色＿＿＿＿＿＿＿　　发动机号码＿＿＿＿＿＿

检查日期＿＿＿＿＿＿＿　　钥匙号码＿＿＿＿＿＿＿　　变速箱号码＿＿＿＿＿＿

对各项检查结果作如下标记："√"＝合格，"×"＝异常。

外观与内部	**(25)□电瓶和启动机的工作及各警告灯显示情况**
检查：	(26)□怠速
(1)□内部与外观缺陷	(27)□前部清洗器工作
(2)□油漆、电镀部件和车内装饰	(28)□前雨刮器的工作
(3)□随车物品、工具、备胎、千斤顶使用说明书、随车钥匙	(29)□方向指示灯与自动解除
(4)□拆下车轮防波动和车身保护膜	(30)□侧灯和牌照灯
发动机部分	(31)□大灯及远光（远光指示灯）
检查：	(32)□雾灯开关
(5)□发动机盖锁扣及铰链	(33)□制动灯和倒车灯
(6)□电瓶电极	(34)□仪表灯和调光灯
(7)□电解液高度	(35)□喇叭
(8)□主地线	(36)□点烟器
(9)□主保险及备用件	(37)□天窗的操作
(10)□发动机油位	(38)□后窗除雾器与指示灯
(11)□冷却液位及水质	(39)□各种挡位下空调系统性能（制冷、送风量）
(12)□助力转向液位	(40)□循环开关
(13)□A/T 油位	(41)□电动后视镜
(14)□玻璃清洗液位	(42)□时钟的设定及检查
(15)□传动皮带的松紧状况（助力转向、发电机、压缩机）	**关闭发动机**
(16)□油门控制拉线（A/T 控制拉线）关闭发动机盖	检查：
操作与控制	(43)□"未关灯"警告灯
检查：	**关闭各灯**
(17)□离合器踏板高度与自由行程	检查：
(18)□制动器踏板高度与自由行程	(44)□转向盘自锁功能
(19)□加速踏板	(45)□手刹调节
(20)□检查室内保险及备用件	(46)□转向盘角度调整
把点火开关转至位置Ⅰ	(47)□遮阳板
检查：	(48)□中央门锁及遥控装置（警报）
(21)□收音机调整	(49)□室内照明灯
(22)□收音机/录音机/CD 机与天线	(50)□阅读照明灯
把点火开关转至位置Ⅱ	(51)□前后座椅安全带
检查：	(52)□座椅靠背角度、座椅调整
(23)□所有警报灯的检查、发电机、手刹、油压、制动故障、A/T 挡位显示器、ABS、SRS	(53)□开启
(24)□AT 启动保护器	(54)□后备厢灯
启动发电机	(55)□加油盖的开启及燃油牌号
检查：	(56)□后备厢盖（后车门）的关闭及锁定
	打开所有的车门

续表

检查： (57)□手动车窗 (58)□后门儿童锁 (59)□给锁/铰链加注润滑油 (60)□关闭车门检查安装情况 **支升起汽车** 检查： (61)□底部、发动机、制动器与燃油管路是否磨损或破损 (62)□悬加的固定与螺栓 (63)□M/T 油位 **降下汽车** 检查： (64)□确认所有车轮螺母扭矩 (65)□轮胎压力标签 (66)□轮胎压力(包括备胎) (67)□工具与千斤顶 **行驶试验**	检查： (68)□驾驶性能 (69)□从内部、悬架及制动器发出的噪声 (70)□制动器及手刹 (71)□方向盘自动回正 (72)□方向盘振动与位置 (73)□A/T 挡位变化(升挡、降挡) (74)□里程表行程读数及取消 **最终检查** 检查： (75)□冷却风扇 (76)□怠速/排放 (77)□燃油、发动机油、冷却液及废气的渗漏 (78)□热启动性能 (79)□用 ABS 检测仪检查 ABS 性能 **最终准备** (80)□清洗车辆内外部 (81)□检查车内包括后备厢是否有水漏入
PDI 　　对以上项目的正确安装、调试及操作已作过检查。 特此证明 （盖章）	**销售** 　　该车辆已完成了所有车辆检查项目,可以满意交付用户使用。车上的所有必要附件已配备齐全,所有证明文件已正确填写完毕。 特此证明 （盖章）
检查员签字：　　　　　日期：	销售员签字：　　　　　日期：

注:本"PDI 检查单"所列的项目也许是您所检查的特定车型所没有的,为此请结合实际车型进行检查。

（2）交车前的文件准备

交车前要对涉及车辆的相关文件进行细心周全的搜检,确认无误后,装入文件袋,以便交给顾客。这些文件包含商业单据（发票、合同等）、临时行车牌照、使用说明手册、保修手册、产品合格证书、配件保证书及所有费用清单、完税证明、保险凭证、名片（销售人员、服务部经理/服务代表）、交车确认表、PDI 检查表等。

（3）车辆状况检查的要点

①车辆洁净。销售人员要检查车身及车体内、外,保证车子内、外的美观和清洁。尤其是要注重避免洗车时刮伤漆面。车辆清洗由售后部门负责放置,其过程由售后部门看管执行,时刻控制在 20 min,选择 2~3 家洗车地址,以最快的速度完成待交车辆的清洗工作,尽量缩短顾客期待交车的时刻。

②车辆细节检查。主要检查有无漆面划伤、剥落、凹痕、锈点等;检查车子的里程数是不是超过合理范围;检查车子型号、制造年份、颜色、原厂配置是否正确;检查有无组装产生的伤痕或割痕,有无外加配件;车内电线束是否扎紧和吊挂是否牢靠;车窗车厢、引擎盖及后备

厢等是否有不洁点;试开关车门检查其开关是否顺畅,开关时是否有异响;检查车门的胶条是否安全妥当,车门与车体接缝处是否均匀;电动窗及天窗开启等是否正常,有无异响;玻璃和窗框接缝是否密合;喇叭是否正常,喇叭外罩与车门饰板是否安装妥当;检查备胎是否稳固,仪表灯是否正常;转向盘上下调整是否正常;安全带扣上是否顺畅,上下调整是否正常;检查车灯性能是否正常;检查雨刷开关;检查手刹拉杆是否正常;检查座椅是否有外伤或瑕疵;测试座椅的高低调整和前后调整是否正常等。

③预先将交车事项通知专营店的相关员工,做好交车前的各项准备工作。销售人员将车移至交车区域,确认车辆各项检查无误后,签字确认,等待客户交车。

④交车前和客户确认是否要撕掉保护膜等。

⑤交车前装配好商定的选用备件。

⑥交车区的布置。交车前,销售人员要提前请相关人员做好交车区的布置工作。交车区要有所要交付的车辆标志,交车区要打扫干净,需保证交车区域的敞亮、整洁、清爽,也要备有桌椅、饮料、点心等,以便销售人员将车辆资料在轻松、愉悦的氛围中交给客户,以提高交车的满意度。

⑦交车仪式的筹划。为了能让交车过程给顾客留下深刻且美好的印象,增强顾客的满意度,销售人员可为顾客量身定制一个交车仪式,但要事前做好准备。例如,在展厅门口要设置欢迎牌,准备好贵宾标志。为了增加喜庆气氛,可将即将交付的车辆用红绸缎盖住,并准备好车钥匙、鲜花及独特的小礼品等。

2)进行交车前的预约

在车辆到达 4S 店并进行了 PDI 确认没有问题后,销售人员要及时和顾客联系预约交车的时间。销售人员可在交车前 3 天和顾客取得联系,与顾客商定交车的日期和时间,同时弄清顾客对交车仪式的要求,并向顾客简要介绍交车的流程安排,还要确定交车需要的时间及参与人员,同时要提前预约相关部门的人员参加交车仪式,如销售经理、售后服务部门的人员等。为了防止顾客遗忘,在交车前一日销售人员要再次电话联系顾客,确认交车的时间和安排,并提醒顾客带齐必要的文件、证件和尾款,询问顾客交车时将与谁同来,并鼓励顾客与亲友一起前来。交车当日,据约定时间 15 min 前再次联系顾客,以利于做好接待的准备。如果是重要的顾客,可考虑安排车辆接送顾客。如果因为一定的原因交车日需推迟,销售人员应第一时间联系顾客,说明原因、处理方法,并表示歉意。

3)接待顾客,移交文件

当顾客到达展厅时,销售人员(也可邀请主管或经理一起参与)到门口迎接顾客,并表示祝贺,为顾客佩戴交车贵宾的标志,引导顾客到洽谈区就座,其间其他的销售人员见到带有交车贵宾标志的顾客也应热情道贺,由服务人员(或销售人员)为顾客端上饮料。

当顾客在洽谈区就座后,销售人员首先要向顾客简单介绍交车的程序和所需的时间,并征询顾客的意见。然后利用准备好的各项清单与顾客结算各项费用,并移交有关物品,包括用户手册、保修保养手册、保险手续、行驶证、车辆钥匙等。销售人员要利用用户手册结合实车说明车辆的使用,其余的文件也要打开向顾客进行详细说明,并提醒顾客详细阅读。各项手续应在尽可能短的时间内完成,如有必要可请其他客服人员协助完成。在此期间,销售人员不要只忙于文件的递交和文件的填写而忽略了对顾客的照顾。

4）进行交车

在交接完各项文件手续后,销售人员将顾客引领到新车旁,利用"交车确认单"首先确认车辆并点交原厂配件、工具、备胎、送构件、装潢件等,并陪同顾客绕车检查,同时携带一块毛巾及清洗剂,随时准备替顾客清除未洗净的印记。点交车辆后,还需交证照、票据等文件,与顾客逐一核对,需要勾选签字的地方请顾客签名,在确认无误后装入资料袋,交给顾客。另外,还需提醒顾客缴纳车船税的时间和地点。

5）试车

在顾客试车前,销售人员要结合《用户手册》的各项内容向顾客介绍如何操作,每一个开关、每一个步骤都要讲解清楚,不要用"用户手册上都有说明的"这样的语句取代介绍。提醒顾客阅读用户手册,尤其是注意事项部分。若顾客对车辆的操作还不够熟悉,应由销售人员带顾客行驶一段距离,并进行详细介绍。待顾客熟悉后,换手让顾客开一段。换手时,销售人员应主动为顾客开车门,请顾客坐上驾驶座,并协助其调整座椅、转向盘、后视镜及一些个性化的设置等。

6）引荐售后服务人员,进行售后服务说明

在试车结束回到展厅后,销售人员可向顾客引荐服务经理、维修接待等人员并交换名片,完成和售后的衔接。由售后服务经理向顾客详细介绍售后流程和注意事项,让顾客感觉到维修接待是针对顾客进行的一对一的管家式服务。在讲解保修事项时,服务人员可将保养手册打开,面向顾客,将保修手册的各项内容对顾客进行详细说明,包括免费首次保养的内容;定期保养项目表;全国服务网点一览表;服务电话和 24 h 救援电话及紧急情况的处理。在此过程中,一定要让顾客明确看到保修手册的内容,以免日后因误解产生不必要的麻烦。接下来,由维修接待人员说明保修内容和保修范围,强调保修期限,并主要就保修时间和保修里程数、保修项目和非保修项目等进行详细说明。最后,还要提醒顾客在新车磨合期中的注意事项,介绍售后服务的营业时间、服务流程及服务网络和特色等。

7）举行交车仪式

为了表示重视和恭喜,销售人员可以邀请销售经理或展厅经理、服务经理、客服经理等人员出席交车典礼,销售服务店内有空闲的其他人员都可到席参与交车仪式并对车主表示祝贺。由经理为顾客奉上鲜花,和车主共同揭开车上的红绸缎,再将车钥匙交与车主,同时向顾客的随同人员赠送 CD 之类的小礼品。最后,全体人员与新车合影留念,照相后全体鼓掌表示祝贺。

8）欢送顾客

交车仪式结束后,销售人员可以陪同顾客加满一箱油(也可事先加满),在送顾客离店时,销售人员要告之顾客其可能接到销售或售后服务满意度的调查问卷或电话调查,请顾客予以支持,并请顾客推荐亲友来店看车和试车,再次感谢和恭喜顾客,微笑着送顾客离去,直至看不见为止。回到展厅后,销售人员要填写"顾客信息卡"或"用户管理卡"交给客服部门,为后续的跟踪服务做好准备。在估计顾客到家后,销售人员要再次致电问候。

东风日产专营店交车作业流程见表4.3。

表4.3 某汽车专营店交车作业流程

工作项目	标准/流程	管理工具	负责人
新车整备	按乘用车公司交车整备流程确认可以交车	PDI检查表	PDI人员
	从销售部及PDI中心领取证件、单据、车牌、车子及钥匙	订单、相关购买单据	业务代表
	证件和车辆比对		业务代表
	依PDI查检表对车辆内外进行彻底检查	PDI检查表	业务代表
	PDI中心再整备 ← 检查配件是否齐全、机能操作是否正常	PDI检查表	业务代表
	按交车确认表先行确认车辆各项目	交车确认表	业务代表
交车前准备	和客户约定交车时间、地点及整个交车程序所需的时间		业务代表
	填写交车确认表,车主及车辆基本资料	交车确认表	业务代表
	按交车确认表备妥所有证件、单据、资料并整理分类至车主资料袋内	交车确认表	业务代表
	车辆清洁、打蜡		PDI人员
交车	按交车5大步骤及交车确认表交车	交车确认表	业务代表
	主管签字、缴回交车确认表及反馈问题	交车确认表	业务代表、销售部经理、服务部经理

4.7　汽车销售延伸服务

4.7.1　售后顾客维系

在汽车销售业务结束后,无论顾客是否购车,销售人员都要做好售后顾客的维系工作。售后顾客维系不仅可帮助提升企业的销售利润,增强企业的核心竞争力,还可降低企业的营销成本,同时也是企业获取市场信息的重要途径。售后维系工作主要包括收集顾客信息,建立顾客档案;通过多种方式维系顾客,这些方式包括登门拜访、电话沟通、事件召集(如车友会、自驾游、车辆养护课堂等)、信件沟通、网络沟通等;维护巩固顾客关系,即与顾客建立一种有价值的永久关系。其中,做好成交顾客和未成交顾客的回访工作,处理顾客的投诉,在维系与顾客的关系中具有重要的作用。

1)对成交顾客的跟踪回访

每次顾客们购车后其满意的程度会各不相同。如果顾客满意,则有利于将来拓展新的客户;如果顾客不满意,则可能导致潜在顾客的流失。要想了解顾客的满意程度,方法之一就是在售车后立即给顾客提供售后服务。汽车销售店或销售人员要通过高质量的售后服务打消顾客的后悔心理,提高顾客的满意度。销售人员或售后服务人员需要经常和顾客联系,如在特殊的日子(如生日、结婚纪念日等)给顾客寄去贺卡,或者通过登门拜访给顾客提供最新的行业情报,组织顾客参加各类活动,给老顾客发电子邮件、手机信息、推销信函、贺卡、调查表、小礼品等方式保持与顾客的良好关系。

销售人员可通过和老顾客保持联系征求拓展新顾客。要争取到顾客的推荐,销售人员首先要确认顾客对车辆及销售人员、售后服务人员的服务是满意的。在向现有顾客寻求帮助时,要用具体、确定、简洁的语言描述出自己的理想顾客,要注意避免提封闭性的问题。在顾客介绍被推荐人(最好争取让顾客当面引荐)时,要和顾客一起辨别被推荐人,以确定被推荐人是否能成为自己的潜在顾客。通过引荐、接近新顾客并完成销售后,销售人员要向引荐自己的顾客表示真诚的感谢,并继续和顾客保持联系。

2)对未成交顾客的跟踪服务

对那些来店看车后未成交的顾客,销售人员也要充分利用顾客留下的信息积极和顾客保持联系。在没有成交的情况下,销售人员要反思自己失败的原因,通过各种适当的方式进一步了解顾客的背景,并和未成交的顾客通过信函或电话等方式保持联系。销售人员还要不断尝试拓展自己的社交网络,在结交新朋友中挖掘潜在顾客。

3)顾客投诉的处理

顾客投诉是顾客对车辆或服务质量不满意的一种具体表现。通常因为种种原因顾客的投诉是不可避免的,成熟的销售人员应懂得如何正确对待和处理顾客的抱怨和投诉。因为对顾客投诉和抱怨的合理处理,不仅可增强顾客的满意度和忠诚度,还可提升企业的形象;而处理得不好,则会影响公司的形象,同时也会丢失顾客。可以说,顾客投诉的处理可使企业开创新的商机,也是企业再次赢得顾客的机会。

解决顾客投诉的方法和技巧如下:

(1)化解顾客的情绪

销售人员在面对顾客的投诉或抱怨时,首先要做到耐心地听取顾客的抱怨,即使部分顾客无理取闹,也不要急于作出解释,更不要与顾客进行争执,要把尽可能多的时间留给顾客,允许顾客尽情发泄其心中的不满。销售人员可以换位思考,设身处地为顾客着想,要向顾客表示理解。在倾听顾客的抱怨时,不要认为顾客是在鸡蛋里挑骨头,要诚心诚意地倾听顾客的抱怨。

为了化解顾客的不满情绪,销售人员可采取变更场地、人员、时间的"三变法"来处理。"变更场地"是指销售人员应把顾客从门厅请入会议室,让顾客坐下来慢慢说,这能让顾客恢复冷静。"变更人员"是请出高级的管理人员出面接待顾客,以示重视。"变更时间"是与顾客另外约定一个时间专门来处理顾客提出的问题,以冷却和缓解顾客的不满情绪。通过上述三变法,一方面是要让顾客看到我们解决问题的诚意;另一方面也使投诉顾客情绪能恢复冷静,而不致使抱怨扩大。

(2)冷静分析

在倾听了顾客的抱怨后,销售人员要表示理解和深深的歉意,同时许诺在最短的时间内解决问题,在使顾客平静下来的同时,销售人员也要从顾客的诸多抱怨中详细分析和判断顾客"真正"的不满之处,有针对性地进行处理,防止节外生枝。

(3)解决顾客反映的问题

在冷静的分析和明确了顾客的真实想法与了解了顾客的要求后,销售人员要结合事实真相,区分投诉的性质,提出解决方案,并征求领导的支持。将最终制订的解决方案告知顾客并征询顾客的意见,处理顾客新提出的问题,适当地给予顾客补偿。当问题得以处理后,销售人员要询问顾客对处理结果的满意程度,争取做到让顾客满意。

(4)反思

投诉问题处理后,还要做好顾客投诉处理的报告并进行存档,作为企业内部教育训练时的重要资料。同时,工作人员也要检讨自己工作中是否有过失,以免同类事件再次发生。

4.7.2 办理汽车保险

办理汽车保险是客户关系管理的重要内容,也是国内外为实现汽车产业长期健康发展的重要举措。一般来说,汽车保险可分为基本险和附加险。其中,附加险不能独立保险。基本险包括第三者责任险(三责险)和车辆损失险(车损险);附加险包括全车盗抢险(盗抢险)、车上责任险、无过失责任险、车载货物掉落责任险、玻璃单独破碎险、车辆停驶损失险、自燃损失险、新增设备损失险、不计免赔特约险。

1）汽车保险的起源与发展

（1）汽车保险的起源和在国外的发展

国外汽车保险起源于19世纪中后期。当时，随着汽车在欧洲一些国家的出现与发展，因交通事故而导致的意外伤害和财产损失随之增加。尽管各国都采取了一些管制办法和措施，汽车的使用仍对人们的生命和财产安全构成了严重威胁。因此引起了一些精明的保险人对汽车保险的关注。1896年11月，由英国的苏格兰雇主保险公司发行的一份保险情报单中，刊载了为庆祝"1896年公路机动车辆法令"的顺利通过，而于11月14日举办伦敦至布赖顿的大规模汽车赛的消息。在这份保险情报中，还刊登了"汽车保险费年率"。

最早开发汽车保险业务的是英国的"法律意外保险有限公司"，1898年该公司率先推出了汽车第三者责任保险，并可附加汽车火险。

到1901年，保险公司提供的汽车保险单，已初步具备了现代综合责任险的条件，保险责任也扩大到了汽车的失窃。20世纪初期，汽车保险业在欧美得到了迅速发展。1903年，英国创立了"汽车通用保险公司"，并逐步发展成为一家大型的专业化汽车保险公司。1906年，成立于1901年的汽车联盟也建立了自己的"汽车联盟保险公司"。到1913年，汽车保险已扩大到了20多个国家，汽车保险费率和承保办法也基本实现了标准化。其中，1927年是汽车保险发展史上的一个重要里程碑。美国马萨诸塞州制订的举世闻名的强制汽车（责任）保险法的颁布与实施，表明了汽车第三者责任保险开始由自愿保险方式向法定强制保险方式转变。此后，汽车第三者责任法定保险很快波及世界各地。第三者责任法定保险的广泛实施，极大地推动了汽车保险的普及和发展。车损险、盗窃险、货运险等业务也随之发展起来。

自20世纪50年代以来，随着欧、美、日等地区和国家汽车制造业的迅速扩张，机动车辆保险也得到了广泛的发展，并成为各国财产保险中最重要的业务险种。到20世纪70年代末期，汽车保险已占整个财产险的50%以上。

（2）中国汽车保险的发展进程

①萌芽时期。中国的汽车保险业务的发展经历了一个曲折的历程。汽车保险进入中国是在鸦片战争以后，但由于中国保险市场处于外国保险公司的垄断与控制之下，加之旧中国的工业不发达，中国的汽车保险实质上处于萌芽状态，其作用与地位十分有限。

②试办时期。新中国成立以后的1950年，创建不久的中国人民保险公司就开办了汽车保险。但因宣传不够和认识的偏颇，不久后就出现了对此项保险的争议，有人认为，汽车保险以及第三者责任保险对于肇事者予以经济补偿，会导致交通事故的增加，对社会产生负面影响。于是，中国人民保险公司于1955年停止了汽车保险业务。直到20世纪70年代中期为了满足各国驻华使领馆等外国人拥有的汽车保险的需要，开始办理以涉外业务为主的汽车保险业务。

③发展时期。中国保险业恢复之初的1980年，中国人民保险公司逐步全面恢复中断了近25年之久的汽车保险业务，以适应国内企业和单位对汽车保险的需要，适应公路交通运

输业迅速发展、事故日益频繁的客观需要。但当时汽车保险仅占财产保险市场份额的 2%。

随着改革开放形势的发展,社会经济和人民生活也发生了巨大的变化,机动车辆迅速普及和发展,机动车辆保险业务也随之得到了迅速发展。1983 年将汽车保险改为机动车辆保险使其具有更广泛的适应性,在此后的近 20 年中,机动车辆保险在中国保险市场,尤其在财产保险市场中始终发挥着重要的作用。到 1988 年,汽车保险的保费收入超过了 20 亿元,占财产保险份额的 37.6%,第一次超过了企业财产险(35.99%)。从此以后,汽车保险一直是财产保险的第一大险种,并保持高增长率,中国的汽车保险业务进入了高速发展的时期。与此同时,机动车辆保险条款、费率以及管理也日趋完善,尤其是中国保险监督管理委员会的成立,进一步完善了机动车辆保险的条款,加大了对于费率、保险单证以及保险人经营活动的监管力度,加速建设并完善了机动车辆保险中介市场,对全面规范市场,促进机动车辆保险业务的发展起到了积极的作用。

由中国保险监督管理委员会制订的《机动车辆保险条款》于 2000 年 7 月 1 日在全国执行,《机动车交通事故责任强制保险条例》于 2006 年 3 月 1 日公布,自 2006 年 7 月 1 日起施行。根据我国目前汽车保险的政策,在保险实务中,汽车保险因保险性质的不同,一般又分为强制汽车责任保险和商业汽车保险两大部分。虽然它们都属于商业保险公司经营,但强制汽车责任保险是强制性保险,而其他的险种则是建立在保险人和被保险人自愿基础上的商业汽车保险。

2)我国汽车保险业务的分类及保险产品简介

机动车辆保险为不定值保险,可分为基本险和附加险。其中,附加险不能独立保险。基本险包括第三者责任险(三责险)和车辆损失险(车损险);附加险包括全车盗抢险(盗抢险)、车上责任险、无过失责任险、车载货物掉落责任险、玻璃单独破碎险、车辆停驶损失险、自燃损失险、新增设备损失险、不计免赔特约险。通常所说的交强险(即机动车交通事故责任强制保险)也属于广义的第三者责任险,交强险是强制性险种,机动车必须购买后才能上路行驶、年检、上户,且在发生第三者损失需要理赔时,必须先赔付交强险再赔付其他险种。

(1)车辆损失险

车辆损失险是负责赔偿由自然灾害或意外事故造成的车辆自身的损失。这是车辆保险中最主要的险种。保与不保这个险种,需权衡一下它的影响。若不保,车辆碰撞后的修理费用得全部由自己承担。

(2)第三者责任险

第三者责任险是负责保险车辆在使用中发生意外事故造成他人(即第三者)的人身伤亡或财产的直接损毁的赔偿责任。撞车或撞人是开车时最害怕的,自己爱车受损失不算,还要花大笔的钱来赔偿他人的损失。因为交强险(2008 版)在对第三者的医疗费用和财产损失上赔偿较低,在购买了交强险后仍可考虑购买第三者责任险作为补充。

（3）全车盗抢险

全车盗抢险是负责赔偿保险车辆因被盗窃、被抢劫、被抢夺造成车辆的全部损失，以及其间由车辆损坏或车上零部件、附属设备丢失所造成的损失。车辆丢失后可从保险公司得到车辆实际价值（以保单约定为准）的80%的赔偿。若被保险人缺少车钥匙，则只能得到75%的赔偿。

（4）车上责任险

车上责任险是负责保险车辆发生意外事故造成车上人员的人身伤亡和车上所载货物的直接损毁的赔偿责任。其中车上人员的人身伤亡的赔偿责任就是过去的司机乘客意外伤害保险。

（5）无过失责任险

无过失责任险是投保车辆在使用过程中，因与非机动车辆、行人发生交通事故，造成对方人员伤亡和直接财产损毁，保险车辆一方不承担赔偿责任。如被保险人拒绝赔偿未果，对被保险人已经支付给对方而无法追回的费用，保险公司按《道路交通事故处理办法》和出险当地的道路交通事故处理规定标准在保险单所载明的本保险赔偿限额内计算赔偿。每次赔偿均实行20%的绝对免赔率。

（6）车载货物掉落责任险

车载货物掉落责任险是指承担保险车辆在使用过程中，所载货物从车上掉下来造成第三者遭受人身伤亡或财产的直接损毁而产生的经济赔偿责任。赔偿责任在保险单所载明的保险赔偿限额内计算。每次赔偿均实行20%的绝对免赔率。

（7）玻璃单独破碎险

玻璃单独破碎险是指车辆在停放或使用过程中，其他部分没有损坏，仅风挡玻璃单独破碎，风挡玻璃的损失由保险公司赔偿。

（8）车辆停驶损失险

车辆停驶损失险是指保险车辆发生车辆损失险范围内的保险事故，造成车身损毁，致使车辆停驶而产生的损失，保险公司按规定进行以下赔偿：

①部分损失的，保险人在双方约定的修复时间内按保险单约定的日赔偿金额乘以从送修之日起至修复竣工之日止的实际天数计算赔偿。

②全车损毁的，按保险单约定的赔偿限额计算赔偿。

③在保险期限内，上述赔款累计计算，最高以保险单约定的赔偿天数为限。本保险的最高约定赔偿天数为90天，且车辆停驶损失险最大的特点是费率很高，达10%。

（9）自燃损失险

自燃损失险是对保险车辆在使用过程中因本车电器、线路、供油系统发生故障或运载货物自身原因起火燃烧给车辆造成的损失负赔偿责任。

（10）新增加设备损失险

新增加设备损失险是指车辆发生车辆损失险范围内的保险事故，造成车上新增设备的直接损毁，由保险公司按实际损失计算赔偿。未投保本险种，新增加设备的损失保险公司不负赔偿责任。

（11）不计免赔特约险

不计免赔特约险是指只有在同时投保了车辆损失险和第三者责任险的基础上方可投保本保险。办理了本项特约保险的机动车辆发生保险事故造成赔偿,对其在符合赔偿规定的金额内按基本险条款规定计算的免赔金额,保险人负责赔偿。也就是说,办了本保险后,车辆发生车辆损失险及第三者责任险方面的损失,全部由保险公司赔偿。这是 1997 年才有的一个非常好的险种。它的价值体现在:不保这个险种,保险公司在赔偿车损险和第三者责任险范围内的损失时是要区分责任的:若你负全部责任,赔偿 80%;负主要责任赔 85%;负同等责任赔 90%;负次要责任赔 95%。事故损失的另外 20%、15%、10%、5%需要投保人自己掏腰包。

3）汽车保险业务的办理

汽车投保流程如图 4.6 所示。

（1）选择保险公司

我国目前开展车辆保险业务的保险公司主要有中国人民财产保险股份有限公司、平安保险公司、太平洋保险公司、华泰保险公司等。

（2）填写保单

机动车辆保险投保单要按下列要求填写:投保人、厂牌型号、车辆种类、牌照号码、发动机号码及车架号、使用性质、吨位或座位、行驶证初次登记年月、保险价值（新车购置价）、车辆损失险保险金额的确定方式、第三者责任险赔偿限额、附加险的保险金额或赔偿限额、车辆总数、保险期限、地址、邮编、电话联系人、开户行、银行账号、特别约定、对投保人签章。

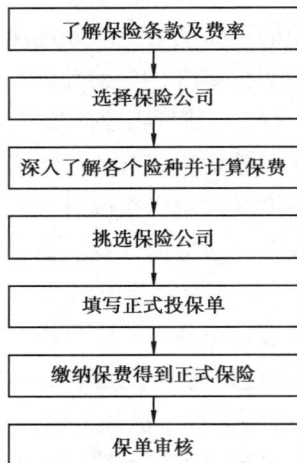

图 4.6　投保流程

（3）确定保险金额和计算保险费

机动车车辆保险的保险金额按新车购置价和实际价值确定。其保险费的计算参照费率表的计算公式为:

$$保险费 = 基本保费 + 保险金额 × 费率$$

对于保险期不足 5 年的,按短期费率计算。短期费率可分为以下两类:

①按日计算。按日计算适用于已参加保险的被保险人增置的车辆投保,为统一续保日期签订的短期保险。其计算公式为:

$$应交保费 = \frac{年保费 × 保险天数}{365}$$

②按月计费。按月计费适用于应投保人要求而签订的短期保险。保险期不足一个月者按一个月计费。

（4）保险单的签发

保险人收到投保人填具的投保单后,经审核无误后,保险人应予承诺。保险合同成立后,保险人应按时向投保人出具保险单或保险凭证,并同时开具保费收据收取保险费。

补充说明:投保人应携带以下资料投保。

①机动车行驶证(复印件),未领取牌证的新车提交机动车销售统一发票(复印件)及车辆出厂合格证(复印件)。

②被保险人身份证明复印件。

③投保人身份证明原件。

④约定驾驶员的应提供约定驾驶员的《机动车驾驶证》复印件。

4.7.3　办理汽车贷款

1)汽车贷款

汽车贷款是指贷款人向申请购买汽车的借款人发放的贷款,也称为汽车按揭。

(1)贷款条件

借款人具有稳定的职业和偿还贷款本息的能力,信用良好;能够提供可认可资产作为抵、质押,或有足够代偿能力的第三人作为偿还贷款本息并承担连带责任的保证人。

(2)贷款额度

贷款额度最高一般不超过所购汽车售价的80%。

(3)贷款期限

汽车消费贷款期限一般为1~3年,最长不超过5年。

(4)贷款利率

贷款利率由中国人民银行统一规定。

(5)还贷方式

可选择一次性还本付息法和分期归还法(等额本息、等额本金)。

汽车金融或担保公司就是文中的有足够代偿能力的第三人作为偿还贷款本息并承担连带责任的保证人。

2)申请条件

①具有有效身份证明且具有完全民事行为能力。

②能提供固定和详细住址证明。

③具有稳定的职业和按期偿还贷款本息的能力。

④个人社会信用良好。

⑤持有贷款人认可的购车合同或协议。

⑥合作机构规定的其他条件。

3)提供资料

①个人借款申请书。

②本人及配偶有效身份证明。

③本人及配偶职业、职务及收入证明。

④结婚证(未婚需提供未婚证明,未达到法定结婚年龄的除外)及户口簿。

⑤购车协议或合同。

⑥已存入或已付首期款证明。

⑦担保所需的证明文件或材料。

⑧贷款人要求提供的其他资料。

4)办理流程

汽车贷款办理流程见表4.4。

表 4.4　汽车贷款办理流程

步　骤	流　程	主　办	内　容
1	客户接待	销售部,经销商	负责来电、来店客户接待,简单介绍信贷业务
2	客户咨询	信贷业务部	①汽车贷款业务操作标准 ②汽车贷款业务操作细则判定首付及期限 ③消费贷款购车费用明细表 ④客户须提供资料明细表
3	客户决定购买	销售部	确定车型、车价、车色及配备
4	征信	档案管理部	对客户所提供资料,档案员传真至银行进行资信审核及公安征信
5	签订销售协议	信贷业务部	经客户确认车型、车价、费用,签订销售协议
6	办理按揭手续 签订借款合同	信贷业务部	①填写贷款资格审查表 ②签订银行借款担保合同 ③公证申请书 ④抵押登记申请书
7	代办保险	信贷业务部	签订车险投保单,交由内勤人员请保险公司出具保单
8	交首付款及费用	财务部	根据销售协议收取首付款及相关费用
9	通知上牌	售后服务部	根据客户要求代办上牌,凭发票、合格证原件、客户身份证原件上牌
10	终审	信贷审核部	①审核客户资料 ②审核合同签字 ③审核合同内容 ④审核通过后签字
11	所有资料报银行	信贷审核部	经审查确认后所有资料送银行放款
12	手续齐全 客户提车	销售部 信贷业务部	①信贷部确认手续并签字 ②销售部协助客户办理提车手续 ③留下购车发票,机动车登记原件,行驶证复印件,发动机底盘拓印号

步 骤	流 程	主 办	内 容
13	办理抵押登记	信贷管理部	根据机动车登记证书原件和借款抵押合同到车管所办理抵押登记
14	客户资料归档	信贷档案部	整理客户资料、发票、机动车登记证书和行驶证复印件、客户资料及协议、公证书,审查表存档且编号后归档
15	通知客户来领取公证书、存折等	信贷业务部	通知客户来领取公证书、存折(卡)、保单处复印件及保险卡、保险发票等
16	还款日提醒及回访	信贷业务部	客户首期还款日前5~10天通知其按时还款,上门回访

4.7.4 汽车美容与装饰推荐

完整的汽车美容概念主要包括两个方面的内容:车身美容和装饰美容。汽车美容又称为汽车保养护理,是普及性、专业性很强的行业,它借鉴人类"美容养颜"的思想,被赋予养生学科的内涵。汽车美容包括一般美容,即人们常说的洗车、打蜡;汽车修复美容,即对车身漆膜有损伤的部位进行修复,接着再进行美容;专业的汽车美容,不仅包含汽车洗车、打蜡,还包含汽车护理品的选择与使用、汽车油漆护理、汽车整容与装饰等内容;自助汽车美容,即自己掌握汽车美容知识与技术,自己动手为爱车做美容。进行汽车美容与装饰,应坚持以下原则:调和原则、实用原则、整洁原则、安全原则及舒适原则。

汽车美容店经营的项目通常包含以下内容:

1)新车开蜡

汽车生产厂家为防止新车在储运过程中漆面受损都喷涂有封漆蜡,尤其是进口车。国外轿车在出口时,都在汽车外表涂有保护性的封漆蜡以抵御远洋运输途中海水对漆膜的侵蚀。因为封漆蜡极厚,并且十分坚硬,所以还可以防止大型双层托运车运输途中树枝或强力风沙刷蹭及抽打。封漆蜡主要含有复合性石蜡、硅油、PTFE树脂等材料,能对车表面起到长达一年的保护作用。封漆蜡不同于上光蜡,该蜡没有光泽,严重影响汽车美观。另外,汽车在使用中封漆蜡易黏附灰尘,且不易清洗。因此,购车后必须将封漆蜡清除掉,同时涂上新车保护蜡。清除新车的封蜡称为"开蜡"。

新车开蜡时,应注意不能用棉纱沾汽油、煤油开蜡,此种方法虽然能除掉封漆蜡,但汽车漆蜡也同时受到损害。一是因为棉纱虽然柔软,但其中很容易混入铁屑、砂粒及其他坚硬的细小颗粒,且很难发现,极易造成漆膜表面划痕;还有就是汽油或煤油也会伤害漆膜。冬季开蜡比较困难,因为气温低,开蜡水不能与车身上的封漆蜡很快地发生化学反应,从而导致开蜡失效。所以开蜡工作最好选择气温在20℃以上时进行。在除蜡前的汽车清洗中,不必使用清洗剂,环境温度在 20 ℃以上时,准备好高压清洗机,选择阴凉无风地段,远离草木植被,对车身进行高压冲洗,去除车身表面尘埃及其他附着物,水压不要高于 7 MPa。用"3M 开蜡水"按自上而下的顺序喷于车身表面。确保每个部位都被溶液覆盖,开蜡水要喷均匀,不要忽视边角缝隙处。保持湿润 4~5 min,使开蜡水完全渗透于蜡层。一定要在开蜡水完全渗透于蜡层后再进行擦拭。用毛巾或无纺布擦拭车表,然后用高压水枪冲洗,缝隙间不要留有残液。检查车辆表面是否留有未洗净蜡迹,若存在应将其洗净。最后将车擦干,完成新车开蜡。

由于我国现有技术水平和操作条件的限制,绝大多数的洗车房用煤油开蜡,却不知道煤油中间夹带大颗粒泥沙或铁屑等细小的坚硬物质,一般很难被发现,蜡虽开了,却给车漆造成了微小的划痕。因此,应特别注意新车开蜡产品的质量及使用环境。

开蜡时,一般应选择 20 ℃左右的温度及阴凉无风的环境,用不高于 7 MPa 的水压对车身进行冲洗。首先去除车身表面尘埃及其他附着物,用"驰耐普开蜡水"按自上而下的顺序均匀喷于车身表面,确保每个部位都被溶液覆盖,然后用高压水枪进行冲洗。检查车辆表面,最后将车擦干,完成新车开蜡。开蜡后,车漆就少了一层保护层,所以为车身涂上一层保护剂来防止其在行驶过程中免受酸雨等污物的侵蚀是十分必要的。

2)汽车封釉美容

封釉美容,顾名思义就是经过多道工序处理后,在车漆表面形成一层类似陶器制品外表涂层的保护膜,具有隔紫外线、防氧化、抵御高温和酸雨的功能。新车封一层釉,可延长车漆寿命,减缓褪色。对旧车的作用就更明显,其中一道工序可使氧化褪色的车漆还原增艳,颇有翻新的效果。车展上的样车,大多经过这样的处理,看起来晶莹剔透,光可鉴人。

由于封釉美容使用的专用工具可使"釉"经过加温,挤压进车漆的毛孔内,其持久性比普通打蜡等美容工艺要强很多,不再作任何处理可保持 1 年。若能保证每隔三四个月做一次护理,便可长年如新。封釉价格略贵,根据车的档次和新旧状况各不相同,一般新车 500 元,旧车为 800~1 500 元,护理每次为 100~300 元。对于一些车主来说,封釉虽好但价格比较贵,于是退而求其次地选择护蜡。在选择护蜡之前,要了解蜡和釉是不同的材料,要达到最好的效果还是应该选封釉。因为普通的车蜡含有矽的成分,久经紫外线照射会透蚀车漆,留下黑斑,另外车蜡中的研磨颗粒,也会在貌似光亮的车漆上留下道道细痕。而且蜡本身起不到增强硬度、抗紫外线的作用,外部还会因为温度过高而很快流失。说到底,蜡对车漆起不到最理想的效果。而且普通的车蜡只能存留一周的时间,而"封釉美容"可保持一年。

一般正确的封釉要经过 5 道工序,时间大约 3 h。车主应选择专业的美容店进行封釉,同时观察整个操作是否以蜡充膜。这样才不会被市面上的"假封釉"所蒙蔽。以下介绍封釉步骤:

(1)中性清洗

别看只是清洗,却很有讲究。洗车剂要使用中性的清洁剂。因为碱性的清洁剂会腐蚀车漆,残存在车的缝隙中,腐蚀性较大。

（2）黏土打磨

由于长期积存的灰尘、胶质、飞漆等脏物很难靠清洗去除，因此经过清洗的车漆表面仍是粗粗毛毛的。需要用一种由细腻的火山灰中提炼出来的"去污黏土"进行全面的打磨处理。

（3）深部清理

就像人的皮肤毛孔需要清理一样，车漆的毛孔也需要清洁。使用静电抛光轮，配以增艳剂，在旋转的同时产生静电，将毛孔内的脏物吸出。同时，增艳剂渗透到车漆内部，发生还原反应，达到车漆增艳如新的效果。抛磨的另一功效还可将车漆表面细小的软道划痕磨平。

（4）振抛封釉

这是封釉美容的主角。在专用振抛机的挤压下，类似釉的保护剂被深深压入车漆的毛孔之内，形成网状的牢固保护层，附着在车漆表面。保护剂中富含 UV 紫外线防护剂，可大大降低日晒辐射，并抵御酸碱等化学成分的侵蚀。

（5）无尘打磨

最后用无尘纸打磨一遍车身，可让车漆如镜面般光亮。

至此，一辆封釉美容的车子便出现在你的面前了。停在烈日下，再也不用担心车漆褪色、爆皮了。最后，还需特别提示一点：由于空气污染，特别是北方风沙大，酸雨重，最好在进行封釉美容后，每隔三四个月再做一次护理，这样你就可长年开"新车"了。

3）漆面打蜡

要保持整洁的车容，打蜡是不可少的。而许多驾驶员对此有片面的认识，要么频繁打蜡，要么干脆不打；还有些驾驶员认为，车蜡越贵越好，专挑进口车蜡使用。其实这些做法是不恰当的。那么，应如何为汽车打蜡呢？

（1）车蜡的种类与选择

目前，市场上车蜡种类繁多，既有固体和液体之分，也有高档和中档之别，还有国产和进口之选择。由于各种车蜡的性能不同，其作用与效果也不一样，因此在选用时必须要慎重，选择不当不仅不能保护车体，反而使车漆变色。一般情况下，应根据车蜡的作用特点、车辆的新旧程度、车漆颜色及行驶环境等因素综合考虑。对于高级轿车，可选用高档车蜡；新车最好用彩涂上光蜡以保护车体的光泽和颜色；夏天宜用防紫外线车蜡；行驶环境较差时则用保护作用突出的树酯蜡比较合适；而对普通车辆，用普通的珍珠色或金属漆系列车蜡即可。当然，选用车蜡时还必须考虑与车漆颜色相适应，一般深色车漆选用黑色、红色、绿色系列的车蜡，浅色车漆选用银色、白色、珍珠色系列的车蜡。

（2）汽车打蜡注意事项

①新车不要随便打蜡。有人购回新车后便给车辆打蜡，这是不可取的。因为新车本身的漆层上已有一层保护蜡，过早打蜡反而会把新车表面的原装蜡除掉，造成不必要的浪费，一般新车购回 5 个月内不必急于打蜡。

②要掌握好打蜡频率。由于车辆行驶的环境、停放场所不同，打蜡的时间间隔也应有所不同。一般有车库停放，多在良好道路上行驶的车辆，每 3~4 个月打一次蜡；露天停放的车

辆,由于风吹雨淋,最好每 2～3 个月打一次蜡。当然,这并非硬性规定,一般用手触摸车身感觉不光滑时,就可再次打蜡。

③打蜡前最好用洗车水清洗车身外表的泥土和灰尘。切记不能盲目使用洗洁精和肥皂水,因其中含有的氯化钠成分会侵蚀车身漆层、蜡膜和橡胶件,使车漆失去光泽、橡胶件老化。如无专用的洗车水,可用清水清洗车辆,将车体擦干后再上蜡。

④应在阴凉处给汽车打蜡,保证车体不致发热。因为随着温度的升高,车蜡的附着性变差,会影响打蜡质量。

⑤上蜡时,应用海绵块涂上适量车蜡,在车体上直线往复涂抹,不可把蜡液倒在车上乱涂或做圆圈式涂抹;一次作业要连续完成,不可涂涂停停;一般蜡层涂匀后 5～10 min 用新毛巾擦亮,但快速车蜡应边涂边抛光。

⑥车身打蜡后,在车灯、车牌、车门和后备厢等处的缝隙中会残留一些车蜡,使车身显得很不美观。这些地方的蜡垢若不及时擦干净,还可能产生锈蚀。因此,打完蜡后一定要将蜡垢彻底清除干净,这样才能得到完美的打蜡效果。总之,像人需要美容护理一样,汽车也需要经常打蜡,以保持更加美观、漂亮的车容。

4）漆面抛光

如果说洗车是车体护理的基础。研磨是漆面翻新的关键,则抛光应是漆面护理的艺术创作。一辆汽车能保养到新、光、滑、亮及持久程度都源于抛光施工艺术,抛光可消除漆面细微划痕(发丝划痕),也可治理汽车漆面轻微损伤及各种斑迹,进而达到光亮无瑕的漆面效果。

抛光之所以能产生光亮无瑕的漆面艺术效果,与其艺术实质是密不可分的。要达到上述目的,一般有以下 3 种途径:

①依靠研磨。即靠摩擦材料去除细微划痕。

②依靠车蜡。抛光剂中大多含有车蜡成分,抛光到一定程度后,可依靠蜡质的光泽来弥补漆面残存的缺陷。

③依靠化学反应。靠抛光机转速的调整而使抛光剂产生化学反应。

前两种途径在日常美容中应用的最为广泛,主要原因是初学者对抛光机的转速、抛光头的材料(全毛材料、混纺材料、海绵材料、全棉材料等)、漆面结构性质及抛光剂的功效之间的关系了解不够,经验不足,因此,对抛光的要求也不高,即使不十分光也没关系,可通过打蜡来弥补。把通过这种途径得到的漆面光泽称为"虚光"。虚光的特点是无法最终达到镜面效果,且光泽缺乏深度,保护时间短(光泽来自车蜡,而不是来自漆面本身)。有经验的护理技师用抛光时产生的热能,使车漆与抛光剂之间产生能量转化,发生化学反应,进而消除细微划痕,让漆面显示出自身的光泽,然后实施上蜡,让汽车锦上添花,达到真正意义上的抛光目的。

5）底盘装甲

很多新车主买车后,都知道去装防盗器、贴防爆隔热膜、封釉和改装内饰等,而真正经验老到的车主会告诉你,"车烂先烂底",买来新车头等大事应是做底盘防护施工。

底盘防护施工包括底盘封塑和底盘装甲,它首先在南方兴起,一直没推广开来。近两年全国私家车激增,车主对自己的车都非常珍惜,这两项生意才火起来。除了北京和深圳,其他城市的车主对此还很陌生。封塑、装甲本不同。底盘封塑是很多车主熟悉的养护项目,它的主要作用是保护汽车底盘裸露钢板的防砾石击打、防腐,但听着砾石打在底盘上的声音,很多车主还是很不放心。要想隔绝砂石打击底盘发出的噪声,就要进行底盘装甲。底盘装甲除具有封塑的两项功能外,还有显著的隔声降噪作用,因为装甲后在底盘上形成将近0.5 cm厚的橡胶和聚酯材料混合涂层。这种涂层具有高弹性,有效减弱了砾石直接打在金属上发出的噪声。

除了功能不同、装甲的功能更全面外,两者施工厚度和物理成分也有所不同。普通封塑为2 mm的施工厚度,主要成分是聚酯材料,而底盘装甲是橡胶和聚酯材料混合配方,施工厚度为4 mm,局部0.5 cm以上。做装甲和做封塑不冲突,最全面的防护措施就是二者都做,车主可以获得双倍安心。装甲的价格要高一些,市场价格为1 500~1 800元。根据车型大小和是否作出处理价格稍有浮动。新车装甲会收到事半功倍的效果,工艺也简单,因此价格会略微便宜。但从未进行底盘处理的旧车,装甲的价格会略高。

要做底盘装甲的原因主要是夏天地表的烘烤、酸雨的侵袭、沙石路上飞石的撞击,尤其是冬季雪道上除雪剂的腐蚀,即便是钢筋铁骨也会被蹂躏得伤痕累累。大多数时下流行的中低档车出厂时,厂家出于成本考虑,对底盘的处理非常简单。很多车只喷了薄薄的一层车底涂料,甚至一些车型只喷了局部,国产车则几乎不喷。正常气候和地理条件下,原厂防锈措施尚能对底盘起到有限的保护作用,但有异常,就不能胜任了。例如,一直在降价的捷达车底盘就未经过处理,而威驰这款车底部两侧也就喷了10 cm宽,清洗之后整个底面就没有了。

一般来说,奔驰、宝马以及一汽大众和上海大众生产的奥迪、帕萨特、宝来这些中高档车在出厂时本身就有较完善的底盘防护措施,新车再做底盘装甲的必要性不大。而其他15万~20万元以下的车,建议做相应的底盘装甲。

底盘装甲分两步进行:一是清洁,用提升机将车身提起,用清洗剂对底盘进行清洗,把泥沙、油污和其他杂物清洗掉,露出原来的金属表面。二是在底盘上喷涂一层胶质弹性保护层。这种喷涂可以多次进行也可以一次喷涂。多次喷涂相对费事但固化比较快。一次喷涂省事但固化慢,实际效果相同。喷涂后一定要等到表干,表干大约需要4 h。

6)汽车内饰桑拿

我们知道汽车的内室空间比较狭小。由于车门的开关、人员的进出、抽烟或吃一些食物所留下的残渣会引起大量的螨虫、细菌的滋长,还会产生一些刺激性的味道,而行车时,由于车窗的紧闭使得所产生的异味不易排除影响人员乘坐的舒适性,在春季呼吸道疾病多发时期,容易引发驾驶人员身体患病的概率,甚至增加乘车者之间病菌交互传染的可能性,影响司机的安全驾驶。

蒸汽洗车技术的引进,在洗车业中无疑是一个全新的洗车概念,它的核心在于"蒸汽"。

施工过程中通过 130 ℃的高温把车内留下的汗渍、污渍、顽渍、病菌、螨虫等杀灭。如同人坐在桑拿间一样不用洗浴液也能把身上蒸得干干净净。同时它的优点很突出：第一，环保。因为只用了蒸汽，所以不存在洗后留下化学产品，无异味，让你在行驶过程中享受最纯净的呼吸。第二，由于车窗紧闭，室内滋生了大量的病菌、螨虫甚至病毒黏着在座椅、顶棚、脚垫、内饰板上。经过高压高温的蒸汽有效杀灭病菌、螨虫。第三，能清除用传统方法去除不了的顽渍，如鞋油划痕、塑料件黏附物等。第四，边角缝隙伸不进刷子与手的地方，利用高压蒸汽的压力就能吹净黏附的污渍。在你的爱车做完桑拿清洗之后，保证还你一个舒适、卫生、亮堂的内室空间，让你在驾乘时更是心旷神怡。汽车在冬季大部分时间都是闭窗行驶，就像人裹在厚厚的衣服里一样，缺乏自然通风。时间长了，车里容易产生一些气味，尤其是喜欢吸烟的朋友，车中总是有一些难以去除的异味。不仅如此，一些真菌和细菌也会在脚垫下、缝隙里滋生，二手车这种情况更加明显。这时候做一下"车内桑拿"是一个不错的选择。

与桑拿浴一样，车内桑拿也是将高温水蒸气充满车辆的内室。我们的皮肤在洗桑拿时毛孔会扩张排出污物，车内的织物纤维组织和皮革组织、橡胶也是一样。蒸过一遍后，就可将附着在表面的污垢擦去。反复 3 次后，再用加入除菌剂的净水擦拭，将真菌和细菌除去，最后再完全用净水擦。在蒸桑拿的过程中，车主还可根据自己的个人喜好选择添加不同香型的香水，香味可以持续一个月左右。好的增光剂可以清洁车内的皮革、塑料和橡胶表面，使汽车达到焕然一新的效果。因此，把车内桑拿和内饰翻新结合起来效果会更佳。

7）汽车漆面划痕修复

汽车行驶一段时间后，会因为外界环境影响而在漆面上产生浅度划痕及发污、氧化等现象，更会因为人为刮蹭而造成露出底漆的深度划伤。针对这两种令司机头疼的情况，什么样的方法才能对症下药，修复得又快又好呢？

对于浅度划痕，可以以预防为主。在漆面崭新的时候就对它加以保护。比如在车身表面上一层镜面釉，镜面釉是以高分子聚合物为主要成分，它直接作用于车漆表面，在清洁后的车身上用抛光机或手工操作将镜面釉通过振动挤压进车漆内部，形成如同网状的保护膜，它大大提高了漆面硬度，同时，耐高温抗紫外线的特性更好地保护了车漆，如果定时洗车打蜡的话，镜面釉效果可保持一年之久。

对那些已经出现了浅划痕的车辆，还可以用抛光的方法进行快速处理。用抛光轮配合抛光增艳剂，除去汽车表面附着的氧化层，拉平细微划痕，同时药剂渗入车漆发生还原变化，不但浅划痕去除了，漆面还得到了翻新。根据车况的不同，这一过程只需 30~40 min。

如果车身的划痕已经露出了底漆，就要作局部补漆处理。对于这种划伤，我们建议你去有划痕快修业务的补漆中心。他们使用的是专用的修补漆，划哪儿补哪儿，避免了大面积喷涂的费时费力，修补漆干燥速度快，色彩能与原车漆面自然衔接，毫无色差，完全看不出有修补痕迹。

8）车内真皮制品的护理

高级轿车中越来越广泛地装饰真皮座椅、真皮门边蒙皮、真皮把套等，这对汽车美容护理提出了挑战,怎样才能切实做好真皮制品的美容护理是以下共同探讨的问题。

（1）车室常用真皮材料

①草牛皮。草牛皮皮面的毛孔呈圆形,毛孔小且较直地深入革内,紧密而均匀,排列不规则,革面丰满细腻,透气性好,手感坚实而富有弹性。

②羊皮。羊皮皮面较牛皮薄,柔软性优于牛皮,毛孔排列均匀细腻,质感柔顺。但羊皮成形面积小,材料浪费较大。天然羊皮在阳光辐射,高温时会散发出膻味,生产中去除异味工艺复杂,制作成本高。因此,羊皮主要应用于高档轿车。

应注意的是,上述真皮是由生皮、原皮经一系列化学和机械处理后,不易腐烂、变质、坚韧柔软,具有良好的卫生性能,才被用作车饰品的制作。

（2）车室真皮饰件常见缺陷,产生原因及防治方法

车室真皮饰件主要有座椅、车门蒙皮及把套等,这些真皮制品在使用中易出现以下缺陷:

①松面。真皮座椅等饰件在使用一段时间后出现松弛现象,即为松面。

A.产生原因。

a.原皮革质量决定了它的使用寿命较短,出现过早松弛。

b.座椅包皮制造质量较差。

c.使用时不注意保养,导致皮革老化,弹性降低。

B.防治方法。

若是由于制作上和皮质上的原因出现松面,应重新包皮或更换。若是在使用上出现松面,应加强保养,适当修理,注意日常护理。

②裂浆、露底及掉浆。皮革表面被顶起或揪起时出现裂纹,即为裂浆。呈现出底色时称为露底。涂层从皮革面上脱落的称为上掉浆。

A.产生原因。

a.涂层的延伸性与革的延伸性不一致,涂层材料使用不当。配方不合理或涂层过厚。

b.严重老化或硬划伤所致。

B.防治方法。

a.制造时严格把握质量关。

b.使用时注意保养。

c.更换或专业皮革修补翻新。

③油霜。皮革表面上形成粉状油脂渗出物,称为油霜。在天气温度较低时尤其容易出现,且擦拭后不久仍将重复出现。

A.产生原因。

a.皮料中本身含有的高熔点、硬脂酸等脂类物质没有除净。

b.皮革被油性污物污染。

B.防治处理。

a.更换。

b.做适当的除油、去污处理。

④僵硬。

A.产生原因。

a.使用时间太长,革内油脂逸失较多,皮革自然老化。

b.水浸。

c.洗涤清洁不当。

d.上光打蜡材料不当或涂层太厚。

e.皮革翻新时吸收浆料太多。

B.防治方法。

a.注重日常保养,合理保护上光。

b.清洁、翻新处理要遵守操作规范。

c.防止污染物侵蚀。

(3)皮革清洁上光护理

①产品选用。在汽车美容中有专用的皮革清洁上光护理用品。如去污剂、洁面剂、脱色剂、软化剂、打底剂、固定剂、各色色浆等。上述清洁护理品多用于皮革翻新施工,对于皮革翻新,要达到保质保量作业效果,须专业人员进行施工,在一般性美容中,主要用清洁上光用品对皮革进行翻新护理。常用真皮护理品有英特使 M-888 真皮清洁柔顺剂,M -999真皮上光保护剂等。

②清洁上光作业。

A.清洁。

a.吸尘处理。

b.喷施清洁柔顺剂,浸润 1~2 min,擦拭干净。

B.上光。

a.喷施上光保护剂,浸润 1~2 min,根据需要或不同产品的要求,决定是否进行擦拭处理。

b.上光后要进行必要的干燥处理,如风干或烘干等。

9)光触媒内室杀菌消毒

光触媒是光+触媒(催化剂)的合成词,是一类以二氧化钛为代表的具有光催化功能的半导体材料的总称,主要成分是二氧化钛。简言之,光触媒就是光催化剂。所谓催化剂,就是用于降低化学反应所需的能量,促使化学反应加快,但其本身却不因化学反应而产生变化的物质。光触媒顾名思义是以光的能量来作为化学反应的能量来源,利用二氧化钛作为催化剂,加速氧化还原反应,使吸附在表面的氧气及水分子激发成极具活性的 OH—及 O_2—自由基,这些氧化力极强的自由基几乎可分解所有对人体或环境有害的有机物质及部分无机物质,使其迅速氧化分解成稳定且无害的物质(水、二氧化碳),以达到净化空气、杀菌、防臭的功用。光触媒在微弱的光线下也能做反应,若在紫外线的照射下,光触媒的活性会加强。近年来,光触媒被誉为未来产业之一的纳米技术产品。

光触媒本身并不参与任何杀菌除臭的反应,只是提供反应的场所。因此,本身的杀菌除臭能力并不因时间而被消耗衰减,具有相当长的持久性。

氧化钛光触媒本身近似天然物质,不但对人体无毒无害,而且具有强大的光触媒作用,即使在室内荧光灯等微弱光源下也能发挥其功能。

光触媒是汽车污染的终结者。汽车污染渐渐被消费者认识到,但重视程度还不够,有的人认为车内确实有些难闻的味道,对身体并无影响。确实是这样,因为空气污染对人体的危害是一个缓慢的过程,它不是一天两天的事情。空气污染可能慢慢地侵蚀车主家人的身心健康,一旦发现可能就来不及了,现在每年有超过百万的白血病小孩,给家庭、社会造成了巨大损失,实际上它的主要原因是可怕的"污染"。我国将制订有关汽车污染的法律,制订相应的空气质量标准,那么消费者就有法可依。光触媒能彻底地解决汽车污染,它可以长期保持汽车空气清洁,让你和你的家人生活在一个健康的环境中,它不仅可以治理室内污染,还可以净化汽车内的空气,很快地分解烟味、臭味,让你如同坐在森林中,时时刻刻精神饱满。

10) 轮胎翻新

轮胎在使用过程中直接与各种条件的路面接触,易黏附路面上各种污物,这些污物有些会浸入轮胎橡胶表面,造成以下后果:

①轮胎橡胶失光。被污物侵蚀后的轮胎将失去原有的纯正黑色,而呈现灰黑色,影响汽车视觉效果,且这种失光通过清洗是无法解决的。

②轮胎橡胶老化。受侵蚀的橡胶极易老化、变硬、失去原有的弹性及耐磨性。因此,轮胎要定期进行翻新保护处理。

轮胎翻新主要用品是轮胎清洁增黑剂。其中,英特使轮胎清洁增黑剂为乳白色液体,适合于黑色橡胶制品,特别适于清洁保养轮胎,它能迅速渗透于橡胶内,分解浸入的有害物质,延缓轮胎橡胶老化,且具有增黑增亮功能。

轮胎翻新主要经过以下两道工序:

①轮胎清洁。用棕毛刷进行刷洗,选用专用洗车液,要求清洗彻底,然后擦干,擦干后风干 10~15 min 或用压缩空气进一步吹干,去除表面潮湿。

②轮胎翻新。上轮胎翻新剂,可喷涂也可直接用无纺布、软毛巾涂抹,均匀擦拭,如较脏应及时更换毛巾。直至轮胎再现黑亮本色。喷雾式的轮胎保护剂,喷上之后,胎壁形成白色泡沫,几分钟后会自然消失,使轮胎变得非常干净。

4.7.5　汽车购买手续的代理服务

作为汽车销售人员,还会涉及帮助顾客办理新车初检、办理车辆购置税和办理新车牌证等工作。销售人员应掌握相关手续代理业务的办理流程。

1) 新车初检

新车购买后,车主应携带身份证、购车发票、车辆合格证等,开车到购车当地机动车辆管理所制订的车检部门去"体检",并交纳验车费。车主应事先给新车加油加水,做好行车前的检查,确保新车能够正常行驶,同时注意按磨合期的具体要求行驶,不可高速驾驶。

（1）检查前的准备

①先要备齐汽车参检所需的文件,包括使用说明书、产品合格证、发动机和底盘编号的拓印件,发现不符时,应通过该车销售部门更正后再进行检测。

②清洁车容。清洁车辆表面的灰尘,检查车辆有无漏油、漏水现象。如发现渗漏,须修理后再进行汽车的检查。

③检查灯光。检查全车的各种照明灯、指示灯是否齐全有效,有故障的,应排除后再进行汽车的检查。

④检测制动系统。以30 km/h的速度在平坦的路面上行驶,踩下制动踏板,看汽车是否制动有效,是否出现跑偏等现象。不符合要求的,应及时调整。

⑤加装安全护网。货车要求在驾驶室至后轮之间加装安全护网,规格是到地面距离400 mm,离驾驶室、后轮翼子板各为100 mm。护网材料为金属框架内镶拉板网,喷涂红白相间的漆条。

⑥附加装置齐全。附加装置包括灭火器、三角形警告标志牌。

车辆检测表上一般须填写的内容包括牌照号码、发动机号码、底盘号码、车型、厂牌型号、受检次数、编号、检测日期、检测时间等项目。检测数据包括侧滑、前后制动和手制动、速度表、前照灯远近光、发动机废气、喇叭等。

（2）上线检测

①将做好准备的汽车开至机动车监测站。

②将汽车使用说明书、汽车产品合格证、购车原始发票、汽车编号拓印件等办理审核、制表和登记。

③将拓印好的编号拓印件贴在"机动车登记表"相应的栏内,并填写车主姓名及住址。

④将填好的"机动车登记表"进行汽车初检。

⑤将汽车开至检测线入口,将"机动车登记表"和"检测通知单"送至计算机控制室录入,取回上述两种表格后,由检查人员驾车上线检测。

⑥车主到计算机控制室领取监测数据单,有不合格项目经调试后再检测（单项）,若全部合格可进行灯光调整等下一个项目。

⑦持汽车相关文件和检查结果单,请总监师审核并签署意见。

⑧持上述所有文件,请驻检测站民警审核并在"机动车登记表"上签字盖章。

2）车辆购置税的缴纳

车辆购置税是我国动产税费中的重要一种,也是每一个汽车拥有者在实现车辆购置中必缴的税费。在办理购置税中,车主或代理人一定要严格按照相关规定和工作流程,准备齐相关材料,积极办置。车辆购置税的纳税人为在中华人民共和国境内购置车辆的单位和个人。其中所指的单位包括国有企业、集体企业、私营企业、股份制企业、外商投资企业、外国企业以及其他企业和事业单位、社会团体、国家机关、部队以及其他单位;所指的个人包括个体工商户以及其他个人。

购置是指购买、进口、自产、受赠、获奖或者以其他方式取得并自用应税车辆的行为。

车辆购置税税率为 10%（有时也会有所调整），应纳税额的计算公式为：

应纳税额 ＝ 计税价格 × 税率（如果低于国税总局颁布的最低计税价格则按国税总局规定的最低计税价格计征）

办理车辆购置税，车主或代理人需持有以下材料：

（1）车主身份证明

内地居民，提供内地居民身份证（含居住、暂住证明）或居民户口簿或军人（含武警）身份证明；香港、澳门特别行政区、台湾地区居民提供入境的身份证明和居留证明；外国人提供入境的身份证明和居留证明；组织机构提供组织机构代码证书。

（2）车辆价格证明

境内购置车辆提供统一发票（发票联和报税联）或有效凭证；进口自用车辆，提供《海关关税专用缴款书》《海关代征消费税专用缴款书》或海关《征免税证明》。

（3）车辆合格证明

国产车辆提供整车出厂合格证明（以下简称"合格证"）；进口车辆提供《中华人民共和国海关货物进口证明书》或《中华人民共和国海关监管车辆进（出）境领（销）牌照通知书》或《没收走私汽车、摩托车证明书》。

（4）税务机关要求提供的其他资料

新购机动车缴纳车辆购置税所需的凭证如下：

①购车发票原件（经工商行政管理机关盖章）及复印件 2 份。

②车辆合格证（进口车持货物进口证明书和商检证明）及复印件 1 份。

③单位车辆持单位法人代码证书。个人车辆持本人身份证明。

④纳税人办理车辆注册登记手续后，自行在完税证明上填写车辆牌照号码。

注意事项：

①已经缴纳车购税的车辆，因质量问题需将该车辆退回车辆生产厂家的，可凭生产厂家的退车证明办理退税；退税时必须交回该车车购税原始完税凭证；不能交回该车原始完税凭证的，不予退税。

②已经缴纳车购税的车辆，因质量问题需由车辆生产厂家为车主更换车辆的，可凭生产厂家的换车证明及所更换的新车发票办理车购税变更手续，并交回原车车购税原始完税凭证，不能交回原始完税凭证的，不予办理车购税变更手续。更换新车后，当新车辆的计税价格等于原车辆的计税价格的，则只需办理车购税变更手续；当新车辆的计税价格高于或者低于原车辆计税价格的，则按差额补税或者退税后办理变更手续。

③已经缴纳车购税的车辆因被盗抢或者其他原因，车辆的发动机号、底盘号或车辆识别号被涂改、破坏的，凭该车车购税原始完税凭证、公安机关车辆管理机构的相关证明，办理车购税变更手续。

3）新购汽车牌证的办理

（1）临时牌照的办理

临时牌照适用范围如下：

①购买新车时，由甲地到乙地跨地（市）区行驶的。

②在用车辆转籍时，由原籍驶往新籍的。

③其他需要临时上路行驶的。

临时牌照的办理程序如下：

①车主凭单位介绍信、车辆的发票（调拨单）、合格证到交警支队车管科业务领导岗审批后到机动车查验岗检验车辆。

②检验合格后到牌证管理岗等候通知收费，领取临时牌照，按规定时间、路线行驶。

移动证的适用范围如下：无牌证的车辆，需要在本地（市）辖区内移动时，发给移动证，如车站、码头、生产厂家移到仓库，车主提取新车，以及新车到车辆管理机关申报牌照或报停车辆申请复驶需要检验时。

移动证的申领程序：申领移动证时，凭车主证明或个人身份证明，车辆来历证明，到所辖车管所（站）均可办理。国产汽车申办临时牌、移动证业务流程：申请—业务领导岗审批—机动车查验岗验车—收费—牌证管理岗开具临时牌、移动证。

补牌、补证（第三次）业务规定及程序如下：

当车牌遗失或已注册的机动车第三次（含）遗失行驶证的请按下列规定办理：

补牌、补证（第三次）业务流程：领表申请—登记审核岗受理—机动车查验岗验车—登记审核岗审核—档案管理岗复核—牌证管理岗收、发号牌—交费、领牌、照相、保险—档案管理岗领证—进口车送总队审批。

①领取"补牌、证表""变更表"一式两份，"机动车登记表"（国产车一式 3 份，进口车一式 4 份），加盖原车主注册登记印章，并登报报失。

②在登记受理岗申请补办手续后到机动车检验岗进行车辆统一性检验认定。

③在登记审核岗重新编号。

④要牌证管理岗等候通知交费，收旧牌领新牌、装牌、照相、领取行驶证。

（2）申请办理机动车行驶证

车主在领取正式机动车牌照时，管理机关会同时发给一个与牌照号码相同的机动车行驶证。它记载着车辆的基本情况，确认车主对车辆的所有权，同时也是机动车获得上路行驶资格的书面凭证。通过机动车行驶证，可了解车辆的归属和技术状况，有助于车管部门充分掌握车辆的分布状况，加强车辆的管理、保障交通安全、减少交通事故。为此，驾驶人员在出车时，必须随车携带机动车行驶证，以便于公交车管部门的审查和管理。如果行驶证丢失，机动车所有人可持有其身份证明按以下程序进行补办：

①领取并填写《机动车补领、换领机动车牌证申请表》。

②拓印机动车发动机号和车架号，检验机动车。

③到档案管理窗口核对档案无误后，到业务窗口办理受理业务并领取受理凭证。

④在收费岗交费后,由档案管理窗口在受理凭证上签注领取机动车登记证书时间。

⑤15日后到档案管理窗口领取机动车登记证书。

【本章小结】

汽车4S店标准销售流程可以形成经销商、销售人员和预客户之间的三赢局面。具体流程有7个步骤:汽车售前准备(客户开发);接待;车辆展示与介绍;顾客异议处理;签约;交车服务;汽车销售延伸服务。

【扩展阅读】

客户回访——赢得新客户

销售人员小王正在寻求顾客的引荐。小王来到某老顾客家里拜访。

小王:"李先生,您好! 我来看看您对那辆汽车是否还满意?"

顾客:"哦,请坐。车子很不错,性能稳定,音响效果也很好。"

小王:"听您这么说我真高兴。听说李先生还是极速汽车俱乐部的成员?"

顾客:"是啊,我们每周都有聚会和活动。"

小王:"太好了。李先生,您可以给我的业务提些建议吗?"

顾客(有点防备地):"你想得到哪方面的建议呢?"

小王:"我做汽车销售已经有很长一段时间了,至今为止顾客对我还算满意。我知道您一定认识许多像您一样年富力强、事业有成并喜欢汽车的人士,如果您是我的话,会向什么地方拓展业务呢?"

顾客(表情变得轻松起来):"哦,原来是这样啊! 嗯,让我想想。"(思索片刻)"哦,对了,我姐夫也是俱乐部成员,他正打算换掉自己的旧车。你可以去找他,就说是我介绍的。"

小王:"真是太感谢了,非常感谢您的帮助。"

顾客:"哦,对了,正好我下午有事找他,不如你和我一起去,我把你当面引荐给他。"

【能力训练】

1.将学生分组,每组中均有学生分别扮演销售人员、顾客、顾客的家人或朋友、销售经理或展厅经理、售后服务人员等角色,分组进行交车模拟。

2.选几款车,进行销售介绍。

【案例分析】

销售过程中尽量挖出所有的潜在客户

销售方面,我们在工作场所的朋友会有两种主要情绪——悲惨和烦人。我们的许多销售同事认为销售很难,当我们成为客户时,我们也对一些销售感到恼火。但擅长销售的同事真的可以赚钱吗？销售专家不是天生的，就像世界上没有天才的孩子一样，真正的销售大师都是经过培训和学习的。想法是找到买方真正的决策者，任何销售技巧都必须针对购买产品的决策者，无论他是谁(也许不止一个人)。弄清人们与谁交谈以及他们扮演什么角色至关重要。有时，我们之间的联系是非常短暂的：也许他们只是介绍人，而决策者让他们先了解真相。

如果您认为其他人参与了购买产品的决定，您必须尝试与他们安排联系或更好地与他们见面。这个想法来自沃尔沃汽车经销商，人们常说，在销售汽车的过程中，最重要的是让您的潜在客户坐在驾驶员的位置上，并与汽车密切接触进行短暂的试驾。有时，当事情进展顺利时，你突然发现整个家庭成员都参与决策，只有一个关键人物是采购代理人。你能做什么？该关键人物可以是男性或女性。谁能说哪一半更重要？一旦你说服这个人试驾，这里有一个可行的策略，就是做一条好的路线，这样你就可以在试驾过程中将你的车开到你的潜在客户的门口(假设他们住得很近。但他们更有可能住在很远的地方。否则，他们为什么要买车)。然后，当汽车接近目的地时，卖家将借此机会推荐给他们。

与潜在客户保持密切联系，许多客户开始从互联网上寻找可能的产品。这意味着当客户和商家联系时，他们已经调查了货物，他们已经考虑了选择和购买货物的过程。但对于离业务太远的客户，他们可以保持远程联系。这样做的好处是可以让销售人员与潜在客户保持联系。由于网络，他们之间将没有任何联系。但是我们怎么能更接近？想法实例故事发生在沃尔沃经销店。通过互联网寻找商品有关的一个行业就是汽车销售行业，其中包括二手车的销售。人们可以在线查看模型和价格。一旦拥有他们喜欢的，他们就可以看到在该国销售的每辆车都符合他们的标准。

同样，他们也可以找出哪个商店可以看到这样的汽车。然后他们可以联系相应的经销商。经销商可能在该国的另一端。通过联系经销商，他们可以了解汽车并了解更多关于过去流行的基本类型和颜色。听完介绍后，如果他们仍然感兴趣，他们会毫不犹豫地去经销店看看。在当地与我交谈的沃尔沃经销商取得了这样的成功。他提议将车开到潜在客户那里(也许他们刚刚中途遇到)，这让另一方感到有些惊讶。为了达到这种意想不到的效果，让他衡量一下顾客的意图是否严肃。这很重要，因为驾驶既耗时又昂贵。但如果你确定你找到了一个好买家，你就会得到回报。

思考：试总结挖掘潜在顾客的途径。

第 5 章

汽车市场调查与客户管理

【学习目标】

- 掌握汽车市场调研的概念和程序。
- 掌握汽车市场调研的方法。
- 掌握问卷设计的技巧。
- 学会写汽车市场调研报告。
- 掌握客户关系管理方法。

【关键词】

汽车市场调研　问卷设计　客户关系

【引导案例】

"2020 中国企业社会责任发展指数榜单"揭晓

2020 年 11 月 13 日,以"凝心聚力,共担责任"为主题的"第三届北京责任展暨《企业社会责任蓝皮书(2020)》发布会"在京召开,国务院国资委、中国社科院、清华大学、北京师范大学、中国企业改革与发展研究会、韩国驻华大使馆、行业协会代表、优秀企业代表、主流媒体等各方嘉宾共 200 余人出席本次展会。

会上,百人论坛秘书长、中国社科院教授钟宏武发布《企业社会责任蓝皮书(2020)》。《企业社会责任蓝皮书(2020)》作为连续 12 年开展的研究,2020 年进一步优化评价指标,对国有企业 100 强、民营企业 100 强、外资企业 100 强、中央企业以及 20 个重点行业企业的社会责任管理与实践信息披露特征进行系统分析和评价,形成"2020 中国企业 300 强社会责任指数榜单",见表 5.1。

表 5.1 2020 中国企业 300 强社会责任指数榜单

排名	企业	分数	企业性质
1	华润集团	92.9	国企
2	中国三星	91.6	外企
3	中国华电	88.4	国企
4	现代汽车集团(中国)	87.2	外企
5	中国石化	87.1	国企
6	中国华能	86.9	国企
7	中国建材集团	86.9	国企
8	国投集团	85.3	国企
9	中国一汽	85.3	国企
10	东风汽车	85.2	国企
11	中国南方电网	85.2	国企
12	中国黄金	85.1	国企
13	中国电信	83.8	国企
14	中铝集团	82.4	国企
15	中国电建	80.2	国企
16	中国民生银行	80.2	民企
17	松下电器	80.1	外企
18	国家能源集团	79.9	国企
19	中国 LG	79.9	外企
20	中国旅游集团	79.3	国企
21	中交集团	79.3	国企
22	中国建筑	78.8	国企
23	中国移动	78.5	国企
24	中国宝武	78.5	国企
25	新兴际华集团	77.7	国企

排名	企业	分数	企业性质
26	中国浦项	76.8	外企
27	腾讯	76.7	民企
28	中盐集团	76.5	国企
29	华为	76.4	民企
30	APPLE	76.3	外企

5.1 汽车市场调查

5.1.1 编制汽车市场调查方案

一个汽车企业要进行市场调研,通常分为7步:确定调研目标、制订调研方案、选择调研方法、设计调研问卷、实施调查、整理资料及撰写调研报告。

1)确定调研目标

一个汽车企业要进行市场调研,往往是因为感觉在日常的营销活动中出现了问题,或者是感觉已有的营销策略需要改进。例如,某汽车公司发现某款车型的销售量连续下降达6个月之久,作为管理者想知道什么原因。是经济衰退了,广告支出减少了,消费者偏好转变,还是代理商推销不力。市场调查者应先分析有关资料,然后找出研究问题,并进一步作出假设,提出研究目标。

(1)与汽车企业决策者进行充分沟通交流

选择恰当的时机和方式,对汽车企业决策者进行访问。让汽车企业的决策者理解市场调查的重要作用,使他们能够坚定地支持市场调查工作。同时,也让他们了解市场调查工作过程及结论的局限性。在与决策者沟通时要注意:自由交换意见、双方坦诚、关系友善密切。

(2)与汽车行业专家进行沟通交流

因为汽车行业专家非常熟悉公司及该产品的制造,所以在与专家进行沟通交流后,可界定调研问题。

(3)分析二手资料

调研人员通过报纸、期刊、经济或统计年鉴、文件、数据库、报表等查找二手资料。可采用的查找方法有参考文献查找法、手工检索查找法、计算机网络检查及情报互联网检索。

2）了解营销问题背景

（1）了解企业本身条件

一般决策者很少能清楚地讲出个人和企业的目标，调查者可针对一个问题当面告诉决策者各种可行的思路，然后问决策者愿意采用何种解决思路。

了解企业本身的条件主要包括企业的历史资料和未来预测、企业可利用的资源和调查面临的限制条件、公司的经费预算和时间要求、企业的目标。

（2）了解企业的环境条件

调查者所要了解的环境条件主要包括消费者行为、企业所处的法制环境、企业所处的经济环境等。消费者行为主要有消费者的人数、地域分布、人口统计、心理特征、消费习惯、对价格的敏感性等；企业所处的法制环境主要有专利、商标、特许使用权、交易合同、税收、关税等；企业所处的经济环境主要有消费者的购买力、收入总额、可随意支配收入、价格、储蓄、信贷等。

对环境内容进行充分了解后，调查者就能识别出管理决策问题和营销调研问题。例如，某汽车企业某车型市场销售份额下降。对于决策者来说，他的问题是如何恢复市场份额，可供选择的行动方案包括改进现有的产品、开发新车型、改变营销过程中的其他组成部分、分割市场等。假设决策者和调研者都认为问题的根源在于对市场分割不合适，因此，希望营销调研者提供与此相关的信息。这样营销调研问题就是发现和评价不同的分割市场依据的问题。

3）确定市场调研目标

在与决策者沟通、与专家沟通及分析二手资料、对营销环境分析的基础上确定营销调研的目标。在制订目标时不能定得太宽，如研究汽车品牌的市场营销战略、改善公司的形象等问题不够具体。同时，也要注意目标不能定得太窄，太窄反映不出问题。可用的方法是先用比较宽泛的、一般性的术语陈述，然后确定具体的研究提纲。

4）制订调查方案

（1）选择调查方案

①不能确定问题性质时，选择探索性调查方案。

探索性调研是为了界定问题的性质以及更好地理解问题的环境而进行的小规模的调研活动。探索性调研特别有助于把一个大而模糊的问题表达为小而精确的子问题以使问题更明确，并识别出需要进一步调研的信息（通常以具体的假设形式出现）。在调研的早期，通常对问题缺乏足够的了解，尚未形成一个具体的假设。例如，奇瑞 QQ 汽车企业市场份额去年下降了，为什么？公司方面也不能确定。是经济衰退所影响，广告支出的减少，销售代理效率低，还是消费者的习惯改变了。显然，可能的原因有很多，公司无法一一查知，只好用探索性调研来寻求最可能的原因，如从一些用户及代理商处收集资料，从中发掘问题。假设试探性的解释奇瑞 QQ 是经济型轿车，起初是为了与低成本的品牌竞争，而现在他的消费者群比刚上市时更有钱，并愿意花更多的钱在高质量的汽车上，这是公司市场份额下降的可能原因。"有的家庭有更多的实际收入以及在汽车购买上愿意花更多的钱",这是我们通过探索性调研得到的假设。

探索性调研有时也用来使调研人员更加熟悉问题,这在调研人员刚接触某类问题时更加明显(如市场调研人员首次为某一公司工作)。

探索性调研也可用来澄清概念。例如,管理人员正在考虑服务政策方面将要发生的改变,并希望这种改变会使中间商满意。探索性调研可用来澄清中间商满意这一概念,并发展一种用来测量中间商满意的适当方法。

总之,探索性调研适合那些我们知之甚少的问题,它可用于以下任何一个目的:更加明确地表达问题并作出假设;使调研人员对问题更加熟悉;澄清概念。

当调研开始时,我们缺乏知识,探索性调研在增加见识和建立假设方面具有灵活性的特点。调研经验表明,二手资料调研、经验调查、小组座谈和选择性案例分析在探索性调研中特别有用。

进行探索性调研最经济、最快速的方法是查阅二手资料。二手资料就是那些可从现有资料中获取的资料,人口统计资料、公开发布的调查、公司的内部记录都是二手资料。经验调查也称为关键人物调查,是通过调查那些熟悉调研对象的人来解决问题的一种方法,被调查者一般不使用概率抽样来抽取,而是根据问题的特点由调查者慎重决定的。小组座谈是探索性调研的另一种十分有效的方法,在小组座谈中,一些人坐在一起讨论调研人员感兴趣的课题。选择性案例分析是指选取若干实例或情况,进行广泛调查,并把调查到的情况同调研的具体问题进行比较,期望从案例分析中得到教训,帮助作出决策。

②对有关情形缺乏完整的知识时,选择描述性调研方案。

描述性调研,正如其名,处理的是总体的描述性特征。描述性调研寻求对"谁""什么""什么时候""哪里"和"怎样"这样一些问题的回答。不像探索性调研,描述性调研基于对调研问题性质的一些预先理解。尽管调研人员对问题已经有了一定的理解,但对决定行动方案必需的事实性问题作出回答的结论性证据,仍需要收集。

描述性调研可以满足一系列的调研目标,描述某类群体的特点,决定不同消费者群体之间在需要、态度、行为、意见等方面的差异,识别行业的市场份额和市场潜力是非常常见的描述性调研。

商店经常使用描述性调研以决定他们的顾客在收入、性别、年龄、教育水平等方面的特征,这样的描述并没有给出"为什么会有这样的特征"的解释。描述性调研提供的结果经常用来作为解决营销问题的全部信息,尽管没有对"为什么"给出回答。一家 4S 店从描述性调研中了解到该店的顾客 67% 是年龄在 30~44 岁的妇女,并经常带着家人、朋友一起来了解产品,这种描述性调研提供了一个重要信息,它使这个 4S 店直接向妇女开展促销活动。

一个好的描述性调研需要对调研内容有相当的预备知识,它依靠一个或多个具体的假设,这些假设指导调研按一定的方向进行。在这方面,描述性调研与探索性调研存在着很大的差异,探索性调研比较灵活,而描述性调研比较呆板,描述性调研要求对调研中的谁、什么、什么时候、为什么和怎样作出明确的回答。

③需要对问题严格定义时,选择因果性调研方案。

因果性调研是调查一个变量是否引起或决定另一个变量的研究,目的是识别变量间的因果关系。

描述性调研能告诉我们两个变量是否有某种关系,如收入和销售额、广告花费与知名度,但不能提供合适的证据来证明消费者收入的增加引起了销售额的增加:广告投入的增加使知名度提高了。描述性调研在联想或关系上能给人们一些看法,它帮助调研人员在因果性调研中选择变量。例如,没有描述性调研数据,调研人员在考虑销售额时不知道是否要去研究收入、价格、广告花费或一系列其他变量。

(2)编写市场调研方案

学生确定调研题目之后,在充分讨论的基础上编写市场调研方案。其方案主要包括以下内容:前言部分、调查课题的目的和意义、调查内容和具体项目、调查对象、调查的方法、调查工作的时间进度安排、经费预算、调查结果的表达方式。

(3)讨论与修改市场调查方案

调查方案写完后,小组成员对方案进行认真修改,主要看方案设计是否基本上体现了调查的目的和要求,方案设计是否科学、完整和适用,方案设计操作性是否强。

5.1.2 选择市场调查方法

1)选择二手资料调查法

(1)二手资料调研

二手资料调研是指查寻并研究与调研项目有关资料的过程,这些资料是经他人收集、整理的,有些是已经发表过的。通过第二手资料的调研,市场营销调研人员可将注意力集中到那些应该着重调查的某些特定的因素上,如果有许多市场摆在面前要去选择,第二手资料调研可帮助调研人员排除不理想的市场而认准最有前途的市场,并为进一步的实地调查奠定基础。在营销中,二手资料调研的作用主要表现在以下两个方面:一是重要的信息来源,为某些营销决策的制订奠定基础;二是为实地调研提供必要的背景资料,使实地调研的目标更加明确,从而节省时间和调研成本,为实地调研打下基础。

(2)二手资料的来源

现在的竞争是一场信息的竞争,谁掌握了信息,谁就赢得了市场。要研究信息,企业必须掌握信息来源。而从众多的信息源中查询第二手资料是一个重要的途径。二手资料的来源主要可分为两大类,即内部资料来源和外部资料来源。

①内部资料来源指的是出自我们所要调查的企业或公司内部的资料。内部来源可分为以下 3 个部分:

A.会计账目和销售记录。每个企业都保存关于自己的财务状况和销售信息的会计账目。会计账目记录是出自企业或公司用来计划市场营销活动预算的有用信息。除了会计账目外,市场营销调研人员也可从企业的销售记录、顾客名单、销售人员报告、代理商和经销商的信函、消费者的意见以及信访中找到有用的信息。

B.其他各类报告。其他各类记录包括以前的市场营销调研报告、企业自己做的专门审计报告和为以前的管理问题所购买的调研报告等信息资料。随着企业经营的业务范围越来越多样化,每一次的调研越有可能与企业其他的调研问题相关联。因此,以前的调研项目对于相近、相似的目标市场调研来说是很有用的信息来源。西方许多企业都建立了以电子计算机为基础的营销信息系统,其中储存了大量有关市场营销的数据资料。这种信息系统的服务对象之一就是营销调研人员,因而是调研人员重要的二手资料来源。

②外部资料来源。外部资料指的是来自被调查的企业或公司以外的信息资料。一般来说,第二手资料主要来自以下 9 种外部信息源:

A.政府机构。

a.本国政府在外国的官方办事机构(如商务处)。通过这些机构,可系统地搜集到各国的市场信息。

b.外国政府的有关部门。许多国家的政府为了帮助发展中国家对其出口,专门设立了"促进进口办公室",负责提供下列信息:统计资料;销售机会;进口要求和程序;当地营销技巧和商业习俗;经营某一产品系列的进口商、批发商、代理商等中间机构的名单;某一类产品的求购者名单及求购数量。

B.国际组织。许多国际组织都定期或不定期地出版大量市场情报。例如,国际贸易中心(International Trade Centre, ITC)、联合国(United Nations)及其下属的粮食与农业组(Food and Agriculture Organization, FAO)、经济合作组织与发展(Organization for Economic Co-operation & Development, ECD)、联合国贸易和发展会议(United Nations Conference on Trade and Development, UNCTAD)、联合国经济委员会(UN Economic Commissions)、国际货币基金(International Monetary Fund, IMF)。

C.行业协会。许多国家都有行业协会,许多行业协会都定期搜集、整理甚至出版一些有关本行业的产销信息。行业协会经常发表和保存详细的有关行业销售情况、经营特点、增长模式及其类似的信息资料。此外,他们也开展了自己行业中各种有关因素的专门调研。

D.专门调研机构。这里的调研机构主要是指各国的咨询公司、市场调研公司。这些专门从事调研和咨询的机构经验丰富,搜集的资料很有价值,但一般收费较高。

E.联合服务公司。这是一种收费的信息来源,它们由许多公司联合协作,定期收发对营销活动有用的资料,并采用订购的方式向客户出售信息。它们在联合的基础上定期提供 4 种基本的信息资料:

a.经批发商流通的产品信息。

b.经零售商流通的产品信息。

c.消费大众对营销组合各因素反馈的信息。

d.有关消费者态度和生活方式的信息。

F.其他大众传播媒介。电视、广播、报纸、广告、期刊、书籍、论文和专利文献等类似的传播媒介,不仅含有技术情报,也含有丰富的经济信息,对预测市场、开发新产品、进行海外投资具有重要的参考价值。

G.商会。商会通常能为市场营销调研人员提供的信息有他们成员的名单、当地商业状况和贸易条例的信息、有关成员的资信以及贸易习惯等内容。大的商会通常还拥有对会员开放的商业图书馆,非会员也可前去阅览。

H.银行。银行尤其是一家国际性大银行的分行,一般能提供下列信息和服务:

a.有关世界上大多数国家的经济趋势、政策及前景,重要产业及外贸发展等方面的信息。

b.某一国外公司的有关商业资信状况的报告,各国有关信贷期限、支付方式、外汇汇率等方面的最新情报。

c.介绍外商并帮助安排访问。

世界银行及其所属的国际开发协会(简称"IDA")和国际金融公司(简称"IFC")每年都公布:预测许多重要的经济信息和金融信息。另外一些区域性的银行,如亚洲银行、欧洲银行等也能为市场营销调研人员提供丰富的贸易、经济信息。许多国家都有以保护消费者利益为宗旨的消费者组织,这些组织的众多任务之一就是监督和评估各企业的产品以及与产品有关的其他营销情况,并向公众报告评估结果。这些信息对于调研者来说具有很高的参考价值。有关竞争者信息的一个重要来源就是这些公司本身。调研人员可通过直接或间接的方式从这些公司获取产品目录、价格单、产品说明书、经销商名单和年度财务报告等。

I.官方和民间信息机构。许多国家政府经常在本国商务代表的协助下提供贸易信息服务以答复某些特定的资料查询。另外,各国的一些大公司延伸自己的业务范围,把自己从事投资贸易等活动所获得的信息以各种方式提供给其他企业,如日本三井物产公司的"三井环球通讯网",日本贸易振兴会的"海外市场调查会",等等。我国的官方和民间信息机构主要有国家经济信息中心、国际经济信息中心、中国银行信息中心、新华社信息部、国家统计署、中国贸促会经济信息部、各有关咨询公司、广告公司等。

(3)二手资料调研应注意的问题

尽管二手资料调研具有省时间、省费用的优点,然而许多二手资料也存在着严重缺陷。调研人员特别需要注意的是以下5个方面的问题:

①可获性。由于第二手资料的主要优点是省时省钱。因此,人们在选用第二手资料时应该考虑这些问题:所需的资料是否能被调研人员迅速、方便、便宜地使用?一般只有在迫切需要信息时才会使用昂贵的资料来源。但是,调研经费如果很少,那么花钱少的信息来源应该加以优先考虑,快速和便利则是次要的。某些国家统计非常完备,企业可以很容易地得到所需要的资料,可是在另一些国家(特别是发展中国家),统计手段落后,调研人员很难得到需要的资料。

②时效性。在某些国家某些信息来源中得到的数据资料往往已过时数年,不能作为企

业决策的主要依据。因此,贪图简便,用过时资料来推断当前的市场状况,将使企业的调研缺乏时效性与准确性,因此无法被决策者所采用。

③可比性。从不同国家得到的数据有时无法进行相互比较这是由各国条件不同、数据搜集程序和统计方法不同等所致。有时同一类资料在不同的国家可能会使用不同的基期,同指标在含义上也可能不大相同。

④相关性。市场营销调研人员必须研究他所找到的资料是否最能切中问题的有关方面,任何牵强附会只能使调研结果得出错误的结论。

⑤精确性。只在很少的情况下,一些由别人公布的第二手资料会全面、精确地论述市场调研人员所要调查的主题,但多数情况并非如此。特别是得不到直接切题的第二手资料时,市场营销调研人员可能只得利用代用资料,因此,要适当地对这些代用资料作一些修改或补充。要提高资料的精确度,市场营销调研人员还应深入研究制作这类第二手资料时所用的方法,推敲它们是否能经得起科学的考验。例如,有些国家提供的数据只是估计数,准确性不高。

2)选择实地调查法

(1)访问调查法

访问调查法也称为访谈法,就是访问者通过口头交谈等方式直接向被访问者了解社会情况或探讨社会问题的调查方法。

访问调查的特点如下:

①它是访问者与被访问者面对面的直接调查。它与实地观察等直接调查方法一样,能够比各种间接调查方法了解到更多、更具体、更生动的社会情况。

②它是通过交谈方式进行的口头调查。因而它能通过口头交谈方式反复询问某些社会情况,并深入探讨有关的社会问题。

③它是访问者与被访问者双向传导的互动式调查。

④它是需要一定访谈技巧的有控制的调查。

(2)观察法

①观察法的分类。在市场调研中,观察法是指由调查员直接或通过仪器在现场观察调查对象的行为动态并加以记录而获取信息的一种方法。

观察法分人工观察和非人工观察,在市场调研中用途很广。例如,研究人员可通过观察消费者的行为来测定品牌偏好和促销的效果。随着现代科学技术的发展,人们设计了一些专门的仪器来观察消费者的行为。观察法可观察到消费者的真实行为特征,但是只能观察到外部现象,无法观察到调查对象的一些动机、意向及态度等内在因素。

为了尽可能地避免调查偏差,市场调查人员在采用观察法收集资料时应注意以下4点:

a.调查人员要努力做到采取不偏不倚的态度,即不带有任何看法或偏见进行调查。

b.调查人员应注意选择具有代表性的调查对象和最合适的调查时间和地点,应尽量避免只观察表面现象。

c.在观察过程中,调查人员应随时作记录,并尽量作较详细的记录。

d.除了在实验室等特定的环境下和在借助各种仪器进行观察时,调查人员应尽量使观察环境保持平常自然的状态,同时要注意被调查者的隐私权问题。

②观察法的适应范围。观察法在市场调查中的应用范围如下:

a.对实际行动和迹象的观察。例如,调查人员通过对顾客购物行为的观察,预测某种商品购销情况。

b.对语言行为的观察。例如,观察顾客与售货员的谈话。

c.对表现行为的观察。例如,观察顾客谈话时的面部表情等身体语言的表现。

d.对空间关系和地点的观察。例如,利用交通计数器对来往车流量进行记录。

e.对时间的观察。例如,观察顾客进出商店以及在商店逗留的时间。

f.对文字记录的观察。例如,观察人们对广告文字内容的反应。

③观察法的种类。对某一个特定调查问题,从成本和数据质量的角度出发,需要选择适合的观察方法。通常采用的观察方法包括以下 4 种:

a.自然观察法:调查员在一个自然环境中(包括超市、展示地点、服务中心等)观察被调查对象的行为和举止。

b.设计观察法:调查机构事先设计模拟一种场景,调查员在一个已经设计好的并接近自然的环境中观察被调查对象的行为和举止。所设置的场景越接近自然,被观察者的行为就越接近真实。

c.掩饰观察法:在不为被观察人、物或者事件所知的情况下监视他们的行为过程。

d.机器观察法:在某些情况下,用机器观察取代人员观察是可能的甚至是所希望的。在一些特定的环境中,机器可能比人员更便宜、更精确和更容易完成工作。

④观察法的优缺点。观察法的优点主要包括直观性、可靠性,更接近真实,不受被观察者的意愿和回答能力影响,而且简便易行,灵活性强,可随时随地进行观察;观察法的缺点:通常只有行为和自然的物理过程才能被观察到,而无法了解被观察者的动机、态度、想法和情感。而且只能观察到公开的行为,并且这些行为的代表性将影响调查的质量。

(3)实验法

实验调查法也称试验调查法,就是实验者按照一定实验假设、通过改变某些实验环境的时间活动来认识实验对象的本质及其发展规律的调查。实验调查的基本要素如下:

①实验者。即实验调查的有目的、有意识的活动主体,他们都以一定的实验假设来指导自己的实验活动。

②实验对象。即实验调查者所要认识的客体,他们往往被分成实验组和对照组两类对象。

③实验环境。即实验对象所处的各种社会条件的总和,它们可分为人工实验环境和自然实验环境。

④实验活动。即改变实验对象所处的社会条件的各种实验活动,它们在实验调查中被称为"实验激发"。

⑤实验检测。即在实验过程中对实验对象所作的检查或测定,它可分为实验激发前的检测和实验激发后的检测。

实验调查的一般程序:以实验假设为起点设计实验方案—选择实验对象和实验环境—对实验对象前检测—通过实验激发改变实验对象所处的社会环境—对实验对象后检测—通过对前检测和后检测的对比对实验效果作出评价。

3)选择抽样调查法

(1)概率抽样

概率抽样又称几率抽样、可能率抽样,在实践中受到人们的普遍重视和广泛应用。概率抽样是以概率论与数理统计为基础,首先按照随机的原则选取调查样本,使调查母体中每一个子体均有被选中的可能性,即具有同等被选为样本的可能率,机遇均等。定量市场调查中的概率抽样是指在调查总体样本中的每个单位都具有同等可能性被抽中的机会。概率抽样包括简单随机抽样(又称单纯随机抽样)、系统抽样(等距抽样)、分层随机抽样(类型抽样)及分群随机抽样等方法。

(2)非概率抽样

非概率抽样又称为不等概率抽样或非随机抽样,就是调查者根据自己的主观判断抽取样本的方法。它不是严格按随机抽样原则来抽取样本,所以失去了大数定律的存在基础,也就无法确定抽样误差,无法正确地说明样本的统计值在多大程度上适合于总体。虽然根据样本调查的结果也可在一定程度上说明总体的性质和特征,但不能从数量上推断总体。非概率抽样根据抽样特点可分为方便抽样、定额抽样、立意抽样、滚雪球抽样及空间抽样。

💡 【课间阅读】

混合动力车消费者调研方案

调查背景

改革开放后,居民收入日益提高,汽车在一般社会大众日常生活中所扮演的角色已由奢侈品转变为必需品,然而随着汽车数量的大幅增长,所造成的空气污染、噪声污染问题更加严重,能源耗费问题也不容忽视。于是,可降低环境污染并减少不必要资源浪费的混合动力车顺应环境保护、节约资源之需而产生,目前在国内几个大城市蓬勃发展起来。生产混合动力车的厂家日益多起来,竞争也日趋激烈。

调查目的

某厂家为了增强竞争力,了解混合动力车使用者与潜在使用者的需求与建议,以作为研究改进混合动力车的有效参照,组织对全国3个主要汽车城市进行调查。

调查内容

1.混合动力车使用状况分析

● 驾车经验分析;

● 驾驶速度分析;

- 每日行驶里程数分析；
- 每日行驶时间分析；
- 主要用途分析；
- 搭载情况分析；
- 交通状况分析；
- 使用满意度分析；
- 使用情况分析。

2.混合动力车需求分析
- 理想的混合动力车外形分析；
- 充电方式分析；
- 公共设施的配合分析；
- 愿意购买价格分析；
- 购买可能性分析；
- 欲购买的原因分析；
- 不想购买的原因分析；
- 购买时机分析。

3.混合动力车需求分析(试驾后)
- 购买可能性分析；
- 购买原因分析；
- 不想购买原因分析；
- 购买时机分析。

调研地区、对象、样本

以上海、北京、深圳 3 个地区 18~60 岁的公民作为抽样母体,并依抽样地区、性别、年龄 3 个变数进行分层比例抽样,分配各组样本数。

样本分配见表 5.2。

表 5.2　样本分配

项目类别		样本数/本
地区别	上海市	216
	北京市	58
	深圳市	110
性别	男	195
	女	189

续表

项目类别		样本数/本
年龄	16~24 岁	82
	25~29 岁	63
	30~34 岁	64
	35~39 岁	61
	40~44 岁	41
	45~49 岁	29
	50~54 岁	25
	55~60 岁	19
合　计		384

调研方式、方法

采用问卷调查、人员定点访问的调查方式。

问卷发放数量与投放方式(可省)。

按样本数量发放问卷 384 份,采用送发式问卷发放形式。

资料整理与分析的方法

对合格的问卷进行登记、计算、得出可供分析使用的初步计算结果,进而对调查结果作出准确描述及初步分析,为进一步的分析提供依据。

该阶段的工作虽在室内进行,不可控因素相对较少,但智力含量高,技术性强,须予以重视。

调研时间

2011 年 5 月 13—21 日。

调研经费预算

包括问卷制作费、人员工资、交通费、调查实施费等。

调研报告提交方式

将本次调查的实施情况、调查结果及分析结果付诸文字,形成《混合动力车消费者调查报告》,以作为本次调查的最终结果。

5.1.3　设计调查问卷

调查问卷又称为调查表或询问表,是以问题的形式系统地记载调查内容的一种印件。

问卷可以是表格式、卡片式或簿记式。设计问卷是询问调查的关键。完美的问卷必须具备两个功能,即能将问题传达给被问的人和使被问者乐于回答。要完成这两个功能,问卷设计时应遵循一定的原则和程序,运用一定的技巧。

1) 问卷设计的原则

①有明确的主题。根据调查主题,从实际出发拟题,问题目的明确,重点突出,没有可有可无的问题。

②结构合理、逻辑性强。问题的排列应有一定的逻辑顺序,符合应答者的思维程序。一般是先易后难、先简后繁、先具体后抽象。

③通俗易懂。问卷应使应答者一目了然,并愿意如实回答。问卷中语气要亲切,符合应答者的理解能力和认识能力,避免使用专业术语。对敏感性问题采取一定的技巧调查,使问卷具有合理性和可答性,避免主观性和暗示性,以免答案失真。

④控制问卷的长度。回答问卷的时间控制在 20 min 左右,问卷中既不浪费一个问句,也不遗漏一个问句。

⑤便于资料的校验、整理和统计。

2) 问卷设计的程序

(1)把握调研的目的和内容

问卷设计的第一步就是要把握调研的目的和内容,这一步骤的实质其实就是规定设计问卷所需的信息。这同时也是方案设计的第一步。对于直接参与调研方案设计的研究者来说,他们也可以跳过这一步骤,而从问卷设计的第二步骤开始。但是,对于那些从未参与方案设计的研究者来说,着手进行问卷设计时,首要的工作是要充分地了解本项调研的目的和内容。为此需要认真讨论调研的目的、主题和理论假设,并细读研究方案,向方案设计者咨询,与他们进行讨论,将问题具体化、条理化和操作化,即变成一系列可以测量的变量或指标。

(2)搜集有关研究课题的资料

问卷设计不是简单的凭空想象,要想把问卷设计得更完善,研究者还需要了解更多的东西。问卷设计是一种需要经验和智慧的技术,它缺乏理论,因为没有什么科学的原则来保证得到一份最佳的或理想的问卷,与其说问卷设计是一门科学,还不如说是一门艺术。虽然也有一些规则可以遵循以避免错误,但好的问卷设计主要来自调研人员熟练的创造性。搜集有关资料的目的主要有 3 个:一是帮助研究者加深对所调查研究问题的认识;二是为问题设计提供丰富的素材;三是形成对目标总体的清楚概念。在搜集资料时对个别调查对象进行访问,可以帮助了解受访者的经历、习惯、文化水平以及对问卷问题知识的丰富程度等。我们很清楚地知道,适用于大学生的问题不一定适合家庭主妇。调查对象的群体差异越大,就越难设计出一个适合整个群体的问卷。

(3)确定调查方法的类型

不同类型的调查方式对问卷设计是有影响的。在面访调查中,被调查者可以看到问题并可以与调查人员面对面地交谈,因此可以询问较长的、复杂的和各种类型的问题。在电话访问中,被调查者可以与调查员交谈,但是看不到问卷,这就决定了只能问一些短的和比较简单的问题。邮寄问卷是自己独自填写的,被调查者与调研者没有直接交流,因此问题也应简单些并要给出详细的指导语。在计算机辅助访问(CAPI 和 CATI)中,可以实现较复杂的跳答和随机化安排问题,以减小由于顺序造成的偏差。人员面访和电话访问的问卷要以对话的风格来设计。

(4)确定问答题的设置内容

一旦确定了访问方法的类型,下一步就是确定每个问答题的内容:每个问答题应包括什么,以及由此组成的问卷应该问什么,是否全面且切中要害。在此,针对每个问题,我们应反问:这个问题有必要吗,是需要几个问答题还是只需要一个就行了。我们的原则是,问卷中的每一个问答题都应对所需的信息有所贡献,或服务于某些特定的目的。如果从一个问答题得不到可以满意的使用数据,那么这个问答题就应该取消。

当然有些时候,还可以"故意"问一些与所需信息没有直接联系的问答题。例如,在问卷的开头问一些中性的问答题,可以让被调查者乐于介入并建立友善的关系,特别是当问卷的主题是敏感的或有争议的。有些时候"填充"一些问题来掩饰调查的目的或项目的资助(或委托)单位。第一个原则是确定某个问答题的必要性,那么,第二个原则就是必须肯定这个问答题对所获取的信息的充分性。有时,为了明确地获取所需的信息,需要同时询问几个问答题。设计问答题的内容时,调研者不应假设被调查者能够对所有的问答题都提供准确或合理的答案,也不应假定他一定会愿意回答每一个知晓的问题。对被调查者"不能答"或"不愿答"的问答题,调研者应想法避免这些情况发生。"不能答"情况的发生,可能是被调查者"不知道""回忆不起来"或是"不会表达"。对于"不知道"的情况应在询问前先问一些"过滤问题",即测量一下过去的经验、熟悉程度,从而将那些不了解情况的被调查者过滤掉。其次,被调查者可能对有些调查内容回忆不起来。研究的结果表明,回忆一个事件的能力受3 个因素的影响:事件本身;事件发生的时间跨度;有无可能帮助记忆的其他事件。问卷中回忆的问题可以是无帮助的,也可以是有帮助的。无帮助的回忆一般会产生对实际情况低估的结果。

(5)决定问答题的结构

一般来说,调查问卷的问题有两种类型:开放性问题和封闭性问题。开放性问题又称无结构的问答题,被调查者用他们自己的语言自由回答,不具体提供选择答案的问题。开放性问题可让被调查者充分地表达自己的看法和理由,并且比较深入,有时还可获得研究者始料未及的答案。其缺点是搜集到的资料中无用信息较多,难以统计分析,面访时调查员的记录直接影响调查结果,并且由于回答费事,可能遭到拒答。封闭性问答题又称有结构的问答题,它规定了一组可供选择的答案和固定的回答格式。

封闭性问题的优点包括以下 3 个方面:

①答案是标准化的,对答案进行编码和分析都比较容易。

②回答者易于作答,有利于提高问卷的回收率。

③问题的含义比较清楚。因为所提供的答案有助于理解题意，这样就可以避免回答者因不理解题意而拒绝回答。

封闭性问题存在以下一些缺点：

①回答者对题目不正确理解的，难以觉察出来。

②可能产生"顺序偏差"或"位置偏差"，即被调查者选择答案可能与该答案的排列位置有关。

研究表明，对陈述性答案被调查者趋向于选第一个或最后一个答案，特别是第一个答案。而对一组数字（数量或价格），则趋向于取中间位置的。为了减少顺序偏差，可以准备几种形式的问卷，每种形式的问卷答案排列的顺序都不同。

（6）决定问题的措辞

无论哪种问卷，问题的措辞与语言十分重要。语言与措辞要求简洁、易懂、不能产生歧义，在语言各个方面都有要求。

①多用普通用语、语法，对专门术语必须加以解释。

②要避免一句话中使用两个以上的同类概念或双重否定语。

③要防止诱导性、暗示性的问题，以免影响答卷者的思考。

④问及敏感性的问题时要讲究技巧。

⑤行文要浅显易读，要考虑到答卷者的知识水准及文化程度，不要超过答卷者的领悟能力。

⑥可运用方言，访问时更是如此。

（7）安排问题的顺序

在进行问卷问题整理编排时，要注意将过滤性问题放在首位，用来识别哪些是合格的应答者，在此之后提出的问题应该能够引起回答者的兴趣，然后按照一种逻辑形式进行，开始编排一般性问题。如果有些问题需要回答者思考，最好放在问卷的中间。把敏感性问题、威胁性问题及人口统计问题放在最后。

（8）确定格式和排版

设计的问卷要让调查者留下良好的第一印象，因此要在节约成本的基础上，尽量让问卷更加清晰。特别要注意的是版面编排、字号大小、字体选择、行距和印刷等细节。

（9）评估及制作问卷

在问卷组织编排好之后，需要做一下综合评估，要评估问卷中的问题是否必要，如果和前边重复或者不必要的问题可删去；要看看问卷是否太长，街上拦截访问最好不超过20 min，入户访问最好不超过45 min；邮寄和自填式问卷的外观要精美；问卷版面安排要规范。对问卷进行综合评估之后可以预先测试一下，然后印刷装订。

3）问卷的结构

问卷表的一般结构有标题、说明、主体、编码号、致谢语及实验记录6项内容。

（1）标题

每份问卷都有一个研究主题。研究者应开宗明义定个题目，反映这个研究主题，使人一目了然，增强回答者的兴趣和责任感。例如，"厂级干部推荐表"这个问卷的标题，把该厂人事部门的调查内容和范围反映出来了。又如，"中国互联网发展状况及趋势调查"这个标题，把调查对象和调查中心内容和盘托出，十分鲜明。我们在这里提这个常识性问题并不是多此一举，在实际工作中，有的研究者不注意问卷的标题，要么没有标题，要么列一个放之四海而通用的标题。

（2）说明

问卷前面应有一个说明。这个说明可以是一封告调查对象的信，也可以是指导语，说明这个调查的目的意义，填答问卷的要求和注意事项，下面同时填上调查单位名称和年月。问卷的说明是问卷开头主要包括引言和注释，是对问卷的情况说明。引言应包括调查的目的、意义、主要内容、调查的组织单位、调查结果的使用者、保密措施等。其目的在于引起受访者对填答问卷的重视和兴趣，使其对调查给予积极支持和合作。引言一般放在问卷的开头，篇幅宜小不宜大。访问式问卷的开头一般非常简短；自填式问卷的开头可以长一些，但一般以不超过两三百字为佳。

（3）主体

这是研究主题的具体化，是问卷的核心部分。问题和答案是问卷的主体。从形式上看，问题可分为开放式和封闭式两种。从内容上看，可分为事实性问题、意见性问题、断定性问题、假设性问题及敏感性问题等。

（4）编码号

编码号并不是所有问卷都需要的项目。在规模较大又需要运用电子计算机统计分析的调查，要求所有的资料数量化，与此相适应的问卷就要增加一项编码号内容。也就是在问卷主题内容的右边留一统一的空白顺序编上 1,2,3,…的号码（中间用一条竖线分开），用以填写答案的代码。整个问卷有多少种答案，就要有多少个编码号。如果一个问题有一个答案，就占用一个编码号，如果一个问题有 3 种答案，则需要占用 3 个编码号。答案的代码由研究核对后填写在编码号右边的横线上。

（5）致谢语

为了表示对调查对象真诚合作的谢意，研究者应当在问卷的末端写上感谢的话，如果前面的说明已经有表示感谢的话语，那么末端可不用写。

（6）实验记录

实验记录的作用是用以记录调查完成的情况和需要复查、校订的问题，格式和要求都比较灵活，调查访问员和督导、校对者均在上面签写姓名和日期。

以上问卷的基本项目，是要求比较完整的问卷所应有的结构内容。但通常使用的如征询意见及一般调查问卷可以简单些，有一个标题、主题内容和致谢语及调查研究单位就可以了。

5.1.4　实施调查

实施调查主要有组建市场调查工作组、培训调查人员、管理控制市场调查等环节。而每一个环节都对市场调查人员提出了标准的要求。

1）组建市场调查工作组

（1）建立调查项目领导组

不同的市场调查机构，它的组织结构和形式不同。例如，有些市场调查公司内部都会设置调查部，有的还设立了调查一部、调查二部等，这些部门的主要职责就是执行市场数据资料的收集工作。如果受委托项目规模比较大，涉及多个方面的工作，这就需要调查公司内部的研究开发部、调查部、统计部、资料室等多个部门指派相关人员，一起组成项目领导组。

（2）选择调查人员

在选择调查人员时通常要考虑5点：一是调查人员要有强烈的责任感；二是普通话要标准；三是调查人员要具备相应的知识和技能；四是要有一定的业务素质；五是要有很好的身体素质。这样可以提高访问的成功率。

2）培训市场调查人员

（1）选择适当的培训方式

对调查人员的培训主要包括口头训练和书面训练。口头训练的目的是消除调查人员的恐惧和疑虑，使调查人员灵活运用口头访问技巧。因此，调查人员要进行练习，从而具备以下素质：访问态度和蔼、友好；提出的问题能抓住重点，简单明了，给被调查者充分的回答余地；善于选择访问时机；有较强的判断能力，善于明辨是非；善于完整、清楚地记录，忠实地反映被调查对象的本意。书面培训主要是要求调查人员牢记调查项目的重要性、目的和任务，主要包括：熟悉市场调查项目的内容和目的；熟悉并掌握按计划选择被调查对象；选择恰当时机、地点和访问对象的方法；获得访问对象合作的有关访问技巧；关于调查询问的技术；关于如何鉴定调查形式，检查调查问卷的指示说明，以及如何处理访问中发生特殊情况的说明。

（2）确定培训内容

①市场调查人员的责任培训。责任培训旨在让调查人员明白一个合格的访问人员应具有哪些责任，使他们在今后的调查工作中能够更好地完成调查任务。

②项目操作培训。不同的市场调查项目，在访问方式、内容上都是不同的。因此，在调查实施前的培训阶段，调查组负责人要对调查人员进行项目操作的指导和培训。

③访谈技巧的培训。访谈技巧的培训主要包括培训如何避免访谈开始就拒访，培训如何避免访谈中途拒访，培训如何合理控制环境，培训如何保持中立，培训如何提问和追问，培训如何结束访问，等等。

3）管理控制市场调查

（1）市场调查项目控制

调查工作计划是确保工作顺利实施而进行的，要监督调查计划的执行；当问卷初稿完成之后，调查者要在小范围内进行试验性调查，了解初稿中的问题；对抽样方法进行审核，确保数据采集的科学性。

（2）市场调查人员控制

为了保证调查问卷的质量，必须对调查人员进行监督和控制。其方法主要有现场监督、审查问卷、电话回访、实地复访等。在调查人员进入现场时，有督导进行跟随，调查人员收集问卷时进行检查，看有没有问题，根据调查人员提供的电话号码，由督导或专职访问员进行电话回访。如果电话找不到有关的访问者，根据提供的地址，进行实地复访。

5.1.5　整理资料

整理资料是一个既烦琐又重要的工作，主要包括回收登记问卷、审核问卷、处理问题问卷、资料分组等环节。这一步骤工作注重数据的原始性和筛选的有效性，更要求工作人员细心严谨。

1）回收、登记问卷

（1）各个调查点完成的问卷分别编号存放

如果是大项目，要涉及多个调查地点，根据调查计划，随时会有不同的调查人员交回问卷。问卷回收部门一定要细心、妥善地将各种问卷及时进行编号，分门别类存放。

（2）填写问卷登记表

为了加强对回收问卷的管理，一般事先要专门设计登记表格，具体内容有调查地区及编号，调查人员姓名及编号；调查实施的时间，问卷交付的日期；问卷编号；实施问卷；上缴问卷数，未答或拒答问卷数，丢失问卷数；等等。

（3）做好标记

回收的问卷应分别按照调查人员和地区组织，醒目标明编号或注明调查人员和地区、单位，以方便整理和查找。

2）审核调查问卷

对调查问卷的审核主要包括完整性审核，检查应调查的总体单位是否齐全和调查项目的回答是否完整；准确性审核，检查数据之间是否符合逻辑，有无矛盾及违背常理的地方；时效性审核，检查各调查单位的资料在时间上是否符合本次调查要求。

3）处置有问题的问卷

对于有问题的问卷，如果规模小、被调查者容易找到的情况下，可以返回现场重新调查；对于无法进行重新调查的情形下，对不满意的问卷视为缺失值处理。如果不满意问卷占总数的比例在 10% 以下、不满意问卷和合格问卷的答卷者在人口特征、关键变量等方面的分布没有显著差异或关键变量的回答缺失的情况下，视为无效问卷。

4）资料分组

（1）资料分组标志的选择

资料分组的关键在于分组标志的选择。所谓标志，是指反映调查单位属性和特征的名称。它可分为品质标志和数量标志。品质标志是反映调查单位属性的名称,数量标志则是说明调查单位数量特征的标志。

分组标志是资料分组的依据。分组标志选择得是否恰当,将直接影响资料分组的作用和效果。因此,选择分组标志应遵循以下原则:根据社会调查目的选择分组的标志;选择能够反映现象本质特征的标志;考虑现象所处的具体时空条件。

(2)分组资料的汇总

分组资料的汇总技术有手工汇总和计算机汇总两种。

手工汇总的方法有划记法、过录法、折叠法及卡片法。

计算机汇总是资料汇总技术的新发展,是资料整理现代化的重要标志。其汇总步骤大致可分成 5 个阶段:编制程序、资料编码、数据录入、逻辑检查及制表打印。

(3)统计表的结构

总标题即表的名称,用以概括说明全表内容,置于表的上端正中位置。

横行标题即横行的名称,通常用来表述表内各组的内容,一般写在表的左边。

纵栏标题即纵栏的名称,通常用来表述总体各组的统计指标名称,一般写在表的右上方。

指标数值用来说明总体特征的各种综合指标值,填写在横行标题和纵栏标题相对应的空白处。

5.1.6　撰写调研报告

根据分析的数据和结论,利用图表说明,按照调研报告的基本格式撰写市场调研报告。

1)设计调查报告的封面

封面包括报告的题目、报告的使用者、报告的编写者及提交报告的日期等内容。

2)确定调查报告的标题

好的标题是报告成功的一半,可采用直叙式标题,也就是用调查对象和调查的主题作题目;可采用观点式标题,直接阐明作者的观点、看法或对事物作出判断、评价的标题;也可采用提问式标题,即报告的标题是设问句或反问句。

3)制作报告目录

目录是整个报告的检索部分,便于读者了解报告结构,有利于读者阅读某一部分内容。如果可能,目录应当非常详细。国外调查报告的惯例是将文字、表格和图形分别编写目录,这样如果读者不需要阅读某些文字,而只需检索某一张表格,也可以很轻松地找到所需内容。这种方法在国内的调查报告中也可以应用。

4)编写市场调查报告摘要

报告的摘要具体包括 4 个方面的内容:调查目的;调查对象和调查内容,包括调查时间、地点、对象、范围、调查要点及所要解答的问题;调查研究的方法;调查结论与建议。

5）编写引言

引言即调查报告的开头，好的开头，既可使分析报告顺利展开，又能吸引读者。开头可以开门见山，揭示主题，也可以结论先行，逐步论证，还可以交代情况，逐层分析，或者提出问题，引入正题。开头的方式有很多，无论什么样的开头，都应围绕这样几个问题展开：为什么进行调查；怎样进行调查；了解调查的结论如何。

6）编写正文

正文是调查报告的核心部分，一般由开头、主体和结束语 3 个部分组成。这部分包括整个市场调查的详细内容，包含调查使用方法、调查程序和调查结果。

在正文中相当一部分内容应是数字、表格，以及对这些的解释和分析，要用最准确、恰当的语句对分析作出描述，结构要严谨，推理要有一定的逻辑。

7）编写结论及建议

结论和建议是阅读者最为关注的部分。应根据调查结果总结结论，并结合企业或客户情况提出其所面临的优势与困难，提出解决方法，即建议。

8）组织附件

附件是与调查过程有关的各种资料的总和，这些内容不便在正文中涉及，但在阅读正文时或者检查结果的有效性时，需要参考这些资料。附件中包括的主要内容有以下几个方面：项目策划书；抽样方案，包括样本点的分布和样本量的分配情况等；调查问卷；主要质量控制数据。

5.2　汽车市场（客户）管理

收集和建立客户档案就是要整合客户资源，进行客户关系管理（Customer Relationship Management，CRM）。在档案资料的收集和整理中，既要尽可能详尽地建立客户资料，同时还要注意避免触及客户的个人隐私，特别是要注意客户资料的保密，避免客户资料的外泄。

5.2.1　收集客户档案资料

建立客户档案就要专门收集客户与公司联系的所有信息资料，以及客户本身的内外部环境信息资料。它主要包括以下 4 个方面：

①有关客户最基本的原始资料，包括客户的名称、地址、电话以及他们的个人性格、兴趣、爱好、家庭、学历、年龄、能力、经历背景等，这些资料是客户管理的起点和基础，需要通过销售人员对客户的访问来收集、整理归档。

②关于客户特征方面的资料，主要包括所处地区的文化、习俗、发展潜力等。其中，对外

向型客户还要特别关注和收集客户市场区域的政府政策动态及信息。

③关于客户周边竞争对手的资料,如对其他竞争者的关注程度等。对竞争者的关系都要有各方面的比较。对于客户产品的市场流向,要准确到每一个订单。

④关于交易现状的资料,主要包括客户的销售活动现状、存在的问题、未来的发展潜力、财务状况、信用状况等。

5.2.2　客户档案的分类整理

客户信息是不断变化的,客户档案资料要不断地补充、增加,因此,客户档案的整理必须具有管理的动态性。根据营销的运作程序,可将客户档案资料进行分类、编号定位并活页装卷。

①客户基础资料,如客户背景资料,包括销售人员对客户的走访、调查的情况报告。

②客户购买产品的信誉、财务记录及付款方式等情况。

③与客户的交易状况,如客户产品进出货的情况登记表,实际进货、出货情况报告,每次购买产品的登记表,具体产品的型号、颜色和款式等。

④客户退赔、折价情况。如客户历次退赔折价情况登记表,退赔折价原因、责任鉴定表等。

以上每一大类都必须填写完整的目录并编号,以备查询和资料定位;客户档案每年分年度清理、按类装订成固定卷保存。

5.2.3　建档工作的注意事项

建档工作时有以下3点值得注意:

①档案信息必须全面详细。客户档案所反映的客户信息,是我们对该客户确定一对一的具体销售政策的重要依据。因此,档案的建立,除了客户名称、地址、联系人、电话这些最基本的信息之外,还应包括它的经营特色、行业地位和影响力、分销能力、资金实力、商业信誉、与本公司的合作意向等这些更为深层次的因素。

②档案内容必须真实。这就要求业务人员的调查工作必须深入实际,那些为了应付检查而闭门造车、胡编乱造客户档案的做法是不可行的。

③对已建立的档案要进行动态管理。

【本章小结】

汽车市场调查报告是运用科学的方法,有目的、有计划地收集、整理与企业市场营销有关的各种情报、信息和资料,在调查的基础上对收集数据和汇总情报进行分析、判断,为企业营销决策提供依据的信息管理方案。汽车市场调研的核心是实事求是地反映和分析客观事实。一般来说,调研报告主要包括两个部分:一是调查,二是研究。调查,应该深入实际,准确地反映客观事实。不凭主观想象,按事物的本来面目了解事物,详细地占有材料。研究,即在掌握客观事实的基础上,认真分析,透彻地揭示事物的本质。至于对策,调研报告中可以提出一些看法,但不是主要的。因为,对策的制订是一个深入的、复杂的、综合的研究过程,调研报告提出的对策是否被采纳,能否上升到政策,应该经过政策预评估。

汽车企业为提高核心竞争力,利用相应的信息技术以及互联网技术协调企业与顾客间在销售、营销和服务上的交互,从而提升其管理方式,向客户提供创新式的个性化的客户交互和服务的过程。其最终目标是吸引新客户、留住老客户以及将已有客户转为忠实客户,增加汽车市场销售额。

【扩展阅读】

特斯拉“刹车失灵事件”原委与剖析

事件回顾:2021 年 4 月 19 日,上海国际车展媒体日首日,特斯拉的展台上出现了一位穿着“刹车失灵”和特斯拉标识 T 恤的女士进行维权。当日,该女士站上特斯拉车顶,情绪十分激动,并做出敲打车顶的行为,喊着“特斯拉刹车失灵”。随后,该女子被两名保安抬出场外。因该女子行为过激,20 日早上,上海警方发布警情通报称,涉事女子因扰乱公共秩序被处以行政拘留五日。“车顶维权”引发舆论热议。

经了解,该车主是在 2019 年购入的一辆白色特斯拉,在 2021 年 2 月 21 日,通过红绿灯路口时发现踩刹车时车子并没有减速,随后发生了追尾事故,经医院诊断,车主的父亲轻微脑震荡,而母亲身上则出现多处软组织损伤。之后,该车主就走上了维权之路,曾于 2021 年 3 月在河南郑州手持喇叭坐在特斯拉体验中心郑州福塔店进行维权,但是维权之路艰辛无比,维权 2 个多月,依旧没有任何进展。这才有了车展现场的一幕。

事件发生后,舆论一致站在女车主的一边,多家官媒点名批评特斯拉,多地车主拉横幅维权,网民怒怼……而后,中央政法委也通过其官方微信公众号发布“特斯拉必须面对中国客户的拷问:责任何在? 担当何在!?”的表态。

4 月 20 日晚,一向强硬的特斯拉似乎认了“怂”,特斯拉官方微博称:尊重并坚定服从政府各相关部门的决定,尊重消费者,遵守法律法规,坚决坚定地积极配合政府各相关部门的所有调查。为此,我们成立了专门的处理小组,专事专办,努力在合规合法的情况下,尽全力满足车主诉求,争取让车主满意……随后,4 月 21 日深夜,特斯拉发声表示,愿意全力配合,提供事发前半小时的车辆原始数据给第三方鉴定机构或政府指定的技术监督部门或者消费者。

4 月 22 日下午,特斯拉正式向市场监管部门提交了事发前半小时的车辆原始数据:

在驾驶员最后一次踩下制动踏板时,数据显示,车辆时速为 118.5 km/h。驾驶员踩下制动踏板后,车速持续降低,发生碰撞前,车速降低至 48.5 km/h。

另外,特斯拉还公布了事故发生前 30 min 车辆的状况:在车辆发生事故前 30 min 内,驾驶员正常驾驶车辆,有超过40次踩下制动踏板的记录,同时车辆有多次超过100 km/h和多次刹停的情况发生。

刹车为什么会"变硬"踩不动了?

我们第一个猜测,就是与特斯拉使用的博世(iBooster)制动系统有关。其实与绝大多数电动汽车一样,为了满足自动驾驶控制和能量回收的设计需求,特斯拉采用了博世制动系统,即将刹车踏板的开合角度转化为电子信号,控制刹车的力度。在浅踩踏板或非低速的情况下,会优先让车轮带动电机反转发电实现动能回收,也就是单踏板模式,同时实现减速的目的。当刹车助力消失,刹车会变得极其僵硬,有种踩不动的感觉,容易让人不适应。

不过,目前大众、本田以及自主品牌的比亚迪等很多车型都在使用这套系统,为什么单单只有特斯拉发生了刹车失灵?显然,可以推测与博世制动系统关系不大。

既然硬件出现问题的可能性不大,那么我们又有了第二个猜测,特斯拉本身的软件存在BUG。刹车系统和特斯拉之间的电控信号存在BUG,在紧急情况下,若车主紧踩刹车不放,会令刹车助力泵失效或压力过小,最终会导致刹车失灵。但如果系统存在难以复现的偶发BUG,在事故发生后就难以判断是不是车辆本身存在问题。

所以,到底是硬件问题,还是软件出错,还是车主操作问题,在国家权威机构未公布结果时,谁也很难给出一个100%的答案。

特斯拉提供的数据真的可靠?

特斯拉这组数据基本上与一个月前披露的信息一致:制动防抱死系统(Antilock Brake System, ABS)、紧急制动等正常工作,刹车系统正常。言下之意就是这件事的责任不在特斯拉,甚至在关键时刻自动紧急制动系统(Autonomous Emergency Braking, AEB)功能还救了车主一家的命。其实看了特斯拉提供的这份数据后,很多人多多少少还是有些疑问,我们也再次进行了深入的讨论。

第一,有人说这份数据有篡改的可能。这种可能性是不大的,目前国家政府已经介入该事件,篡改数据无疑是多此一举,如果被发现后果是非常严重的,弄不好会停产停售,对于特斯拉而言得不偿失。

第二,女车主和特斯拉谁在说谎?根据女车主称事发路段在景区附近的两个红绿灯之间,按照常理一般不会开到时速120 km/h。所以,这要政府部门结合其他行车证据才能辨别谁真谁假。

第三,最近全国范围内类似特斯拉刹车失灵事件也发生了很多起,既然特斯拉没有问题,为什么失灵事故频繁发生?这也是大家提出的最多问题。

显然特斯拉这次公布的数据存在不足,想要完整的还原车辆在发生事故那几秒钟内的情况,还需要足够的证据。例如,加速踏板的开度,用来分析是否出现错踩等情况导致减速力度不足;制动踏板开度,用来分析踩刹车的力度;ABS工作数据,用来分析ABS介入的时机是否正确;助力泵压力数据,用来分析助力泵是否正常工作,也就能证明是否存在制动踏板踩不动的现象。

还有人用我们平时测试车辆制动距离的数据举了一个例子。我们平时主要测试的项目是车辆时速从 100 km/h 到 0 km/h 的制动距离。根据不同的车型，需要 36~42 m，刹车时间根据车辆的不同在 3 s 上下浮动。从之前测试的 Polestar2（参数）（极星2）在 VBox 上显示全力刹车数据来看，时速 94 km/h 至时速 48.5 km/h 全力制动的时间为 1.17 s，制动距离为 23.41 m。从特斯拉提供的数据来看，从时速 94 km/h 刹车到发生事故时 48.5 km/h 用时 2 s，下降时速仅为 45.5 km/h。也就是说，存在两种可能：一种是驾驶者没有完全踩下制动踏板全力制动；另一种是驾驶者全力踩下制动踏板，助力泵建压不够及时，没有完全发挥制动效果。到底属于哪种情况，我们也只能根据后续特斯拉或者国家有关部门给出的数据来判断。

来自灵魂的拷问：特斯拉这么强硬对吗？

众所周知，特斯拉在处理维权事件的态度上一直是非常强硬的。如果说这次"刹车失灵"是事件的本身，那么呈现在消费者和民众眼中的特斯拉强硬的态度就是导火索。根据以往汽车车主维权的案例，作为弱势群体的一方，消费者想要维护自己的权益一直都不是很容易，因此，此次特斯拉女车主车顶维权虽然行为极端，但在我们看来也是无奈之举。

而作为强势的一方，在尊重客观事实的情况下，捍卫自己品牌的形象无可厚非，不一定非要摆出一副高高在上的样子，试着与消费者平等对话，可能也不至于一石激起千层浪。特别是像特斯拉这样处于养成期的品牌，需要细心维护和培育种子用户。

【能力训练】

1.撰写市场调研报告应注意哪些问题？

2.企业的市场调研规划是针对一个调研项目的还是针对一段时期企业的市场调研工作的？为什么？

3.请你为我国一家汽车生产厂家设计其进入中东市场所需调研的信息内容、最主要的调研方法和信息获取途径。

4.请你为一家汽车 4S 店做一份关于"汽车装饰"市场需求的调研方案。

5.建立汽车企业顾客资料档案。

【案例分析】

汽车行业市场调研六步走

第一步：市场分析

把市场分析放在第一步，是因为汽车行业的特殊性。这个行业已经发展得非常成熟了，各种车型都经过了市场的检验，用户的偏好也能直接地从销量中反映出来，先对行业的数据、企业的数据进行分析，能够很快地找到调研的切入点，例如上海的插电偏好，海南的日系车偏好，新能源汽车主销的为什么都是大城市，等等。除此之外，还要对畅销车型的配置、外形、品牌、营销等都作一个分析,最终找到有助于支撑公司做战略规划、产品规划的调研需求。注意在这个过程中一定要多和相关部门对接,避免做无用功。

第二步:整理需求

寻找到调研需求之后,要将这些点进行分类,分类的标准有很多,但你只能选择一个,比如依据城市、人群、项目、调研形式等,分类过程中还要和相关部门对接,考虑成本和创造的价值两相权衡。除了探究市场的调研需求,汽车公司还有很多反馈性的调研需求,需要知道上市产品的表现如何,消费者是怎么评价这款产品,他们买或不买的原因、过程是怎样的,有什么样的使用场景,满意和不满意的点等,这类需求通常是按车型立项,专门针对一款车的用户进行全面的调研。

第三步:确定主题

整理好需求之后,需要把相关人员聚集在一起,共同探讨以确定调研的主题和内容,你不用担心他们会烦,一定要多对接多沟通,这样你的调研才能为这些做战略和产品规划的同事提供支撑,在一定程度上,公司做出来的产品是不是受欢迎,有没有竞争力,跟调研结果有很大的关系。

第四步:设计方案

方案涉及的东西比较多,但也并不是很麻烦,最重要的就是选择调研方法和选择样本,一般先选择调研方法再取样。调研方式要考虑定量和定性的优劣势,大多数情况下推荐两相结合,如新车的准入调研,只要目的是市场预研和产品定义,就需要定量与定性结合,但如果只需要验证产品某方面的消费者评价和接受度,采用定性调研就可以了。选择样本时,不同于理论方法的是,必须对竞争产品的配置,品牌等进行筛选,调研用户时,也首先选择我们目标市场内的用户,再通过用户画像进行甄别,选择优质的调研对象,一般企业做调研都会给参与者提供报酬,才能邀请相匹配的调研对象,所以要事先搜集用户的具体情况,包括姓名、年龄、就职的工作、家庭情况、收入、学历等,再相应地筛选。

第五步:预调研

很多企业会省略这一步,其实做一个预调研对方案进行验证是非常必要的,经过小规模的预调研,你会发现这个过程中可能不完善的细节,可能达不到的目的,经过验证和完善的调研方案能够让调研活动事半功倍。

第六步:正式调研

之前的所有步骤都是正式调研的准备工作,但都比这一步重要。在正式调研时需要注意更多的细节。就比如现在各大车企用得最多的就是访谈方式,只需要1~2场深度访谈的时间,却能同时搜集到8~12名用户的反馈,于是,在敏捷的用户研究中,焦点小组似乎成了无往不胜的利器。这种方法固然好,但正式调研时还是有很多需要注意的细节,主持人需要对要调研的产品本身非常了解,这样在焦点小组执行的过程中,才能敏锐地捕捉到讨论中的重点,选择用户也非常重要,最好没有意见领袖型的用户参与,否则很可能主持人就控不住场,导致整场下来达不到调研目的,此外,访谈室的布置、温度等都会影响这场调研的效果。

　　做完以上这些工作后,需要对搜集到的信息进行处理,一一解答最初收集的需求,解答完之后挖掘这次调研中发现的新的问题点、用户需求等,完成调研报告。最后,应针对这次调研做一个总结,有哪些地方遇到了问题,调研方法、样本的选择有什么经验或教训,这样下来,一个调研才算是做完整了,在为公司创造价值的同时,自己也积累了很多经验。

　　思考:试从 6 个步骤思考如何开展汽车市场的调研。

第6章

汽车售后服务流程

【学习目标】

● 掌握汽车售后服务流程。
● 掌握每个阶段的任务要求及注意事项。

【关键词】

汽车售后服务　预约　接待　维修　检验　结算交付　跟踪回访

【引导案例】

奔驰车漏油，漏的还有售后

2019年2月25日，某女士（以下简称"女车主"）与西安某星汽车有限公司4S店（以下简称"某星4S店"）签订了分期付款66万购买全新进口奔驰CLS300汽车购车合同。3月27日女车主提车后，还没开出4S店就发现发动机漏油，经过15天多次协商退换车辆未果，女车主被逼无奈到店里维权。4月9日，女车主向陕西省市场监管局12315指挥中心、西安市12345热线电话投诉，诉请退款退费。当日西安市高新区市场监管部门接到上级转办立即安排处理，敦促某星4S店依法妥善解决消费者投诉。下午女车主又到某星4S店继续和店方协商，当晚要求某星4S店签订了退车退款书面协议。

4月11日、12日，高新区市场监管部门先后对双方退车退款协议情况进行了核实；对某星4S店经营情况进行检查，已对某星4S店涉嫌质量问题进行立案调查，对涉事车辆进行依法封存，并委托法定检测机构进行技术检测。4月13日，市场监管部门再次责成某星4S店尽快落实退车退款事宜,并听取了女车主新提出的八项诉求。当天,还组织某星4S店负责人与女车主对话协商,努力促成双方达成解决问题的一致意见。对话中,店方负责人向女车主因购车问题引起的不愉快表示道歉,并表态愿立即退款、承担市场监管部门调查核实后相应的法律责任。女车主感谢市场监管部门对消费者的支持,但目前不能接受店方退款,并且愿意接受调查核实以后依照有关规定更换发动机或退换车的结果。

目前,高新区市场监管部门要求某星4S店继续加强沟通解决投诉问题。对消费者新提出的诉求和证据调查核实后,依法依规作出公正处理,切实保护消费者的合法权益,努力营造良好的营商环境。

6.1 预 约

6.1.1 预约过程

预约的目的:通过服务商提供的预约维修服务,在客户到来之前对车辆进行诊断,约定维修时间并对预约进行充分准备,从而减少客户在维修过程中的非维修等待时间,并且避免缺少备件的情况发生,使客户的车辆得到迅速、优质的维修,提高客户满意度和忠诚度。

6.1.2 主要业务

预约的主要业务如下(图6.1):
①接听客户预约电话并详细记录相关信息。
②通过电话进行诊断或制订解决方案。
③和客户约定维修的时间。
④按照预约要求进行准备工作(委托书、备件、专家、技工和工位、设备/工具、资料等)。
⑤确保预约的正常开展。

6.1.3 实施要点

预约的实施要点如下:
①公开的专用预约电话。
②接电话人员具备一定的维修常识。
③备件库设专用预约备件货架。
④车间预留一定的维修能力给预约客户。

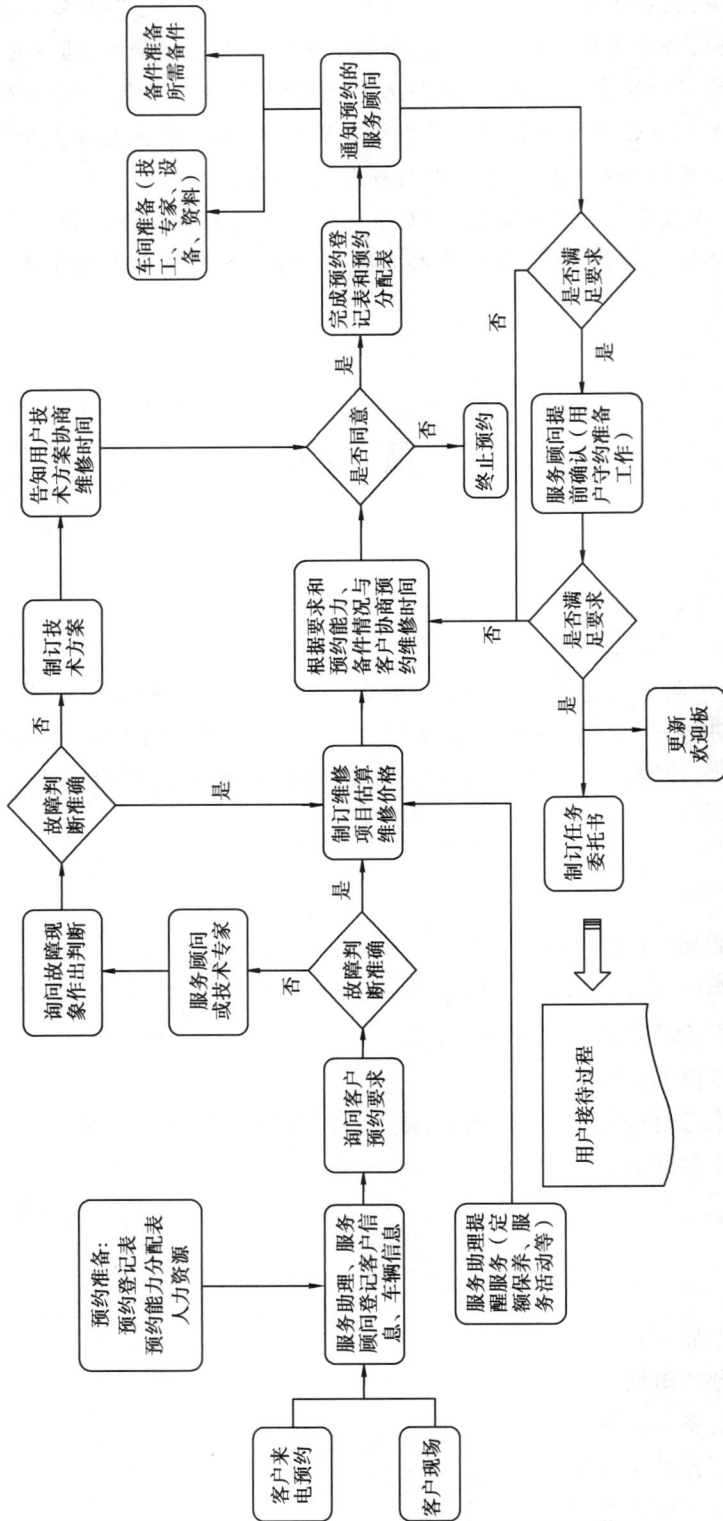

图6.1 预约

⑤内部良好的沟通机制和通信设施。

6.1.4　要　求

应努力做到以下几个方面：

①电话随时有人接听。

②记录所有需要的信息和客户对故障的描述。

③进行诊断，必要时向服务顾问和技术专家求助。

④告知用户诊断结果和解决方法以及所需费用和时间。

⑤根据客户要求和车间能力约定时间。

⑥告知客户谁将接待他。

⑦及时告知服务顾问和备件预约情况。

⑧备件部门设立专用货架存放预约的备件。

⑨服务顾问负责监督预约的准备工作（委托书、备件、专家、技工和工位、设备／工具、资料）。

⑩你不能履行预约时，及时通知客户并另约时间。

⑪提前一天确认各项准备工作，提前一小时确认客户履约情况。

⑫预约客户前来时，服务顾问在场。

6.1.5　应尽量避免

应尽量避免以下问题：

①电话铃响三声之后无人接听或长期占线。

②信息或故障描述记录不全。

③不对故障进行诊断。

④不按车间维修能力安排预约。

⑤客户不知道谁会接待他。

⑥预约情况不及时通知有关部门和人员。

⑦备件部门没有为预约客户预留备件。

⑧准备工作不充分。

⑨客户已经前来才通知不能履约。

⑩没提前确认准备工作和客户履约情况。

⑪客户前来时，负责接待的服务顾问不在场。

6.1.6 使　命

通过服务顾问来欢迎客户,听取客户需求诊断故障,制订维修项目,提供建议,制订委托书,估算维修价格和根据车间设备和人力资源组织和协调工作达到以下两个主要的工作目标:
①使顾客满意,提高顾客忠诚度。
②开拓车间维修业务。

6.2　接　待

6.2.1　客户接待

责任人员:售后业务经理、机电顾问、快修顾问、车身顾问、服务助理。
辅助人员:技术专家、技术专家助理、保修鉴定。

6.2.2　主要业务

接待的主要业务如下:
①履行约定的维修任务。
②以恰当的方式欢迎客户。
③倾听客户故障描述,系统地检查客户车辆,判断车辆故障原因。
④制订维修项目,估算维修价格和约定交车时间。
⑤提供维修建议以促进维修业务。
⑥达成协议,完成任务委托书,客户签字确认。
⑦安排客户休息等候或离开。

6.2.3　实施要点

接待的实施要点如下:
①具有丰富维修经验的服务顾问。
②设有诊断用的专用举升机。
③技术专家和质检技术员的支持。

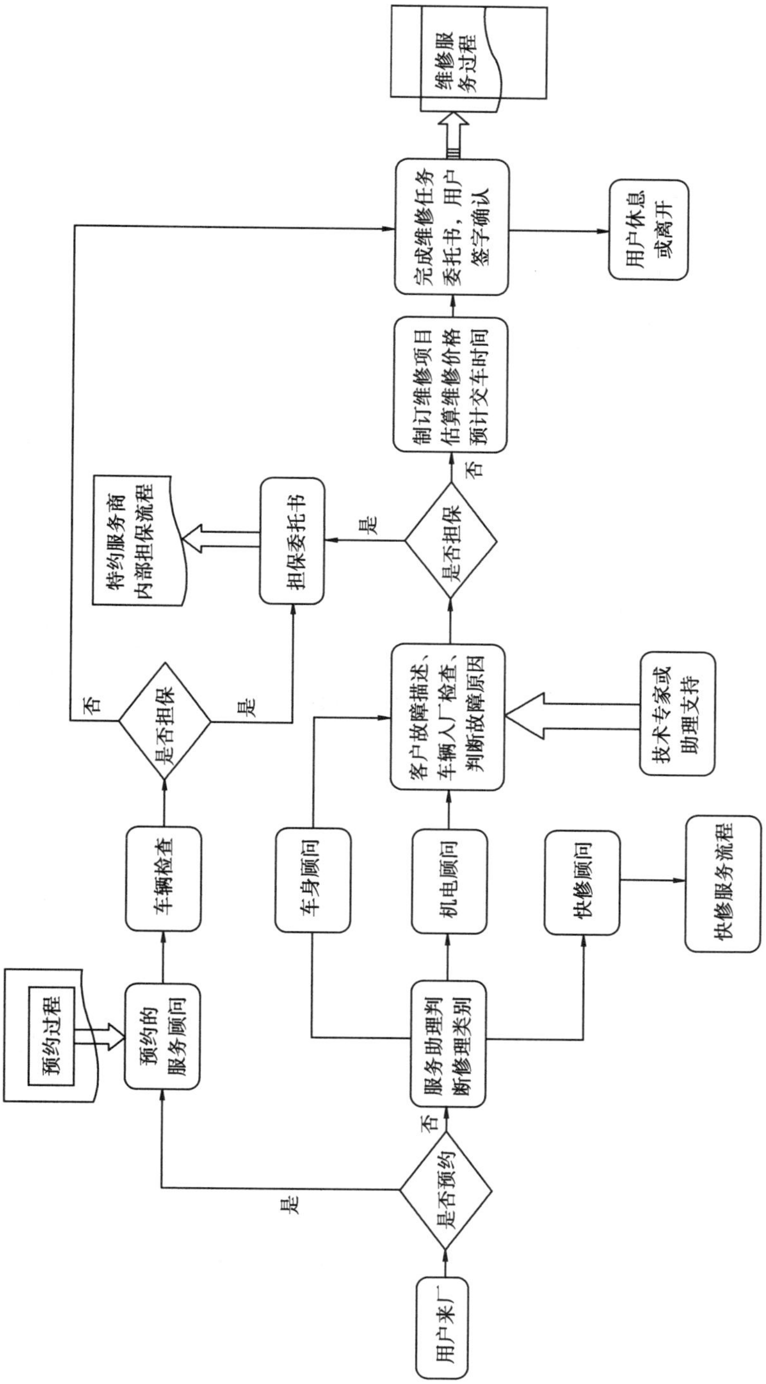
用户来厂
是否预约
是
否
预约过程
预约的
服务顾问
车辆检查
是否担保
是
否
服务助理判
断修理类别
车身顾问
机电顾问
快修顾问
快修服务流程
客户故障描述、
车辆入厂检查、
判断故障原因
技术专家或
助理支持
是否担保
是
否
担保委托书
特约服务商
内部担保流程
制订维修项目
估算维修价格
预计交车时间
完成维修任务
委托书，用户
签字确认
用户休息
或离开
维修服
务过程

图6.2　接待

④良好的接待环境和客户休息设施。

⑤同其他部门保持良好的沟通。

6.2.4 应努力做到

应努力做到以下几个方面：

①确保预约准备工作符合要求。

②准时等候预约客户的到来。

③用礼貌的语言欢迎客户并自我介绍。

④仔细倾听客户关于车辆故障的描述。

⑤使用检查单检查客户的车辆。

⑥进行故障判断，并指出客户未发现的故障。必要时，可使用预检工位和向技术专家求助。

⑦记录车辆外观和车上设备、物品、油量等情况。

⑧整理客户要求，并根据故障原因制订维修项目。

⑨仔细、认真、完整地填写任务委托书。

⑩向客户解释维修任务委托书的内容和所需的工作。

⑪向客户提供维修的报价和约定交车时间。

⑫请客户在委托书上签字确认，服务顾问签字后给客户一个副本。

⑬当着客户的面使用保护装置。

⑭妥善保管车辆钥匙及相关资料。

⑮安排休息等候或客户离开。

6.2.5 应尽量避免

应尽量避免以下问题：

①预约准备不充分。

②预约客户到来时不在场。

③没有仔细倾听客户的陈述。

④没有系统地检查客户车辆。

⑤没有进行故障诊断，简单记录故障，把诊断任务交给车间。

⑥任务委托书填写不全、字迹潦草。

⑦不向客户解释委托书内容。

⑧不提供报价或报价不准。

⑨不约定交车时间。

⑩客户不在委托书上签字。

⑪不使用保护装置。

6.3　维　修

6.3.1　使　命

车间技工根据任务委托书的要求,使用专用工具和维修资料,对所有车辆机械装置和车身各部件执行高质量的维修和保养,使车辆恢复出厂的参数,达到质量要求,并告知客户未发现的故障,确保顾客的满意。

6.3.2　主要业务

维修的主要业务如下:
① 根据任务委托书的维修项目进行维修工作。
② 技术专家对技工遇到的技术难题给予帮助。
③ 服务顾问监控工作的进程。
④ 车间技工根据修理项目到备件部门领取备件,并履行相关手续。
⑤ 向客户通报任何对委托书的变更(项目、价格、交车时间)。
⑥ 完工后车间技工进行自检。

6.3.3　实施要点

维修的实施要点如下:
① 经过培训的、技术熟练的车间技工。
② 状态良好的设备和工具。
③ 齐全的维修资料和检测设备。
④ 充足的零部件供应。
⑤ 内部良好的沟通机制和通信设施。

6.3.4　要　求

应努力做到以下方面:
① 严格按照维修任务委托书的修理项目进行修理。
② 对委托书的任何修改需经过客户同意。

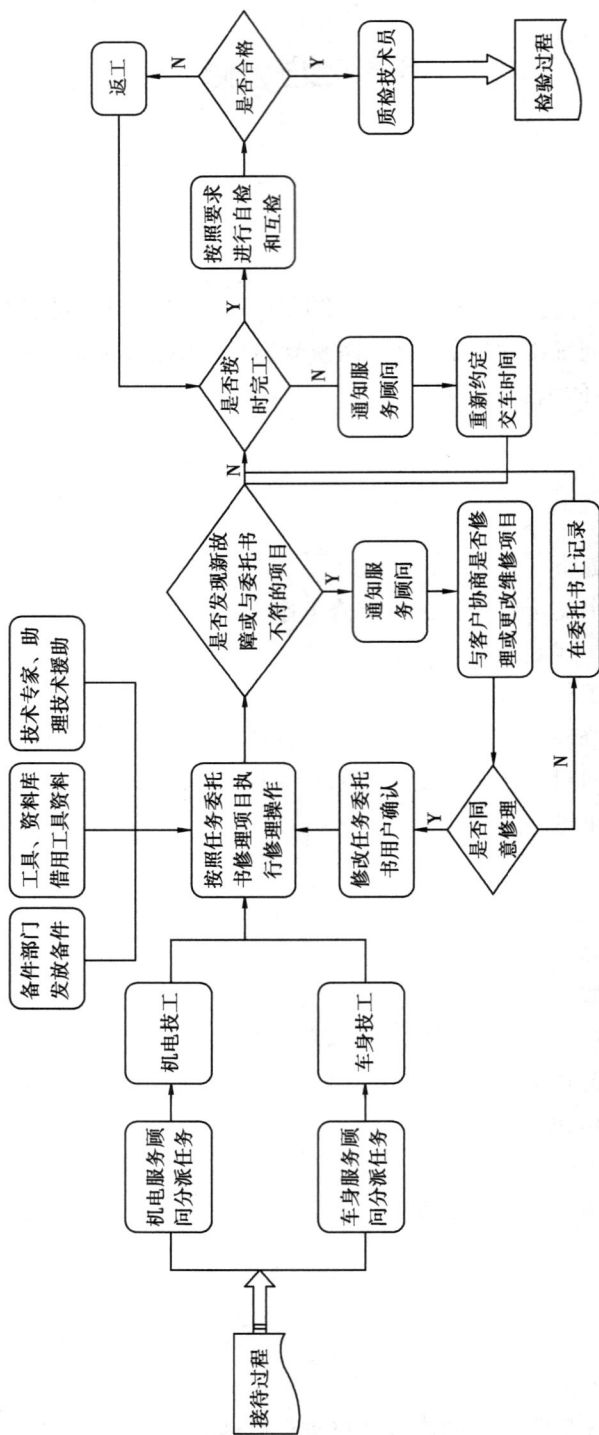

图6.3 维修

③发现委托书维修项目与实际不符或发现客户没发现的问题,及时向服务顾问汇报。

④服务顾问针对反馈的问题,重新估算价格和时间,及时通知客户并征求客户的意见,得到确认后,更改委托书并通知车间技工。

⑤车间技工在工作过程中按照维修手册的要求操作。

⑥按照要求使用专用工具和检测仪器。

⑦使用维修资料进行诊断和工作。

⑧维修顾问监控维修进程,将变化及时通知客户。

⑨根据维修项目领取备件。

⑩主动为客户处理一些小的故障。

⑪遵守委托书上和客户约定的内容。

⑫爱护客户的财产,工作中使用保护装置。

⑬遵守安全生产的有关规定。

⑭遇到技术难题向技术专家求助。

⑮确认所有工作完成后,进行严格自检。

⑯完成委托书的维修报告等内容,并签字。

6.3.5　应尽量避免

应尽量避免以下问题:

①车间技工不按委托书内容进行工作。

②擅自修改委托书内容。

③发现问题不报告。

④不按照维修手册的要求进行操作。

⑤不使用专用工具和检测仪器。

⑥诊断和工作时不使用维修资料。

⑦服务顾问不了解生产进程。

⑧不爱护客户财产,不使用保护装置。

⑨遇到困难不向有关人员求助。

⑩车间技工完工后不进行自检。

⑪车间技工不写维修报告,不签字。

6.4 检 验

6.4.1 使 命

通过质检技术员对维修车辆的检验来保证维修质量达到客户的要求,防止将不合格品交付给客户,避免投诉和返工,增加客户的满意度,维护4S店售后服务的信誉,并保证交付车辆处于良好状态。

6.4.2 主要业务

检验的主要业务如下:
①审核维修任务委托书的工作是否全部完成。
②对车间技工自检完毕的车辆进行质量检验。
③进行必要的路试,发现静态条件下无法发现的故障。
④对检验不合格的维修按照要求进行处理。
⑤收集各种维修单据,传递给服务顾问。
⑥和服务顾问进行内部交车。

6.4.3 实施要点

检验的实施要点如下:
①文件化的质量检验规范。
②具备检验资格的质检技术员。
③不合格品处理程序。
④使用正式表格记录检验情况。
⑤与相关人员保持良好沟通。

6.4.4 要 求

应努力做到以下几个方面:
①审核维修委托书,确保所有要求的工作全部完成。
②按照检验规范进行检验。

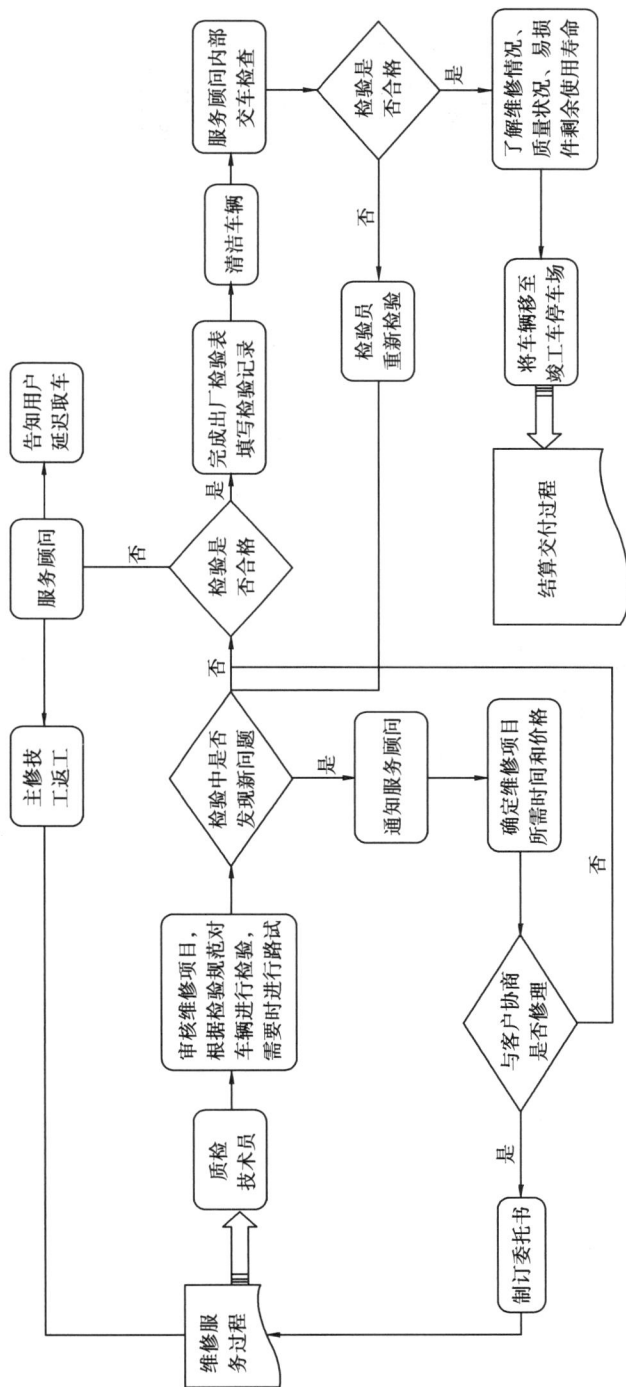

图6.4　检验1

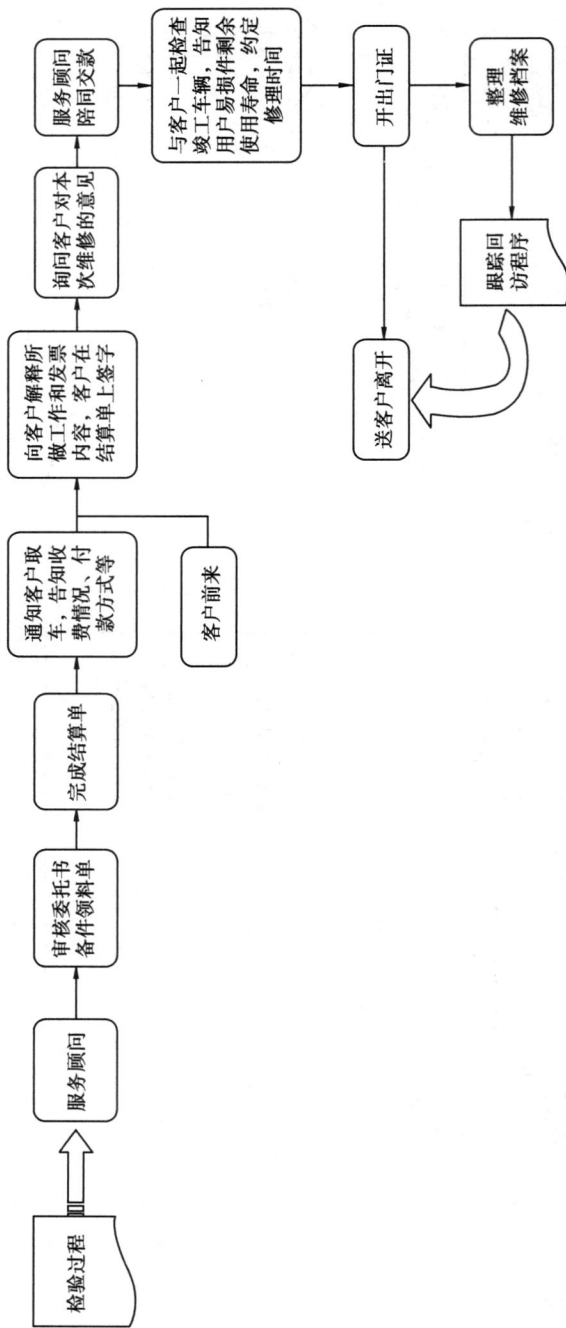

图6.5　检验2

③必要时和主修技工一同进行路试。

④检验不合格的车辆按照程序进行处理,并及时通知服务顾问。

⑤对检验过程中发现的问题进行评估,告知服务顾问,由服务顾问与客户协商。

⑥发现的任何问题都要记录在委托书上。

⑦使用质量保证卡。

⑧确保车辆得到彻底清洁。

⑨及时通知服务顾问进行内部交车。

⑩向服务顾问说明车辆维修情况和质量状况。

⑪告知服务顾问部分零件的剩余使用寿命。

⑫任何需维修但未执行的工作都应记录在委托书上。

⑬将车停放在竣工车停车位。

6.4.5　应尽量避免

应尽量避免以下问题:

①维修委托书上有未完成的工作。

②不按规定进行检验。

③检验不合格车辆未进行处理。

④检验中发现的问题不向服务顾问报告。

⑤车辆得不到清洁。

⑥没有及时通知服务顾问交车。

⑦不向服务顾问解释维修情况和质量状况。

⑧需维修但未修理的项目不记录。

⑨竣工车辆乱停乱放。

6.5　结算/交付

6.5.1　使　命

在这个环节,通过结算、交付活动来兑现对客户关于质量、价格和时间的承诺,并通过向客户解释维修内容和指出车辆存在的其他问题,使客户感受到专业的服务,增强客户的满意度和忠诚度。

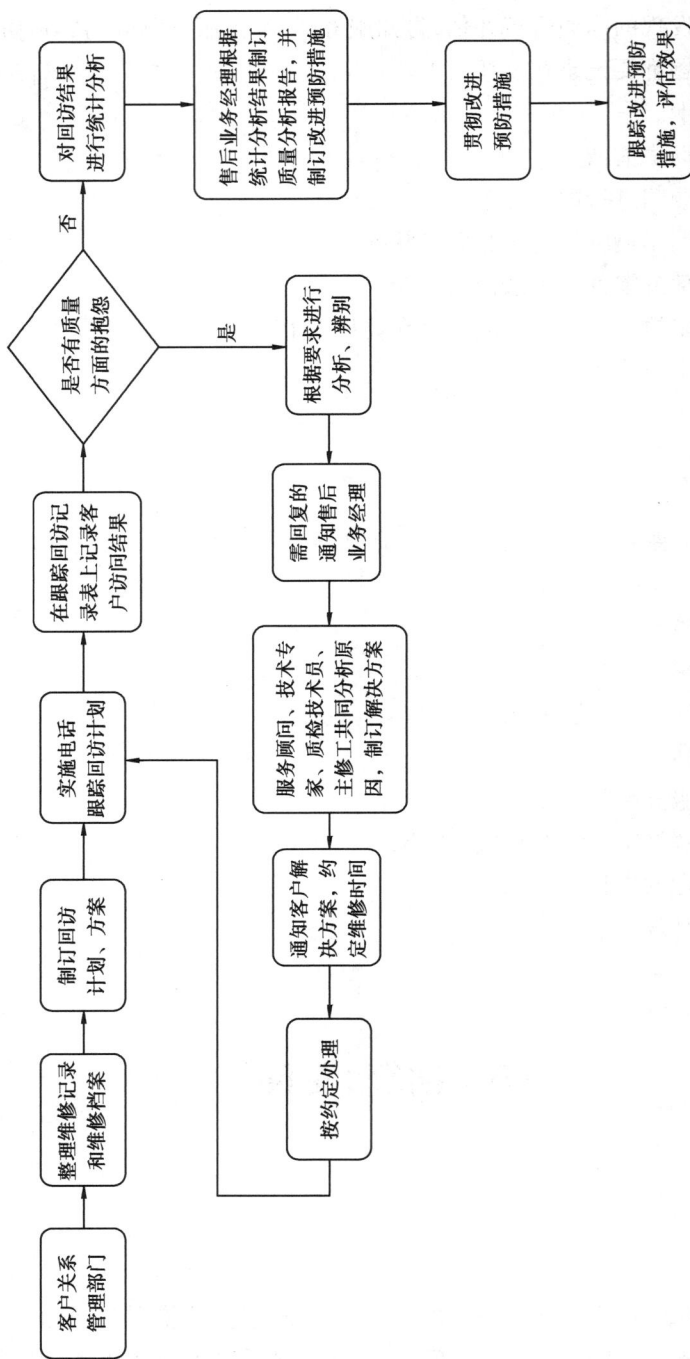

客户关系管理部门 → 整理维修记录和维修档案 → 制订回访计划、方案 → 实施电话跟踪回访计划 → 在跟踪回访记录表上记录客户访问结果 → 是否有质量方面的抱怨

按约定处理 → 通知客户了解决方案，约定维修时间 → 服务顾问、技术专家、质检技术员、主修工共同分析原因，制订解决方案 → 需回复的通知售后业务经理 → 根据要求进行分析、辨别

是否有质量方面的抱怨 —否→ 对回访结果进行统计分析 → 售后业务经理根据统计分析结果制订质量分析报告，并制订改进预防措施 → 贯彻改进预防措施 → 跟踪改进预防措施，评估效果

是否有质量方面的抱怨 —是→ 根据要求进行分析、辨别

图6.6 支付

6.5.2　主要业务

结算/支付的主要业务如下：

①审核维修委托书和领料单,确保结算准确。

②准备结算的有关单据,并通知客户取车。

③向客户解释所做的工作及收费情况。

④陪同客户付款。

⑤与客户一同检查竣工车辆。

⑥交付车辆并与客户道别。

6.5.3　实施要点

结算/支付的实施要点如下：

①公开的常用备件和共识价格。

②方便的停车场。

6.5.4　要　求

应努力做到以下几个方面：

①确保所有进行的工作和备件都列在结算单上。

②确保结算和向客户的报价一致。

③使用公布的工时和备件价格进行结算。

④确保所有客户需要的资料都已准备好。

⑤由原接待的服务顾问进行交付。

⑥向客户解释完成的工作和发票的内容。

⑦陪同或引导客户交款。

⑧向客户出示旧件并询问处理意见。

⑨提醒下次保养的时间里程。

⑩指出额外需要进行的工作,并咨询客户意见。

⑪需立即进行的工作,客户如不修理,应在委托书上注明并请客户签字。

⑫告知顾客部分零件的剩余使用寿命(轮胎、刹车片)。

⑬将所有单据交客户一份副本。

⑭取下保护用品,开出门证,送别客户。

6.5.5 应尽量避免

应尽量避免以下问题:
①结算时项目不完整。
②结算价格与报价不一致。
③不按公开的价格进行结算。
④不由原来的服务顾问进行交付。
⑤不和客户检查车辆。
⑥没指出需额外进行的工作。
⑦需立即进行修理的项目,特别是涉及安全的项目,不作记录便请客户签字。
⑧没有送别客户。

6.6　跟踪回访

6.6.1　使　命

通过对客户实施有效的跟踪回访活动,收集客户意见,平息客户抱怨,提高服务质量及客户满意度。

6.6.2　主要业务

跟踪回访的主要业务如下:
①在维修车辆交付一周内对客户进行跟踪回访。
②记录跟踪回访结果。
③对跟踪回访结果进行统计分析。
④对回访中发现的客户意见进行判断,并反映到相关部门。
⑤采取各种措施维护客户关系。

6.6.3　要　求

应努力做到以下9个方面:
①争取对所有的客户进行跟踪回访。

②全面、客观地记录客户的谈话。

③利用掌握的接听电话技巧和沟通技巧。

④定期对回访结果进行统计分析。

⑤从统计分析结果中查找问题和失误的原因。

⑥售后业务经理制订预防和纠正措施。

⑦对回访中发现的客户意见进行分类,并交有关人员制订处理措施并督促执行。

⑧根据回访结果完成回访分析报告,并向上级汇报。

⑨运用多种手段开展客户关系管理。

6.6.4　应尽量避免

应尽量避免以下问题:

①低回访比例。

②只记录满意的意见,不记录不满意的意见。

③不使用接听电话技巧和沟通技巧。

④不对回访结果进行分析。

⑤不制订预防和纠正措施。

⑥发现抱怨不进行处理。

⑦没有回访分析报告。

⑧没有客户关系管理手段单。

【本章小结】

售后服务是现代汽车维修企业服务的重要组成部分。做好售后服务,不仅关系到本公司产品的质量、完整性,更关系到客户能否得到真正的、完全的满意。一般来说,售后服务主要包括维修、养护、救援、信息咨询、保险等内容。具体流程有预约、接待、维修、检验、结算交付及跟踪回访。

【扩展阅读】

汽车后市场,谁能"笑傲江湖"?

"春江水暖鸭先知",我国汽车市场空间巨大,作为汽车后市场的汽车服务领域,也孕育着巨大的市场机遇,而正在进行的途虎养车申请上市进展牵动着市场的神经。

2022年虎年伊始之际,途虎养车申请赴港上市,冲击"中国数字汽车后市场第一股",引起了市场的广泛关注,重新打开了市场对汽车后市场的价值思考。

受庞大并持续增长的汽车保有量及日渐增长的车龄的推动,中国汽车服务市场于2016—2020年的复合年增长率为12.3%,成为全球汽车服务市场增长最快的国家之一。

根据灼识咨询报告,按照 GMV 计算,2020 年,中国汽车服务市场规模为人民币 1.03 万亿元,预计到 2025 年将达到 1.65 万亿元,复合年增长率为 10%。近年来,随着汽车服务业务的旺盛需求,瞄准汽车后市场这块沃土的入局者众多,谁能在万亿市场中"笑傲江湖"?

1.汽车后市场:万亿规模

社会发展日新月异,但"衣食住行"是人们生活亘古不变的关注点。其中,汽车是近年来人们"行"的首选消费品。

近年来,我国汽车保有量不断增长。据统计,2015—2020 年我国汽车保有量由 1.72 亿辆增至 2.81 亿辆,数量庞大。汽车在完成交付后就进入了汽车后市场,这也是为我国汽车后市场行业的发展奠定了坚实基础,扩大需求。

根据近期公安部交通管理局发布的信息,2021 年全国机动车保有量达 3.95 亿辆,其中,汽车 3.02 亿辆;机动车驾驶人达 4.81 亿人,其中,汽车驾驶人 4.44 亿人。2021 年全国新注册登记机动车 3 674 万辆,新领证驾驶人 2 750 万人。截至 2021 年底,全国汽车保有量达 3.02 亿辆。2021 年全国新注册登记汽车 2 622 万辆,比 2020 年增加 198 万辆,增长 8.16%。

在乘用车方面,根据灼识咨询报告,中国已连续 10 年蝉联全球新车销量第一。按乘用车保有量计,截至 2020 年 12 月 31 日,中国乘用车保有量已达 2.42 亿辆,中国已成为世界第二大汽车市场。

我国的汽车行业仍呈现出巨大的增长空间。灼识咨询报告显示,我国每千人乘用车保有量仅为 171 辆,低于美国(每千人 775 辆)及欧盟成员国(每千人 553 辆)等发达国家,中国乘用车保有量预计将继续保持增长势头,到 2025 年将进一步达到 3.47 亿辆。

随着中国乘用车总保有量的稳步增长,乘用车的车龄结构也逐渐发生变动,相较于新车,老旧车辆一般需要较多的汽车服务,尤其是维修及保养服务。中国乘用车的平均车龄由 2016 年的 4.5 年增至 2020 年的 5.6 年。

灼识咨询预计,到 2025 年,中国乘用车的平均车龄预计将达到 7.6 年,而同年美国及欧盟成员国的平均车龄分别为 12.2 年及 12.1 年,这表明中国乘用车的车龄有进一步增长的空间,不断增长的中国乘用车保有量和平均车龄意味着汽车服务的需求也随之增长。

中国汽车服务市场于 2016—2020 年的复合年增长率为 12.3%,成为全球汽车服务市场增长最快的国家之一。根据灼识咨询报告,按 GMV 计,2020 年,中国汽车服务市场规模为人民币 10 268 亿元,预计到 2025 年将达到人民币 16 508 亿元,复合年增长率为 10.0%。

随着途虎养车的港股上市申请,一纸招股书揭开了汽车后市场的面纱,清晰的阐明了行业现状及盈利模式。途虎养车的招股书显示,在中国,汽车服务的价值链包括两个渠道,即获授权经销商渠道及独立的售后服务供货商渠道(或 IAM 渠道)。

获授权经销商及 IAM 门店为中国汽车服务市场主要的 DIFM 服务供货商。2020 年,中国约有 3 万家获授权经销商及 68.4 万家 IAM 门店,分别占中国汽车服务市场的 59.5% 和 40.5%(按 GMV 计)。

汽车是否处于保修期是影响车主选择获授权经销商或 IAM 门店的关键因素之一。OEM 提供的保修期一般为新乘用车出售后 3 年,之后,为获得位置便捷且经济实惠的服务,车主更有可能选择 IAM 门店。

根据灼识咨询报告,截至 2020 年年底,中国保修期满的乘用车约占总保有量的 69.9%,预计到 2025 年年底,这一数字将达到 77.2%。因此,IAM 门店的 GMV 预计将以高于获授权经销商的速度增长,到 2025 年,其将占汽车服务市场的 54.1%(按 GMV 计)。

汽车保有量集中于一、二线城市,衍生出潜力大的汽车服务后市场。截至 2021 年 6 月底,全国有 74 个城市的汽车保有量超过 100 万辆,同比增加 5 个城市,33 个城市超过 200 万辆,18 个城市超过 300 万辆。其中,北京汽车保有量超过 600 万辆,成都、重庆汽车保有量超过 500 万辆。苏州、上海、郑州汽车保有量超过 400 万辆。

2.规模之争:线上+线下竞争

随着中国汽车后市场行业的迅速发展,新的业态模式不断涌现,尤其是近十年,汽车后市场各种创新业态层出不穷。

中国的汽车服务市场包括为所有注册上路的乘用车提供的服务,为整个汽车生命周期中用户需求的关键部分。汽车服务业务广泛,包括汽车维修及保养、洗车和汽车美容以及需安装的配件等。

对超万亿级别的汽车后市场行业来讲,行业几经沉浮,从 2021 年互联网崛起,到汽车服务 O2O 企业浪潮来袭开始算起,截止到目前,汽车后市场赛道大概经历过 3 个投资拐点:O2O 模式被疯狂追捧、供应链企业频获融资及回归终端零售服务网络(即回归线下门店)。

早在 2016 年时,汽车后市场赛道就热闹非凡,融资次数达到高峰,涌现出一批互联网养车平台。阿里巴巴、京东、美团、滴滴、途虎养车等互联网玩家早已入局汽车后市场竞争赛道。从目前来看,途虎养车、天猫养车平台经营主体——江苏康众汽配有限公司(下称“新康众”)、京东会仍活跃在大众视野里。

举例来看,途虎养车自 2011 年成立,在 2013—2021 年获得了 16 轮融资。仅从 2018 年 9 月途虎养车完成的一轮融资来看,融资总额约为 4.5 亿美元,由腾讯、凯雷资本、红杉资本等投资方和企业领投,建银国际、中金启元以及老股东愉悦资本、远翼资本、启明创投、高盛、中金甲子、汇勤资本等共同参与跟投。

IPO 前,腾讯持股比例达为 19.41%,为途虎养车的最大股东;愉悦资本持股为 8.98%,红杉中国持股为 7.56%,百度持股为 2%,中金持股为 2.32%。

再来看新康众,它主要是背靠阿里车后生态运营,使“天猫养车”成为国内增速最快的汽修连锁品牌。资料显示,2014—2021 年,新康众完成 8 轮融资,融资总额超 65 亿元。其中,2018 年,云锋基金、阿里巴巴、金固股份(002488.SZ)、华平投资对新康众投资 16 亿元。截至目前,企查查数据显示,新康众的股权结构中,香港企业 Quality Car Service Limited 持股 94.14%,金固股份持股 3.38%,其余 3 家公司持股约 2.5%。

3.新康众的 8 轮融资情况

值得一提的是,金固股份除了持股新康众,公司的全资子公司“汽车超人”在汽车后市场领域也已经深耕多年,在行业内建立了一定的先发优势和较高的市场知名度。根据金固股份公告,金固股份参股的新康众拥有天猫、淘宝后市场业务(除汽车用品外)的独家运营权,共享天猫汽车后市场零售平台车主数据。

在汽车后市场的规模竞争中,背靠资本优势的同时,"线上流量+线下终端"均成为必争之地。新康众的战略逻辑主要围绕"争终端+比效率"的打法,构建国内最大的车后一站式平台。

而途虎养车主要是定位于线上、线下一体化汽车服务平台,凭借以客户为中心的模式和高效的供应链,我们提供一站式、全数字化、按需服务体验,打造一个由车主、供货商、汽车服务门店和其他参与者组成的充满活力的汽车服务生态系统。

金固股份旗下的汽车超人主要是以门店新零售业务通过线上平台的引流,结合线下汽车超人"直营直控"门店、参股(含参股公司加盟)的全国范围内覆盖,实现传统汽修服务业"线上化、数字化"的全新互动。

在外界来看,途虎和新康众的竞争是非常激烈的,特别是线下门店连锁体系,途虎养车和天猫养车在很多方面都形成了直接对抗。双方都致力于发展成为生态平台的企业,都在全力争夺汽车后市场的流量和服务入口,也就是线下维修门店。

从线下门店规模来看,途虎养车占据明显优势。途虎养车招股书数据显示,截至2021年9月30日,途虎养车旗下的途虎工场店网络包括202家自营门店和3 167家加盟途虎工场店(由1 538名加盟商管理)。此外,公司在中国各地拥有33 223家合作门店,覆盖大部分地级市。

根据灼识咨询报告,截至2020年12月31日,途虎养车在中国的门店数量在所有汽车服务提供商中排名第一,且其汽车服务收入在中国IAM参与者中排名第一。在中国汽车服务领域,途虎养车占据0.9%的市场份额。

反观新康众,截至2021年9月,天猫养车累计开业1 023家,其中老店326家(占比31.9%),新店697家(占比68.1%)。新店81.3%的门店面积在200~800 m²。

再来看汽车超人,作为金固股份打造的数字化汽服连锁品牌,目前,汽车超人店面已在杭州地区逐渐铺开,门店数量已达30余家,后续将在更多城市进行扩张。而京车会是京东于2018年推出的专业的汽车养护服务门店,数据显示,截至目前,京车会的门店数量已突破了1 400家。

4.盈利难题:亏损魔咒

面对万亿元规模的汽车后市场,企业竞争加剧,洗牌提速,不少企业在进行规模扩张的同时,盈利却成了难题。

根据途虎养车招股书,2019年、2020年,途虎养车的营业收入分别为70.40亿元和87.53亿元,2021年前三季度,公司营收为84.41亿元,相比2020年同期增长41.8%。其中"综合汽车产品和服务"则作为主要营收来源,占比一直维持在95%左右。

从净利润来看,途虎养车增收不增利。2019年、2020年,年度期内亏损为34.28亿元、39.28亿元,2021年前三季度亏损为44.35亿元,合计亏损超117亿元,同期经调整净亏损分别为10.36亿元、9.71亿元和9.02亿元。

而新康众的亏损也在持续扩大。根据金固股份2021年上半年年报,新康众2021年上半年营业收入为 26.73 亿元,同比增长 36.66%;净利润为 -3.21 亿元,同比亏损却增加了 63.78%。

从近三年的数据来看,2018 年 8 月新康众获得阿里巴巴的注资后,获得了快速发展,2019 年营业收入增幅高达 96%,而净利润却已经连续三年亏损。持续的巨额亏损,估计也超出了新康众的第二大股东金固股份的心理预期,"吓跑"金固股份。

对此,金固股份持续减持新康众的股份,2019 年 9 月减持 1.048%,转让对价为 1.47 亿元,税后转让收益为 7 923.34 万元;2020 年减持 1%,交易价格为 1.5 亿元,税后转让收益约为 8 430.47 万元;2021 年 6 月,金固股份宣布将继续转让新康众股权,拟转让新康众不超过 9.39%股权,转让收益(税前)约 10.37 亿元。

天风证券曾在研报中表示,"新康众+汽车超人"是行业数字化先行者。2018 年,金固股份将旗下汽车超人营收占比较大的供应链业务与阿里巴巴天猫车站、康众汽配相关业务进行战略重组,成立"新康众";战略合并后,新康众主要通过提供线上流量和供应链仓配能力成为行业基础设施建设者;剥离供应链业务后的汽车超人,通过信息数字化手段赋能改造线下汽修门店。

事实上,如今作为金固股份的全资子公司,汽车超人目前仍深陷亏损。对此,金固股份于 2021 年 6 月 22 日在投资者互动平台上表示,2021 年汽车超人将继续以线下"直营直控"门店为业务中心,通过智慧门店系统有效地增强客户黏性,提高客户消费频次。随着门店数量的增加,将逐步减少亏损,实现扭亏为盈。

如今,汽车后市场从跑马圈地的增量扩张,转变为门店的精细化运营。途虎养车申请上市似乎也为行业带来了上市希望。如今,还有一些企业布局汽车后市场业务,企图分一杯羹。安车检测(300572.SZ)公告,公司与深圳盛德新能源科技有限公司于 2022 年 1 月 24 日在深圳签署《合资成立公司协议》,拟共同出资成立深圳市安盛新能源运营服务有限公司。

公告显示,本次投资有利于公司进一步拓展汽车后市场服务业务,围绕在用车检测业务,将"光伏发电、电池储能、电桩充电、汽车维修、汽车销售、二手电车评估、汽车回收拆解、汽车美容、汽车保险"等业务功能有机地融合到一体,综合性地打造综合汽车服务生态园。

2022 年汽车后市场的新机遇也将正式开启。市场风云变幻,何人笑傲江湖,拭目以待。

汽车售后服务市场挑战与机遇并存

业内人士预测,到 2025 年,汽车后市场服务业的价值链比例要占到整个产业链的 55%以上,可以说后市场是汽车行业今后发展的蓝海,高质量服务是开展后市场服务的根本;未来,行业整合将继续进行,市场秩序会日益规范。

随着存量时代的到来,汽车售后服务对车企的重要性日益凸显,以前都重视做新车营销,因为其更容易出成绩。但是当车主买完新车之后,在长达几年甚至十几年的用车生活中,售后服务好不好才是他们最为关心的,也是决定他们是否会成为车企好口碑的关键。所以说,企业发展有没有后劲,售后服务是至关重要的因素。对于那些年销量巨大的车企来说,想要在销量上实现快速突破已经很难。必须未雨绸缪,借助智能化的东风,将极具开发潜力的售后体系横向做大做强,在为销量打好基础的同时,寻找更多与客户的接触点和新的盈利增长点。而对于那些年销量并不大的车企来说,想要销量更上一层楼,单靠营销发力肯定是不够的,强大的售后服务也能起到为其添砖加瓦的作用。

在新的市场形势下,汽车经销商也亟待转型与升级。而这种转型升级也要与整车厂共同配合,整车厂不能再单纯以销量为衡量目标。虽然汽车营销受到互联网化的强烈冲击,但4S店在售后服务上依然要扮演着不可替代的角色。

汽车售后服务向数字化转变

处在互联网时代的汽车售后服务领域,同样发生着改变,用3个词概括就是"数字化""多样化""年轻化"。在年轻化当道的今天,数字化体验是必须项,只有推出更符合年轻人的消费举措和结合互联网的多样化的交互式服务,才能最终为用户提供个性化的服务,在未来真正把握年轻消费化趋势。

在现今的汽车售后服务中,数字化工具的使用可以大大提升服务的效率,也能更好地满足消费者的服务需求。如通过微信或者是App进行预约、服务过程中使用平板电脑等,都会大大提升客户的满意度。而售后服务的多样化也是必然的趋势,这也倒逼着传统4S店努力发挥自己维修质量高的优势,弥补自身便利性欠缺的劣势。而年轻化、个性化则是售后服务领域未来需要努力的方向,根据客户需求定制不同的服务,才是汽车售后服务能让客户体验达到最佳的"终极武器"。

【本章训练题】

到一家汽车4S店,调查体会汽车售后服务的6个流程,并绘制一般服务流程图。

第7章

汽车配件管理

【学习目标】

- 掌握汽车配件的分类。
- 熟悉国产、进口汽车零部件的编号规则。
- 会进行简单汽车配件质量的鉴别。
- 学会如何确定合理的库存量。
- 了解配件入库及出库。

【关键词】

汽车配件　仓储　入库　出库　配件分类

【引导案例】

2021 年中国汽车零部件行业负重前行

1.中国汽车零部件行业发展现状分析

（1）产业简介:覆盖范围广,产品种类多

汽车零部件在通常情况下是指除汽车机架外的所有零件和部件,其中,零件指不能拆分的单个组件;部件指实现某个动作(或功能)的零件组合。部件可以是一个零件,也可以是多个零件的组合体。在这个组合体中,有一个零件是主要的,它实现既定的动作(或功能),其他零件只起连接、紧固、导向等辅助作用。

汽车一般由发动机、底盘、车身和电气设备 4 个基本部分组成,因此,汽车零部件各类细分产品均由这4个基本部分衍生而来。按零部件的性质分,可分为发动机系统、动力系统、传动系统、悬挂系统、制动系统、电气系统及其他(一般用品、装载工具等)等,见表7.1。

表 7.1 汽车零部件主要产品表

分类	零部件
发动机系零部件	节气门体、发动机、发动机总成、油泵、油嘴、涨紧轮、轴瓦、气缸体、水泵、燃油喷射、密封垫、凸轮轴、气门、曲轴、连杆总成、活塞、皮带、消声器、化油器、油箱、水箱、风扇、散热器、油封、滤清器等
传动系零部件	变速器、变速换档操纵杆总成、减速器、离合器、磁性材料、电子元器件、离合器盘、万向节、万向滚珠、万向球、球笼、分动器、取力器、同步器、差速器、差速器壳、行星齿轮、轮架、齿轮箱、中间轴、齿轮、挡杆拨叉、传动轴总成、传动轴凸缘、同步器环等
制动系零部件	刹车蹄、刹车片、刹车盘、刹车鼓、压缩机、制动器总成、制动总泵、制动分泵、ABS-ECU控制器、电动液压泵、制动凸轮轴、制动滚轮、制动碲销、制动调整臂、制动室、真空加力器、手制动总成、驻车制动器总成、驻车制动器操作杆总成等
转向系零部件	主销、转向机、转向节、球头销等
行走系零部件	后桥、空气悬架系统、平衡块、钢板、轮胎、钢板弹簧、半轴、减震器、钢圈总成、半轴螺栓、桥壳、车架总成、轮胎、前桥等
车辆照明	装饰灯、前照灯、探照灯、吸顶灯、防雾灯、仪表灯、刹车灯、尾灯、转向灯、应急灯等
汽车改装	轮胎打气泵、汽车顶架、汽车顶箱、排气管、节油器、天窗、隔音材料、保险杠、定风翼、挡泥板等
电器仪表系零部件	传感器、汽车灯具、蜂鸣器、火花塞、蓄电池、线束、继电器、音响、报警器、调节器、分电器、起动机、单向器、汽车仪表、开关、保险片、玻璃升降器、发电机、点火线圈、点火器等
汽车灯具	装饰灯、前照灯、探照灯、吸顶灯、防雾灯、仪表灯、刹车灯、尾灯、转向灯、应急灯等

(2)汽车零部件产业链全景图

汽车零部件制造业的上下游产业主要是指其相关的供应和需求产业。汽车零部件制造业产业链上游主要包括提供原材料的市场,如钢铁、有色金属、电子元器件、塑料、橡胶、木材、玻璃、陶瓷、皮革等。其中,原材料需求量较大的有钢铁、有色金属、电子元器件、塑料、橡胶、玻璃等。下游包括汽车整车制造厂商、汽车4S店、汽车修理厂、汽车零部件配件商和汽车改装厂等。上游对汽车零部件行业的影响主要体现在成本方面,原材料(包括钢材、铝材、塑料、橡胶等)价格的变动直接关系到汽车零部件产品的制造成本。下游对汽车零部件的影响主要在市场需求和市场竞争方面。

随着科技的发展,汽车产品的更新换代日益加快,这就要求汽车零部件行业加快技术创新,提供市场需求的产品;否则,就会面临供给需求脱节困境,造成结构失衡和产品积压,如图7.1所示。

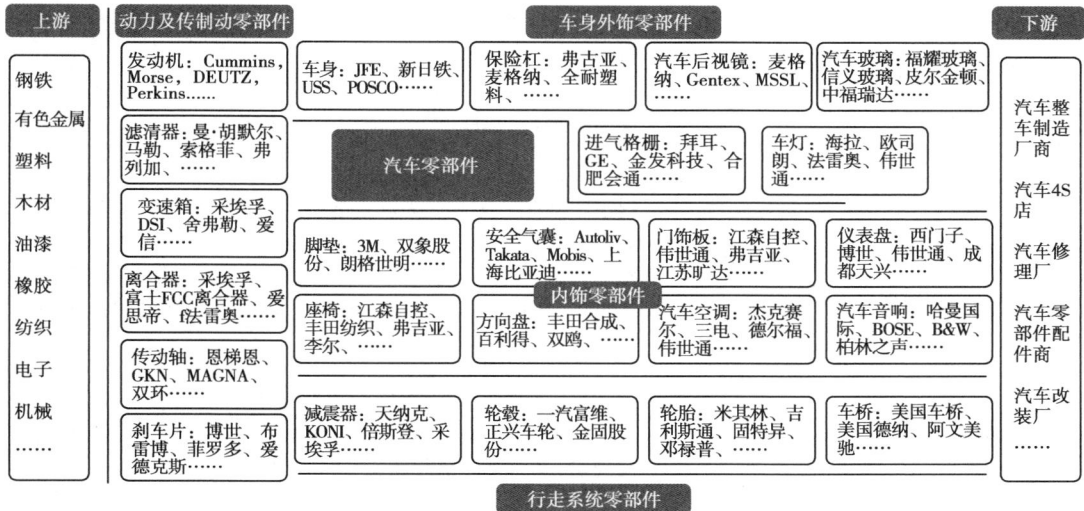

图 7.1　汽车零配件产业链全景图

(3)政策推动:政策规划频频落地,助推汽车零部件行业健康成长

由于每辆汽车需要的汽车零部件达到1万个左右,而这些零部件又涉及不同的行业和领域,在技术标准、生产方式等方面存在较大的差距。目前,国家关于汽车零部件制造业相关的政策主要分布在汽车产业的相关国家政策中。

从整体来看,国家正在促进我国汽车行业调整升级,鼓励研发制造高质量、高技术水平的自主品牌汽车,对新能源汽车保持着较大的扶持力度。一系列汽车产业政策的发布,无疑对零部件产业提出了更高的要求。同时,为促进我国汽车零部件行业积极健康发展,近年来,我国相关部门颁布了行业相关政策发展规划,见表7.2。

表 7.2　2012—2020 年中国汽车零配件产业主要相关政策规划

时间	政策规划	主要内容
2012 年 6 月	《节能与新能源汽车产业发展规划（2012—2020 年)》	节能与新能源汽车及其关键零部件企业,经认定取得高新技术企业所得税优惠资格的,可以依法享受相关优惠政策。节能与新能源汽车及其关键零部件企业从事技术开发、转让及相关咨询、服务业务所取得的收入,可按规定享受营业税免税政策
2014 年 10 月	《轮胎行业准入条件》	《准入条件》指出,在工艺、质量和装备方面,鼓励发展节能、环保、安全的绿色轮胎。轮胎生产企业应设立或具有可稳定依托的轮胎研发创新机构

续表

时间	政策规划	主要内容
2015 年 5 月	《中国制造 2025》	继续支持电动汽车、燃料电池汽车发展,掌握汽车低碳化、信息化、智能化核心技术,提升动力电池、驱动电机、高效内燃机、先进变速器、轻量化材料、智能控制等核心技术的工程化和产业化能力,形成从关键零部件到整车的完整工业体系和创新体系,推动自主品牌节能与新能源汽车同国际先进水平接轨
2016 年 3 月	《"十三五"汽车工业发展规划意见稿》	提出建立起从整车到关键零部件的完整工业体系和自主研发能力,形成中国品牌核心关键零部件的自主供应能力。加强整零合作,整车骨干企业要培育战略性零部件体系,促进形成一批世界级零部件供应商,积极发展整机和零部件再制造业务,促进提高资源循环利用水平
2016 年 9 月	《智能制造发展规划（2016—2020 年)》	企业为生产国家支持发展的重大技术装备或产品,确有必要进口的零部件、原材料等,可按重大技术装备进口税收政策有关规定,享受进口税收优惠
2016 年 12 月	《"十三五"国家战略性新兴产业发展规划》	到 2020 年,形成一批具有国际竞争力的新能源汽车整车和关键零部件企业。加快推进电动汽车系统集成技术创新与应用,重点开展整车安全性、可靠性研究和结构轻量化设计。提升关键零部件技术水平、配套能力与整车性能
2017 年 4 月	《汽车产业中长期发展规划》	培育具有国际竞争力的零部件供应商,形成从零部件到整车的完整产业体系。到 2020 年,形成若干家超过 1 000 亿规模的汽车零部件企业集团;到 2025 年,形成若干家进入全球前十的汽车零部件企业集团
2019 年 3 月	《绿色产业指导目录（2019 年版)》	新能源汽车关键零部件制造和产业化、充换电和加氢设施制造等均出现在目录里
2019 年 10 月	《关于对进口汽车零部件产品推广实施采信便利化措施的公告》	对涉及 CCC 认证的部分进口汽车零部件产品,海关在检验时采信认证认可部门认可的认证机构出具的认证证书,原则上不再实施抽样送检。对涉及重大质量安全风险预警措施需实施抽样送检的,按照海关实际风险布控指令执行
2019 年 12 月	《机动车零部件再制造管理暂行办法（征求意见稿)》	管理办法明确了再制造的概念,即按照国家标准,对功能性损坏或技术性淘汰等原因不再使用的旧机动车零部件进行专业化修复或升级改造,使其性能特征和安全环保性能不低于原型新品。同时,明确了参与企业的"门槛"条件,界定了再制造的零部件范围,并建立了追溯体系,加大管理力度
2020 年 8 月	《汽车零部件再制造管理暂行办法（征求意见稿)》	再制造企业应当构建合理的逆向物流体系及旧件回收网络,鼓励汽车整车生产企业通过售后服务体系回收旧机动车零部件用于再制造。鼓励专业化旧件回收公司从维修渠道为再制造企业提供符合要求的旧件等

(4)中国汽车零部件市场规模现状:主营业务收入不断扩大

中国新车生产为我国新车零部件配套市场的发展提供了发展空间,同时在不断增长的汽车保有量下,汽车维修与改装对零部件需求也在不断增长,从而促使我国汽车零部件行业不断壮大。

2019年,在汽车整体市场滑坡、新能源汽车补贴下降、排放标准逐渐升高等因素的影响下,零部件企业面临着前所未有的压力。但我国汽车零部件制造业仍呈现稳定增长趋势。根据中国汽车工业协会对13 750家规模以上汽车零部件企业统计,全年累计主营业务收入3.6万亿元,同比增长0.35%。初步估算,2020年中国汽车零部件制造业主营业务收入约3.74万亿元,如图7.2所示。

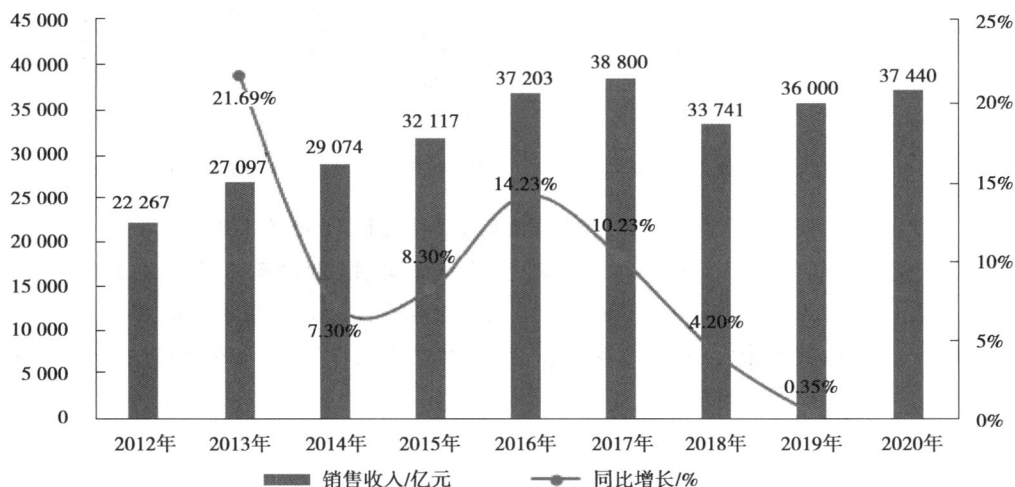

图 7.2　2012—2020 年中国汽车零部件制造业主营业务收入一览表

注:①同比增速数据由于规模以上企业数量变动,每年统计口径有所不同,同比数据均与当年规模以上企业生产数据进行同比。

②2020年数据为初步测算数据,仅供参考。

(5)中国汽车零部件进出口情况:进出口金额呈下行

2014年以来,在中国汽车零部件行业的稳步发展下,我国汽车零配件的进出口得到良好发展。2017—2019年,中国汽车零配件进出口金额均呈波动下降趋势,2019年汽车零部件进出口分别为353.1亿美元、665.59亿美元,同比分别下降12.8%和4.4%。

这在一定程度上反映出当前市场下,零部件企业普遍面临着较大的压力。2020年中国汽车零配件进口金额达324亿美元,同比增长0.1%;汽车零配件出口金额达565.2亿美元,同比下降6.2%。如图7.3所示。

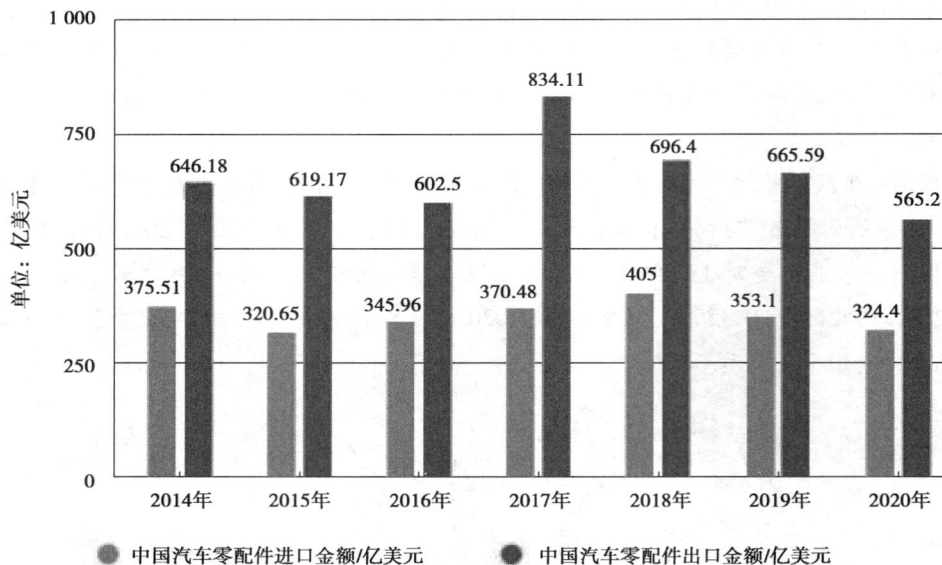

图 7.3　2014—2020 年中国汽车零配件进出口金额统计图

从四大类汽车零部件产品进出口结构来看,汽车零部件、附件及车身在进出口市场占比均为第一,占比分别为 81.42% 和 61.78%;汽车、摩托车轮胎出口金额占比达 20.23%,进口金额占比仅为 1.83%;发动机在汽车零部件产品进出口市场中占比均在 10% 以下,如图 7.4 所示。

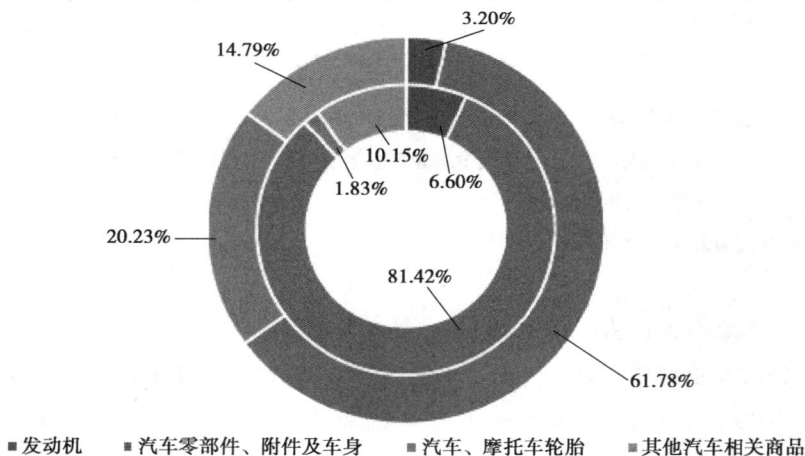

图 7.4　2019 年中国汽车零配件进出口产品结构图

(6)中国汽车零部件市场研发现状:多方机构合作成为趋势

目前,我国汽车零部件行业发展依然存在技术瓶颈,尤其是在智能网联汽车零部件、新能源汽车零部件和节能汽车核心零部件技术方面。

为了解决技术瓶颈,零部件企业在加强自身产品研发投入的同时,也在积极寻求与相关单位的合作。有的整车企业与零部件企业合作研发汽车零部件,如上汽大众和日本瑞萨共同成立汽车电子联合实验室;有的整车企业与 IT 企业合作开发汽车零部件,如江淮汽车与华为合作开展智能汽车解决方案、企业信息化、智慧园区、智能工厂等领域的研究;有的零部件企业与 IT 企业合作,如伟世通与腾讯合作开发自动驾驶技术以及数字化 AI 座舱解决方案;同时研究机构也积极参与合作,共同研究推动我国汽车零部件产业发展。可以看出,未来"多方合作,共同研发"模式将成为推动我国汽车零部件产业发展的重要趋势,见表7.3。

表 7.3　2019 年多方合作推动我国汽车零部件产业研发

时间	合作企业	相关产业
2019.1.9	腾讯、伟世通	合作开发自动驾驶技术以及数字化 AI 座舱解决方案
2019.3.28	飞驰镁物、微软	围绕汽车数字化与出行服务,在技术、产品设计、市场、营销及服务 5 个层面展开深入合作
2019.4.11	吉利汽车与里卡多	专门针对增程式插电混动汽车研发高级变速箱
2019.4.16	商汤科技、伟世通	联手拖动智能车舱产业的创新与发展
2019.4.17	蜂巢能源、森萨增科技	在电池领域扩大战略合作,推动蜂巢能源电池产品升级
2019.4.17	宁德时代、华为	双方合作推进汽车行业向电动化与智能化转型升级
2019.4.22	天际汽车、德赛百威	为天际 IE7 及后续产品合作开发自动驾驶和智能驾驶舱提供解决方案
2019.5.30	蜂巢互联、博世	达成合作并开启联合创新之旅,为中国工业 4.0 市场提供培训以及数字产品和服务
2019.6.13	上汽大众、日本瑞萨	成立汽车电子联合实验室,双方将合作开发新一代汽车驾驶舱搭载的电子设备和控制系统
2019.6.21	延锋、京东方	扩大在光学贴合、TFT-LCD 模组及曲面屏等产品上的应用合作
2019.6.24	万向、Ionic Materials	共同开发了一种创新性方法来制造全固态电池
2019.7.17	延锋、歇尔	共同打造行业领先的汽车智能座舱声学系统、智能交互及智能传感幕产品
2019.8.22	中国恒瑞、福伊特	在高压氢燃料储罐系统的材料、成型技术以及市场开拓等多方面展开深入合作
2019.8.23	星云互联、海拉	打造先进的车联网解决方案
2019.9.17	海克斯康、四维图新	在高精度定位服务与应用等全方面展开合作
2019.10.26	中智行、威力登	联合研发下一代高性能量产化雷达
2019.11.5	格拉默、一汽富晟	成立长春富晟格拉默车辆配件有限公司,研发和生产各类汽车内饰零件

续表

时间	合作企业	相关产业
2019.11.19	卧龙电气、采埃孚	成立一家专门从事汽车专用电机及其部件生产的合资公司,生产电机和部件
2019.11.24	均胜电子、德国普瑞车联	整合均胜车联事业部,重点研发和生产车联网技术相关产品
2019.12.9	江淮汽车、华为	在智能汽车解决方案、企业信息化、智慧园区及智能工厂等领域展开研发合作
2019.12.13	北汽新能源、上海拿森	研究中国自主线控底盘

2.中国汽车零部件行业竞争格局及投资兼并现状

(1)区域竞争格局分析:零部件产业集群效应凸显

我国汽车零部件工业是伴随整车厂起步发展的,基本都是围绕整车生产基地,呈现集群式发展。经过多年发展,中国已形成东北、京津冀、中部、西南、珠三角及长三角六大汽车零部件产业集群。

在六大产业集群中,汽车零部件产业产值占全产业的80%左右。围绕整车企业,汽车零部件企业以"扩规模、调结构、提升附加值"为抓手,提高了产业链纵向延伸和横向合作的效率,产业链协同效应初步显现,结构竞争优势大幅提升,集群规模和集群效应更加凸显。

(2)企业竞争格局分析:中国企业竞争力提升

在2020年国际百强榜单中,排在前五位的企业是德国博世、德国大陆、日本电装、加拿大麦格纳和德国采埃孚,见表7.4。有11家中国汽车零部件企业入选,分别是潍柴集团、华域汽车、海纳川、均胜电子、宁德时代、中航汽车、广汽零部件、玉柴集团、中策橡胶、中信戴卡、法士特集团。其中,潍柴集团零部件业务收入总额以2 164.67亿元位居国际百强榜单第8位,位居中国汽车零部件企业百强榜首位。

总体来看,中国企业的规模化能力在增强,入围2020年全球百强榜的中国企业由2019年的8家增加到了11家,排名均有所提升。

表7.4 2020年中国汽车零部件企业百强榜前十及业务收入

排名	企业名称	2019年零部件业务收入/亿元
1	潍柴控股集团有限公司	2 164.67
2	华域汽车系统股份有限公司	1 440.23
3	北京海纳川汽车部件股份有限公司	653.06
4	宁波均胜电子股份有限公司	617
5	宁德时代新能源科技股份有限公司	457.88
6	中国航空汽车系统控股有限公司	355

排名	企业名称	2019 年零部件业务收入/亿元
7	广汽零部件有限公司	319
8	广西玉柴机器集团有限公司	294.9
9	中策橡胶集团有限公司	276
10	中信戴卡股份有限公司	265.75

(3)中国汽车零部件投资兼并现状:汽车零部件企业投资并购加快

①投融资市场繁荣。

近年来,中国汽车零部件市场已经进入规模化发展阶段。2014—2020 年中国汽车零部件产业投融资市场呈现波动增长态势,市场于 2015 年达到峰值,投资数量和投资金额分别为 88 件和 80.05 亿元。2020 年,中国汽车零部件产业投资规模为 53.64 亿元,汽车零部件还有很大投资空间。

未来零部件企业投资将更加活跃,通过研发投入推动技术创新,实现零部件产业升级进而推动中国汽车零部件产业升级,实现汽车零部件从低端制造向科技含量高的领域发展,如图 7.5 所示。

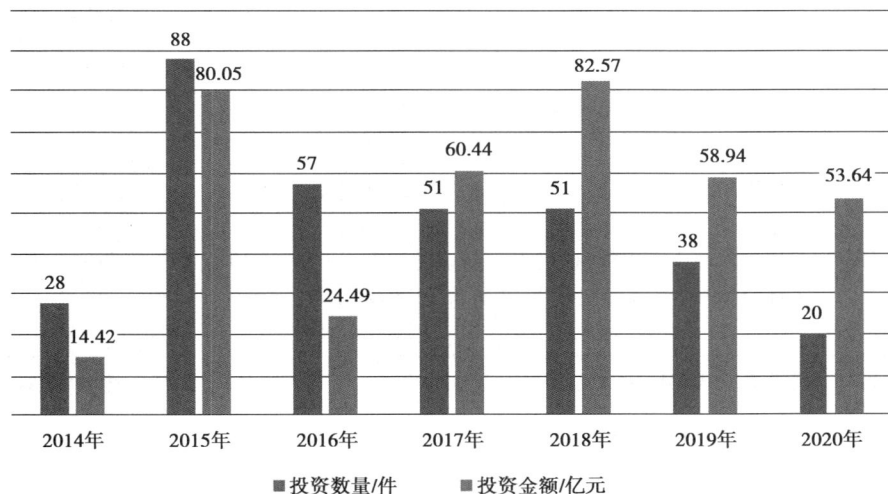

图 7.5　2014—2020 年中国汽车零部件投融资情况

②新能源汽车和智能网联汽车领域投资并购加快。

据不完全统计,2019 年我国汽车零部件企业完成了 21 宗投资并购类的案例,其中,传统汽车相关产品的投资并购案例有 7 宗,新能源汽车及智能网联汽车零部件产品投资并购案例有 14 起。

从传统汽车零部件领域的投资并购案例来看,主要涉及核心零部件系统的相关产品、轮胎、车身附件等方面。从新能源及智能网联汽车零部件领域投资并购来看,主要涉及动力电池、无人驾驶、智能平台等方面,见表7.5。

表 7.5　2019 年汽车零部件相关产品投资并购案例一览表

时间	企业	收购资金	相关产业
2019 年 1 月	科力远拟购买吉利集团、华普汽车合计持有的 CHS 公司 36.97% 的股权	8.21 亿元	电池、混动技术
2019 年 2 月	威轼创集团战略投资 BMTS Technology	—	涡轮增压器
2019 年 2 月	无人驾驶初创公司图森未来宣布成功完成 D 轮融资,由新浪资本领投	9 500 万美元	无人驾驶
2019 年 3 月	德赛西威完成对德国 ATBB 公司的收购交割	—	天线技术
2019 年 4 月	自动驾驶公司 AutoX 宣布完成了数千万美元的 A3 轮融资,由东风汽车领投	数千万美元	自动驾驶
2019 年 4 月	安智汽车完成 A+轮融资	数千万元	驾驶辅助系统
2019 年 4 月	纽劢科技正式完成 Pre-A 轮融资	未透露	自动驾驶
2019 年 4 月	继峰股份公司发布重组草案,调整已披露的拟购买宁波继烨公司 100% 股权的意向性预案	39.56 亿元	座椅
2019 年 8 月	山东海倍德橡胶有限公司收购永泰集团	2.54 亿元	轮胎
2019 年 9 月	赛轮轮胎发布公告称,中国—汽拟以 4.6 亿元现金,对其子公司赛亚检测进行增资。据悉,赛轮轮胎也将以 1.46 亿元现金,对赛亚检测进行增资	4.6 亿元/ 1.46 亿元	轮胎
2019 年 11 月	上汽旗下华域汽车技术研发中心建筑工程项目宣布正式开工。华域汽车技术研发中心建成后,将承担起华域汽车智能网联汽车、新能源汽车关键零部件及智能制造应用技术研发和试验的重任	10.19 亿元	新能源零部件
2019 年 12 月	潍柴动力完成对德国 ARADEX 的战略收购	—	电机、电控
2019 年 12 月	长城汽车 100% 控股的蜂巢动力将在江苏扬中汽车零部件产业园建设年产 40 万台发动机项目	16.12 亿元	发动机

3.中国汽车零部件行业发展前景及趋势分析

(1)发展趋势分析:汽车售后市场成为主要增长点

受"重整车、轻零件"的政策倾向影响,我国汽车零部件企业长期面临着技术空心化危局。大量中小规模汽车零部件供应商产品线单一、技术含量低、抵御外部风险能力弱。近年来,原材料和人工成本的攀升使得汽车零部件企业的利润率波动下滑。

《汽车产业中长期发展规划》指出,培育具有国际竞争力的零部件供应商,形成从零部件到整车的完整产业体系。到 2020 年,形成若干家超过 1 000 亿规模的汽车零部件企业集团;到 2025 年,形成若干家进入全球前十的汽车零部件企业集团。

未来在政策支持下,我国汽车零部件企业将逐步提高技术水平与创新能力,掌握关键零部件核心技术;在自主品牌整车企业的发展带动下,国内零部件企业将逐步扩大市场份额,外资或合资品牌占比将有所下降。

同时,我国目标在 2025 年形成若干家进全球前十的汽车零部件集团,行业内的兼并将会增多,资源向头部企业集中;随着汽车产销量触及天花板,汽车零部件在新车配套领域发展有限,巨大的售后市场将成为汽车零部件行业增长点之一,如图 7.6 所示。

掌握核心科技

在政策支持下,我国汽车零部件企业将逐步提高技术水平与创新能力,掌握关键零部件核心技术

国内品牌占比提升

在自主品牌整车企业的发展带动下,国内零部件企业将逐步扩大市场份额,外资或合资品牌占比将有所下降

资源向头部企业集中

我国目标在2025年形成若干家进去全球前十的汽车零部件集团,行业内的兼并将会增多,资源向头部企业集中

售后市场助推

汽车产销量触及天花板,汽车零部件在新车配套领城发展有限,巨大的售后市场将成为汽车零部件行业增长点之一

图 7.6　中国汽车零部件行业发展趋势

(2)发展前景:行业向好趋势不变

受益于国内外整车行业发展和消费市场扩大,国内汽车零部件行业呈现出良好的发展趋势。尽管在新冠肺炎疫情影响下汽车消费市场转冷,但长期向好势头不变,汽车零部件行业仍面临着较大的发展机遇。来自政策层面的大力支持,为零部件行业的发展夯实了基础。

随着技术创新,我国国内零部件配套体系逐步与世界接轨,中国汽车零部件产业仍将保持良好的发展趋势。前瞻预测,至 2026 年,我国汽车零部件行业主营业务收入将突破 5.5 万亿元,如图 7.7 所示。

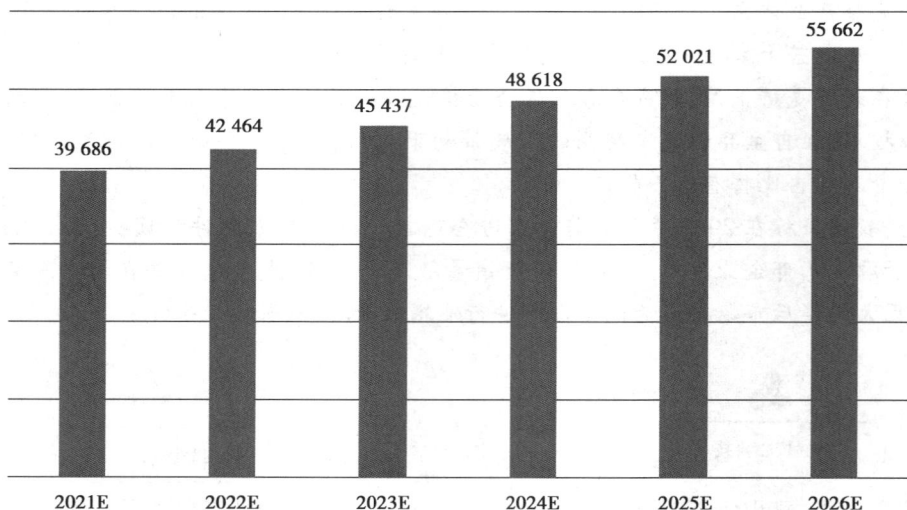

图 7.7　2021—2026 年中国汽车零部件行业主营业务收入预测表

7.1　汽车配件的分类与编号

　　汽车销售人员应了解汽车配件的分类、编号原则和配件质量的鉴别等知识。汽车配件的分类可按照最终用途、市场结构、生产商和质量等多种标准进行。汽车配件的编号规则要遵循统一的标准。在对汽车配件的质量鉴别中，要掌握一些简单的方法进行鉴别，保障产品质量。

7.1.1　汽车配件的分类

　　1）按照最终用途分类

　　按照在汽车上的安装部位来分类，有车身零件、传动零件、底盘零件等，主要用于商业或统计上，具体如下：

　　（1）发动系统

　　发动系统包括发动机总成、滤清器、汽缸及部件、油封、油泵油嘴、节油器、气门挺柱、油管、连杆总成、曲轴凸轮轴、轴瓦及连杆瓦、气门及部件、油箱、活塞、飞轮齿圈、张紧轮、皮带、增压器、化油器、三元催化器、燃油喷射装置、起动机及配件、其他发动系统等汽车配件。

　　（2）行走系统

　　行走系统包括前桥、后桥、减振系统、悬挂系统、桥壳、半轴、平衡块、缓冲器、轮辋、轮毂、车架总成、汽车轮胎、农用车轮胎、工程机械轮胎及其他行走系统等汽车配件。

（3）车身及附件

车身及附件包括车壳、车门、汽车玻璃、车镜、车牌架、座椅及附件、汽车轴承、扶手、把手、拉手、中网、叶子板、驾驶室及配件、安全气囊、汽车安全带、玻璃升降器、汽车天线、雨刮器、汽车消声器、汽车喇叭、车用密封条、保险杠、行李厢、行李架、挤压件、冲压件、排气管及其他车身附件等汽车配件。

（4）转向系统

转向系统包括横拉杆总成、拉杆、拉杆球头、中心拉杆、转向主动臂、转向从动臂、转向器防尘套、转向机总成、转向减振器、转向助力泵、转向器垫片修理包、动力转向油箱、拉杆调节螺栓、转向从动臂衬套、动力转向管、转向节、转向盘及其他转向系统等汽车配件。

2）按市场结构分类

按市场结构分类，可将汽车配件分为维修市场件、配套市场件和出口国际市场的外向型零件。

（1）维修市场件

维修市场件是汽车在使用过程中因为维修而产生的配件，如火花塞等。

（2）配套市场件

配套市场件是整车生产厂家向其配套的零部件企业采购的汽车零部件。

（3）外向型零件

外向型零件主要销往国外，面向国际市场，包括向海外出口的 OEM 件和售后备件及服务的零部件。

3）按照生产商和质量分类

根据汽车配件产品的生产商和质量的不同，可将其分为原厂件（OEM 件）、副厂件、翻新件、报废汽车回用件、假冒件。

（1）原厂件

原厂件即 OEM 件，是专门为整车厂配套生产的配件。

（2）副厂件

副厂件为整车厂供应配套产品的零配件生产厂家通过自己的销售渠道向维修市场提供的产品，这些配件不通过整车厂服务渠道供应，所以也不能在包装上打上整车厂的标记，而是打零部件生产厂家自己的标记，称为副厂件。

（3）翻新件

翻新件是在原配件基础上进行重新刷漆、修理的配件。

（4）报废汽车回用件

报废汽车回用件是汽车报废后仍可以使用的配件。

（5）假冒件

假冒件是指有的配件商品在制造时冒用、伪造他人商标、标志，冒用他人特有的名称、包装、装潢、厂名厂址，伪造产品产地和生产许可证标志等。

4）按照产品主要含量分类

按照产品的主要含量，即附加值分类，可将汽车配件分为高附加值类和低附加值类配件。高附加值类配件主要是指科技含量高的配件，如发动机总成等。低附加值类配件是指靠增加劳动力就可以解决产量和质量问题的配件，也称劳动密集型配件。

5）按集成度分类

汽车配件也可按照集成度分为零件、部件、组合件、系统及系统组件。

7.1.2　国产、进口汽车零部件的编号规则

汽车配件的制造厂编号代表汽车配件的型号、品种和规格，对于配件的采购和管理十分重要。编号和规格一般打印在配件的包装物上，也有的打印或铸造在配件的非工作表面上。国产汽车的编号有统一的标准，国外汽车大多没有统一的标准，而由厂家自定。

1）国产汽车配件编号规则

在我国，汽车零部件编号按中国汽车工业联合会于 1990 年 1 月 1 日颁布实施的《汽车产品零部件编号规则》统一编制。完整的汽车零部件编号表达式由企业名称代号、组号、分组号、源码、零部件顺序号及变更代号构成。零部件编号表达式根据其隶属关系，可按下列 3 种方式进行选择。

一是零部件编号表达式一。

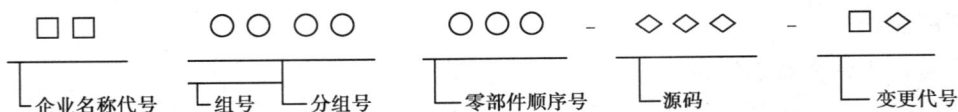

```
□□        ○○ ○○        ○○○  -  ◇◇◇  -  □◇
└企业名称代号  └组号 └分组号  └零部件顺序号  └源码      └变更代号
```

二是零部件编号表达式二。

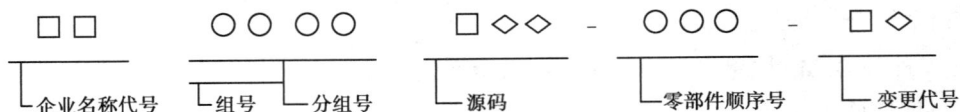

```
□□        ○○ ○○        □◇◇  -  ○○○  -  □◇
└企业名称代号  └组号 └分组号  └源码      └零部件顺序号  └变更代号
```

三是零部件编号表达式三。

```
□        ○○        □◇◇  -  ○○  -  ○○○  -  □◇
└企业名称代号 └组号  └源码    └分组号  └零部件顺序号  └变更代号
```

注：□表示字母；○表示数字；◇表示字母或数字。

①企业名称代号。当汽车零部件图样使用涉及知识产权或产品研发过程中需要标注企业名称代号时，可在最前面标注经有关部门批准的企业名称代号。一般企业内部使用时，允许省略。企业名称代号由两位或 3 位汉语拼音字母表示。

②源码。源码用 3 位字母、数字或字母与数字混合表示，由企业自定。

a.描述设计来源：设计管理部门或设计系列代码，由 3 位数字组成。

b.描述车型中的构成:车型代号或车型系列代号,由 3 位字母与数字混合组成。

c.描述产品系列:大总成系列代号,由 3 位字母组成。

③组号。用两位数字表示汽车各功能系统分类代号,按顺序排列,见表 7.6。

④分组号。用 4 位数字表示各功能系统内分系统的分类顺序代号,按顺序排列,见表 7.6。

表 7.6　零件图号

组号	组号名称	分组号	分组号名称	零件名称	一汽图号(CA 151/9)	二汽图号(EQ 153)
10	发动机	1001	发动机悬置	后悬置软垫总成	1001015-D1	10N-01050
11	供给系统	1101	燃油箱及油管	燃油箱总成	1101010-15B1	1101E-010-B
12	排气系统	1201	排系系统	消声器总成	1201010-A06	1201N-010
13	冷却系统	1301	冷却系统	散热器总成	1301010-4GB1	1301N08-010
16	离合器	1601	离合器	离合器片	1601210-09	1601N-130
17	变速器	1701	变速箱	变速箱后盖	1701429-11	1700N-150
22	传动系统	2201	传动轴	传动轴总成	2201010-5R	2201GN-010-A
23	前桥	3001	前桥	前桥	3001011-G8E	30N-01011-B
24	后桥	2401	后桥	后桥	2401010-7R	2401N-010
28	车架	2801	车架	车架总成	2800010-5G	28N-00010
29	悬架	2901	悬架	前钢板总成	2902 010-8E	2912N2-010

注:国家标准零部件号,只编定了组号、分组号,零部件号未做统一,由企业根据自身需要自编。

⑤零部件顺序号。用 3 位数字表示功能系统内总成、分总成、子总成、单元体及零件等顺序代号,零部件顺序号表述应符合下列规则:

a.总成的第 3 位应为零。

b.零件第 3 位不得为零。

c.3 位数字为 001~009,表示功能图、供应商图、装置图、原理图、布置图及系统图等为了技术、制造和管理的需要而编制的产品号和管理号。

d.对称零件其上、前、左件应先编号为奇数,下、后、右件后编号且为偶数。

e.共用图(包括表格图)的零部件顺序号一般应连续。

⑥变更代号。变更代号为两位,可由字母、数字或字母与数字混合组成,由企业自定。

⑦代替图零部件编号。对零件变化差别不大,或总成通过增加或减少某些零部件构成新的零件和总成后,在不影响其分类和功能的情况下,其编号一般在原编号的基础上仅改变其源码。

2)国外汽车配件编号

国外汽车配件编号比较繁杂,各厂自行规定,各不相同。需要认真查对原厂的零件目录和手册。不过有一点需要注意的是:国外汽车车型的更新和改进较快,有些同一车型的同一配件,只因生产年份不同而不能通用互换。因此,国外车型的配件必须注意其生产年份和生产日期,这是国外汽车零件编号的普遍规律。例如,日本丰田汽车,要查对零件编号必须先查出车辆型号和车架号码,由车架号码查出车辆生产日期和发动机型号,再从有关目录上查出编号。下面以丰田汽车公司为例介绍汽车配件的编号规则。

丰田汽车配件的编号规则如下:

①丰田零件的编号一共是由 10 个或 12 个数字和字母来组成,基本格式为×××××-×××××-××,比较常见的是 10 位组合:×××××-×××××。

②前 5 位代表着零件的名称及属性,也就是说,代表这是什么零件。例如,发动机大修包的前 5 位是 04111,也就是常说的头号。细心的人可能会发现,就算不同车型的同一品种零件前 5 位号都是相同的,如发动机大修包,它的固定编码号就是 04111,所以丰田汽车的配件编码只要记住前 5 位就可以了。

③丰田配件编码的头号是具有一定规律性的,也就是说记住这个规律,你看一下编码就能了解配件了。

④后面的 5 位主要是代表这个零件的适配车型,也就是说什么车能用的。这里面也是有固定的规律,前两位代表车系,后 3 位代表更详细的车型。例如,国产皇冠号一般是 0N、00 等。

一般从编码的第一位就可以大概分出这是哪一类的配件:

0 字头都是修理件。

1 字头发动机配件,如13101,就是活塞。

2 字头是发动机附件,如发电机、马达、化油器之类。

3 字头是离合或波箱传动类配件。

4 字头是底盘配件,如悬挂-方向机、球头之类。

5,6 字头是外观、内饰类。

7 字头是装饰件、饰条、防撞胶。

8 字头为灯具及电器类。

9 字头都是些小配件,如油封轴承垫圈之类。

配件编码的含义及类型见表7.7。

表 7.7　配件编码的含义及类型

00000-48050	车壳	MCU3#.0302
04111-56025	发动机大修包	#B.不带缸床
17111-71020	进气支管	2Y.3Y.YR2#
11452-28060	机油尺套管	1.2AZFE.AC
13101-46031	活塞 STD.6	2JZ.JZS133
16304-31033	节温器座	3GRFE.GRS1
44774-33050	刹车助力泵软管	SXV20.9608

7.1.3　汽车配件质量的鉴别方法

汽车配件涉及的车型多,品种规格复杂,仅一种车型的配件品种就不下数千种。汽车维修企业和配件经营企业一般没有完备的检测手段,但只要熟悉汽车结构以及制造工艺和材质等方面的知识,正确运用检验标准,凭借积累的经验和一些简单的检测方法,也能识别配件的优劣。下面介绍一些常用的方法,以供参考。

1）看商标

要认真查看商标,上面的厂名、厂址、等级和防伪标记是否真实,因为对于有短期行为的制假者来说,防伪标志的制作不是一件容易的事,需要一笔不小的支出。另外在商品制作上,正规的厂商在零配件表面有硬印和化学印记,注明了零件的编号、型号、出厂日期,一般采用自动打印,字母排列整齐,字迹清楚,小厂和小作坊一般是做不到的。

2）看包装

汽车零配件互换性很强,精度较高,为了能较长时间存放、不变质、不锈蚀,需在产品出厂前用低度酸性油脂涂抹。正规的生产厂家,对包装盒的要求也十分严格,要求无酸性物质,不产生化学反应,有的采用硬型透明塑料抽真空包装。考究的包装能提高产品的附加值和身价,箱、盒大都采用防伪标记,常用的有激光、条码、暗印等,在采购配件时,这些很重要。

3）看文件资料

一定要查看汽车配件的产品说明书,产品说明书是生产厂进一步向用户宣传产品,为用户做某些提示,帮助用户正确使用产品的资料。通过产品说明书可增强用户对产品的信任感。一般来说,每个配件都应配一份产品说明书(有的厂家配用户须知)。如果交易量相当大,还必须查询技术鉴定资料,进口配件还要查询海关进口报关资料。国家规定进口商品应配有中文说明,一些假冒进口配件一般没有中文说明,且包装上的外文,有的文法不通,甚至写错单词,一看便能分辨真伪。

4）鉴别金属机械配件,可查看表面处理

所谓表面处理,是指电镀工艺、油漆工艺、电焊工艺、高频热处理工艺。汽车配件的表面处理是配件生产的后道工艺,商品的后道工艺尤其是表面处理涉及很多现代科学技术。国际和国内的名牌大厂在利用先进工艺上投入的资金是很大的,特别对后道工艺更为重视,投入资金少则几百万元,多则上千万元。一些制造假冒伪劣产品的小工厂和手工作坊有一个共同特点,就是采取低投入掠夺式的短期经营行为,很少在产品的后道工艺上投入技术和资金,而且也没有这样的资金投入能力。

看表面处理具体有以下4个方面:

(1)镀锌技术和电镀工艺

汽车配件的表面处理,镀锌工艺占的比重较大。一般铸铁件、锻铸件、铸钢件、冷热板材冲压件等大都采用表面镀锌。质量不过关的镀锌,表面一致性很差;镀锌工艺过关的,表面一致性好,而且批量之间一致性也没有变化,有持续稳定性。明眼人一看,就能分辨真伪优劣。

电镀的其他方面,如镀黑、镀黄等,大工厂在镀前处理的除锈酸洗工艺比较严格,清酸比较彻底,这些工艺要看其是否有泛底现象。镀钼、镀铬、镀镍可看其镀层、镀量和镀面是否均匀,以此来分辨真伪优劣。

（2）油漆工艺

现在一般都采用电浸漆、静电喷漆,有的还采用真空手段和高等级静电漆房喷漆。采用先进工艺生产的零部件表面,与采用陈旧落后工艺生产出的零部件表面有很大差异。目测时可以看出,前者表面细腻、有光泽、色质鲜明;而后者则色泽暗淡、无光亮,表面有气泡和"拖鼻涕"现象,用手抚摸有砂粒感觉,相比之下,真假非常明显。

（3）电焊工艺

在汽车配件中,减振器、钢圈、前后桥、大梁、车身等均有电焊焊接工序。汽车厂的专业化程度很高的配套厂,它们的电焊工艺技术大都采用自动化焊接,能定量、定温、定速,有的还使用低温焊接法等先进工艺,这样的产品焊缝整齐、厚度均匀,表面无波纹形、直线性好,即使是点焊,焊点、焊距也很规则,这一点哪怕再好的手工操作也无法做到。

（4）高频热处理工艺

汽车配件产品经过精加工以后才进行高频淬火处理,因此,淬火后各种颜色都原封不动地留在产品上。如汽车万向节内、外球笼经淬火后,就有明显的黑色、青色、黄色和白色,其中白色面是受摩擦面,也是硬度最高的面。目测时,凡是全黑色和无色的,肯定不是高频淬火。

工厂要配备一套高频淬火成套设备,其中包括硬度、金相分析测试仪器和仪表的配套,它的难度高,投入资金多,还要具备供、输、变电设备条件,供电电源在3万V以上。小工厂、手工作坊是不具备这些设备条件的。

（5）看非使用面的表面伤痕

从汽车配件非使用面的伤痕,也可以分辨是正规厂生产的产品,还是非正规厂生产的产品。表面伤痕是在中间工艺环节由于产品相互碰撞留下的。优质的产品是靠先进科学的管理和先进的工艺技术制造出来的。生产一个零件要经过几十道甚至上百道工序,而每道工序都要配备工艺装备,其中包括工序运输设备和工序安放的工位器具。高质量的产品有很高的工艺装备系数作保障,所以高水平工厂的产品是不可能在中间工艺过程中互相碰撞的。以此推断,凡在产品不接触面留下伤痕的产品,肯定是小厂、小作坊生产的劣质品。

7.1.4 如何选择合适的汽车配件

如何才能选购到最合适、性价比最高的汽车零部件,在这里推荐以下方法:

1）看商标标识是否齐全

正宗汽车配件的外包装质量好、包装盒上字迹清晰,套印色彩鲜明,包装盒、袋上应标有产品名称、规格型号、数量、注册商标、厂名厂址及电话号码等。有的厂家还在配件上打出自己的标记，一些重要部件如发电机、分电器、喷油泵等，还配有使用说明书、合格证和检验员章，以指导用户正确使用维护。选购时，应仔细认清，以防买了假冒伪劣产品。

2）看几何尺寸有无变形

有些汽车零件因制造、运输、存放不当，易产生变形。检查时，可将轴类零件沿玻璃板滚动一圈，看零件与玻璃板贴合处有无漏光来判断是否弯曲，选购离合器从动盘钢片或摩擦片时，可将钢片、摩擦片举在眼前观察其是否翘曲，在选购油封时，带骨架的油封端面应呈正圆形，能与平板玻璃贴合无挠曲，无骨架油封外缘应端正，用手握使其变形，松手后应能恢复原状。在选购各类衬垫时，也应注意检查几何尺寸及形状。

3）看结合部位是否平整

汽车零配件在搬运、存放过程中，由于振动、磕碰常会在结合部位产生毛刺、压痕、破损或裂纹，影响零件的使用，选购时应注意检查。

4）看零件表面有无锈蚀

合格的零配件表面既有一定的精度又有铮亮的光洁度，越是重要的零配件精度越高，包装防锈防腐越严格，选购时应注意检查。若发现零件有锈蚀斑点、霉变斑点或橡胶件龟裂，失去弹性，或轴颈表面有明显车刀纹路，应予调换。

5）看防护表层是否完好

大多数零件在出厂时都涂有防护层，如活塞销、轴瓦用石蜡保护，活塞环、缸套表面涂防锈油并用包装纸包裹，气门、活塞等浸防锈油后用塑料袋封装。选购时，若发现密封套破损、包装纸丢失、防锈油或石蜡流失，应予退换。

6）看胶接零件有无松动

由两个或两个以上零件组合成的配件、零件之间是压装、胶接或焊接的。它们之间不允许有松动现象。如油泵柱塞与调节臂是通过压装组合的，离合器从动盘花键毂与钢片是铆接结合的，摩擦片与钢片是铆接或胶接的，纸质滤清器滤芯骨架与滤纸是胶接而成的，电器设备的线头是焊接而成的。选购时若发现有松动，应予调换。

7）看转动部件是否灵活

选购机油泵等转动部件总成时，用手转动泵轴应感到灵活无卡滞。选购滚动轴承时，一手支撑轴承内环，另一手打转外环，外环应能快速自如转动，然后逐渐停转。若转动部件转动不灵，说明内部锈蚀或产生变形，不要购买。

8）看总成部件有无缺件

正规的总成部件必须齐全完好，才能保证顺利装配和正常运行。一些总成部件上的个别小零件若漏装将使总成部件无法工作甚至报废。

9）看装配记号是否清晰

为保证配合件的装配关系符合技术要求，在一些零件（如正时齿轮）表面刻有装配记号，若无记号或记号模糊无法辨认,将给装配带来很大困难,甚至装错。

10)看配合表面有无磨损

若零件配合表面有磨损痕迹或涂漆配件拨开表面油漆后发现旧漆,则多为废旧件伪装。这时可要求退换。

11)看表面硬度是否达标

各配合件表面硬度都有要求,在确定购买并与商家商妥后,可用钢锯条的断茬去试划,划时打滑无划痕的,说明硬度高,划后稍有浅痕的硬度较高,划后有明显痕迹的,说明硬度低(注意试划时不要损伤工作面)。

7.2 汽车配件的订货管理

7.2.1 确定合理的库存量

所谓合理的配件库存,是指用经济合理的配件库存费用来保证向用户提供最佳的有效服务。配件库存量不是一个定值,而是一个动态的变化量,需要通过适时的补充订货来保证库存配件维持在一个合理限度,这一限度既不影响配件的供应,又能降低配件库存费用。如果没有较低的配件库存费用作基础,就很难提供让用户满意的配件价格。只有向用户提供满意的服务、满意的价格、满意的产品,才能赢得用户的信赖,赢得持久的、不断扩展本公司的维修业务。

安全库存是一种额外持有的库存,它作为一种缓冲器用来补偿在订货提前期内实际需求量超过期望需求量或提前期超过期望提前期所产生的需求。从定义中可以看出安全库存的产生有两个原因:一是需求量预测不确定性;二是提前期时间的变动。保有一定量的安全库存已经成为多数企业的共识。但是过多的安全库存也会占用企业大量的资金,增大库存持有成本。安全库存的研究主要解决两个问题:一是如何确定合适的安全库存量;二是如何在不降低顾客服务水平的前提下降低安全库存量。

1)安全库存量的计算

安全库存量的计算公式为:

$$\frac{安全}{保险库存量}=\left(\frac{预计每天最大耗用量}{销售量}-\frac{平均每天正常耗用量}{销售量}\right)\times 订货间隔天数$$

2)如何确定汽车配件合理库存量

(1)以可能销售的配件量为基础,确定本企业的库存总量

确定配件的库存量,必须以可能销售的配件量为基础,因此必须准确地掌握本地车辆的

保有量,弄清当地拥有哪些车型,以及购车时间(车龄)分布等。在获取这些资料的前提下,根据汽车故障的特性,合理预测市场上配件的需求。

(2)根据车辆使用特性,合理调整库存配件型号

即使车辆拥有量相同,若不同使用性质的车辆所占比例不同,即公务车、私家车、商务车、出租车数量不同,市场上配件需求量也不同。由于车辆使用性质不同,则工作环境及负荷程度不同,维修保养及使用爱车程度不同,其故障率的高低也不同。显然,同车龄车中,私家车故障率较低,公车、出租车故障率较高。

(3)根据配件特性,合理确定各种配件库存数量

由于维修中所需配件品种上千种,而不同品种配件的需求量又千差万别,因此,确定配件库存总额仅仅是第一步,更重要的是在一定库存总额的前提下,确定不同种类配件的库存量。根据配件特性的不同,配件可分为低值易损件、维护保养件、修理常用件、基础及总成件、事故车辆修理用件。

低值易损件包括灯泡、保险片、油封、密封垫、螺栓、螺母等,一般占库存总额的3%左右;维护保养件包括齿轮油、机油、制动液、“三滤”、缓冲胶块、制动块等,一般占库存总额的20%左右;修理常用件包括活塞、活塞环、缸套、连杆、气门、曲轴轴瓦、离合器从动盘、齿轮、同步器以及制动分泵、制动鼓、制动蹄等,一般占库存总额的32%左右,易损件、维护保养件、修理常用件可占总销量的75%左右,要提高资金周转率降低资金占用,就要保证对前3类配件的充足供应,同时,对后两类配件的订货要认真对待,适时调整库存,既要保证供应,又要降低库存积压,避免出现“死库存”。

(4)合理确定订货周期及订货次数,有助于降低配件库存

要降低配件总库存,就必须降低各种配件的目标库存量。年销量低于5件时,该配件目标库存量为1件;年销量为5~10件时,该配件目标库存量为2件;年销量10~25件时,该配件目标库存量为3件;年销量为25~50件时,该配件目标库存量为4~5件。对于年销量高于50件的配件时,库存量应适当增加。

订货周期平均销量越高,配件的目标库存量就越高。要降低库存,就需要缩短订货周期,增加订货次数。但是订货次数的增加,受到购货费用的限制。购货费用与每次购货量、平均购货费用,随每次购货量的增加而降低。

(5)合理确定订货时机、订货量,并根据实际销售情况修正目标库存量

库存量是一个动态变化量,当库存量降到一定限度时,就需要进行订货,以补充库存。若订货时机、订货量掌握不好,要么会加大资金的不合理占用,要么会影响配件供应。要合理确定订货时机和订货量,就必须确定合理的警戒库存量和安全库存量,即

$$某配件订货量 = 该配件修订后的目标库存量 - 实际库存量 +$$
$$日平均销量 \times 供货时间(天数)$$

(6)应因地制宜适时调整配件的目标库存量

应根据季节的变化合理调整库存量。季节变化,车辆的运行环境,以及某些使用性能也随之发生变化,相应的车辆维修作业内容应随之变化,这一切都要求配件供应作相应调整。

当夏季来临时,冷却系统、空调制冷系统配件的目标库存量应相应增加;当严冬到来之时,防冻液、暖风系统配件的贮备应达到最高峰。

可见,影响配件目标库存量的因素较多,只有全面分析,才能合理确定其目标库存量。否则,要么目标库存量过高,大量占用资金,企业承担的风险增加;要么目标库存量太低,配件不能敞开供应,甚至造成配件供应"断档"。

随着汽车工业的发展,汽车保有量的增加,车型更新速度的加快,如何确定汽车配件库存量显得更为重要。一方面要降低库存,减少配件积压和资金占用,避免因车型更新带来的配件报废风险;另一方面要保证对维修所需配件及时、充足供应,满足用户对配件的需求。解决这一矛盾的关键在于:确定一个合理的库存量。通过上述分析可知:要合理确定配件库存量,应准确掌握本地区车辆的保有量、车型特性、车龄长短,并根据企业所占市场份额大小、配件的不同特性、配件供货时间以及地理特征、季节变化等因素,合理确定订货时机、订货量,并及时调整各种配件的库存量,使各种配件库存始终保持在最优化状态,达到降低配件库存,提高企业抗市场风险能力的目的。

7.2.2　配件库存与 JIT 配件订货

JIT 是一种倒拉式管理,即逆着生产工序,由顾客需求开始,订单→产成品→组件→配件→零件和原材料,最后到供应商。整个生产是动态的,逐个向前逼近的,上道工序提供的正好是下道工序所需要的,且时间和数量上正好。核心是追求一种无库存或使库存最小的生产系统。它通过成本控制,改进送货环节和提高产品质量这 3 个途径来实现增加盈利和提高公司在市场竞争中地位的战略目标。

传统的生产系统采用的是由前向后推动式的生产方式,即由原材料仓库向第一道生产工序供应原材料,进行加工和生产,由此向后推,直到制成成品转入产成品仓库,等待销售,在这种生产系统中,大量原材料、在制品、产成品的存在,必然导致大量生产费用的占用和浪费。而 JIT 的基本思想正好与传统生产系统相反,它是以顾客(市场)为中心,根据市场需求来组织生产。JIT 是一种倒拉式管理,即逆着生产工序,由顾客需求开始,订单→产成品→组件→配件→零件和原材料,最后到供应商。具体来说,就是企业根据顾客的订单组织生产,根据订单要求的产品数量,上道工序就应该提供相应数量的组件,更前一道工序就应该提供相应的配件,再前一道工序提供需要的零件或原材料,由供应商保证供应。整个生产是动态的,逐个向前逼近的。上道工序提供的正好是下道工序所需要的,且时间上正好(准时,Just In Time),数量上正好。JIT 系统要求企业的供、产、销各环节紧密配合,大大降低了库存,从而降低成本,提高生产效率和效益。

JIT 不仅是一种可以降低库存,消除整个生产过程中的浪费,优化利用企业资源,全面提高企业生产率的管理科学,而且是一种先进的生产组织方式,它一环扣一环,不允许有任何一个环节挡道。JIT 对浪费的解释与我们通常意义上讲的浪费不同,它认为凡是不增加价值的任何活动都是浪费,如搬运、库存、质量检查等,或者说凡是超出增加产品价值所必需的绝对最少的物料、机器和人力资源的部分都是浪费。零库存和零缺陷是 JIT 生产追求的目标。JIT 认为,一个企业中所有的活动只有当需要进行的时候才进行,才不至于造成浪费,它认为库存是万恶之源,库存将许多矛盾掩盖起来,使问题不被发现而得不到及时解决。

JIT 的实施主要有以下几个步骤:

(1)进行准备工作

实施 JIT 系统第一步就是要进行人员培训。企业高级管理人员对 JIT 系统的支持是实施 JIT 的首要条件,因此,必须首先让企业的高层人员深刻理解和领会 JIT 思想的实质,明确各自的职责。其次就是对工人进行培训和激励,使所有人员都参与 JIT 系统的建设。

(2)实行全面质量管理

全面质量管理是与 JIT 系统紧密联系的。JIT 系统的各个环节,需要在全面质量管理的思想指导下,才能协调一致。也只有在全面质量管理的作用下,才能在每一个环节上把好质量关,使之尽力实现"零缺陷",进而实现"零库存"。

(3)对现行系统进行分析

在实施 JIT 系统之前,首先要对现行的制造系统进行仔细分析和解剖,找出现行系统存在的缺陷与不足,明确改进目标。

(4)工艺和产品设计

运行 JIT 要求企业的生产工艺流程具有很强的柔性。目前一些高科技的企业成功地把 JIT 与柔性制造系统(FMS)结合在一起,产生了巨大的经济效益。JIT 要求尽可能地采用标准件以降低 JIT 生产系统的复杂性。

(5)使供应商成为 JIT 系统的一部分

供应商能否及时向企业提供优质的材料是 JIT 系统运行的条件。把企业 JIT 系统与供应商的 JIT 系统联结在一起,使供应商成为企业 JIT 系统的一部分,将有利于保证物料供应的及时性和可行性。

(6)不断改善

JIT 生产系统是一个生产过程,是一个需要不断改进完善的过程。理想 JIT 系统的最高目标是"零机器调整时间""零库存""零缺陷""零设备故障",而这些目标的实现是以企业各项工作不断改进和完善为前提的,因而 JIT 是一个永不停止的过程。

7.2.3　库存补充件的订货

库存补充件的订货方法主要有定量订购法和定期订购法。通过掌握不同的订货方法,降低库存成本。

如图 7.8 所示为某公司汽车配件订货流程。根据配件用途,将汽车配件订货分为库存补充件、客户订购件和维修厂急需件订货三类。

1)订货准备

在订货之前,应做好以下准备:

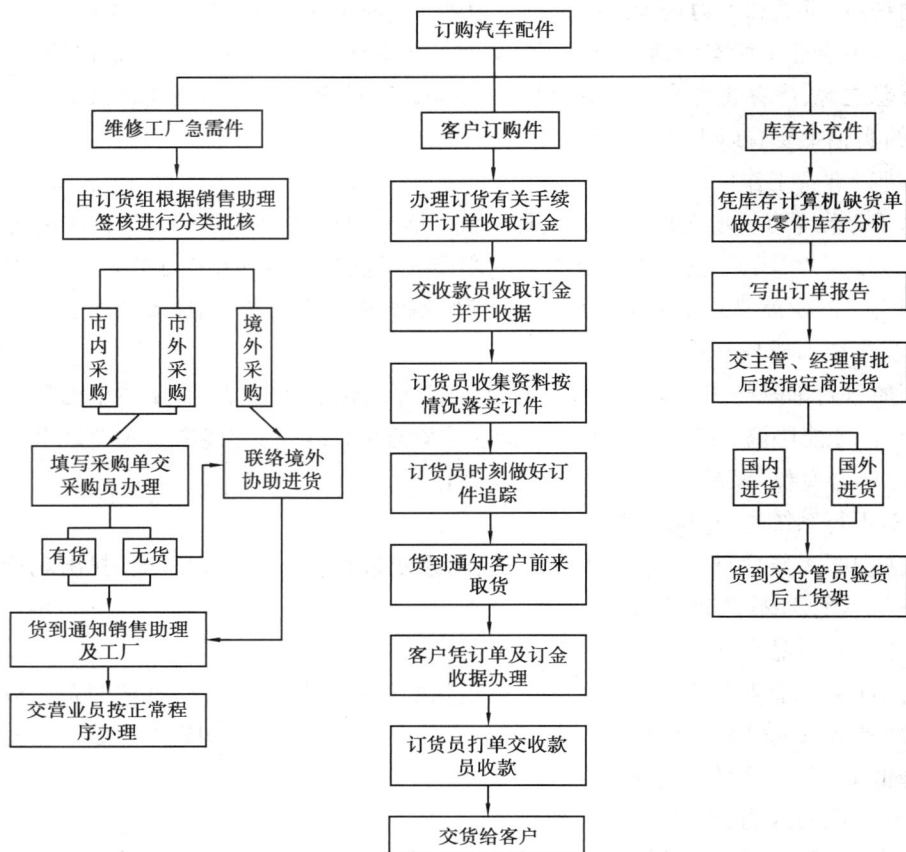

图7.8 汽车配件订货工作流程

①掌握每个零件品种6个月的平均需求数量。

②掌握客户预订(B/O)品种、数量。

③掌握现有库存品种、数量。

④掌握未到货品种、数量。

⑤掌握有动态零件品种、数量。

2)订货量计算

丰田汽车公司推荐的订货计算公式为：

$$SOQ = MAD \times (L/T + O/C + S/S) - (O/H + O/O) + B/O \qquad (7.1)$$

式中 SOQ——订货数；

MAD——月均需求，是指6个月内平均月需求，也可采用加权平均；

L/T——到货期，从配件订货到搬入仓库为止的月数；

O/C——订货周期，以月为单位，每月订货一次即为1，每月订货两次为0.5；

S/S——安全库存月数，约为订货周期加到货期月数的70%，标准公式为

安全库存月数 =（订货周期 + 到货期月数）× 系数

O/H——在库数,是指订货时的现有库存数量;

O/O——在途数,是指已订货尚未到货的配件数;

B/O——客户预订数,是指无库存、客户预订的配件数。

[例7.1]　某配件的月均需求20个,订货周期0.5个月,到货期1个月,安全库存月数0.5个月,订货日为每月15日、30日,在途数15个,在库数10个,客户预订数4个。

问:计算订货数为多少?

解:根据公式,则该配件订货数应为

$$SOQ = MAD \times (L/T + O/C + S/S) - (O/H + O/O) + B/O$$
$$= 20 个 \times (1 + 0.5 + 0.5) - (10 + 15) 个 + 4 个$$
$$= 19 个$$

每个月根据配件实际库存量、半年内销售量及安全库存量等信息,由计算机依照上述公式计算出一份配件订货数量,再根据实际情况进行适当调整,形成订货合同初稿明细表见表7.8。

表7.8　订货合同初稿明细表

配件编号	配件名称	车型/发动机型号	参考订量	安全量	单价	现存量	平均月销售量
22401-40V05	火花塞	Y31/VG30（S）	340	345	126	5	45
92130-G5701	雪种杯	C22/Z20（S）	1	2	5 440	1	0.33
82342-G5130	窗扣	C22/Z20（S）	1	9	674	8	1.67
⋮	⋮	⋮	⋮	⋮	⋮	⋮	⋮

订货原则:先市内后市外,先国内后国外。国内订货应向信誉好的大公司或向原汽车制造厂配套单位订购。

3)向多家供货商发出询价单

根据订货合同初稿明细表,经订货部门主管审查并调整订货数量后,填写询价单。深圳××汽车服务有限公司向深圳、广州、香港等地多家供货商同时发出询价单,其询价单格式见表7.9。

4)根据反馈报价单确定最后正式订货单

根据各供货商反馈回来的报价单,调整订货数量后向其中一家发出正式订货单。综上所述,库存配件补充订货程序包括:

①每月由计算机根据配件实际库存量、销量和安全库存量等信息,计算并输出一份“合同初稿明细表”,再根据销售经验和市场情况作适当调整。

②向邻近地区如深圳、广州、香港等地供货商发出询价单,一般先国内后国外。

③根据各供货商反馈回来的报价单,再次调整订货数量,确认后发出正式订货单。

表 7.9　深圳××汽车服务有限公司询价单

公司名称：＿＿＿＿＿＿＿＿＿　　　　　　编号：＿＿＿＿＿＿＿＿＿
联系电话：＿＿＿＿＿＿＿＿＿　　　　　　日期：＿＿＿＿＿＿＿＿＿
FAX：＿＿＿＿＿＿＿＿＿　　　　　　　　总页数：＿＿＿＿＿＿＿＿＿

项　　目	数　　量	零件编号	零件名称	单　　件	金　　额

订货人：＿＿＿＿＿＿＿＿　　　联系电话：＿＿＿＿＿＿＿＿　　　FAX：＿＿＿＿＿＿＿＿

7.3　汽车配件仓储管理的操作

入库验收主要包括接运、验收和办理入库手续等环节；零配件的入库存放管理要遵守存放的原则，注意存放的分门别类以及相关注意事项等。

7.3.1　配件的入库

配件入库是物资存储活动的开始，也是仓库业务管理的重要阶段。这一阶段主要包括接运、验收和入库手续等环节。

1）接运

进仓是配件入库的第一步。它的主要任务是及时而准确地接收入库配件。在接运时，要对照货物单认真检查，做到交接手续清楚，证件资料齐全，为验收工作创造有利条件。应避免将已发生损失或差错的配件带入仓库，造成仓库的验收或保管出现困难。

2）验收

凡要入库的配件，都必须经过严格的验收。物资验收是按照一定的程序或手续，对物资的数量或质量进行检查，以验证它是否符合订货合同的一项工作。验收为配件的保管和使用提供可靠依据，验收记录是仓库对外提出换货、退货、索赔的重要凭证。因此，要求验收工作做到及时、准确，在规定期限内完成，要严格按照验收程序进行。验收作业程序是验收准备、核对资料、检验实物、填写验收记录。

（1）验收准备

搜集和熟悉验收凭证及有关订货资料；准备并校验相应的验收工具，准备装卸搬运设备、工具及材料；配备相应的人力；根据配件数量及保管要求，确定存放地点和保管方法等。

（2）核对资料

凡要入库的零配件,应具备的资料包括入库通知单;供货单位提供的质量证明书、发货明细表、装箱单;承运部门提供的运单及必要的证件。仓库需对上述各种资料进行整理和核对,无误后才可进行实物检验。

（3）检验实物

检验实物主要包括对配件的数量和质量两方面的检验。数量验收是查对所到配件的名称、规格、型号、件数等是否与入库通知单、运单、发货明细表一致。质量验收:一是仪器验收,二是感观验收,主要检验汽车配件证件是否齐全,汽车配件是否符合质量要求。例如,有无合格证、保修证、标签或使用说明等;有无变质、水湿、污染、机械损伤等;是否假冒等。需进行技术检验来确定其质量的,应通知企业技术检验部门检验。

还应注意必须妥善保管配件的原厂合格证,以便出现质量问题时进行交涉和索赔。

（4）验收记录

对配件验收无误后,仓库管理员再入库单上签字,确认收货。如果发现验收实物与入库单有出入,则应另行做好记录和签字,交付相关部门处理。

3）入库

汽车配件经过验收后,对质量完好、数量准确的汽车配件,应及时办理入库手续,进行登账、立卡、建立档案,妥善保管配件的各种证件、账单资料。

（1）登账

仓库对每一品种规格及不同级别的物资都必须建立收、发、存明细账,它是及时、准确地反映物资储存动态的基础资料。登账时,必须要以正式收发凭证为依据。

（2）立卡

立卡是一种活动的实物标签,它反映库存配件的名称、规格、型号、级别、储备定额和实存数量,一般直接挂在货位上。

（3）建档

历年来的技术资料及出入库有关资料应存入档案,以便查阅和积累配件保管经验。档案应一物一档,统一编号,以便查找。

7.3.2　配件的仓储保管

汽车配件仓储管理是指汽车配件采购后入库、出库、仓库管理等一系列管理过程。仓储管理是汽车配件销售企业管理的重要组成部分,是企业配件销售服务的物质基础。建立完善的汽车配件仓储管理制度,做到汽车配件管理的分类统一,能够对特殊汽车配件进行适当的存放是汽车配件仓储管理中的主要内容。

1）配件仓储管理工作的基本要求

①对进厂配件认真检查、验收、入库。

②采用科学方法,根据配件的不同性质,进行妥善的维护保管,确保配件的安全。

③配件存放应科学合理,整齐划一,有条不紊,便于收发查点、检查和验收,并保持库容的文明整洁。

④配件发放要有利于生产,方便工人,满足工人的作业要求。

⑤定期清仓、盘点,技师应掌握配件变动情况,避免挤压浪费和丢失,保持账、卡、物相符。

⑥不断提高管理和业务水平,使验收、分类、堆放、发送、记账等手续简便、迅速和及时。

⑦做好旧配件和废旧物资的回收利用。

2)货架及储物盒摆放要求及注意事项

根据零部件的形状和数量选择合适的货架,如图 7.9 所示。小的零件要放在硬质纸盒或塑料盒里,如图 7.10 所示。

（a）管子货架　　　　　　　　　　　　　　　（b）托盘架

图 7.9　货架

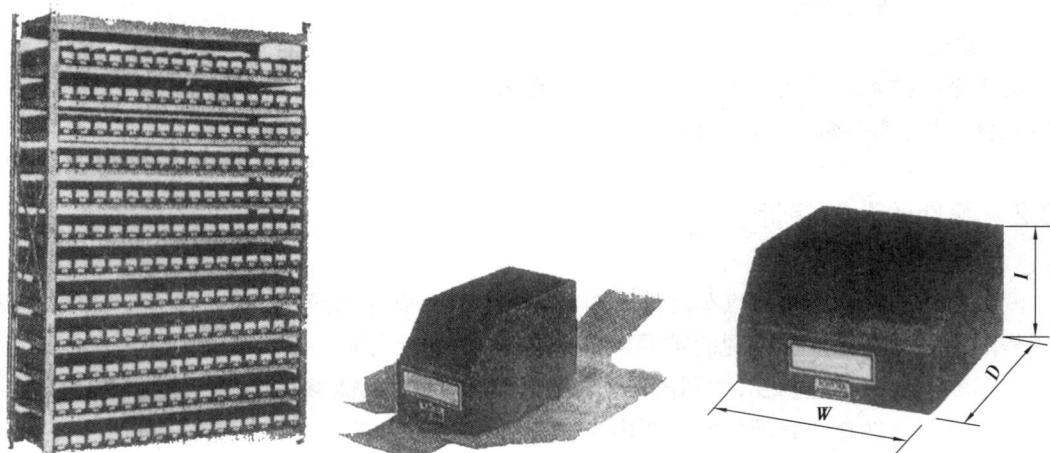

图 7.10　零件存放盒

货架布局要保证交通畅通无阻,再好的零部件如果仓储方式不当也会影响工作效率并可能使用户不满。仓储区必须留有一定的空间,防止货架爆满,防止损伤人员或损坏零件,货位更新必须纳入日常工作。货架布局应注意以下要点:

①货架中留有增加库存件的空间,避免进行大规模仓储重新安排。

②一般货架与特殊订购货架分开放置。

③零件必须编码存放。

④货架保持清洁。

⑤货架间员工可无障碍通过,其标准宽度为 90 cm;若要搬运辅料或钣金等大件通过,要求标准宽度为 130 cm。

⑥至少设一个主通道,在此通道上能清楚地从一端看到另一端。

⑦可在货架间的通道内穿行寻找零件,通道端口不得封闭。

⑧光线充足。

⑨无零件伸出货架挡住通道。

⑩所有仓储区必须清洁、有序,不能只有用户看到的地方才干净。

⑪仓储区必须有安全保障,未经许可不得入内。

⑫贵重物品和易燃易爆物品(如油漆)应特殊储存。

⑬发运和接收区必须清洁、有序。

⑭所有到货件必须立即按装箱单核对。

⑮检查后的入库件必须尽快录入库存系统。

⑯紧急订货必须优先验货,以便通知用户或等件的维修车间。

3)仓位编号

仓位编号是为了快速、准确地找到所需零件。需要对零件存放位置进行定位,一般采用仓位编号来表示,仓位编号包括货架号、层号、列号,如图 7.11 所示。

4)仓库保管七原则

(1)按周转速度存放

根据零件流通级别,快流件存放于靠近作业区且易于取放的货位,缩短出入库作业路线,提高工作效率。

(2)重物下置

从出入库作业的安全性和工作效率方面考虑,重的零件应放置在下面。若重物上置可能导致落下伤人、货物损坏、上架取放不方便等。

(3)竖直存放

有些零件,如车门、排气管、挡风玻璃等扁平或细长件宜竖直存放(图 7.12),平放会导致下面的零件容易损坏、浪费空间、长的零件会从货架伸出通道,影响通行,且不安全。

(4)一个零件号一个货位

把不同编号的零件分别存放,零件混放容易导致寻找困难或找不到。如图 7.13 所示,

货架号

面向货架从左至右编号（编号方法必须统一）

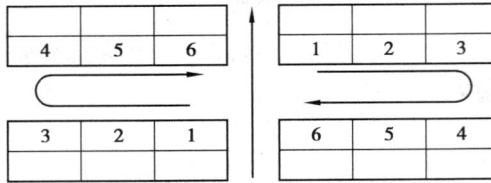

4	5	6

1	2	3

3	2	1

6	5	4

货架层号

从下层向上层依次编号，货架层变动时易于处理

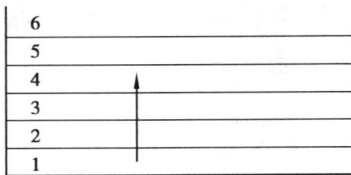

6
5
4
3
2
1

货架层列号

面对货架从左侧起横向依次编号

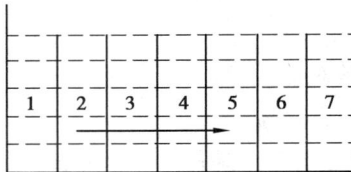

1	2	3	4	5	6	7

图 7.11　仓位编号

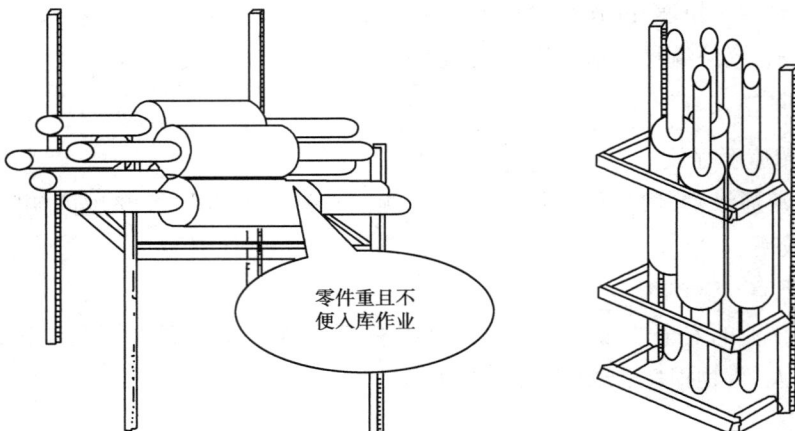

零件重且不便入库作业

图 7.12　有些配件宜竖直存放

根据销售人员打印的出库票单 A03-01-04，说明该零件的货位是 A 区 03 货架的由下向上数第 4 层第一列的位置。如果该货位只存放这一种零件，即使没有经验的人也能准确无误地找到，所以要严格实行一个零件号一个货位。

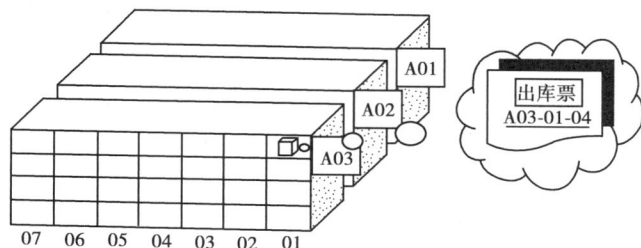

图 7.13　配件定位

（5）按零件类型存放

把相似的零件排放在一起，以提高货位的空间利用率，如图 7.14 所示。

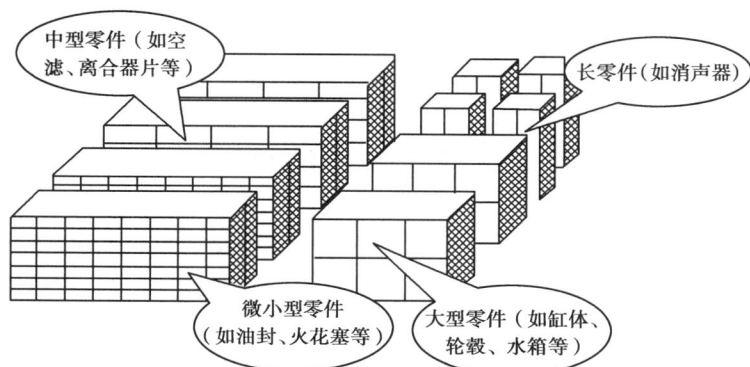

图 7.14　相似的零件排放在一起

（6）经常巡视

经常巡视容易滑动的零件。

（7）零件存放于伸手可及的位置

从方便作业、提高工作效率的角度出发，应将零件存放在手能到达的位置。如果零件存放在过高的地方，提取及上架时得使用梯子，造成作业不便，效率低下。

5）仓储实物管理

为了对库存区内的产品进行管理，必须进行以下两个方面的管理：

（1）产品管理

产品管理包括摆放管理和安全管理。在摆放前，应做好收货、入库的工作。收货前，要做好准备，如空出场地。收货时，首先检查货品的外包装，看清楚其中是否有破损或摔过、碰撞过的痕迹。检查完毕后，开箱验货并根据实际情况签署货运单。然后办理入库手续，填写相关资料。最后更新信息。入库完毕后，要根据实际情况，将货物上架。除了以上所述的摆放管理外，还要注意安全管理。仓库安全必须包括人身安全和物品安全。

（2）账目管理

盘存的基本规则：配件仓库实地盘存，必须由配件经营部主管负责，并在财务主管的监督下定期进行。配件仓库实地盘存工作尽量于一天内完成,时间最好选择在下班后,避免影响正常的营业。盘存的步骤:盘存前应建立良好的货位安排系统,由仓库管理员制订盘存计划(包括日期、进度、清点范围等)和盘存清单。然后根据盘存计划配备小组人员。注意,在盘点前应清除废物、废品。还要分类整理实物,损坏的物品做好标记、记录数量,以备盘存清点后处理。按上述要求准备好就可以开始盘存了。要按计划仔细盘存,每种货物要清点两次,同时还要清除废物,并且认真登记"盘存表"。领导人员验收盘存时,可进行抽盘。盘存完后的后续工作:将盘存表上的盘存结果输入计算机管理系统,生成盘存结果报告;然后将报告送有关部门研究解决盘存中发现的问题;最后,整理好相关资料,并及时更新库存信息。

6)一般配件的保管与保养

汽车配件品种繁多,因为使用的材料和制造方法的不同而各具特点,有的怕潮、有的怕热、有的怕光、有的怕压等,在储存中会受自然因素的影响而发生变化,影响到这些商品的质量。因此,对于一般汽车配件在仓库管理中要做到以下8点:

(1)要重视各种配件的储存期限

各类汽车配件出厂时,都规定了保证产品质量的储存日期,但在进货及仓库保管中常常被忽视,如各类金属配件在正常保管条件下,自出厂之日起,生产厂保证在12个月内不锈蚀。还有如橡胶制品、刹车皮、离合器片、蓄电池等都有一定的规定期限,如果超出其期限就会影响使用性能或寿命。因此,应重视配件储存期限,力求在期限内尽快销售。

(2)安排适当的库房和货位

各种配件的性能不同,对储存保管的要求也不一样,因此,在安排库房和配件进库后具体安排货位时,应把不同类型、不同性质的配件,根据其对储存条件的要求,分别安排在适当的仓库和货位上去。例如,对忌潮的金属配件,就应该集中放在通风、向阳的位置;对于忌高温的配件,应放在能避阳光的位置;对于防尘、防潮、防高温要求较高的配件,应设专柜储存、专人保管,这样安排就比较合理。对于高档或已开箱的配件,如收音机、仪器仪表、轴承等,在条件具备的情况下,可设密封室或专用储存柜储存。

(3)配件加垫

汽车配件绝大部分都是金属制品,属忌潮物资,一般都应加垫,以防锈蚀,枕垫的高度一般为10~30 cm。

(4)加强仓库内温度、湿度控制

可采取自然通风、机械通风或使用吸潮剂等措施,以控制库内温、湿度。具体来说,就是根据不同季节、不同的自然条件,采取必要的通风、降潮、降温措施。

(5)严格配件进出库制度

库存配件应严格执行先进先出的原则,尽量减少配件在库时间,使库存不断更新。

(6)建立配件保养制度

可选派一些有配件保养知识和保养经验的人员,对滞销积压及受损配件进行必要的保养。

(7)做好库内外清洁卫生

要做到库房内外无垃圾、无杂草、杂物,加强环境绿化,以防尘土、脏物和虫害的滋生。

经常检查库房内的孔洞、缝隙以及配件包装、建筑的木质结构等,发现虫害及时采取措施捕灭。

(8)保证配件包装完好无损

凡是有包装的配件,一定要保持其内外包装的完好。对于仓库保管员来说,这是一项重要的规定,必须严格遵守。如果损坏了包装,从某种意义上讲,就等于破坏了配件的质量,因为包装本身主要就是为了保护配件质量,用以防潮、防尘、防碰撞。

7)特殊汽车配件的存放保管

(1)不能沾油的汽车配件存放

轮胎、水管接头、三角皮带等橡胶制品怕沾柴油、黄油、机油,尤其怕沾汽油,若常与这些油类接触,就会使上述橡胶配件膨胀,加快老化,加速损坏报废。

干式纸质空气滤清器滤芯不能沾油,否则灰尘、沙土黏附上面,会将滤芯糊住,这样会增大汽缸进气阻力,使汽缸充气不足,影响发动机的功率。

发电机、电起动机的碳刷和转子若沾上黄油、机油,会造成电路断路,使工作不正常,甚至汽车不能启动。

风扇皮带、发电机皮带若沾上油,就会引起打滑,影响正常工作。

干式离合器的各个摩擦片应保持清洁干燥,若沾上油就会打滑。同样,制动器的制动蹄片如沾上油,则会影响制动效果。

散热器沾上机油、黄油后,尘砂黏附其上,会影响散热效果。

(2)爆震传感器的存放

爆震传感器受到重击或从高处跌落会损坏,为防止取放时失手跌落,这类配件不应放在货架或货柜的上层,而应放在底层,且应分格存放,每格一个,下面还应铺上海绵等软物。

(3)减振器的存放

减振器在车上是承受垂直载荷的,若长时间水平旋转,会使减振器失效。因此,在存放减振器时,要将其竖直放置。水平放置的减振器,在装上汽车之前,要在垂直方向上进行手动抽吸。

8)库房基础设施的管理

一个好的管理流程起源于设计合理、完善的基础设施。因此,在规划建设时必须想到各方面的功能,要进行合理的设计,并将之付诸实施。如果设计不合理或不健全,必将给以后的一系列工作带来不方便,造成人员、时间、成本等的浪费;反之,一个布局合理的零件仓库,会给工作人员带来方便,不会出现浪费。合理的规划必须注意以下两点:

(1)外部因素

首先,选址要合理。配件仓库是一个特殊的地方,它是一个独立体,一部分业务的源头在配件部,如配件批发、零售等,因此在考虑选址时,要考虑外部人员来访的方便性。其次,配件部又是汽车售后服务的一个主要服务部门,修理部的技师在维修过程中会经常与配件部打交道,故要求两个部门相邻。

（2）内部因素

布局合理的仓库要考虑多方面的因素。零件有大有小,有轻有重,有长有短,有规则也有不规则的;有常用的和不常用的,有快件和慢件;有化工产品、玻璃制品、金属制品等。因此,在规划仓库区时,就须划分出大件区、中件区、小件区及危险品区4个区域。划分区域的同时,还需要考虑配件的轻重、是否为常用件等。要遵循轻件放在上面,重件放在下面,常用件放在外面,不常用件放在里面的原则。这样取货方便,提高了工作效率。

除了配件的摆放之外,还要划分办公区、发料区以及暂存货品的暂存区。

9）废旧物资的回收和利用

对维修过程中产生的一些边角料、废配件、废料、报废的设备、工具等,凡具有利用价值的都应积极组织回收,在经济合理、不影响产品质量的前提下,企业应加以修复、改制和利用。应建立制度保证废旧物资的回收和利用。

💡【课间阅读】

众所周知,德国大众是在汽车行业驰名的企业。它的备件中心坐落于德国的卡赛尔。由于每天要处理来自全世界约45 000份的订单,建立一套稳定可靠的无线数传系统尤为重要。作为传统的无线系统供应商,Psion Teklogix为大众提供了仓储管理系统。该终端功能完善,且简单易用,甚至可以提示操作员所提货物的位置和最佳的路线。而TekRF这个中间软件是特别为SAP系统设计的,可以与SAP管理系统无缝衔接。

大众零配件中心总监Boshold先生清楚地认识到这套系统的优势,他说:"这套无线数传解决方案大大提高了生产力。而原先非常费时费力的操作报告也无须再反馈回控制中心。这套系统相当精确、高效、灵活,且现在看来它是至关重要的。"

大众公司现在正从这一套全透明的仓储管理系统中获利。由于实时的数据传输,因此,所有的信息和决策可以在1 s内传送到位。同样,那些烦琐的盘库操作可以迅速完成。由于此系统完全结合在SAP系统中,每一个进程都记录在案。在这样的无线系统框架下,灵活性在配件中心的各种工作中得到了体现。加急订单不需要按传统的官僚做法逐级上报,层层批复,系统会自动提高加急订单的优先级。而相对沉重的货物会被自动分配到特殊的装箱区域。

"我们的运转机制要求24小时不间断运行,同时工作环境恶劣。Psion Teklogix所提供的系统不仅完全适合我们的要求,而且有帮助及提示功能,简单易用。这套系统为大众带来两方面的好处:全面减少操作成本;全面提升生产速度和生产效率。也由此提高了大众在客户心目中的品牌形象和声誉。使用这套系统对于我们而言是一个质的飞跃。作为一个不断追求的公司,大众汽车已经开始酝酿更深层次的技术拓展,其间Psion Teklogix是我们固定的合作伙伴。大众公司物流部门当前的目标是把零配件中心2期也并入配送中心,接下来就是零配件中心3期、4期。"

7.3.3　配件的出库及库存零件盘点

配件出库作为仓库业务的最后一个环节,直接关系到企业的正常生产秩序,配件经营的盈亏。最好配件出库就要严格配件出库流程。为了掌握库存配件的变化情况,进行必要的库存盘点是一项重要工作。处理好盘点中常出现的问题是保证库存货品减少损失的重要措施。

1)汽车配件出库流程

(1)配件出库是仓库业务的最后阶段

它的任务是把配件及时、迅速、准确地发放到使用者手中。出库工作的好坏直接影响企业的生产秩序,影响到配件经营的盈亏、损耗和周转速度。为保证配件出库的及时、准确,应使出库工作尽量一次完成。同时,要认真实行"先进先出"的原则,减少物资的储存时间,特别是有保存期限的配件,应在限期内发出,以免配件变质损坏。应严格按照出库程序进行工作。

(2)营业员接待顾客并开出零件取货单

由营业员接待顾客或修理部员工,根据要求开出"零件取货单",见表7.10。

表7.10　深圳××汽车服务有限公司配件取货单(修理部)

操作卡:＿＿＿＿＿＿＿＿＿＿＿＿＿＿

车　牌:＿＿＿＿＿＿＿＿＿＿　　　发票凭单:＿＿＿＿＿＿＿＿＿＿

挂账户口:＿＿＿＿＿＿＿＿＿＿　　开单日期:　　年　　月　　日

数　量	车　系	零件编号	名　称	仓　位	单　价	提货数量	金　额

营业员:＿＿＿＿＿＿＿＿＿＿　　　　仓务员:＿＿＿＿＿＿＿＿＿＿

领　料:＿＿＿＿＿＿＿＿＿＿　　　　合计金额:＿＿＿＿＿＿＿＿＿＿

(3)仓务员从仓库清点出所需配件

仓务员按照"零件取货单"上仓位编号、零件名称、数量清点出有关零件,在"零件取货单"上签字,表示所需配件确实有货,并将该单返回营业员。

(4)顾客查验配件

由顾客(或修理部职员)查验是否是所需配件,核实后即可提货。

(5)办理交款提货手续

顾客要当场交款并提货,若是修理部职员,则签字提货。

2）库存零件盘点

为了及时掌握库存配件的变化情况,避免配件的短缺丢失或超储积压,必须对配件进行经常和定期的盘点。为了保证账、卡、物一致,需要建立每日销卡,定期盘点库存零件制度。每种零件对应有一张卡片,放在相应货架上的卡片袋中,卡片上记录有零件名称、零件编号、适用车型、仓位、库存量等,用于详细记录零件的入库、出库时间及数量等信息。计算机台账中、卡片上记录的零件数量应与实物数量相一致。如果发现有误,要及时查处并更正。

（1）盘点的内容

盘点的目的是查明实际库存量与账、卡上的数字是否相符;检查收发有无差错;查明有无超储积压、损坏、变质等情况。

（2）盘点的形式

盘点主要有永续盘点、循环盘点、定期盘点及重点盘点等形式。

①永续盘点。

永续盘点是指保管人员每天对有收发动态的配件盘点一次,并汇总成表（表7.11）,以便及时发现和防止收发差错。

表 7.11 销卡点存表

2018 年 9 月 14 日

提货单号	仓 位	车 型	零件编号	零件名称	销 量	账面存量
S67132	M113/D01	HONDA	KP710-00150	油底壳密封胶	1	7

②循环盘点。

循环盘点是指保管人员对自己所管物资分别按轻、重、缓、急,作出月盘点计划,按计划逐日盘点。

③定期盘点。

定期盘点是指在月、季、年度组织清仓盘点小组,全面进行盘点清查,并造出库存清册。

④重点盘点。

重点盘点是指根据季节变化或工作需要,为某种特别目的而对仓库物资进行的盘点和检查。

（3）盘点中出现问题的处理

对于盘点后新出现的盈亏、损耗、规格串混、丢失等情况,应组织复查落实,分析产生的原因及时处理。

①储耗。

对易挥发、潮解、溶化、散失、风化等物资,允许有一定的储耗。凡在合理储耗标准以内的,由保管员填报"合理储耗单",经批准后,即可转财务部门核销。储耗的计算,一般一个季

度进行一次,计算公式为:

$$合理储耗量 = 保管期平均库存量 \times 合理储耗率$$

$$实际储耗量 = 账存数量 - 实际数量$$

$$储耗率 = \frac{保管期内实际储耗量}{保管期内平均库存量} \times 100\%$$

实际储耗量超过合理储耗部分作盘亏处理,凡因人为的原因造成物资丢失或损坏,不得计入储耗内。

②盈亏和调整。

在盘点中发生盘盈或盘亏时,应反复落实,查明原因,明确责任。由保管员填制"库存物资盘盈盘亏报告单",经仓库负责人审签后,按规定上报审批。

③报废和削价。

由于保管不善,造成霉烂、变质、锈蚀等配件,在收发、保管过程中已损坏并已失去部分或全部使用价值的或因技术淘汰需要报废的,经有关方面鉴定后,确认不能使用的,由保管人员填制"物资报废单"上报审批。由于上述原因需要削价处理的,经技术鉴定,由保管人员填制"物资削价报告单",按规定报上级审批。

④事故。

由于被盗、火灾、水灾、地震等原因及仓库有关人员失职,使配件数量和质量受到损失的,应视作事故向有关部门报告。

在盘点过程中,还应清查有无本企业多余或暂时不需用的配件,以便及时把这些配件调剂给其他需用单位。

🖐【本章小结】

为保证汽车配件销售和车辆维修部件供应,汽车配件管理人员应对汽车配件的分类、编号原则和配件质量的鉴别等知识有所了解。汽车配件的分类可按照最终用途、市场结构、生产商和质量等多种标准进行。汽车配件的编号规则要遵循统一的标准。在对汽车配件的质量鉴别中,要掌握一些简单的方法,保障产品质量。具体管理内容:

一是做好配件管理工作,保证充足的、纯正的配件供应。根据授权公司要求和市场需求,合理高速库存,将库存周转率控制在合理范围以内,加快资金周转。

二是及时向相关部门传递汽配市场信息及本站业务信息。负责每月向相关部门提供月度报表及相关文件。负责配件环境卫生、管理,确保仓库整洁有序,物品摆放规范,执行好5S管理。

三是负责定期对配件部进行盘点,确保账、卡、物一致。协调与其他业务部的关系,并使配件工作流程不断优化、提高。

【扩展阅读】

丰田的 JIT 管理

丰田的生产和管理系统长期以来一直是丰田公司的核心竞争力和高效率的源泉,同时也成为国际上企业经营管理效仿的榜样。

20 世纪 70 年代初,丰田公司在北美市场实行了有效的车种转型战略,由于原来高档小型车的价格竞争力丧失,因此,产品销售的重点开始转向更具有竞争力的科罗拉。为此,丰田公司进行了严格的质量管理,并且与供应商协作,以提高生产效率。以往日本汽车生产商从各自独立的公司那里获得零部件,而单个企业内部的纵向联系又显得不够紧密,为了彻底解决这个问题,在高度相互信任和尊重的基础上,丰田公司和它的零部件供应商建立起牢固的协作关系,这种协作关系主要依靠交叉管理、相互融资、技术转移和规定作业区来维系。"看板"和"及时供应"的管理方法运用在丰田公司及其供应商中。合理的生产流水线的安排减少了运输费用,使运输中造成的损失减少到最低程度,并大幅度降低了必要的库存储备。丰田公司的"看板"管理是一种生产现场管理方法,它是利用卡片作为传递作业指示的控制工具,将生产过程中传统的送料制改为取料制,以"看板"作为"取货指令""运输指令""生产指令"进行现场生产控制。在"看板"制度下,很多部件要等到下一道工序需要的前几个小时才生产出来,这就是 JIT 管理的第一步。

丰田公司为充分发挥 JIT 的作用创造了两个条件:

①产品规格相对变化较少。他们提高汽车标准件的豪华程度,并宣传其所付出的额外成本。这样,既可以提高汽车售价而又不会增加汽车零部件生产上的复杂性,有利于采用 JIT 的生产流水线。

②零部件供应商及其装配厂尽量靠近销售市场。东京、名古屋、广岛是日本丰田的 3 大汽车销售市场。零部件供应商都离这 3 处不超过 60 mile,有的甚至和汽车装配厂同处在一个工业园区之中,这为 JIT 从空间上提供了可能。

丰田公司也从推行 JIT 管理中获得了两大好处:

①减少了供装配用的零部件的库存量,从而减少了库存所占用的流动资金与仓库空间,并避免了一些备用品因搁置而受到的损坏。

②提高了库存的周转次数,减少了其等待装配的时间。供应商相继推行 JIT 管理后,在两年内将存货的周转次数提高了两倍。

1985 年,丰田公司在美国肯塔基投资 80 亿美元建成丰田美国汽车生产厂(Toyota Motor Manufacturing, U.S.A., Inc., TMM)。TMM 创立以来,提出了"为更多的人创造出最佳汽车"的口号,这意味着在无瑕疵的基础上生产出能满足不同需求的汽车,并且在最佳的时间将不同类型的汽车以合理的价格传递给所需要的顾客。为了实现这个目标,TMM 必须寻求一种全新的资源以多品种、优良的质量、及时的服务及合理的价格来赢得市场,而丰田生产系统(TPS)就可以做到这一点。

　　TPS 的宗旨在于通过消除浪费来实现成本降低,消除浪费的根本是防止过度生产。在丰田公司看来,过度生产所产生的浪费不仅仅是仓储所占用的资金,而且还表现为仓储空间的占用、货物搬运过程中要使用各种设备、人员的额外雇佣、库存管理系统的使用等费用。因此,TPS 的一个精髓就是保持零库存,从根本上消除浪费,杜绝过度生产。在实际运作中,TPS 提供了两条重要的原则促进生产绩效的提高:第一条就是 JIT 生产,即在必要的时间、必要的地点,生产必要数量的产品,任何偏离这 3 个要素的生产都可以被视为浪费;第二条是自动化,即当生产中出现问题时立即停止生产,直到问题解决。

　　基于上述的先进管理思想,丰田公司在美国取得巨大的成就。TM/VI 的建立和成功是丰田 JIT 管理的成果,也进一步推进了 JIT 管理在丰田公司的应用,并成为全球企业的典范。

【能力训练】

　　1.对给定的汽车零部件按照一定标准进行分类。

　　2.如何对配件进货量进行确定?

　　3.简述汽车配件的出库管理及盘库管理。

第 8 章

汽车网络营销与电子商务

【学习目标】

- 掌握汽车营销及汽车电子商务的定义。
- 掌握汽车企业电子商务策略。

【案例分析】

淘车,线上流量及金融服务双重优势,打造互联网汽车零售新模式

淘车是国内汽车交易大生态倡导者易鑫集团打造的互联网汽车零售交易平台,易鑫集团是腾讯、京东、百度、易车等重量级战略投资人共同注资的企业,为用户提供涵盖新车、二手车及汽车增值服务在内的一站式汽车交易服务。淘车凭借易车、京东等流量资源支持及创新性的金融产品布局,在新车、二手车互联网零售领域头角初露并展示出较强的发展潜力(图8.1)。

当下,"90后"人群已成为社会消费的主力军之一,"90后"人群的购车需求也更加旺盛,无论是自主品牌车企、合资车企还是纯进口车企都十分关注国内"90后"人群需求和习惯偏好。淘车紧随汽车消费年轻化趋势,实践金融产品创新带动销售的汽车电商营销模式,如图8.2所示。"开走吧"是淘车专注为年轻群体打造的一种全新租赁产品,首年租赁形式,首付10%起,按月支付月租,新车先开一年,车辆以及车牌所有权归属淘车"开走吧"所有(已限牌城市提供非本地牌照)。

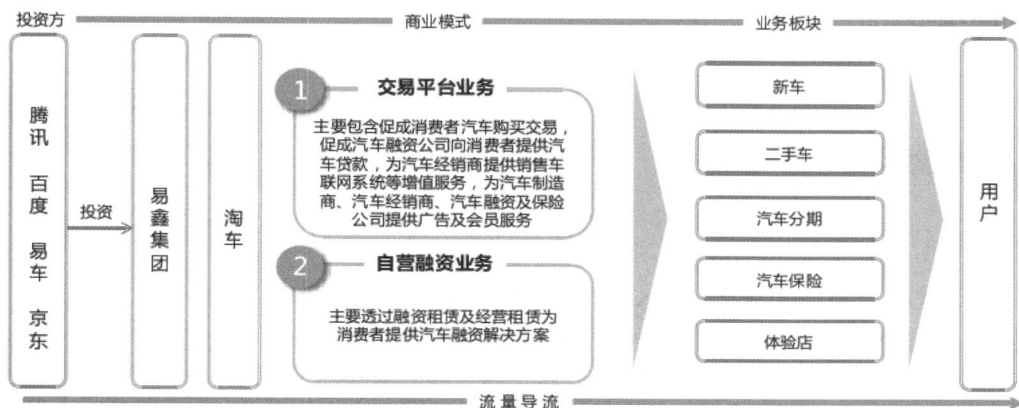

图 8.1 淘车商业模式布局示意图

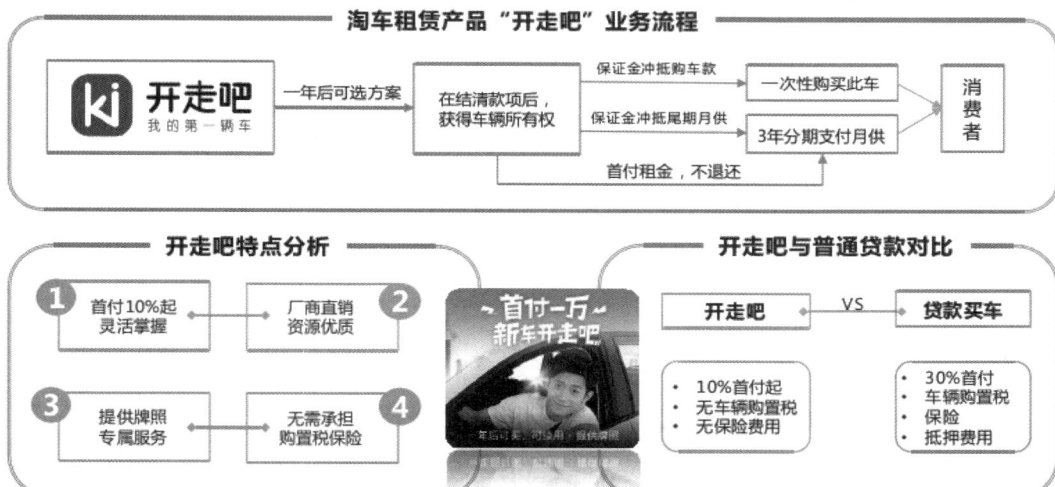

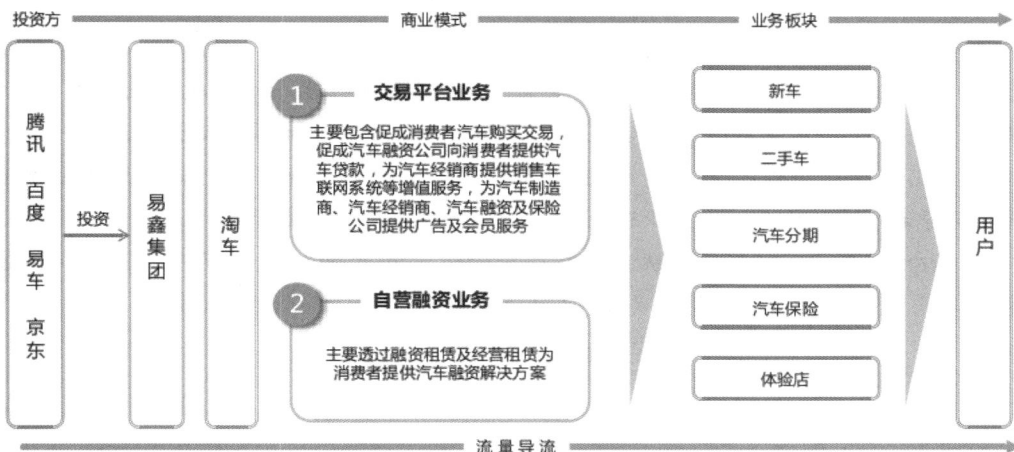

图 8.2 汽车电商营销模式

【关键词】

汽车网络营销　汽车电子商务

【引导案例】

一猫汽车网

一猫汽车网最初从汽车媒体切入,到整合经销商资源再到布局线下销售渠道,打造"资讯+导购+渠道+金融"的新型汽车电商营销模式(图8.3);专注于挖掘自身在导流、获取精准线索、导购、撮合交易等方面的综合优势,搭建线下销售渠道及提供金融服务,最终完成整个汽车营销链条,达成交易。其核心在于内容营销促进流量获取,渠道及金融布局促成交易。

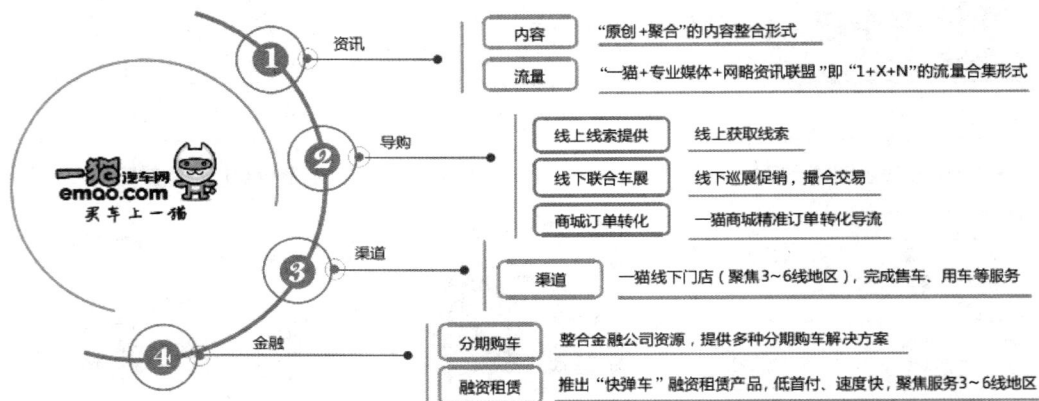

图 8.3　一猫汽车四位一体营销模式

一猫汽车网坚持全场景汽车电商理念,深化 S2b2C 运营体系。一方面一猫汽车作为供货商(S)整合上游优质供应商资源,提供给渠道商(b)各种技术、营销、数据及管理支持,辅助渠道商(b)完成对消费者(C)的汽车交易(金融)服务;另一方面渠道商通过一对一沟通消费者,发现需求并定制需求,同时将这些信息反馈给一猫,以便一猫更好地利用线上线下资源落实消费者所需的服务。其中渠道商包括一猫自建专营店及加盟和授权店。一猫 S2b2C 模式的核心价值在于伴随消费升级以及在全场景汽车电商理念下,满足用户需求的基础上构建供应商、商家与消费者的协同关系(图8.4)。

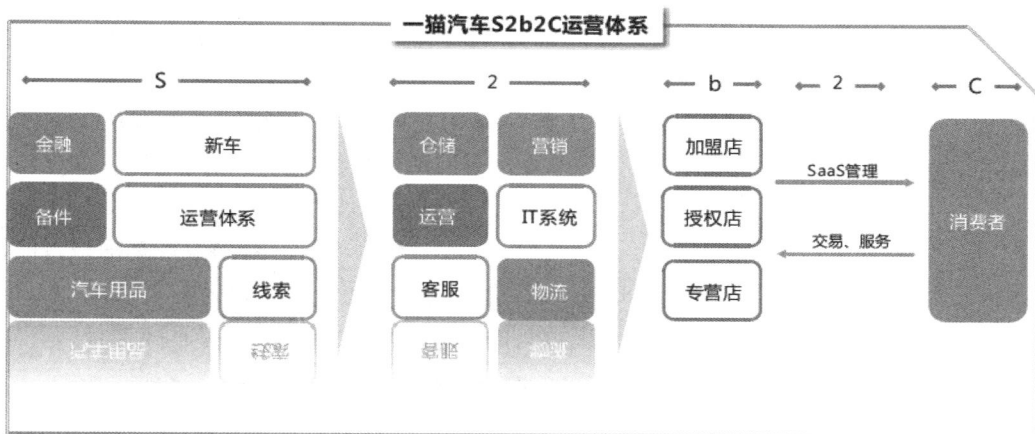

图 8.4　一猫汽车 S2b2C 运营体系

8.1　汽车网络营销

8.1.1　汽车网络营销概述

中国互联网络发展状况统计报告显示,目前我国网民总数已达 1.37 亿,网站数量达 87 万个。互联网行业的快速发展,为企业营销推广创造了更富想象力的渠道空间,其中也包括发展迅猛的汽车企业。

伴随网络发展成长的一代人已陆续进入汽车消费市场,这一代消费群体对网络的接触和依赖程度更高。随着全球经济与贸易的快速发展,特别是在我国已正式加入世界贸易组织的大环境下,汽车网络营销显得愈加重要,已有越来越多的汽车企业认识到互联网推动汽车营销的重要作用,并将之视为获得未来营销竞争优势的主要途径,我国汽车产品网络营销必将成为 21 世纪营销的重要形式之一。

1)汽车网络营销的概念

从"营销"的角度出发,将网络营销定义为:网络营销是企业整体营销战略的一个组成部分,是建立在互联网基础之上、借助于互联网特性来实现一定营销目标的一种营销手段。

汽车网络营销是汽车企业整体营销战略的一个组成部分,是建立在互联网基础之上并借助于互联网特性来实现一定营销目标的一种营销手段。

2)汽车网络营销模式的特点

①网上车市有关网络营销情况的统计表明,网民的订单大都集中在知名度相对较高的

企业的产品。例如,广州本田、上海通用、北京现代、一汽大众、上海大众、一汽轿车、丰田、东风雪铁龙等。这些企业的订单数占所有订单的50%以上。由此反映出网民对品牌的认知度和消费水平。

②从价位上看,网上车市消费者订车的价位相对较高,20万元以上价位车的订单约占订单总数的40%。这个比例远大于该价位车在汽车市场实际销量中所占的比例。这反映了中高档车在网上销售的潜力。

③消费者从网上订车到实际购买行为完成的时间一般都不长。对网上订车消费者的回访表明,已经购车者占37.8%,另有28.3%的消费者表示会在3个月以内购买汽车,两者相加的比例超过60%。这反映了在网上车市订车的消费者中,大部分是购买意向明确、有效、高质量的汽车消费群体。

3)汽车网络营销的优势和劣势

(1)汽车网络营销的优势

①汽车企业利用网络营销的优势。

互联网本身具有筛选的功能,网页内容决定访问者的身份,内容本身就具有筛选功能,不同的内容吸引不同访问目的的客户。纸介媒体的阅读方式是可选择性地阅读,电视媒体则是强制性地阅读。受众选择不看报纸的某个广告的成本很小,但是要想回避电视广告,他付出的成本就要大很多。而对于网络,尤其是汽车专业资讯网站,则是选择性阅读,其选择的门槛直接前移到了网站的入口。只要客户访问汽车专业网站,其目的性和意向性早已经明确了;客户再来搜索车价,他的购买意向已经很明显了。

②网络给消费者购车带来的好处。

A.宣传形式多样,内容丰富。

汽车产业链条的多环节以及与外围产业的交叉,决定了汽车消费的多样性和复杂性,除了购车消费,汽车消费可延伸到维修、养护、美容、配件、保险、信贷等,这就决定了消费者有所需求时可以方便登录网络站点,享受网络平台提供的各种资信和服务,网络广告可利用文字、声音、图像、动画、三维空间、全真图像等多种手段,将产品全面、真实地提供给网络用户。这保证了网络媒介可作为消费者的伙伴,在消费者购买行为发生前后的整个消费链条中,给予汽车用户全程关注和跟踪服务。

B.宣传信息定位准确,传播及时。

网络窗口式互动使得受众可有针对性地选择广告的内容、详细程度、观看时间和次数。同时可知,通过点击进入的基本上是对广告内容或者企业的产品感兴趣的。可通过程序跟踪客户的来源和兴趣。网络媒介在传播信息方面具有快速适时的特点,这是传统媒体无法拥有的优势。对于消费者来说,能迅速了解汽车行业市场行情,以及第一时间掌握促销信息、降价信息、车型款式等。对于厂家和经销商来说,能够及时把握市场动态和竞争对手状况,积极调整行销战略,促进市场竞争。

C.网络媒介搜索功能方便,消费者可准确定位目标产品和所需信息。

消费者在登录汽车网络频道或网站之后,可通过检索功能,通过不同的指标,包括价格、品牌、车型、排放、所在城市等,单检索或者复检索符合自己要求的车型。网络媒介的检索功能和超链接使得消费者能够方便地对产品进行比较,消费者在购买汽车之前,既要充分了解汽车信息,同时也非常看重不同车型之间的比较。因此,在横向比较便捷性这方面,网络媒介无疑对汽车消费者有很大的帮助。

③网络营销对制造商的作用。

A.能及时了解顾客的需求。

在汽车市场竞争日趋激烈的今天,企业比以往任何时候都更重视了解自己的客户是谁、客户需要什么样的产品等顾客需求信息。网络技术为汽车企业进行市场研究提供了一个全新的通道,汽车企业可借助于它方便、迅速地了解到全国乃至全球的消费者对本企业产品的看法与要求,随着上网人数的急剧增长,网上调研的优势将更加明显。企业还可借助互联网络图文声像并茂的优势,与客户充分讨论客户的个性化需求,从而完成网上定制,以全面满足汽车消费者的个性需要。与此同时,网络技术为汽车企业建立其客户档案,为做好客户关系管理也带来了很大的方便。汽车企业有了这样的基础平台,就可以致力于做好客户信息挖掘,定期或不定期地了解顾客的各类需求信息,从而赢得市场竞争的主动权。

B.实现与顾客的有效沟通。

汽车消费属于大件消费,虽然在短期内尚无法完全做到网上看货、订货、成交、支付等,但是,网络营销至少能够充分发挥企业与客户相互交流的优势。企业可利用网络为顾客提供个性化的服务,使客户真正得到其希望的使用价值及额外的消费价值。网络营销以企业和顾客之间的深度沟通,使企业获得顾客的深度认同为目标,满足客户显性和隐性的需求,是一种新型的、互动的、更加人性化的营销模式,能迅速拉近企业和消费者的情感距离。它通过大量的人性化的沟通工作,树立良好企业形象,使产品品牌对客户的吸引力逐渐增强,从而实现由沟通到顾客购买的转变。

C.获取低廉的成本。

相对传统营销方式而言,网络营销可使得企业以较低的成本去组织市场调研、了解顾客需要、合作开发产品、发布产品信息、进行广告宣传、完成客户咨询、实施双向沟通等,从而有利于汽车企业降低生产经营成本,增强产品价格优势。同时,网络营销还具有信息传递及时,增强企业的信息获得、加工和利用的能力,可使企业提高市场反应速度,避免机会损失和盲目营销的损失,从而改善营销绩效。总之,网络营销可为企业节约时间和费用,提升营销效率,既使企业获得低廉的成本,又使客户获得实惠。

D.为顾客的便利购买创造条件。

由于生产集中度和厂家知名度相对较高,产品的同质度也较高,企业比较注重市场声誉,服务体系较为完备,同时对企业营销的相关监督措施较为得力,像汽车、家电等高档耐用消费品,在市场发育较为成熟后就特别适合网络营销。顾客可以放心购买,不必过于顾虑产品质量等问题。

而网络营销,顾客可以浏览网上车市,无须到购车现场就可以在网上完成信息查询、比较决策、产品定制、谈判成交乃至货款支付等购车手续,接下来客户只需等待厂家的物流配送机构将商品车(甚至已办妥使用手续)交到自己的手中,真正实现足不出户买汽车。此外,网上交易还不受时间和地域限制,这也从另一方面给广大汽车用户带来了便利。因此,在横向比较便捷性这方面,网络媒介无疑对汽车消费者有很大的帮助。

(2)目前汽车网络营销存在的问题

我国目前的汽车网站存在着品牌意识不强、创新意识不强、互动功能不强、服务功能不强等问题,这些都极大地阻碍着行业的快速发展。

①品牌意识不强。

《中国汽车行业互联网品牌营销状况调查》统计数据显示,在接受调查的跨国汽车企业中国网站中,启用 CN 域名比例高达 97.1%。而国内汽车企业或品牌则以 69.6%落后于外资企业,显示出与跨国公司在互联网品牌营销上的不小差距。品牌经营是市场营销的高级阶段,是网络营销的基础与灵魂。网络营销只有建立在知名度高、商业信誉好、服务体系完备的汽车品牌的基础上,才能产生巨大的号召力与吸引力,广大用户才能接受网上购车等新的交易方式,摒弃传统的实物现场购车等习惯。而我国的部分汽车品牌缺乏科学化、现代化、规范化的动作系统,品牌意识及实力还有待提升。网络经营者面对的首要问题是如何把自己的品牌打出去,扩大自己站点的知名度,网站的知名度提高了,便会有网络用户光顾站点,自然也会吸引到不少的广告客户,我国汽车网站目前注重培养推销产品的品牌,却很少注重打造网站自己的品牌,客户往往是寻找知名的产品,却不知道在哪个网站能更全面、更准确地找到,目前客户信任度较高的多数还是门户网站的汽车频道,而专业网站的品牌则较少。

②创新意识不强。

专业本土网站一般规模不大,网站的服务内容以及广告和一些知名的门户网站大同小异,网站新闻内容有些是转其他网站的,要不就是转一些杂志报纸的,没有自己的特色,没有做出本土网站的优势,没有新意,也就意味着没有生命力。

③互动功能不强。

目前专业汽车网站的主要功能还是广告发布、信息查询等,互动功能很少,网络的应用还只是停留在初级阶段,更有效的功能没有发挥出来,从而大大降低了网络的使用效率和网站的功能,互动功能应是未来汽车专业网站要发展和开拓的主要功能方向。

④服务功能不强。

我国的汽车网络媒体区别于国外同类网站的最大特点是,还处于单纯的资料库与新闻展播的层次上,其交易等多元化和经济平台等各方面的服务功能基本上还未得以发挥和实现,销售全程跟踪服务更是远远没有展开。简单的资料和信息服务,远远满足不了消费者的需求,也难以对汽车专业网站构成有力支撑。

8.1.2　汽车网络营销策略

网络营销作为新的营销方式和营销手段来实现企业营销目标,它的内容非常丰富。下面详细介绍网络营销中一些主要策略。

1）网页策略

网页策略主要是从营销的角度来研究企业网页制作时应遵循的原则,以及何种结构、何种表现方式便于冲浪者获取信息,最重要的一点是怎样使企业的网站在茫茫的网页之海中脱颖而出,留住漂泊而又不耐烦的冲浪者,即所谓的网页促销技术。就目前情况来讲,网页设计中最主要的两点是要做到易于导航和下载速度快。在网络市场空间企业的网站即代表着企业自身的形象。企业要想成功开展网络营销,应重视以下 3 点:

（1）抢占优良的网址并加强网址宣传

在网络空间上,网址是企业最重要的标志,已成为一种企业资源。网址的名称应简单、鲜明、易记,通常为企业的品牌或名称。由于目前网址注册的规定还不完善,注册时间是主要标准。一旦本应属于自己的域名被别人注册,则会对本企业带来不必要的损失。

（2）精心策划网站结构

网站结构设计应做到结构简单,通过建立较为便捷的路径索引,方便访问。结构模式应做到内容全面,尽量涵盖用户普遍需求的信息量。

（3）创意网站维护

企业建立网站是一项长期的工作,它不仅包括网站创意和网站的开通,更包括网站的维护,如网上及时更新产品目录和价格等试销性较强的信息,以便更好地把握市场行情。

2）产品策略

在网络环境下,消费者与厂商的直接对话成为可能,消费个性化受到厂商的重视,这使网络营销中的产品呈现出众多新特色。企业在制订产品策略时,应从网络营销环境出发,努力满足不同顾客的个性化要求,开创符合市场发展潮流的新产品,创造新的市场需求,形成企业自身的优势。

①通过分析网上消费者总体特征,从而确定最适合在网上销售的汽车产品。

②产品的市场涵盖面要广,且电信业、信息技术要达到一定的水平。目前,世界上 180 多个国家和地区开通了互联网,市场涵盖面较为宽广,则可以提高交易机会,为企业赢得更多的利润。

③企业应利用在网络上与顾客直接交流的机会为顾客提供定制化产品服务,同时企业应及时了解消费者对企业产品的评价,以便改进和加快新产品研究与开发。

3）价格策略

影响和制约企业制订产品价格的因素中无论是市场供求状况、消费者心理还是竞争状况,在网络环境下都同传统营销方式有着很大的差异。这就决定了网上销售的价格弹性较大。因此,企业在制订网上价格策略时,应充分考虑检查各个环节的价格构成,以期确定最合理的价格。

①设计、开发一个适合网络环境的自动调价系统。由于网上价格随时会受到同行业竞争的冲击,因此企业可以开发、设计一个自动调价系统,根据季节变动、市场供需情况、竞争

产品价格变动、促销活动等因素,在计算最大盈利基础上对实际价格进行调整,同时还可以开展市场调查,以及时获得有关信息来对价格进行调整。

②开发智慧型议价系统与消费者直接在网上协商价格,即两种立场(成本和价格)的价格策略直接对话,充分体现网络营销的整体特点。

③考虑到网上价格具有公开化的特点,消费者很容易全面掌握同类产品的不同价格,为了避免盲目价格竞争,企业可开诚布公地在价格目录上向消费者介绍本企业价格制订程序,并可将本企业汽车性能价格指数与其他同类产品性能价格指数在网上进行比较,促使消费者作出购买决策。

4)促销策略

促销是企业市场营销活动的基本策略之一。在进行网络营销时,对网上营销活动的整体策划中,网上促销是其中极为重要的一项内容。销售促进(Sales Promotion, SP)即促销,是指企业利用多种方式和手段来支持市场营销的各种活动。而网上促销(Cyber Sales Promotion)是指利用 Internet 等电子手段来组织促销活动,以辅助和促进消费者对商品或服务的购买和使用。

根据网上营销活动的特征和产品服务的不同,结合传统的营销方法,网上促销策略可分为网上折价促销、网上变相折价促销、网上赠品促销、网上抽奖促销、积分促销、网上联合促销等。

5)网络广告策略

在网络出现前,企业通过各种社会关系和媒体广告来推销产品和扩大知名度,但传统宣传的手段存在很大的局限性。这里所说的汽车网络广告的出发点是利用网络的特征实现与顾客的沟通。这种沟通方式不是传统促销中"推"的形式而是"拉"的形式,不是传统的"强势"营销而是"软"营销。

①出现了标题广告、电子赠券以及给阅读广告的冲浪者付费型的专营网络广告的站点等。

②网络广告的空间限制消失,使广告由"印象型"向"信息型"转变,消费者作出购买决策的机制也产生了变化,网络广告主要是基于信息的理性说服机制,而传统广告则是基于印象的联想型劝诱机制。

③网络广告是一种即时交互式广告,它的营销效果是可以测试的。在一定程度上克服了传统广告效果测试的困难。网络广告将以其特有的优势成为企业促销策略的一种新的重要选择,并且它将同其他的促销方式相结合,使促销手段更丰富。

6)整合的策略"4C"与网络整合营销

传统的由麦卡锡教授提出的"4P"组合市场营销策略[产品(Product)、价格(Price)、渠道(Place)和促销(Promotion)]的出发点是企业的利润,1990 年罗伯特·劳特朋(Robert Lauteerborn)教授首次提出"整合营销传播"理论(Integrated Marketing Communications),即"4C"理论(Customer, Communication, Cost, Convenience)。因此,网络营销的模式是从消费

者的需求出发,营销决策"4P"是在满足"4C"要求的前提下的企业利润最大化,最终实现的是消费者需求的满足和企业利润最大化。在这种新营销模式下,企业和客户之间的关系变得非常紧密,甚至牢不可破,这就形成了"一对一"的营销关系,这种营销框架称为网络整合营销,它始终体现了以客户为出发点及企业和客户不断交互的特点。

（1）对产品的整合

传统产品概念认为完整的产品是由核心产品、形式产品和附加产品构成的,即整体的产品概念。网络营销一方面继承了上述整体产品的概念,另一方面网络营销比以前任何时候更加注重和依赖于信息对消费者行为的引导,主张以更加细腻、更加周全的方式为顾客提供更完美的服务和满足,将产品的定义由市场营销学中需求的满足性的产品定义,扩大为引起注意、引发需要和消费的定义。因此,网络营销扩大了产品的定义,进一步将市场营销学中完整的产品概念由核心产品、形式产品和附加产品细化为 5 个层次:核心产品、一般产品、期望产品、扩大产品及潜在产品。

核心产品、一般产品和期望产品由原来的形式产品细化而来。一般产品是指同种产品通常具备的具体形式和特征;期望产品是指符合目标顾客一定期望和偏好的某些特征和属性,扩大产品可使客户体会到特殊品牌的心理或精神的独特感受,还包括区别于其他竞争产品的附加利益和服务;潜在产品是指顾客购买产品后可能享受到的超乎顾客现有期望、具有崭新价值的利益或服务,但在购买后的使用过程中,顾客会发现这些利益和服务中总会有一些内容对顾客有较大的吸引力,从而有选择地去享受其中的利益或服务。可见,潜在产品是一种完全意义上的服务创新。

（2）营销组合的整合

产品、渠道和促销作为传统营销组合"4P"中的 3 个,在网络中摆脱了对传统物质载体的依赖,已经完全电子化和非物质化了。因此,就知识产品而言,网络营销中的产品、渠道和促销本身纯粹就是电子化的信息,它们之间的分界线已变得相当模糊,以至于三者不可分。在网络营销中,市场营销组合本质上是无形的,是知识和信息的特定组合,是人力资源和信息技术综合的结果。在网络市场中,企业通过网络市场营销组合,向消费者提供良好的产品和企业形象,获得满意的回报和产生良好的企业影响。

8.1.3　中国汽车网络营销的发展

中国汽车网络营销大体上经历了以下 3 个阶段的发展。

1）20 世纪 70 年代到 90 年代

中国汽车网络营销处于基本供应时期,国有汽贸系统建立了覆盖中国主要城市的汽车营销网络。在汽车营销上侧重于新车的基本供应,销售与服务分离、小而初级的经销商、多层的经销商结构是当时汽车营销网络的基本特点。

2）20 世纪 90 年代晚期到 20 世纪末

中国汽车网络营销开始了第一次改进,汽车流通管理部门开始对经销商资质进行相对严格的核准,并建立了基本的经销商管理和支持体系与系统,甚至部分经销商也已开始建立了基本的经销商 IT 系统,经销商激励系统已超越销量的"推"与"压",售后服务的基础设施与融资购车开始出现。

3)21 世纪初期

中国汽车网络营销开始步入专业成熟化和精炼化阶段,经销商数量与层次数目的急剧压缩,不同服务趋于整合,出现不同类型的销售网点,各种业务流出现了专业化管理(新车、旧车、部件、服务、附件、融资),厂商对经销商的管理和支持系统也日趋专业化,营销体系的沟通更加注重消费者的整体品牌体验。

8.2　汽车电子商务

8.2.1　汽车电子商务概念

电子商务是利用计算机技术、网络技术和远程通信技术,实现整个商务过程的电子化、数字化和网络化。具体来说,电子商务就是指进行电子交易的供需双方都是商家(或企业、公司),他们借助 Internet 的技术或各种商务网络平台,完成商务网络交易的过程;这些过程包括发布供求信息,订货及确认订货,支付过程及票据的签发、传送和接收,确定配送方案并监控配送过程,等等。

8.2.2　汽车电子商务的分类

1)B to C (Business to Customer)

B to C 即企业对个人的电子商务,电子商务正受到越来越多的人的推崇。在美国,B to C 汽车电子商务发展得如火如荼、交易额不断攀升。虽然国内也建立了不少的 B to C 汽车电子商务网站,但其中获得成功的并不多。在对美国及中国现状的调查中发现,在生活、居住、出行等方面,两国间存在很大的差异,而这些差异正是中国 B to C 汽车电子商务发展的制约因素之一。

2)B to B(Business to Business)

B to B 是企业与企业之间通过互联网进行产品、服务及信息的交换。目前,基于互联网的 B to B 的发展速度十分迅猛,据最新的统计,在 2014 年初互联网上 B to B 的交易额已经远远超过 B to C 的交易额,在今后的 5 年内,B to B 将达到 41% 的年平均增长率,2004 年,全球范围内的 B to B 交易达到 7.29 万亿美元。传统企业间的交易往往要耗费企业的大量资源和时间,无论是销售和分销还是采购都要占用产品成本。通过 B to B 的交易方式买卖双方能够在网上完成整个业务流程,从建立最初印象,到货比三家,再到讨价还价、签单和交货,最后到客户服务。B to B 使企业之间的交易减少许多事务性的工作流程和管理费用,降低了企业经营成本。网络的便利及延伸性使企业扩大了活动范围,企业发展跨地区跨国界更方便,成本更低廉。B to B 不仅仅是建立一个网上的买卖者群体,它也为企业之间的战略合作提供了基础。任何一家企业,不论它具有多强的技术实力或多好的经营战略,要想单独实现 B to B 是完全不可能的。单打独斗的时代已经过去了,企业间建立合作联盟逐渐成为发展趋势。网络使得信息通行无阻,企业之间可通过网络在市场、产品或经营等方面建立互补互惠的合作,形成水平或垂直形式的业务整合,以更大的规模、更强的实力、更经济的运作真正达到全球运筹管理的模式。

3)B to G(Business to Government)

中国电子商务其实还有一条最大的路,即企业对政府的电子商务,称为 B to G 模式。这种模式目前存在两方面的商机:一是政府通过网上服务,为企业创造良好的电子商务空间,如网上办公、网上报税、网上报关、网上审批等。吉林省长春市去年建立的"长春市工商企业网络管理服务中心",为长春市政府和工商企业提供了一套完整的全网检索系统,全球源源不断的信息都将在网上供政府和企业使用,政府在工商企业管理模式上有一个质的飞跃,对提高工商管理部门办事效率、促进政府机关勤政廉政建设、维护消费者的权益具有不可替代的重要作用——这可称政府与企业在电子商务上合作的方式之一。二是政府上网采购,为企业提供大量的商机。政府上网采购有一个最让企业心动的方面,即政府可以带动很多商机,如国家工程的竞标,政府部门大宗公共产品的采购等。可以说,只要政府能把这些方面搬上网,就等于政府把大量的商机布满网站。2012 年,全国第一个"政府采购网"在南宁建成,这个"政府采购网"设立大屏幕显示器及计算机控制系统,建立供求信息发布、广告宣传、市场动态等互动式计算机管理网络系统。其内容包括详尽的采购项目信息资料库、中介服务单位资料库、政策法规资料库、评标专家库、供应商库等,并通过网络把全国政府采购信息综合归纳,分类反馈,达到信息资源共享、互联互通。最终建成中国第一个实现 B to G(企业对政府)的全国性政府采购应用功能的电子商务平台。

由于政府采购中的消费者是特殊的消费者,不是单个人的消费,而是机构、组织的消费,不等同于普通的网上消费者,因此应该单列。政府与企业的交易方式与众不同,不是公司坐等政府上网购物,而是政府在网上发布信息,企业上网竞标。政府采购是一个透明度高的政府所必然采取的消费方式。政府购买通过网上竞争,让公司和民众看到它的全过程,有利于减少离网采购中的"黑箱"行为——而这一行为在许多地方普遍存在。而这样做的结果,是让政府人员远离诱人的权钱交易,减少腐败的诱因。此类电子商务可以覆盖政府与企业之间通过 Internet 处理的许多事务,如政府的采购、企业的网上申报、网上年审及网上纳税等。

4)C to C(Customer to Customer)

C to C 是从客户到客户,买卖双方都是个人,个人与个人间的直接交易,如一些拍卖网站——淘宝网,当然上面也有网店,网店属于 B to C。

C to C 的电子商务模式在汽车贸易里最典型的案例莫过于二手车市场了。当然二手车市场也有的是一些商家作为经营者的身份来做二手车收购与销售,从中赚取差价,这与传统的中间商基本上没有什么区别,这个已不是我们的研究范围,还有的一些网站是专门做二手车,即专门提供一个平台,为一些个人提供单独交易的机会。例如,如果有一辆奇瑞 QQ 想现在卖掉,可直接在二手车网站发布车的详细信息和自己的联系方式,那么喜欢的或者看中车并且基本满意价格的人就可进行联系,并且对价格等方面还可以再细细商讨。

5) G to C(Government to Customer)

G to C 类型的电子商务,简称 G to C 类型。此类电子商务可覆盖政府与消费者个人之间 Internet 处理的一些事务,如政府将电子商务扩展到社会福利费的发放,以及个人所得税和车辆养路费的网上交纳等。

无论是哪一类型的电子商务,其实质都反映了提供产品或服务的单位或个人与接受产品或服务的单位或个人的关系。因此,可将以上这些类型归结为 A to A (Any to Any),即任何人(包括组织)在任何时候从任何地方都可获得所需产品或服务,这就是电子商务的本质与终极目标。

8.2.3 汽车电子商务的功能

1) 电子商务能提高商务活动的效率

电子商务使以销定产更为简便易行,企业通过计算机网络展示自己产品的质量、性能、价格、售前售后服务及付款条件等,客户各取所需,发出订单,企业生产部门根据计算机网络传递的订购信息及时安排或调整生产规模和品种,从而实现小批量、多品种、零库存、即时制造和交货的理想模式,适应现代社会消费潮流。电子商务的实施不但可以提高交易速度,加快订单处理和货款结算支付,而且可以减少人为的疏忽。一些计算机程序基本能发现业务人员输入的错误信息而提出警告或自动予以纠正,避免可能发生的损失和浪费。这对严格要求单证一致的信用证结算贸易业务显得尤为重要。

2) 电子商务能提高工作质量,扩大市场

电子商务增加了客户和供货方的联系。无论双方是否跨地区、跨国界,空间的障碍已经消失,电子商务系统网络站点使得客户和供货方均能了解对方的最新数据,而且电子数据交换(Electronic Data Interchange, EDI)加强了企业间的合作。电子商务可以提供每年 365 天、每天 24 h 的服务,使企业能更及时、准确、充分地掌握市场需求信息,按时、按质提供客户所需要的商品或服务从而巩固市场竞争地位。同时,电子商务可提供交互式的销售渠道,使商家能及时得到市场反馈,改进自身的工作。

3) 电子商务可降低成本,有利于提高企业利润

降低交易成本,节省了潜在开支,如电子邮件节省了通信邮费,电子数据交换则大大节

省了管理和人员环节的开销。此外,电子商务可以优化企业供应链,降低供应成本。传统商务活动是由多个中间环节组成的供应链完成的,这些中间环节必然要耗费大量的物质资源,而电子商务可以缩短供应链的长度,减少中间环节与周转时间,节省物质资源的损耗。以商业企业为例,优化企业供应链,实行直销,可减少库存和营业面积,降低周转与管理成本。据统计,在传统商务模式下,商品从订货到售出过程中的物流费用占企业成本的 18%~20%,国外企业利用电子商务优化供应链后,目标为将该费用比例降低到 10%~12%。由此可知,电子商务的应用在降低成本的同时会给企业带来丰厚的利润。

4)减小分销渠道管理的难度

在网上直销模式中,企业跨过了众多的渠道环节从后台直接走向前台,从各个顾客接触点面对顾客,在与顾客的交互活动中完成销售。

8.2.4　汽车企业电子商务策略

1)零配件企业发展电子商务的对策

信息技术的广泛应用和电子商务的发展可为汽车企业拓展销售渠道、提高服务效率、降低采购营销成本、减少库存、优化库存结构,是汽车企业增强实力、融入经济全球化格局的必由之路。电子商务的应用将为我国汽车工业提供创新的机遇和无限的空间。因此,汽车企业可采用电子商务来解决我国汽车供应链中的问题,从而最终促进我国汽车工业的进一步发展。

(1)建设网络基础设施

汽车零部件企业可利用电子商务网站来介绍自己的产品和服务,并在企业网站上发布企业的基本信息,还可利用电子商务的交互性在自己的网站上建立如常见问题解答、聊天室等栏目,从而可方便汽车零部件企业与用户之间的相互交流,提升企业的服务质量。另外,还应积极地将自己的网站链接到其他门户网站或者著名的搜索引擎上,以提高访问量,这样可最大限度地挖掘潜在用户。最终,汽车零部件企业可利用互联网的无时空限制使自己有更多的机会加入世界汽车行业的全球采购网络中。

(2)建立企业核心业务管理(ERP)

汽车零部件企业应围绕着市场需求建立一个高效运作的后台——ERP 系统,可将所有的部门和功能整合到一个应用软件系统中。通过共享数据库,各部门之间可以很容易地共享信息,互相沟通。当从网上接到订单后,系统可根据工厂产能和备料情况做好生产安排,并可立即告诉客户交货的时间和数量。利用 ERP 系统,汽车零部件企业可以保证及时供应高质量的零部件产品以及相应的服务,最终可提升整个企业的运转效率,从而使得零部件企业与整车制造企业能够同步生产。

(3)建立客户关系管理(CRM)

目前,许多企业已经开始注意到必须以客户为中心开发产品和提供服务,才能获得更大的竞争优势。要想更好地为客户服务从而提升自己的竞争力就必须利用 CRM。通过 CRM，汽车零部件企业可方便地寻找到新的客户，并为现有的老客户搞好服务，从而提升企业的价值。汽车零部件企业要想做好 CRM，应按照以下流程运作：

①搜集资料。

利用高科技手段与多种渠道搜集客户资料并将它们整合成为单一的客户数据库。

②分类与建立模式。

借助分析工具与程序将搜集的客户资料分成不同类型，并描述出每一类客户的行为模式。

③进行活动测试，执行与整合。

在企业根据上述模式设计出适合客户的服务与市场营销活动后，零部件企业可通过客户服务中心或呼叫中心及时地反映出活动效果，这样会有助于企业实时调整进一步的营销活动。

④实行绩效分析与考核。

CRM 可通过各种市场活动、销售与客户资料建立起一套标准化考核模式，零部件企业可利用此考核模式考核服务与市场营销活动的施行成效，并及时发现实施过程中出现错误的原因。

2）整车制造企业发展电子商务的对策

汽车整车制造企业可利用电子商务的交互性与无时空限制来进行新产品的开发，利用互联网将广大的消费者引入产品的构思中，从而改变我国汽车过分模仿国外产品而不具备自主知识产权的现状。整车制造企业利用电子商务进行网上新产品开发主要可从以下 3 个步骤展开：

（1）产品的构思

汽车整车制造企业可利用 Microsoft 的 ASP 技术再加上 SQL Sever 数据库在自己的网站上建立"新产品构思"的交互性栏目。"新产品构思"包括登录客户的姓名、电话、地址、新产品的构思细节以及新产品构思效果图等内容。用户将自己的构思内容填入网页表单中的相应空白处，单击页面中的"提交"按钮，便可将用户所填写内容通过互联网传递到企业的后台"新产品构思"数据库。

（2）构思的筛选及概念的形成

企业内部的专家们可从"新产品构思"数据库中查看到不同用户提交的产品构思信息。通过分析，筛选出符合本企业发展目标和长远利益并与企业资源相协调的产品构思。企业在筛选出构思的基础上对产品的功能、形态、结构等进行详细的描述，使之在顾客心目中形成一种潜在的产品形象，即产品概念。

（3）新产品研制

汽车整车制造企业在新产品的研制过程中，可通过互联网与相应的汽车经销商和零部件供应商进行双向的沟通交流，通过相互合作可以最大限度地提高新产品开发的速度。

3）售后市场发展电子商务的对策

随着我国汽车工业的蓬勃发展,汽车售后市场容量已超过整车销售的市场容量,汽车售后市场的服务水平高低将直接影响整个汽车销售市场的发展。因此,汽车售后连锁经营机构应重视电子商务的应用,具体做法应体现在以下 4 个方面:

（1）连锁组织业务运营和信息交换

连锁组织内部的业务信息平台,通过广域的企业内部网和相应的信息系统为汽车售后连锁体系成员之间提供低成本、高效率、安全的业务往来,保障连锁体系低成本地跨地域扩张。

（2）组织内部管理

在汽车售后连锁系统内的各个组成部分中实行信息管理系统,从而起到强化内部管理、规范经营管理模式等作用。

（3）网上客户服务

可利用互联网平台让客户从网上订购汽车用品、配件等,然后依托整个连锁体系开展对客户的直接销售和配送,并利用互联网延伸客户服务。

（4）网上采购

通过电子商务手段,及时收集市场、用户对产品的需求并进行分析汇总,作出采购决策,并在此基础上与汽配厂商、汽车用品厂商等供应商之间通过电子商务手段交付订单,处理订货信息。通过电子商务手段进行采购,能够大大缩短采购周期,降低采购价格。

8.2.5　中国汽车电子商务发展方式

建设国内汽车产业的电子商务系统,既要借鉴国外汽车行业的做法,还要结合中国汽车产业的国情。

1）实现电子商务的联合开发

目前,中国汽车企业数量众多,但企业规模却很小,企业自身缺乏全面开展电子商务的实力。通过联合开发,可增强开发实力,实现资源、信息共享,降低开发成本,实现多赢战略。另外,汽车制造企业与信息产业巨头结盟共同开拓电子商务也不失为一条好的路径。

2）实现电子商务与传统模式的结合

由于我国电子商务的发展与发达国家相比还存在较大差距,不可能迅速实现网上交易。因此,目前较为理想的操作模式应是电子商务与传统模式的有机结合。各企业要建立产品数据库、技术信息库以支持销售,方便各级客户查询;建立以品牌为龙头、网络为手段、产品为纽带、仓储和配送力量为支持,发展包括配件经销商、汽车修理场、汽车养护中心在内的连锁体系。在开放式信息平台的支持下,更大范围地联合行业内的企业,借助各自资源共享市场,共同获益。

3）大力开展汽车电子商务的配套服务

如网上拍卖、网上租赁、二手车市场和网络金融服务等。

【本章小结】

汽车4S店已成为汽车市场的主流渠道。近年来，随着信息科技的发展，尤其是网络的普及，大大拓宽了人们获取信息的渠道，而网络几乎成为消费者了解汽车产品和品牌的主要渠道，消费者通过网络来了解车市行情、选择车型和商家等。之后汽车经销商开始大胆采取网络营销这一新的营销方式。网络营销能充分发挥企业与客户的互相交流优势，而且企业可为客户提供个性化的服务，是一种新型的、互动的、更加人性化的营销模式。

电子商务是利用计算机技术、网络技术和远程通信技术，实现整个商务过程的电子化、数字化和网络化。具体来说，汽车电子商务就是指进行电子交易的供需双方都是商家（或企业、公司），他们借助 Internet 技术或各种商务网络平台，完成商务网络交易的过程；这些过程包括发布供求信息，订货及确认订货，支付过程及票据的签发、传送和接收，确定配送方案并监控配送过程。

【扩展阅读】

汽车电商化的3种模式

汽车电商化道路，从"轻"到"重"，大致可分为3种模式：一是以流量变现为核心的"极简版天猫模式"；二是致力于将线下资源线上化运营的"传统渠道自营电商模式"；三是自采自销一体化的"亚马逊式经典自营电商模式"。

1）极简版天猫模式，盈利陷阱。

汽车电商化最早、最轻的路径，是复制阿里"天猫"的流量变现型撮合 B2C 电商。易车网和汽车之家两大汽车流量巨头试图通过建立撮合型 B2C 电商平台——线上汽车商城，来变现生态内的超量汽车垂直流量资源。

严格来讲，易车网和汽车之家的汽车商城只能算极简版的"汽车天猫"，因为其既不控制车辆和车款，更不控制仓储、物流以及配送等供应链环节。

需要指出的是，这里的 B 主要是指授权 4S 店，因此该类平台的商业模式基本不具有颠覆性，依然是"主机厂—4S—C 端客户"的线上导流版，C 端客户购车的主要环节依然需要到线下门店完成，因此该种模式对传统流通渠道体系非但没有冲击，反而是其有益的补充。事实上，时至今日，易车网和汽车之家的"金主爸爸"依然还是传统渠道的主机厂和 4S 店（广告费、销售线索费等）。

该种模式正是由于能与传统汽车流通渠道体系优势互补，形成"共振效应"得到了传统流通渠道体系的大力支持，并且"流量变现"的盈利模式简单、清晰、稳定，因此迅速被资本市场认可，上市之路非常顺利。

但正所谓"成也萧何，败也萧何"，脱离交易环节（车辆交付、资金流）和完整供应链（货源组织、物流配送、仓储管理等)的所谓"流量电商"其实并不是严格意义上的"电商",只能说是一本"超大体量的线上汽车黄页"。

这种模式虽然能迅速盈利,但是并没有改变传统汽车渠道的种种深层体制、机制问题,也没有给汽车交易链条带来价值链上的质的提升,更没法给汽车消费者带来真正的消费体验提升。反而因为这种模式盈利太过于诱人,从而导致易车网和汽车之家双双错过了抢先发现汽车新零售领域颠覆式创新商业模式的机会,即汽车租赁创新服务平台和供应链创新服务平台。

2)传统渠道自营电商模式,自新太难。

汽车电商化的第二条路径是主机厂或大型经销商集团等传统渠道巨头自建电商。例如,上汽旗下的"车享平台"、庞大集团旗下的"庞大汽车商城",他们试图发动一场自我革新来搭上"互联网+"这列滚滚向前的列车。

这些电商平台背靠汽车行业巨头,车源、供应链以及金融工具可谓编制齐备,武器精良。

3)亚马逊式经典自营电商模式,折戟沉沙。

亚马逊自营电商模式的巨大成功点燃了众多汽车创业者的希望。复制经典自营电商模式,打造"汽车行业的亚马逊",似乎是一条完美的变革路径,但结局却是折戟沉沙。

这类平台根据所卖车源不同,可分为平行进口车自营电商和国产汽车自营电商。下面分别举例说明:

①进口车自营电商的代表"买好车"(后来转型为"卖好车",专注汽车供应链服务)当年选择从平行进口车切入汽车线上 B2C 交易,并自认手握两大法宝,应有机会一搏。

一是平行进口车车源稳定可靠不求人,在这个细分领域暂时解决了自营电商最头疼的货源问题;二是由营销大神蘑菇街 CMO "阿里胡斐"亲自操盘,流量资源丰富,可以解决初创平台的流量瓶颈。结果一年下来,几乎看不到交易额几何级增长和亏损逐步改善的希望。因此,买好车管理层及时调整战略方向,放弃成为"汽车亚马逊"的理想,转型为一家基于 B2B 模式的汽车供应链服务平台。

②国产车自营电商代表"一猫汽车网"则是选择从主机厂库存车切入汽车线上 B2C 交易(后期还发展出了线下门店销售模式),发展脉络与买好车类似,3 年来一直不温不火,最终在 2017 年年底,"一猫汽车网"同样放弃了成为"汽车亚马逊"的理想,转型为"汽车租赁创新服务平台",发布"快弹车"产品,紧追"弹个车"的汽车新零售步伐。

这两个平台还算是"汽车亚马逊模式"的活化石,其他类似平台因为没有及时转型,早已消失在汽车互联网进化的历史长河之中。

【本章训练题】

1.什么是汽车网络营销?

2.汽车网络营销策略有哪些?

3.什么是汽车电子商务?

4.汽车电子商务怎么分类?

【案例分析】

长风汽车公司面临的问题

长风汽车公司是全国最大的三家汽车制造企业之一。随着互联网在商业上的应用逐渐普及，长风汽车建立了网站，为了吸引网上用户，长风公司花重金将公司网页设计得非常精美：公司产品的图片清晰度高，可以360°旋转浏览。为了给公司的网站赋予创造价值的能力，公司应用了最新的电子商务系统以便顾客直接从网上购买长风汽车。但是到目前为止的状况是，虽然网站吸引了大批参观者，但通过网站购买汽车的人却寥寥无几。由于电子商务实施后的优势无法体现，负责电子商务的副总裁唐池因此非常苦恼。现在摆在唐池面前的问题是：目前网站的定位是不是有问题，进一步扩大电子商务的投入是否有必要？为揭开心中的迷惑，他再一次调查和分析迄今网站的运行情况。他发现，虽然公司的网页里有产品外观和内部设施的详细说明和图片，大多数网上浏览者也有购买汽车的愿望，但他们并不愿意在网上直接购买，而是宁愿亲身体会，直接接触要购买的车。再看看一些同行的网站，他发现几乎所有的汽车销售网站都大同小异，靠精美的图片展示吸引人气，网站外观华丽，而较少顾及可操作性、方便性。就拿自己公司的网站为例，上面长风公司在各地的代理商资料都不甚详细。有的代理商已经有自己的网页，唐池想，为什么不能建立直接的链接呢？他发现很多浏览者倾向于先在网上查找当地代理商的网页资料，挑选2~3款自己中意的产品，然后去现场试车，最后再确定要购买的款式。

最后，唐池发现公司购买的在线交易方式很简单，没有提供各种车型的比较和财务贷款等内容丰富的辅助服务，从而让浏览者无法及时作出决策。当然在传统店面或代理商那里，消费者可以很满意地得到这些服务。经过这些调查，唐池对如何改进网站大体有了一些意见，但对网站在整体市场营销战略中的定位仍然有些迷惑。

作为一家传统企业，长风汽车公司的网站应如何重新定位在整体市场营销战略中的地位？长风汽车公司面向消费者的网站目前所处的环境，有很多局限因素。认清实施环境的现状和实施电子商务环境的现状非常关键，目前制约电子商务发展的因素有很多，例如：

第一，传统消费习惯的影响。由于社会公众信用体系不健全，长期以来，中国人的传统消费交易观念特别浓厚，耳听为虚、眼见为实；一手交钱、一手交货等交易观念已在广大消费者的意识里根深蒂固。这一点唐池在调查中也已发现。

第二，现阶段网民的平均收入偏低。根据最新的调查显示，我国网民的数量又有增幅，但不可回避的事实是，中国网民的收入目前还偏低，个人月收入集中在2 000元左右。

第三，中国金融支撑体系乏力。社会信用体系不健全，网络安全和保密性缺乏保障，导致人们对网络营销这种虚拟交易的形式缺乏基本的信任和安全感，网民不愿轻易尝试网络购物。

第四，物流配送。这是电子商务实施的生命线。中国目前物流配送体系不够完善，成本较高，缺乏实力雄厚的专业的第三方物流服务提供商等。

　　网络整合经营,简单地说就是绕过中间批发商,运用网络商务并根据顾客需求,突出技术创新和定制产品,并直接向顾客销售。同时,注重产品供应、技术创新、服务与信誉的整合效率,使消费者群体快速扩大,市场快速裂变与发展。网络整合经营的成功秘诀,关键在于与顾客建立直接关系为基础,在市场与顾客需求、零部件配套厂商等方面整合与创新。同时,运用网络快速进行市场开拓与设计、组合,以追求市场效益、合作分工的最佳化。例如,美国福特公司在电子商务整合经营中,通过公司电子数据交换系统,直接与汽车制造部件供应商沟通;运用因特网加快与销售商交流,实行了全球商务电子化,运用因特网商务建立拉动销售新模式。

　　长风汽车公司目前的网站只定位在 B2C 上,在整体市场营销体系中应像福特公司那样起到创新销售模式的作用。明确了这样的战略地位,还有一个重要问题:在新的方案中,是应该以提高利润为先,还是以降低成本为先。然而 Gartner 的报告显示,正确的选择是以一个完全不同的重点为中心,那就是创造更大的客户价值。也就是说较为成功方案解决的应该是这样的问题,即"我们怎样才能利用电子商务为客户创造最持久的价值?"这里的客户不单指消费者和用户,包括所有与企业打交道的供应商、服务商等。了解这一核心问题对明确网站整体市场营销战略中的定位以及实施战略至关重要。例如,长风汽车公司可利用网站通过下列一些机会改善客户服务过程:

　　①利用电子邮件频率及时地向分销商和客户提供关于合同履行状态的最新信息。

　　②允许分销商和客户在线访问产品的可用性信息、订单输入系统和订单状态,这样他们就能在自己方便时随时开展工作。

　　③为分销商和客户提供在线产品支持信息,便于他们更快地解决问题。

　　在线客户访问不仅能提高客户的满意程度,还能降低企业内部的客户支持成本。提高长风汽车和分销商的透明度,有助于制造商合理地调配生产,减少断货情况的发生,增加销售额。但是,更重要的在于这些方案不仅要基于企业内部的利润或成本重点,而且要基于怎样做才能最好地提高客户价值。完善的平台和应用价值开发同样重要,电子商务则是未来重要的贸易形式之一。

　　【问题分析】　长风汽车公司网站虽然吸引了大批浏览者,但通过网站购买汽车的人却寥寥无几,原因是什么?

参考文献

[1] 孙同明.汽车营销学实务[M].重庆:重庆大学出版社,2015.

[2] 李幸福,王怀玲.汽车及配件营销[M].西安:西北工业大学出版社,2010.

[3] 戚叔林,黄智雄.汽车营销[M].北京:机械工业出版社,2015.

[4] 章小平,邓淑梅.汽车市场营销理论与实务[M].西安:西安电子科技大学出版社,2018.

[5] 黄敏雄.汽车配件营销与管理[M].北京:人民邮电出版社,2017.

[6] 孙凤英.汽车配件与营销[M].北京:机械工业出版社,2011.

[7] 张国方.汽车营销学[M].2版.北京:人民交通出版社,2017.

[8] 何瑛,马钧,徐雯霞.汽车营销策划[M].北京:北京理工大学出版社,2013.

[9] 丁树雄.汽车产业链营销全攻略[M].北京:机械工业出版社,2012.

[10] 菲利普·科特勒,洪瑞云,梁绍明,等.营销管理[M].北京:中国人民大学出版社,2005.

[11] 吴开诚.汽车营销革命[M].北京:机械工业出版社,2008.

[12] 贾昌荣.汽车品牌推广战[M].北京:机械工业出版社,2007.

[13] 卡尔·迈克丹尼尔,小查尔斯·W.兰姆,小约瑟夫·F.海尔.营销学精要[M].王慧敏,
     王慧明,译.5版.北京:电子工业出版社,2007.

[14] 李平.2018年中国经济形势分析与预测[M].北京:社会科学文献出版社,2018.

[15] 郑佳.品牌管理[M].杭州:浙江大学出版社,2010.

[16] 任锡源.营销策划[M].北京:中国人民大学出版社,2016.

[17] 伍静.汽车营销策划[M].北京:化学工业出版社,2012.

[18] 李志远.汽车销售从新手到高手[M].北京:中国铁道出版社,2017.

[19] 刘军.汽车营销实战全攻略[M].北京:化学工业出版社,2015.